Anatomie der
menschlichen Perversion

Janine Chasseguet-Smirgel

Anatomie der menschlichen Perversion

Aus dem Französischen übertragen
von Elke vom Scheidt

Deutsche Verlags-Anstalt · Stuttgart

Das französische Original erschien unter dem
Titel »Ethique et Esthétique de la Perversion«
bei den Editions du Champ Vallon, Seyssel.

CIP-Titelaufnahme der Deutschen Bibliothek

Chasseguet-Smirgel, Janine:
Anatomie der menschlichen Perversion /
Janine Chasseguet-Smirgel.
Aus dem Französischen übertragen
von Elke vom Scheidt.
Stuttgart: Deutsche Verlags-Anstalt, 1989.
Einheitssachtitel:
Ethique et esthétique de la perversion ⟨dt.⟩
ISBN 3-421-06351-6

Lektorat: Ursula Locke-Groß
Typographische Gestaltung: Marion Winter
Gesamtherstellung: Friedrich Pustet, Regensburg
Printed in Germany

Mein Dank richtet sich an Béla Grunberger, ohne den die Dinge nicht das wären, was sie sind; an Colette Chiland für ihre wertvolle Ermutigung; an meine Studenten am Institut de la Société Psychanalytique de Paris für ihre anregenden Überlegungen und ihre Begeisterung für die Psychoanalyse; an Patrick Beaune, meinen französischen Verleger, für das erwiesene Vertrauen, und an Murielle Gagnebin, Mitherausgeberin der Reihe »L'Or d'Atalante«, in der diese Arbeit ursprünglich erschienen ist, für ihre freundschaftliche Aufmerksamkeit; an François Vallery-Radot für seine wachsame Hilfe; und schließlich an meine Patienten, die mir diese Dinge erzählt und die diese Träume geträumt haben ...

Inhalt

Vorwort zur deutschen Ausgabe

Um dem nicht auf die Psychoanalyse spezialisierten Leser die Lektüre des vorliegenden Buches zu erleichtern, haben wir, zusammen mit dem deutschen Verlag, beschlossen, die Studie, die »Freuds Arbeiten über die Perversion« gewidmet ist, im Anhang abzudrucken. Der Leser, der nicht vor der Theorie zurückscheut, kann zunächst diesen Anhang zur Kenntnis nehmen. Die Lektüre ermöglicht ihm ein besseres Verständnis meiner eigenen Darlegungen im Vergleich zu denen Freuds.
Der Leser, der sich weniger für die psychoanalytische Ideengeschichte interessiert (und damit für die der Freudschen Gedanken zur Perversion) oder sich theoretischen Erörterungen weniger gewachsen fühlt, kann sich auch mit dem folgenden kurzen Resümee begnügen und das im Anhang abgedruckte Kapitel erst nach der Lektüre des Buches lesen. Ich hoffe, daß er dadurch neugierig wird auf die Entwicklung von Freuds Denken, die faszinierend sein kann, wenn man in das Universum der Perversion eingedrungen ist.

In Freuds Auffassungen von der Perversion habe ich drei wesentliche Phasen unterschieden.
Die erste wird durch das Axiom gebildet: *Die Neurose ist das Negativ der Perversion.* Tatsächlich haben nach Freud alle Neurotiker »stark ausgebildete(.), aber im Lauf der Entwicklung verdrängte(.) und unbewußt gewordene(.) perverse(.) Neigungen« (*Der Fall Dora*, 1905). Freud ist der Ansicht, daß bei den Neurosen nicht nur die *normale* Sexualität verdrängt ist, sondern auch die *perversen* Tendenzen.
Die infantile Sexualität ist durch eine »polymorph perverse« Disposition gekennzeichnet (*Drei Abhandlungen*, 1905). Diese Auffassung von der kindlichen Sexualität ist an die Idee einer Sexualität geknüpft, die noch nicht unter dem Primat der Genitalität organisiert ist, sondern unter dem Primat einer bestimmten prägenitalen erogenen Zone funktioniert (oral, anal, phallisch). Die nicht unter dem genitalen Primat organisierten Sexualtriebe werden als »partial« bezeichnet. *Anders ausgedrückt: Es*

besteht eine Identität zwischen den Partialtrieben, die sich in der Kindheit äußern, und der erwachsenen perversen Sexualität, zwischen dem Kind, das beispielsweise bei der Defäkation Lust empfindet, und dem koprophilen Perversen.

Ich möchte hier gleich eine Kritik vortragen: Diese Identität zwischen infantiler Sexualität und perverser Sexualität und der vollkommene Gegensatz zwischen Neurose und Perversion berücksichtigen weder die Evolution noch die Spezifität der neurotischen Mechanismen und auch nicht die der perversen Mechanismen.

Was den ersten Punkt anbelangt, so liegt es auf der Hand, daß ein Kind von 18 Monaten, das sich für seine exkretorischen Aktivitäten interessiert und daraus Befriedigung bezieht, dabei eine mit seinen physiologischen Fähigkeiten vollkommen übereinstimmende sexuelle Aktivität ausübt. Das gilt aber nicht für den Perversen, bei dem ein chronologisches Gefälle zwischen seinen physiologischen Fähigkeiten (genital) und der Lust besteht, die er aus der Ausübung prägenitaler Funktionen bezieht.

Im ganzen Verlauf meiner Darlegungen räume ich dem *Zeitfaktor* eine vorrangige Bedeutung ein; er scheint mir unerläßlich zum Verständnis des Wesens der Perversion.

Die Aufdeckung der perversen Mechanismen im Verhältnis zu den neurotischen Mechanismen macht (zumindest teilweise) das Axiom hinfällig, die *Neurose sei das Negativ der Perversion*, weil es davon ausgeht, daß die Perversion die Äußerung der Partialtriebe ohne Errichtung von Abwehrmechanismen zuläßt. Im letzten Teil seines Werkes aber bemüht sich Freud, wie wir sehen werden, die Komplexität der perversen Mechanismen darzulegen.

Die zweite Phase in Freuds Denken bezüglich seiner Auffassung von den Perversionen scheint mir in der Annahme zu liegen, der zufolge der *Ödipuskomplex im Mittelpunkt der Perversionen steht*, wie er auch der Kernkomplex der Neurosen ist. In einer Arbeit aus dem Jahre 1919, *Ein Kind wird geschlagen*, bringt er seine neue Sicht zum Ausdruck. Diese entscheidende Phase erhält jedoch weiterhin eine Doppeldeutigkeit aufrecht: Welche spezifische Rolle spielt der Ödipuskomplex in der Genese der Perversionen im Vergleich zu der der Neurosen?

Die dritte und letzte Phase der Untersuchungen Freuds über die Perversion liegt im Aufzeigen von *Abwehrmechanismen, die der Perversion eigen sind.*

Die Durchsicht der ersten Texte, in denen diese Frage angesprochen wird, unterstützt meine eigenen Darlegungen, die das Ziel haben, die *Beziehung des Perversen zur Realität* aufzudecken (dies unter Bezugnahme auf die Schrift Freuds aus dem Jahre 1924, die den Titel *Der Realitätsverlust bei Neurose und Psychose* trägt. Ich werde versuchen, den Realitätsverlust bei der Perversion näher zu klären.)

Ich möchte hier nicht die Arbeiten Freuds zusammenfassen; diesbezüglich verweise ich den Leser auf den Anhang des vorliegenden Buches. Ich möchte nur hervorheben, daß es in den ersten Schriften Freuds über die Perversion zwei wesentliche Themen gibt, nämlich einerseits die Idealisierung, andererseits die Analität. Es handelt sich um scheinbar entgegengesetzte Elemente. Das Interesse an der Analität soll im Laufe der Entwicklung verschwinden. Der Ekel tritt an die Stelle der Anziehung. Reaktionsbildungen treten auf. Sauberkeit wird angestrebt. Das Böse und das Häßliche werden Synonyme des Schmutzigen und Stinkenden (das heißt der Exkremente).
Im Gegensatz dazu zeigen aber mehrere Texte Freuds, daß bei der Perversion koprophile Interessen bestehen, die Seite an Seite mit »idealen« Strebungen existieren oder von diesen verdeckt werden. In den »abscheulichsten Perversionen« findet man eine »Idealisierung des (Sexual)triebes« (*Drei Abhandlungen*, 1905).
Diese Auffassung von der Idealisierung, die mit der Analität einhergeht, gilt auch für den Fetischismus, und anfangs betont Freud diese Verbindung zwischen Analität und narzißtischem Streben mindestens ebenso wie die Bedeutung des Fetischs, des Substituts des »mütterlichen Penis«.
In seiner Schrift von 1927 jedoch, die dem Fetischismus gewidmet ist, berücksichtigt er nur den rein phallischen Sinn des Fetischs, der dazu bestimmt ist, das Subjekt vor der Kastrationsangst zu schützen. (»Wenn es kastrierte Wesen gibt [die Frauen], dann existiert auch die Kastration ... Ich laufe also Gefahr, kastriert zu werden.« Dies etwa wären der unbewußte Diskurs und der Angstaffekt, die das Subjekt zur Schaffung eines Fetischs veranlassen.)
Hier beschreibt Freud Abwehrmechanismen, die denen ähnlich sind, die er in der Psychose aufdeckt, und die sich grundlegend von den neurotischen Mechanismen unterscheiden. Der Fetischist »weiß« und »weiß nicht«, daß die Mutter (die Frau) keinen Penis hat. Zwei innere Einstellungen bestehen nebeneinander. Der Fetisch dient dazu, den schreckli-

chen Anblick der penislosen weiblichen Genitalorgane zu *leugnen*, doch ein Teil des Subjekts weiß sehr gut, daß die Frau keinen Penis *hat* (der Fetischist deliriert nicht). Diese doppelte Einstellung weist auf eine *Spaltung des Ich* hin. *Abspaltung und Verleugnung* sind miteinander gekoppelte Mechanismen, dic man bei den Perversionen findet, während das Modell der neurotischen Abwehrmechanismen die Verdrängung ist. Leugnung und Abspaltung zusammen bilden eine *intrasystematische* Abwehr. Sie berühren und verändern ein und dieselbe Instanz, das Ich.
In seiner letzten (unvollendeten) Schrift über *Die Ichspaltung im Abwehrvorgang* (1938–1940) liefert Freud sehr wichtige Schlüssel zum Verständnis der Perversion. Während der Ödipuskomplex des Knaben aufgrund seiner Kastrationsangst untergeht (1924), die ihn seine inzestuösen Wünsche und die damit verbundene Masturbation aufgeben läßt, um seinen Penis zu bewahren, verzichtet der in dieser Arbeit beschriebene Patient nicht auf die Masturbation, um seinen Penis zu retten. Er schafft einen Ersatz für den mütterlichen Penis: den Fetisch. So *leugnet* er die Kastration (indem er gleichzeitig sein Ich spaltet; er halluziniert keinen Penis. Ein Teil seines Ichs weiß, daß die Mutter keinen Penis besitzt; in Freudschen Begriffen: Er weiß, daß sie »kastriert« ist und daß die Kastration »existiert«). Freud sprach über dieses Vorgehen als über eine »kniffige Behandlung der Realität«. Dem Perversen gelingt es also, das menschliche Schicksal zu umgehen: *Er behält seinen Penis, ohne dessen Funktion aufzugeben.*
Man versteht, daß es sich hier um eine Rebellion gegen das universale Gesetz des Ödipuskomplexes handelt. Gleichzeitig läßt uns diese »kniffige Behandlung der Realität« die Verbindungen erkennen, die die Perversion zur Illusion, zum Trugbild und zu dem Wunsch hat, das Unmögliche herbeizuführen. Dieser Wunsch nach dem Unmöglichen hat, so scheint mir, enge Beziehungen zur Assoziation »Idealisierung – Analität«, die Freud aufgab und die wieder aufleben zu lassen ich mich im Verlauf des vorliegenden Buches bemühen werde.

Einleitung

Dieser Essay dient der Erforschung der Perversion als Dimension der menschlichen Psyche.

Wenn die vorliegende Studie sich auch ständig auf die klinische Arbeit mit Patienten stützt und von dieser gespeist wird, so bietet sie dennoch Anlaß zu Überlegungen, die über den eigentlichen klinischen Rahmen hinausgehen. Nach und nach mußte das Vorhaben erweitert werden, als die wichtige Stellung der Perversion (und der Perversen) auf soziokulturellem Gebiet deutlich wurde. Diese Stellung ergibt sich aus der besonderen Verbindung, die die Perversion zur Realität unterhält: spezifische Aspekte des Realitätsverlusts, der zu ihrem Wesen gehört, und der eigenartigen Form von Realität, dies sie zu fördern geneigt ist.

Die menschliche Sexualität, die im Mittelpunkt allen psychoanalytischen Nachdenkens steht, ist in einem privilegierten Bereich angesiedelt, in dem Biologie und Kultur zusammentreffen. Muß nicht jede derartige Studie die psychosexuellen Manifestationen der Perversion bis an ihre Wurzeln zurückverfolgen und ihren kulturellen Abkömmlingen nachgehen? Tatsächlich ist nichts faszinierender als zu beobachten, wie die Beziehung des Subjekts zu seinen Sexualobjekten, die eng mit der Biologie zusammenhängt, sich auf die Gesamtheit seines psychischen Lebens, seines Verhaltens, seiner moralischen, sozialen, religiösen, ästhetischen und ideologischen Einstellungen, kurz, auf seine »Weltanschauung«, ausdehnt. Es wird darum gehen, die Weltanschauung des Perversen und auch die Vorstellung zu erörtern, die die Welt sich vom Perversen macht. Muß eine solche Untersuchung sich nicht unter anderem auch vornehmen, eine Hypothese vorzuschlagen, die sowohl die Mißbilligung berücksichtigt, welche die Perversion erregt (und die je nach dem historischen Augenblick größer oder geringer ist), als auch ihre Verherrlichung (die ebenfalls an die Heftigkeit gewisser Trends in der bestehenden sozialen Organisation gebunden ist)? Ziel dieser Arbeit ist es, die unzureichend und traurig banal gewordene Erklärung zu überwinden, es sei die »repressive« Gesellschaft, die dem Menschen eine der Fortpflanzung dienende Form von

Sexualität mit dem Ziel der Arterhaltung aufzwingt oder ihn auf die Funktion eines Arbeitsinstruments reduziert, um der fortgeschrittenen Industriegesellschaft Blüte und Dauer zu sichern.[1]

Wir wollen nicht verhehlen, daß wir uns die Ansichten Freuds zu eigen gemacht haben, die er in seinem »Nachwort« zur *Frage der Laienanalyse* (1927) äußerte, als er für die Ausübung der Analyse durch Nicht-Ärzte eintrat. Das wesentliche Argument dieses kurzen Textes besagt, die Therapie sei nicht das Endziel der Aktivität des Psychoanalytikers. Sie stelle nur ein Mittel – und zweifellos das beste – dar, um zur Kenntnis der psychischen Prozesse des Menschen zu gelangen: »Ich bin Arzt geworden«, schreibt Freud, »durch eine mir aufgedrängte Ablenkung meiner ursprünglichen Absicht, und mein Lebenstriumph liegt darin, daß ich nach großem Umweg die anfängliche Richtung wiedergefunden habe. Aus frühen Jahren ist mir nichts von einem Bedürfnis, leidenden Menschen zu helfen, bekannt, meine sadistische Veranlagung war nicht sehr groß, so brauchte sich dieser Abkömmling nicht zu entwickeln ... In den Jugendjahren wurde das Bedürfnis, etwas von den Rätseln dieser Welt zu verstehen und vielleicht selbst etwas zu ihrer Lösung beizutragen, übermächtig« (Sigmund Freud, *Gesammelte Werke*, Frankfurt 1968, Band 14, S. 290).

Im Jahre 1935 schreibt Freud in »Nachschrift 1935« zu seiner *Selbstdarstellung*: »Nach dem lebenslangen Umweg über die Naturwissenschaften, Medizin und Psychotherapie war mein Interesse zu jenen kulturellen Problemen zurückgekehrt, die dereinst den kaum zum Denken erwachten Jüngling gefesselt hatten« (GW, Band 16, S. 32).

Wir wissen sehr wohl, daß heute, jedenfalls in Frankreich, jeder Analytiker, der die Wege der Therapeutik zu verlassen wagt, des »Psychoanalysmus« verdächtig ist, worunter eine imperialistische und totalitäre Praxis verstanden wird, die mißbräuchliche Ausübung einer Macht, deren »Legitimität« an den Grenzen des psychoanalytischen Sprechzimmers aufhöre. Diese Einstellung ist schon bei Nichtanalytikern paradox, denn dies sind im allgemeinen dieselben, die einerseits die psychoanalytischen Deutungen ablehnen, die außerhalb der analytischen Situation gegeben werden, und andererseits das Unterfangen Wilhelm Reichs, als dieser die *Massenpsychologie des Faschismus* schreibt (1933), das von G. Deleuze und F. Guattari in *Der Anti-Ödipus*, untertitelt »Kapitalismus und Schizophrenie«, oder das von H. Marcuse (1955) in *Triebstruktur und Gesellschaft* (Frankfurt 1965, S. 11f.) begründet finden; dieser äußert sich

übrigens eindeutig zugunsten einer psychoanalytischen Deutung der Kultur[2]: »Ich glaube, im Gegensatz zu den Revisionisten[3], daß Freuds Theorie in ihrer eigentlichen Substanz ›soziologisch‹ ist und daß es keiner neuen kulturellen oder soziologischen Orientierung bedarf, um diese Substanz freizulegen. Freuds ›Biologismus‹ ist Gesellschaftstheorie in einer Tiefendimension, die durch die neo-freudianischen Schulen konsequent verflacht worden ist. Indem sie die Betonung vom Unbewußten auf Bewußtes, von den biologischen auf die kulturellen Faktoren verschieben, durchschneiden sie die Wurzeln der Gesellschaft in der Triebschicht und nehmen statt dessen die Gesellschaft auf der Ebene, auf der sie dem Individuum als konfektionierte ›Umgebung‹ entgegentritt, ohne nach deren Ursprung und Legitimität zu fragen.«
Eine Kritik (die den »Psychoanalysmus« denunziert), erweckt Argwohn, wenn deutlich wird, daß sie letztendlich weniger eine Vorgehensweise als einige ihrer Resultate ablehnt.[4] Doch das Paradox ist vor allem dann frappierend, wenn die Psychoanalytiker selbst jede Deutung zurückweisen, die außerhalb der Couch-Sessel-Anordnung erfolgt. Wie läßt sich, wenn eine »Rückkehr zu Freud« so nachdrücklich vertreten wird, erklären, daß das ehrgeizige Vorhaben des Schöpfers der Psychoanalyse – nämlich aus seinen Entdeckungen einen Schlüssel zum Verständnis des Menschen zu machen –, beschnitten, verstümmelt und schließlich auf seine medizinische Funktion reduziert wurde?[5] Freud beharrte immer auf den Verbindungen, die in der Psychoanalyse zwischen Forschung und Therapie bestehen. Beispielsweise in *Ratschläge für den Arzt* (1912) und auch im »Nachwort« zur *Frage der Laienanalyse* (1927): »... Die Analyse aber hat kein anderes Material als die seelischen Vorgänge des Menschen, kann nur am Menschen studiert werden; infolge besonderer leicht begreiflicher Verhältnisse ist der neurotische Mensch weit lehrreicheres und zugänglicheres Material als der Normale ...« Und besorgt fügt er hinzu: »Es liegt mir natürlich ferne zu fordern, daß das Interesse des neurotisch Kranken dem des Unterrichts und der wissenschaftlichen Forschung zum Opfer gebracht werde.« Weiter im gleichen Text heißt es: »Aus praktischen Gründen haben wir, auch für unsere Publikationen, die Gewohnheit angenommen, eine ärztliche Analyse von den Anwendungen der Analyse zu scheiden. Das ist nicht korrekt. In Wirklichkeit verläuft die Scheidungsgrenze zwischen der wissenschaftlichen Psychoanalyse und ihren Anwendungen auf medizinischem und nichtmedizinischem Gebiet.« (GW, Band 14, S. 295) Hier ist nicht der Ort, alle Argumente

zusammenzutragen, die für eine außertherapeutische Ausdehnung der Analyse sprechen. Dennoch ist es nicht uninteressant, sich einige Punkte der Geschichte in Erinnerung zu rufen, die die Geburt und die Entwicklung der Psychoanalyse betreffen und mit der Einrichtung der Hauptteile ihres Gebäudes zu tun haben.

Die Psychoanalyse verdankt, wie man weiß, ihre Entdeckung zum großen Teil der Selbstanalyse Freuds (vgl. Didier Anzieu, *L'Auto-Analyse de Freud*, 1975). Man hat sehr häufig den Freund und Briefpartner Freuds, Wilhelm Fließ, als dessen Übertragungsobjekt, also insgesamt das Äquivalent eines Analytikers, angesehen. Es liegt jedoch auf der Hand, daß das begründende Moment der Entdeckung Freuds – seine Selbstanalyse – nur per *Analogie* eine Analyse war. Der »Eckstein« der Psychoanalyse, die Traumtheorie, wurde durch Forschungsarbeit erworben, die meist außerhalb der psychoanalytischen Situation geleistet wurde.

In der »Vorbemerkung« zur ersten Auflage der *Traumdeutung* (1900) schreibt Freud: »Eigentümlichkeiten des Materials, an dem ich die Traumdeutung erläutere, haben mir auch diese Veröffentlichung schwer gemacht. Es wird sich aus der Arbeit selbst ergeben, warum alle in der Literatur erzählten oder von Unbekannten zu sammelnden Träume für meine Zwecke unbrauchbar sein mußten; ich hatte nur die Wahl zwischen den eigenen Träumen und denen meiner in psychoanalytischer Behandlung stehenden Patienten. Die Verwendung des letzteren Materials wurde mir durch den Umstand verwehrt, daß hier die Traumvorgänge einer unerwünschten Komplikation durch die Einmengung neurotischer Charaktere unterlagen. Mit der Mitteilung meiner eigenen Träume aber erwies sich als untrennbar verbunden, daß ich von den Intimitäten meines psychischen Lebens fremden Einblicken mehr eröffnete, als mir lieb sein konnte, und als sonst einem Autor, der nicht Poet, sondern Naturforscher ist, zur Aufgabe fällt. Das war peinlich aber unvermeidlich; ich habe mich also darein gefügt, um nicht auf die Beweisführung für meine psychologischen Ergebnisse überhaupt verzichten zu müssen« (GW, Band 2/3, S. VII–VIII). Man versteht, daß Freud, da sein Ziel darin bestand, aus dem Traum das *Paradigma*, den normalen Prototyp von Krankheitsphänomenen zu machen, aus didaktischen Gründen dahin gelangt, seine eigenen Träume zu bevorzugen. Im »Vorwort zur zweiten Auflage« macht Freud das bewegende Geständnis: »Für mich hat dieses Buch nämlich noch eine andere subjektive Bedeutung, die ich erst nach seiner Beendigung verstehen konnte. Es erwies sich mir als ein Stück meiner Selbstanalyse, als meine Reaktion auf den Tod meines Vaters, also auf das bedeutsamste Ereignis, den einschneidendsten Verlust im Leben eines Mannes. Nachdem ich dies erkannt hatte, fühlte ich mich unfähig, die Spuren dieser Einwirkung zu verwischen. Für den Leser mag es aber gleichgültig sein, an welchem Material er Träume würdigen und deuten lernt.« (*ibid.*, S. X)

Von seinen eigenen Träumen abgesehen, benutzt Freud tatsächlich Material aus vielfältigen Quellen: Manchmal handelt es sich dennoch um Träume seiner Patienten – beispielsweise den Traum der Großfleischhauersfrau (*ibid.*, S. 152–156) oder der agoraphobischen Patientin (*ibid.*, S. 365–368). An anderer Stelle berichtet er den Traum einer »mir befreundeten Dame« (Traum von der Wagner-Oper, *ibid.*, S. 347–348). Er benutzt Träume, die Ferenczi erzählt wurden, den vom alten Mann und dem Tod (*ibid.*, S. 475), sowie solche, die Jones (*ibid.*, S. 406) und auch Abraham berichtet wurden (*ibid.*, S. 407); diese Träume werden in aufeinanderfolgenden Auflagen beigefügt. Er zögert nicht, den Traum seiner Tochter Anna anzuführen (Traum von den Erdbeeren), um zu erklären, daß der Wunsch in Kinderträumen nicht verhüllt ist (*ibid.*, S. 135). Er zieht gewisse Beispiele aus der Literatur heran, etwa den des Schneidergesellen (Rosegger: »Fremd gemacht«). Damit vergleicht er seinen Traum von den chemischen Analysen (*ibid.*, S. 475–480). Der biblische Traum des Pharao, von Josef gedeutet, dient ihm zur Darlegung der These, daß »alle Träume derselben Nacht ... ihrem Inhalt nach zu dem nämlichen Ganzen« gehören (*ibid.*, S. 339). Er zögert auch nicht, sich auf einen Traum Napoleons zu beziehen (*ibid.*, S. 559)! Im darauffolgenden Jahr (1901) bedient er sich in der *Psychopathologie des Alltagslebens*, die an einfachen Beispielen des Alltags das psychische Vorgehen erläutert (Verdrängung, Unbewußtes, Zensur etc.), offenkundig eines Materials, das der Kur fremd ist. Ebenso wird es bei *Der Witz und seine Beziehung zum Unbewußten* (1905) sein. Freud benutzt nacheinander Literatur, Malerei und Anthropologie, um *Der Wahn und die Träume in W. Jensens ›Gradiva‹* (1907), *Eine Kindheitserinnerung des Leonardo da Vinci* (1910) und *Totem und Tabu* (1912–1913) zu schreiben. Er begann 1910, die Dokumentation zur Vorbereitung dieses Werkes zu sammeln, und im kritischen Apparat der *Standard Edition* weist James Strachey darauf hin (S.E. 13), daß *Totem und Tabu* bis an sein Lebensende eines der bevorzugten Werke des Autors blieb. Die Entdeckung des Ursprungs von Moral, Religion und sozialer Organisation im Ödipuskomplex wurde von Freud als fundamental angesehen. In der ersten Auflage der *Traumdeutung* (1900) schreibt Freud in einer Fußnote: »Der Fürst heißt Landesvater, und der Vater ist die älteste, erste, für das Kind einzige Autorität, aus deren Machtvollkommenheit im Laufe der menschlichen Kulturgeschichte die anderen sozialen Obrigkeiten hervorgegangen sind (insofern nicht das ›Mutterrecht‹ zur Einschränkung dieses Satzes nötigt.« (*ibid.*, S. 222) In der gleichen Auflage desselben Buches schreibt er: »Der Kaiser und die Kaiserin (König und Königin) stellen wirklich zumeist die Eltern des Träumers dar, Prinz oder Prinzessin ist er selbst. Dieselbe hohe Autorität wie dem Kaiser wird aber auch großen Männern zugestanden ...« (*ibid.*, S. 358) Er wird diesen Gedanken am Ende von *Der Familienroman der Neurotiker* (1909) wieder aufnehmen. Ein Jahr zuvor vergleicht Freud eine kulturelle Hervorbringung – die literarische Schöpfung – mit dem Phantasma (*Der Dichter und das Phantasieren*, 1908). Noch ein Jahr früher bringt er »Zwangshandlungen und Religionsübungen« in einen Zusammenhang (1907): »... so daß man aus einer Einsicht in die Entstehung des neurotischen Zeremoniells Analogieschlüsse auf die seelischen Vorgänge des religiösen Lebens wagen dürfte« (GW, Bd. 7, S. 129). In diesem Text legt Freud die Merkmale dar, die aus der Zwangsneurose eine »Privatreligion« machen. Es würde zu weit führen, alle Schriften Freuds zu besprechen, in denen er kulturelle Hervorbringungen zum Gegenstand seiner Untersuchung macht, sei es direkt, sei es indirekt (etwa wenn er in *Charakter und Analerotik*, 1908, vom exkrementellen Ursprung des Geldes spricht oder wenn er in *Über Triebumsetzungen, insbesondere der Analerotik*, 1917, in die Gleichung Kind=Fäzes=Penis das Geld aufnimmt). Allerdings würden diese Besprechungen einige Überraschungen bieten insofern, als man erkennen würde, daß bestimmte Texte, vor allem klinische wie der *Wolfsmann* (1918) oder *Der Fall Schreber* (1911) (die analytische Deutung des letzteren erfolgt übrigens nur mittels der *Schriften* des Präsidenten), zahlreiche Verweise auf Geld und Religion enthalten. Als Freud in *Jenseits des Lustprinzips* (1920) den »dämonischen« Charakter des Wiederholungszwanges untersucht, der sozusagen Besitz von gewissen »nicht neurotischen Personen« ergreift und unweigerlich zur »ewige(n) Wiederkehr des Gleichen« führt, erwähnt er Tassos *Gerusalemme liberata* und die fatale Wiederholung des Mordes an Clorinde durch Tankred. Die Beispiele, bei denen Freud sein Material sowohl aus der Klinik als auch aus der Literatur schöpft, bei denen er von der Neurose zu Literatur,

Kunst, Religion, Gesetzgebung etc. übergeht, sind zahllos. Tatsächlich wird deutlich, daß die Ablehnung jeder Deutung von Phänomenen, die sich außerhalb der analytischen Kur manifestieren, der Verneinung der geistigen Fähigkeit des Menschen zur *Symbolisierung* gleichkommt, ja, sogar dem »Symbolisierungszwang« (Groddeck, *Krankheit, Kunst und Symbol*, 1969) widerspricht, einer Aktivität, die an der Basis der Beziehung des Subjekts zur Außenwelt steht.

Die innerhalb und außerhalb der analytischen Kur betrachteten Phänomene auf eine Ebene zu stellen, ihnen die gleiche Würde zuzuerkennen, von »innen« nach »außen« und von »außen« nach »innen« zu gehen, wird von Freud als legitim angesehen, sei es, daß eine Durchlässigkeit zwischen den beiden Räumen besteht, die ihnen eine gewisse Homogenität verleiht, sei es, daß die Unterschiede zwischen dem einen und dem anderen Raum ausreichend bekannt und konstant sind, damit der Beobachter sie in seiner Einschätzung der betreffenden Phänomene berücksichtigen kann.

Es scheint klar, daß Freud sich bemüht hat, das psychische Funktionieren zu beschreiben, eine Metapsychologie zu errichten, »Prinzipien« und »Grundkonzepte« vorzuschlagen, von theoretischen »Modellen« oder »Fiktionen« ausgehend zu arbeiten, die dazu führen, die *allgemeinen* Gesetze freizulegen, die die Psyche beherrschen. Der Kerncharakter des Ödipuskomplexes, seine notwendige Verbindung mit dem Kastrationskomplex, die Allgegenwart der Wiederholung und der Übertragungsphänomene, die quasi unveränderliche Abfolge der Organisationsstadien der Libido, das Aufkommen der Latenzperiode, die Entdeckung von Motiven der »Prädisposition« zu gewissen psychischen Störungen (Fixierung und Regression), die Existenz angeborener phantasmatischer Strukturen (die Primärphantasien), »typischer Träume« und »typischer infantiler Sexualtheorien« sind ebensoviele universale Phänomene, die das Funktionieren der menschlichen Psyche als einer bestimmten Anzahl unveränderlicher Gesetze gehorchend und alle anderen Faktoren transzendierend erscheinen lassen. Oder aber die Untersuchung der Effekte einer vermutlich wichtigen Gegebenheit, etwa der Situation des Individuums in der Masse, führt Freud dazu zu zeigen, daß die betreffende Situation nicht zum Erscheinen einer neuen psychischen Formation beim Individuum führt. Die Phänomene, die man in diesem Fall beobachtet, sind keine *Schöpfung*. Die Gruppe handelt nur als Enthüller der latenten individuellen Tendenzen:

»Es genügte uns zu sagen, das Individuum komme in der Masse unter Bedingungen, die es ihm gestatten, die Verdrängungen seiner unbewußten Triebregungen abzuwerfen. Die anscheinend neuen Eigenschaften, die es dann zeigt, sind eben die Äußerungen dieses Unbewußten, in dem ja alles Böse der Menschenseele in der Anlage enthalten ist.« (*Massenpsychologie und Ich-Analyse,* GW, Band 13, S. 79.) Man kann parallel dazu feststellen, daß seit mehreren Jahren zahlreiche Autoren die durch die *analytische Situation selbst* hervorgerufenen Wirkungen untersuchen (Winnicott, 1954; Grunberger, 1956–57; Fain und David, 1962; Masud Khan, 1974 etc. Zweifellos war Rank, 1924, ein Vorläufer auf diesem Wege). Dies würde möglicherweise zeigen, daß die sozusagen »experimentellen« Bedingungen der analytischen Kur zwar die für das verfolgte Ziel bestmöglichen sind, aber dennoch besondere Veränderungen im psychischen Funktionieren des Subjekts erzeugen. Der Gedanke einer möglichen Beobachtung der Psyche in einer Situation, die diese vollkommen »unverändert« ließe, erweist sich als Mythos. Man kann anderer Meinung sein als Freud und sich weigern, Analogien zwischen den Mustern auf verschiedenen Gebieten gesammelten Materials zu suchen, doch man muß sich darüber klar sein, daß man dann mit dem eigentlichen Wesen des Freudschen Vorgehens bricht.

In den letzten Jahren sind in Frankreich und im Ausland zahlreiche Arbeiten den Perversionen gewidmet worden. Es ist beispielsweise auffallend, daß Melanie Klein die Perversion zwar kaum behandelt hat (außer in ihrem Artikel über die »Criminal Tendencies in Normal Children«, 1927, der keineswegs zu ihren inspiriertesten Werken gehört), daß aber postkleinianische Autoren vor allem in England und Argentinien (B. Joseph, 1971; D. Meltzer, 1972; D. Libermann, 1975; H. Etchegoyen, 1973–78; etc.) sich bemüht haben, die Untersuchung der Perversionen auf einer kleinianischen Linie zu entwickeln und zu vertiefen.

Tatsächlich sind die Fortschritte der Perversionstheorie, der klinischen Beobachtung und der Technik zur Behandlung der Perversen zweifellos geeignet, das Gesamtverständnis für die in Analyse befindlichen Patienten zu beeinflussen ebenso wie das Selbstverständnis des Analytikers, und zwar insofern, als wir alle in verschiedenen Graden durch die »perverse Lösung« verlockt werden und unser perverser Kern unter gewissen Umständen aktiviert werden kann. Dieses Problem scheint fundamental für die Entwicklung des Verständnisses der Psyche durch die Psychoanalyse und zweifellos auch für die Zukunft der Psychoanalyse, da sie sich in einem bestimmten soziokulturellen Kontext entwickelt, in dem eine gewisse Art von Patienten, die die perverse Lösung wählt, die Tendenz hat, immer zahlreicher zu werden. Es dürfte übrigens die Zunahme dieses Phänomens sein, die die Analytiker dazu veranlaßt hat, sich eingehender damit zu beschäftigen.

Aus verschiedenen strukturellen und mit der Gegenübertragung verbundenen Gründen kann der Analytiker mehr oder weniger Komplize des unguten Vorgehens seines Analysanden sein und mit diesem eine *Pseudo-Analyse* durchführen, die niemals dazu führen wird, den depressiven Kern, den der Verlust der Illusion schließlich enthüllen mußte, und damit die Wahrheit in ihrer schrecklichen Nacktheit zu berühren. Es ist also notwendig, daß der Analytiker seinen eigenen perversen Kern ebenso wie den seines Patienten erkennen und sich ihm stellen kann, denn sonst könnte er schließlich die Wahrheitsliebe zugunsten der Aufrechterhaltung der Illusion verlieren. Tatsächlich existiert eine enge Verbindung zwischen der perversen Organisation und der Notwendigkeit, die Illusion aufrechtzuerhalten, ein Punkt, auf den wir noch zurückkommen werden. Zweifellos läßt sich anhand der Art und Weise, wie diese Täuschung zustande kommt, fortbesteht und zu verschiedenen Verhaltensweisen Anlaß gibt, die perverse Organisation besser definieren als anhand des perversen sexuellen Aktes selbst.

Das Ichideal ist aufgrund gewisser Aspekte in der Lage, sich der Anziehungskraft der perversen Lösung zu widersetzen. Eine solche Funktion des Ichideals ist von größter Bedeutung für die glückliche Entwicklung des analytischen Prozesses und die Herstellung und Aufrechterhaltung dessen, was die angelsächsischen Autoren gewöhnlich als »therapeutisches Bündnis« bezeichnen. Ist es nicht die Existenz einer Form von Ichideal, die wir noch zu definieren haben werden, die den Grad der Analysierbarkeit eines Patienten bestimmt, und zwar mehr als die Unterscheidungen aufgrund einer Krankheitsbeschreibung, die der Psychoanalyse großenteils von der traditionellen Psychiatrie vermacht wurde? Auf einer gewissen Ebene verschmilzt diese Form des Ichideals mit der oben erwähnten *Wahrheitsliebe*, das heißt der Entscheidung, sich den schmerzlichen Konflikten zu stellen, statt sie verschwinden zu lassen: »Und endlich ist nicht zu vergessen, daß die analytische Beziehung auf Wahrheitsliebe, d. h. auf die Anerkennung der Realität gegründet ist und jeden Schein und Trug ausschließt.« Das sagt Freud in *Die endliche und die unendliche Analyse* (1937, GW, Band 16, S. 94). Es ist frappierend, daß die beiden Schriften, die Freud unvollendet gelassen hat, *Die Ichspaltung im Abwehrvorgang* (1938–1940) und *Abriß der Psychoanalyse* (1938–1940), beide (letztere zumindest teilweise) von der Perversion handeln, ein Zeichen dafür, daß Freud in ihr ein noch zu bearbeitendes Feld sah. Eine Ermutigung für jene, die es nach ihm betreten.

Tatsächlich hat Freud bis in seine allerletzten Arbeiten nicht aufgehört, sich für die Perversionen zu interessieren.

Den ersten Schriften Freuds – Briefe, Notizen, kurze Manuskripte – werden wir die Elemente einer Konzeption der Perversion entnehmen, die zwar fragmentarisch, aber von blitzender Intuition erhellt ist; erst später wurde sie zugunsten der Kastrationstheorie praktisch aufgegeben.

Ist es aber nicht angemessen, diese ersten Annäherungen, die sich auf die Koexistenz von zwei scheinbar antagonistischen Faktoren im Herzen der Perversion stützen – den Narzißmus und die Analität –, mit der Kastrationstheorie zu verbinden, die ihrerseits modifiziert und erweitert wurde? Und müssen nicht diese sukzessiven Momente von Freuds Vorgehen in seine letzte Beschreibung der psychischen Mechanismen der Perversion integriert werden?

Es scheint, als hätten wir damit einen Schlüssel in der Hand, um die Pforten des perversen Universums zu öffnen, das aus lückenhaftem Gewebe – lückenhaft, aber schillernd –, Magie und Grausamkeit besteht. Die einzelnen Bestandteile dieser Welt des Schauders und des Entzückens auseinanderzulegen und dann wieder zusammenzusetzen, die spezielle Art des Realitätsverlusts sichtbar zu machen, den sie befördert, die Ethik und Ästhetik einzukreisen, die ihr eigen sind – das ist das wesentliche Vorhaben unserer Arbeit.

Erstes Kapitel

Vorrede: Kritische Untersuchung des phallischen sexuellen Monismus

Wenn der kleine Wilde sich selbst überlassen wäre, wenn er seine ganze Einfalt behielte und mit dem geringen Verstand des Kindes in der Wiege die Gewalt des Mannes von dreißig Jahren vereinte, dann würde er seinem Vater den Hals umdrehen und mit seiner Mutter schlafen.

Diderot in *Le Neveu de Rameau*
(veröffentlicht 1823, von Freud
zitiert in *Abriß der Psychoanalyse*)

Das Kind braucht also viel länger als das Tier, um seine individuelle Erziehung zu erfahren; doch aus diesem Grunde wird es empfänglich für die der Art. Die zahlreichen Hilfen und die fortgesetzte Pflege, die sein Schwächezustand lange Zeit erfordert, unterhalten und erhöhen die Bindung der Väter und Mütter, und indem sie seinen Körper pflegen, bilden sie seinen Geist. Die Zeit, die ersterer braucht, um zu erstarken, kommt dem zweiten zugute.

Buffon, *Histoire Naturelle* (1749)

Wir haben gesehen, daß die letzten Arbeiten Freuds zur Darlegung der »kniffigen« Art führten, auf die der Perverse das Schicksal verbiegt. Ihm gelingt eine »Tour de force«, die darin besteht, seinen Penis zu bewahren, ohne dessen Funktion aufzuheben. Das zumindest geht aus der Untersuchung der »Ichspaltung« (1938–1940) hervor. Denn es handelt sich durchaus um eine »Tour de force«, wenn man den unerbittlichen Charakter des ödipalen Gesetzes bedenkt, dem sich, allerdings mehr oder weniger widerstrebend, alle Menschenkinder unterwerfen, die Neurotiker, die »Normalen« und zweifellos auch die zukünftigen Psychotiker.
Dieser Gedanke zeigt uns bereits mit einer gewissen Klarheit den Weg, den wir einschlagen müssen. Für uns wird es darum gehen, uns Gedanken über die »perverse Lösung« des psychischen Kernkonflikts zu machen, sie einzukreisen und weiter zu vertiefen. Wir haben gesehen, daß diese spezifische »kniffige« Lösung in Verbindung steht mit einer besonderen Behandlung, der der Perverse (oder der zukünftige Perverse) die Realität unterzieht (um den Preis eines Risses in seinem Ich, doch dies wollen wir für den Augenblick beiseite lassen). Doch um welche Realität handelt es sich? Man hat gesehen, daß es bei Freud am häufigsten um die Realität einer *Wahrnehmung* ging. »Es stimmt nicht, daß die Frau keinen Penis hat, denn wenn es stimmen würde, würde es bedeuten, daß die Drohung, deren Objekt ich war, *wirklich* in Erfüllung gehen kann. Ich behaupte also, daß meine Augen das, was sie gesehen haben, nicht gesehen haben. Die Kastration existiert nicht. Ich habe sie nie angetroffen.« Das wäre die unbewußte Rede des Perversen. Hinter dieser Verleugnung der Wahrnehmung stünde also die Verleugnung der Kastrationsdrohung. Wir haben an die organischen Verbindungen erinnert, die der Kastrationskomplex mit dem Ödipuskomplex unterhält, sowie an den Zusammenhang dieser beiden Komplexe mit der phallischen Organisation der Libido. Um der Klarheit unserer Ausführungen willen werden wir eine Reihe von bekannten und von uns bereits angeführten Gedanken wiederholen.
Noch bevor er zur Entdeckung einer *Infantilen Genitalorganisation* (1923) unter dem Primat des Phallus gelangte, hatte Freud den *phallischen sexuellen Monismus* vertreten, d. h. die Unkenntnis der Vagina bei beiden Geschlechtern bis zur Pubertät. In dem Brief an Fließ vom 14. 11. 1897 (Brief 75 in *Briefwechsel, op. cit.*) nahm er die Organisation der Libido in aufeinanderfolgenden Stadien vorweg. Im gleichen Brief stellt er bezüglich der Frau die Hypothese auf, die Sexualität des kleinen Mädchens sei bis zur Pubertät eine ausschließlich männliche, wobei die

Klitoris die Entsprechung des Penis sei: »Um diese Zeit (der Pubertät, J.C.-S.) geht nämlich beim Weib eine weitere Sexualzone (ganz oder teilweise) unter, die beim Mann bestehen bleibt. Ich meine die männliche Genitalzone, die Region der Klitoris, in der sich während der Kindheit die sexuelle Empfindlichkeit auch des Mädchens konzentriert zeigt.« (*op. cit.*, S. 201) In diesem Text ist der phallische sexuelle Monismus schon umrissen.

In den *Drei Abhandlungen* (1905) wird der phallische sexuelle Monismus von der ersten Auflage an mit größerer Klarheit vertreten, also schon lange vor der Einführung der phallischen Phase (die Unkenntnis der Vagina wird jedoch nicht ausdrücklich erwähnt). Als Freud den Unterschied zwischen den Geschlechtern behandelt, gibt er zwar Verhaltens-, also Charakterunterschiede zwischen Knaben und Mädchen zu und auch solche der Disposition (das Mädchen hat eine größere Tendenz zur Verdrängung, die Partialtriebe »bevorzugen die passive Form«), bezeichnet aber die autoerotische Aktivität beider Geschlechter als dieselbe. »Die Sexualität der kleinen Mädchen habe durchaus männlichen Charakter ... die Libido sei regelmäßig und gesetzmäßig männlicher Natur ...« (GW, Band 5, S. 120). Wir haben schon darauf hingewiesen, daß Freud in *Die infantilen Sexualtheorien*, in denen die Beobachtungen gesammelt sind, die er hauptsächlich während der Analyse des »Kleinen Hans« machte, versichert, die erste infantile Sexualtheorie bestehe darin, *»allen Menschen, auch den weiblichen Personen, einen Penis zuzusprechen«* (GW, Band 7, S. 177)[1]. Mehr noch, das Kind ist Freud zufolge anfänglich nicht am Unterschied der Geschlechter interessiert. Wenn wir von einem anderen Planeten kämen, wären wir vor allem verblüfft über die Existenz zweier Geschlechter, doch das Kind seinerseits findet dies in gewisser Weise selbstverständlich und nimmt das Problem der Herkunft der Kinder zum Ausgangspunkt seiner Erforschung der Sexualität. (Erinnern wir uns daran, daß Freud in einer Fußnote zu seiner Schrift *Einige psychische Folgen des anatomischen Geschlechtsunterschieds* [1925, GW, Band 14, Fußnote 1, S. 24] auf diese Behauptung zurückkam und einräumte, der Geschlechtsunterschied interessiere schon die Kinder und nicht erst die »Heranreifenden«.) In der Schrift über die *Infantilen Sexualtheorien* wird dann aber die Unkenntnis der Vagina postuliert; der Glaube an den weiblichen Penis hindere den Jungen daran, an das Ende seiner Untersuchungen über die Herkunft der Kinder zu gelangen.

1915, als Freud seinen ersten Gedanken eines anarchischen Funktionierens der Triebe vor der Pubertät, dem Augenblick der Errichtung des genitalen Primats, modifiziert hat (vor allem in *Die Disposition zur Zwangsneurose*, 1913, die den Untertitel trägt: »Ein Beitrag zum Problem der Neurosenwahl«) und den Begriff der »prägenitalen Organisationen« der Libido in *Drei Abhandlungen* einführt, kündigt er gewissermaßen die phallische Organisation auf dem Umweg über das Bestehen einer sexuellen Objektwahl vor der Pubertät an. Der Mangel an Kongruenz zwischen der Existenz des Ödipuskomplexes und der Vorstellung einer autoerotischen Sexualität bis zur Pubertät war natürlich sehr erstaunlich: Freuds Gedanke, für das Kind gebe es nur das Objekt der Befriedigung der lebensnotwendigen Bedürfnisse – der Selbsterhaltungstriebe –, und von dem Augenblick an, in dem der Sexualtrieb sich von seinem Stützbalken entferne, werde er autoerotisch, hält offensichtlich der Idee des Ödipuskomplexes nicht stand. Im Augenblick der Einsetzung des Ödipuskomplexes kann das Objekt des Triebes der Definition nach nicht »zufällig« sein.[2]

Das führt Freud dann (ohne daß er ausdrücklich vom Ödipuskomplex spricht) zu der Aussage: »Um das Bild des infantilen Sexuallebens zu vervollständigen, muß man hinzunehmen, daß häufig oder regelmäßig bereits in den Kinderjahren eine Objektwahl vollzogen wird, wie wir sie als charakteristisch für die Entwicklungsphase der Pubertät hingestellt haben, in der Weise, daß sämtliche Sexualbestrebungen die Richtung auf eine einzige Person nehmen, an der sie ihre Ziele erreichen wollen. Dies ist dann die größte Annäherung an die definitive Gestaltung des Sexuallebens nach der Pubertät, die in den Kinderjahren möglich ist« (GW, Band 5, S. 100). Freud fügt hinzu, daß allerdings weder die Synthese der Partialtriebe noch ihre Unterwerfung unter den genitalen Primat schon vollzogen seien.

Hier fügt er 1924 eine Fußnote an (*ibid.*, Fußnote 1, S. 100), die folgendermaßen beginnt: »Diese Darstellung habe ich später (1923) selbst dahin verändert, daß ich nach den beiden prägenitalen Organisationen in die Kindheitsentwicklung eine dritte Phase einschaltete, welche bereits den Namen einer genitalen verdient, ein Sexualobjekt und ein Maß von Konvergenz der Sexualstrebungen auf dies Objekt zeigt, *sich aber in einem wesentlichen Punkt von der definitiven Organisation der Ge-*

* Im Original nicht kursiv. Im Verlauf des Buches sind alle Kursivhervorhebungen von Originalzitaten mit einem Stern gekennzeichnet.

*schlechtsreife unterscheidet**. Sie kennt nämlich nur eine Art von Genitale, das männliche ...« Tatsächlich faßt diese Behauptung die These von 1923 zusammen: »Der Hauptcharakter dieser *infantilen Genitalorganisation* ist zugleich ihr Unterschied von der endgültigen Genitalorganisation der Erwachsenen. Er liegt darin, daß für beide Geschlechter nur *ein Genitale*, das männliche, eine Rolle spielt. Es besteht also nicht ein Genitalprimat, sondern ein Primat des *Phallus*.« (GW, Band 13, S. 294 f.)

Wenn das Kind mit dem Anblick des weiblichen Geschlechts konfrontiert ist, glaubt es, die Frauen seien kastriert, doch es hält lange an der Idee fest, seine Mutter habe einen Penis (sie ist eine »respektierte Frau«, *ibid.*, S. 297).

Wenn es jedoch im Laufe seiner Untersuchungen feststellt, daß nur die Frauen gebären können, wird auch die Mutter ihres Penis entkleidet. »Das weibliche Genitale scheint dabei niemals entdeckt zu werden.« (*ibid.*, S. 297)

Auf der Stufe der infantilen Genitalorganisation »gibt es zwar ein *männlich*, aber kein weiblich; der Gegensatz lautet hier: *männliches Genitale* oder *kastriert*« (*ibid.*, S. 297).

Freuds berühmte Versicherung, »*daß man die Bedeutung des Kastrationskomplexes erst richtig würdigen kann, wenn man seine Entstehung in der Phase des Phallusprimats mitberücksichtigt*« (*ibid.*, S. 296) sowie die Betonung des *Anblicks* der weiblichen Genitalorgane als Faktor, der all sein Gewicht zu der *Drohung* hinzufügt, sind nur zu verstehen, wenn man sie auf die *Unkenntnis der Vagina* bezieht: Das männliche Kind begreift (nach Freud) die Frau nicht als ein *anders*geschlechtliches Wesen, sondern als kastriert; das kann nicht genug betont werden. Und man kann auch nicht genug betonen, daß diese Unkenntnis, die Freud postuliert, nicht an eine Verdrängung gebunden ist.

Es besteht keine Vorstellung von der Vagina, auf welcher Ebene auch immer (unbewußt, vorbewußt, bewußt). Im Gegensatz zu der Gleichung: Penis = Fäzes = Kind (der eine unendliche Reihe von Symbolen hinzugefügt werden kann wie: = Geld = Geschenk ...), deren Faktoren untereinander ausgetauscht werden können (*Über Triebumsetzungen, insbesondere der Analerotik*, 1917; *Der Wolfsmann*, 1918; *Der Untergang des Ödipuskomplexes*, 1924; *Einige psychische Folgen des anatomischen Geschlechtsunterschieds*, 1925), kann das phallische Organ keinesfalls durch ein Symbol des weiblichen Organs (dem man logischerweise vor der Pubertät keine Symbolisierung zurechnen kann) ersetzt werden. Der kleine Junge begreift nicht, daß sein Penis das Fehlen der Vagina impliziert, genausowenig wie er begreift, daß das Fehlen des Penis beim Mädchen an die Existenz der Vagina gebunden ist. Umgekehrt stellt sich das Mädchen nicht vor, daß die Existenz des Penis beim Knaben gleichzeitig das Fehlen der Vagina signalisiert, während das Fehlen des Penis auf der Ebene seiner eigenen Genitalorgane die Existenz der Vagina impliziert.

Der Unterschied zwischen den Geschlechtern reduziert sich auf die Existenz oder das Fehlen des Penis. Offenkundig ist es die Unkenntnis der Vagina, die in dieser Theorie den Penisneid des Mädchens regiert, der in *Über infantile Sexualtheorien* (1908) zum ersten Mal erwähnt wird (GW, Band 7, S. 180).

Von diesem Penisneid wird, wie man weiß, von nun an viel die Rede sein. Er hat einen zutiefst prägenden Einfluß auf die ganze weibliche Psyche. Er wird das mächtigste Motiv für die Einführung in den Ödipuskomplex sein. Es handelt sich um einen narzißtischen Männlichkeitswunsch, der der Weiblichkeit das Lager bereitet. Wir werden hier jedoch den Kastrationskomplex des Mädchens nicht behandeln.

Wir werden versuchen, die Theorie des phallischen sexuellen Monismus *beim Knaben* zu überprüfen, soweit die Widerlegung dieser Theorie uns zur Änderung unseres Verständnisses der Perversionen führen muß.

Es erscheint uns notwendig, zunächst einige Annahmen Freuds in Erinnerung zu rufen, die zeigen wollten, daß das männliche Kind keinerlei Wunsch habe, seine Mutter zu penetrieren.

In den *Drei Abhandlungen* (1905) beginnt Freud das fünfte (und letzte) Kapitel der dritten Abhandlung, »Die Umgestaltungen der Pubertät«, mit diesem zumindest merkwürdigen Satz: »Während durch die Pubertätsvorgänge der Primat der Genitalzonen festgelegt wird und das Vordrängen des *erigiert gewordenen* * Gliedes beim Manne gebieterisch auf das neue Sexualziel hinweist, auf das Eindringen in eine die Genitalzone erregende Körperhöhle, vollzieht sich von psychischer Seite her die Objektfindung, für welche von der frühesten Kindheit an vorgearbeitet worden ist.« (GW, Band 5, S. 123) Nun ist es eine alltägliche Feststellung, daß schon beim Säugling Erektionen vorkommen. Gerade diese frühzeitigen Erektionen sind es, die Jones in seiner Kritik in *Die phallische Phase* (1932) veranlassen, die Betonung auf die Verbindung zwischen Erektion und Stoßen, genauer, Suchen nach einer Höhlung, zu legen. Er schließt daraus, daß es unmöglich sei, die Existenz von Penetrationswünschen beim Knaben zu bezweifeln, und zwar schon lange vor der Pubertät und der Suche nach einem komplementären Organ. Die Kenntnis der Vagina sei aus Konfliktgründen verdrängt. Für Freud ist der Penis natürlich in die Inzestphantasien einbezogen. Die Kastrationsdrohung bezieht sich auf den eigentlichen Sitz der Erregungen: »Womit jemand sündigt, daran wird er auch gestraft.« Doch das Ziel des mit dem Ödipuskomplex verbundenen Sexualtriebes bleibt unklar, vage, »dunkel«, »ungenau«, »beliebig«.

So schreibt Freud, als er die dritte, typische infantile Sexualtheorie, die *sadistische Auffassung des Koitus*, untersucht (in *Über infantile Sexualtheorien*, 1908): »Aber diese Auffassung macht selbst den Eindruck einer Wiederkehr jenes *dunklen* * Impulses zur grausamen Betätigung, der sich beim ersten Nachdenken über das Rätsel, woher die Kinder kommen, an die Peniserregung knüpfte.« (GW, Band 7, S. 182).

Freud bezieht sich hier auf seine frühere Darlegung über die Nachforschungen des kleinen Jungen, die von einer Erregung des Penis und »dunkle(n) Impulse(n) zu gewaltsamem Tun, zum Eindringen, Zerschlagen, irgendwo ein Loch aufreißen« (*ibid.*, S. 180) begleitet sind. Doch diese Nachforschungen werden abgebrochen, ihnen »steht die Theorie im Wege, daß die Mutter einen Penis besitzt wie ein Mann, und die Existenz des Hohlraumes, der den Penis aufnimmt, bleibt für das Kind unentdeckt« (*ibid.*, S. 180).[3]

Man kann bezweifeln, daß das Kind diesen Hohlraum nicht kennt, und sich die Frage stellen, was primär ist: die Theorie von der Universalität des Penis (die das Wissen um den Hohlraum verhindern würde) oder die Kenntnis des Hohlraums, an deren Stelle die Sexualtheorie treten würde, und dies aus Gründen, die noch zu bestimmen bleiben. Ist außerdem die Leidenschaft des Kindes, *das Rätsel zu durchdringen*, nicht auf der Ebene der Denkarbeit ein Äquivalent der sexuellen Penetration (mangels Besserem)? Freud beharrt auf dem *leidenschaftlichen* Charakter der infantilen Neugier. Der Wissenstrieb, gestützt durch den Schautrieb und den Besitzergreifungstrieb, besitzt zweifellos Bezüge zu den Penetrationswünschen (durchbohren, die Geheimnisse durchdringen). Auch der Blick kann »bohrend« oder »eindringlich« sein. Ein Patient sagte genau über diese seine kindliche Neugier im Hinblick auf den Sitz der weiblichen Geschlechtsorgane: »Mein Blick *bohrte sich* zwischen die Beine der Frauen.«

In *Der Untergang des Ödipuskomplexes* (1924) schreibt Freud: »Worin der befriedigende Liebesverkehr bestehe, darüber mochte das Kind nur sehr *unbestimmte* * Vorstellungen haben; gewiß spielte aber der Penis dabei eine Rolle, denn dies bezeugten seine Organgefühle.« (GW, Band 13, S. 398)
In *Abriß der Psychoanalyse* (1938–1940) schreibt Freud noch: »Der Knabe tritt in die Ödipusphase ein, er beginnt die manuelle Betätigung am Penis mit gleichzeitigen Phantasien von *irgendeiner sexuellen Betätigung* * desselben an der Mutter.« (GW, Band 17, S. 77)
Wir wollen uns jetzt den fünf Psychoanalysen zuwenden (1954), um zu sehen, ob das klinische Material für die Theorie vom phallischen sexuellen Monismus spricht. Wir werden nacheinander bestimmte Elemente der Analyse des »Kleinen Hans« (*Analyse der Phobie eines fünfjährigen Knaben*, 1909) und der des »Wolfsmannes« (*Aus der Geschichte einer infantilen Neurose*, 1918) behandeln. Diese beiden Fälle haben – für unsere Untersuchung – den Vorteil, daß der eine (der »Kleine Hans«) im wesentlichen auf die positive Neigung des Ödipuskomplexes konzentriert ist, der andere (der »Wolfsmann«) auf die negative.
Erinnern wir uns, daß Hans' Vater in dem Brief, den er an Freud schickt, um ihm das Aufbrechen der Phobie bei seinem kleinen Sohn mitzuteilen, schreibt: »Die Furcht, *daß ihn auf der Gasse ein Pferd beißen werde*, scheint irgendwie damit zusammenzuhängen, daß er durch einen *großen Penis* * geschreckt ist.« (GW, Band 7, S. 258) Während des ganzen Berichts wird der große Penis mit dem in Verbindung gebracht, den Hans seiner Mutter zuschreibt. Und dennoch zeigen (trotz der möglichen Überdeterminiertheiten) zahlreiche Indizien, daß es sich – so scheint es uns wenigstens – um den *väterlichen Penis* handelt.
Bei seiner Suche nach dem Ursprung von Hans' Phobie kommt der Vater auf die Episode mit Fritz, dem Spielkameraden des kleinen Hans in Gmunden. Während Fritz spielte, er sei ein Pferd, »ist er auf einen Stein getreten und hat geblutet« (*ibid.*, S. 293). Hans meint, damit habe seine »Dummheit« begonnen. In Gmunden, so hatte Hans bereits erzählt, »ist ein weißes Pferd, das beißt. Wenn man die Finger hinhält, beißt es.« Seinem Vater fällt auf, daß er »die Finger« sagt und nicht »die Hand« (*ibid.*, S. 265).
Die Episode mit Fritz wird folgendermaßen erinnert: »Nachmittag vor dem Haus. Hans läuft plötzlich ins Haus, als ein Wagen mit zwei Pferden kommt ... Ich frage ihn, was er hat. Er sagt: ›Ich fürchte mich, weil die

Pferde so stolz sind, daß sie umfallen.‹ (Die Pferde wurden vom Kutscher scharf am Zügel gehalten, so daß sie in kurzen Schritten gingen, die Köpfe hochhaltend – sie hatten wirklich einen stolzen Gang.)
Ich frage ihn, wer denn eigentlich so stolz sei.
Er: ›Du, wenn ich ins Bett zur Mammi komm'.‹
Ich: ›Du wünschest also, ich soll umfallen?‹
Er: ›Ja, du sollst als Nackter (er meint: barfüßig wie seinerzeit Fritz) auf einen Stein anstoßen und da soll Blut fließen und wenigstens kann ich mit der Mammi ein bißchen allein sein ...‹
Ich: ›Kannst du dich erinnern, wer sich am Steine gestoßen hat?‹
Er: ›Ja, der Fritzl.‹
Ich: ›Wie der Fritzl hingefallen ist, was hast du dir gedacht?‹
Er: ›Daß du am Steine hinfliegen sollst.‹ (*ibid.*, S. 317f.)
Die gefallenen Pferde, Objekt der Phobie von Hans, können als Symbol für den (kastrierten) Vater angesehen werden, wobei »gefallen« als Gegenstück zu »erigiert« steht.
Dies ist besonders deutlich, da es sich um »stolze« Pferde handelt, die »die Köpfe hochhalten«. Dieser Stolz der Pferde wird von Hans direkt zum »Stolz« des Vaters in Beziehung gesetzt, wenn Hans zur Mutter ins Bett geht, als gelte er den genitalen Fähigkeiten des Vaters, der Erektion seines großen Penis, der in der Lage ist, seine Mutter zu befriedigen. So soll der stolze väterliche Jäger seinen Hochmut verlieren, fallen, im Staub rollen und sich verletzen. Hans selbst besitzt dieses beneidenswerte Organ nicht. Unmittelbar vor dem Einsetzen seiner Phobie ist er in das Bett seiner Mutter gekommen, um sie zu verführen, indem er ihr sagte: »Weißt du, was Tante M. gesagt hat: ›Er hat aber ein liebes Pischl.‹« (*ibid.*, S. 259)
Ein liebes Ding, aber *klein*. Nicht groß wie das der Pferde, das er besonders fürchtet. Dann beginnt eine ganze Thematik, die sich auf den Vergleich zwischen seinem *kleinen* Penis und dem großen Penis der Tiere bezieht, auf den er neidisch ist. Dieser Neid provoziert unserer Meinung nach bei ihm die Angst, daß die Pferde ihn in die Finger beißen könnten, und eine diffusere Angst vor solchen Tieren, die offenkundig phallischen Charakter besitzen: die Giraffe (wegen ihres Halses), der Elefant (wegen seines Rüssels), der Pelikan (wegen seines Schnabels).
Freud zufolge erlaubt uns Hans' Annahme, sein Penis werde mit ihm wachsen, den Schluß, daß Hans im Laufe seiner Beobachtungen nicht aufgehört hat, Vergleiche anzustellen, und sehr unzufrieden mit der Größe seines eigenen Geschlechts ist. Man kann tatsächlich annehmen,

daß ein Teil seiner Phobie an den Wunsch gebunden ist, den großen »Wiwimacher« der Pferde und anderer phallischer Tiere abzureißen, die ihn dafür bedrohen. Hans' Vater und Freud schließen daraus, Hans fürchte, »daß ihn die Mama nicht mag, weil sich sein Wiwimacher mit dem des Vater nicht messen kann« (*ibid.*, S. 275). Ebenso zeigt sich sein Wunsch, einen *großen* Penis zu haben, durch die Phantasie vom Installateur, der gekommen ist, um ihm einen großen »Wiwimacher« zu geben, die auftritt, als seine Phobie praktisch überwunden ist (*ibid.*, S. 333): »*Es ist der Installateur gekommen und hat mir mit einer Zange zuerst den Podl weggenommen und hat mir dann einen andern gegeben und dann den Wiwimacher.* Er hat gesagt: Laß den Podl sehn und ich hab' mich umdrehen müssen, und er hat ihn weggenommen, und dann hat er gesagt: Laß den Wiwimacher sehen.« Der Vater begreift den Charakter dieser Wunschphantasie und zweifelt keinen Augenblick an der einzig möglichen Deutung.

»Ich: ›Er hat dir einen *größeren* Wiwimacher und einen *größeren* Podl gegeben.‹

Hans: ›Ja.‹

Ich: ›Wie der Vatti sie hat, weil du gerne der Vatti sein möchtest?‹« (*ibid.*, S. 333)

Freud bringt diese Phantasie mit einer früheren in Verbindung, die sich auf denselben Installateur bezog: »*Ich bin in der Badewanne, da kommt der Schlosser und schraubt sie los. Da nimmt er einen großen Bohrer und stoßt mich in den Bauch.*« (*ibid.*, S. 300) Während Freud jedoch diese erste Phantasie rückblickend als Vorläufer der zweiten deutet, wobei die Badewanne das Gesäß von Hans repräsentiert und der Bohrer den »Wiwimacher«, der ihm so gegeben würde, denken wir, daß diese beiden Phantasien nicht identisch, sondern komplementär sind. Worauf die erste Phantasie hinweist, ist die *Art*, wie Hans den großen Penis des Vaters erwerben wird – durch den Schlosser. Es ist in der Tat auffallend, daß diese sadomasochistischen Phantasien in Hans keine Angst erwecken, sondern ihm im Gegenteil, wie es aussieht, Freude machen. Uns scheint, daß die Aneignung des väterlichen Penis sich hier hinter Scheinangriffen vollzieht, die von ihm kommen. Der Bohrer – der Hans in den Bauch gestoßen wird – ist die symbolische Darstellung eines passiven homosexuellen Koitus (die Passivität findet sich in der zweiten Phantasie wieder, in der der Installateur an Hans manipuliert), die Zange führt die Kastration des »Podl« und des »Wiwimachers« durch. Dank dieser scheinbaren Unterwerfung gelangt Hans letztendlich zur Besitzergreifung – ohne Schuldgefühl und folglich ohne Vergeltungsangst – an den väterlichen Attributen. Man sieht, wie hier die Homosexualität ihre entscheidende Rolle in der Identifikation mit dem Vater und der Introjektion seiner Männlichkeit spielt. Heute würden wir von »analer Introjektion« sprechen (die Analität ist nicht nur durch Hans' Gesäß repräsentiert, sondern durch die Gestalt des Schlossers und die sadomasochistische, aktiv-passive Beziehung, die die beiden Phantasien dominiert). Man kann vermuten, daß Hans seine Befürchtungen hinsichtlich seines Vaters genügend ausgearbeitet hat, um hinter einer masochistischen Verkleidung seine Wünsche nach Besitzergreifung am väterlichen Penis zu erfüllen. Béla Grunberger (in *Esquisse d'une théorie psychodynamique du masochisme*, 1954) hat ein entscheidendes masochistisches Moment für den Vollzug der väterlichen Identifikation beschrieben – ein Moment, das gleichzeitig ein Prozeß ist, der darauf abzielt, dem Überich zu schmeicheln. Das Subjekt demonstriert, daß ihm die Kastration zugefügt wurde. Da es so seinen Tribut geleistet hat, kann es ungestraft die Introjektion des väterlichen Penis vollziehen.

Die Wünsche, den Vater zu kastrieren, scheinen uns durch das gesamte Material Hans' hindurch sichtbar. Sich des väterlichen Penis zu bemächtigen, um ihn dessen zu berauben, was ihn für die Mutter begehrenswert macht, die Bindung zwischen den Eltern anzugreifen und so die Urszene zu zerstören, die Mutter zu verführen, indem er der Träger des großen und »stolzen« väterlichen Penis wird, das sind die Ziele, die Hans verfolgt.

Doch warum der Wunsch nach einem großen Penis wie dem seines Vaters, um seiner Mutter zu gefallen, wenn Hans nicht weiß, daß die Mutter ein Organ besitzt, das zu *erfüllen* (im doppelten Wortsinn) sein »liebes Pischl« nicht in der Lage ist? Diese Kenntnis der mütterlichen Vagina erscheint deutlich in zwei anderen Phantasien, die er seinem Vater erzählt: »Ich bin mit dir in Schönbrunn gewesen bei den Schafen, und dann sind wir unter den Stricken durchgekrochen, und das haben wir dann dem Wachmanne beim Eingang des Gartens gesagt, und der hat uns zusammengepackt.« (*ibid.*, S. 275) Von seiner zweiten Phantasie berichtet er: »Ich bin mit dir in der Eisenbahn gefahren und wir haben ein Fenster zerschlagen und der Wachmann hat uns mitgenommen.« (*ibid.*, S. 276)

In den Phantasien und der Phobie des kleinen Hans ist also ein ödipaler

Wunsch nicht zu verkennen, die Mutter mit Hilfe eines dem Vater geraubten Penis genital zu besitzen.

Auffallend ist nun, daß Freud das auch sieht – das Material läßt in dieser Hinsicht kaum eine andere Deutung zu. Trotzdem behält er die Theorie des phallischen sexuellen Monismus und der damit verbundenen Unkenntnis der Vagina bei. Er sagt in der Tat: »In dem Kinde ringt es wie eine Ahnung von etwas, was er mit der Mutter machen könnte, womit die Besitzergreifung vollzogen wäre, und er findet für das Unfaßbare gewisse bildliche Vertretungen, denen das Gewalttätige, Verbotene gemeinsam ist, deren Inhalt uns so merkwürdig gut zur verborgenen Wirklichkeit zu stimmen scheint. Wir können nun sagen, es sind symbolische Koitusphantasien ...« (*ibid.*, S. 355)

Und weiter unten heißt es, der Vater sei ihm Vorbild gewesen, und er »wußte nicht nur, woher die Kinder kommen, er übte es auch wirklich aus, das, was Hans nur dunkel ahnen konnte. Der Wiwimacher mußte etwas damit zu tun haben, dessen Erregung all diese Gedanken begleitete, und zwar ein großer, größer als Hans seinen fand. Folgte man den Empfindungsandeutungen, die sich da ergaben, so mußte es sich um eine Gewalttätigkeit handeln, die man an der Mama verübte, um ein Zerschlagen, ein Öffnungschaffen, ein Eindringen in einen abgeschlossenen Raum, den Impuls dazu konnte das Kind in sich verspüren.« (*ibid.*, S. 365 f.)

Wir glauben, daß Freud hier der Erkenntnis, Hans habe zumindest auf einer vorbewußten Ebene seiner Psyche von der Existenz der Vagina gewußt, ganz nahe ist. Dann folgt diese merkwürdige Schlußfolgerung: »Aber obwohl es auf dem Wege war, von seinen Penissensationen aus, die Vagina zu postulieren, so konnte es doch das Rätsel nicht lösen, denn so etwas, wie der Wiwimacher es brauchte, bestand ja in seiner Kenntnis nicht; vielmehr stand der Lösung die Überzeugung im Wege, daß die Mama einen Wiwimacher wie er besitze.« (*ibid.*, S. 366)

Freud äußert hier also eine Reihe von auf Vermutungen ruhenden, ja widersprüchlichen Meinungen: Zunächst existieren, im Gegensatz zu dem, was er in den *Drei Abhandlungen* gesagt hatte und auch in seinen späteren Arbeiten versicherte, die Penetrationswünsche beim Knaben weit vor der Pubertät, ebenso wie die »dunkle Ahnung« und die »Empfindungsandeutungen« von der Vagina. Selbst wenn Hans sich seine Mutter mit einem dem seinigen ähnlichen Organ ausgestattet vorstellte, hätte sich diese Vorstellung doch nur über die der Vagina geschoben. Man könnte sich also fragen, ob die Überzeugung, die »der Lösung ... im Wege« stand, nicht eine reine Abwehrrolle spielte. Man kann sich natürlich Freuds Antwort vorstellen: Es sei die Kastrationsangst, die den kleinen Jungen dazu treibe, da einen Penis sehen zu wollen, wo keiner war. Doch die Kastrationsangst beim Anblick der penislosen Genitalorgane der Frau wäre Freud zufolge um so stärker, als das Kind ja gerade von der Existenz der Vagina nichts weiß. Was es sich also vorstelle, sei kein von dem seinigen verschiedenes Geschlecht, sondern – welcher Schrecken – ein Fehlen des Geschlechts.

Was die Frage angeht, woher die Kinder kommen, scheint Hans sehr viel besser in der Lage, sie zu beantworten, als Freud annimmt, wie das Material selbst nahelegt. Insbesondere die Geburt wird von Hans durchaus mit den Genitalorganen seiner Mutter in Zusammenhang gebracht: Als Hans dreieinhalb Jahre alt ist, kommt seine kleine Schwester Hanna zur Welt. An diesem Tage schreibt der Vater in sein Tagebuch: »Früh um 5 Uhr, mit dem Beginne der Wehen, wird Hans' Bett ins Nebenzimmer gebracht; hier erwacht er um 7 Uhr und hört das Stöhnen der Gebärenden, worauf er fragt: ›Was hustet denn die Mama?‹ – Nach einer Pause: ›Heut' kommt gewiß der Storch.‹ ... Später wird er in die Küche gebracht; im Vorzimmer sieht er die Tasche des Arztes und fragt: ›Was ist das?‹, warauf man ihm sagt: ›Eine Tasche.‹ Er dann überzeugt: ›Heut' kommt der Storch.‹« (*ibid.*, S. 247f.)

Nach der Entbindung »wird er ins Zimmer gerufen, schaut aber nicht auf die Mama, sondern auf die Gefäße mit blutigem Wasser, die noch im Zimmer stehen, und bemerkt, auf die blutige Leibschüssel deutend, befremdet: ›Aber aus meinem Wiwimacher kommt kein Blut.‹« (*ibid.*, S. 248)

Dieser Auszug zeigt sehr gut, daß Hans *weiß*, daß die Entbindung schmerzhaft ist, denn er bringt das Stöhnen seiner Mutter in einen Zusammenhang mit dem Kommen des Storches. Aus gewissen Gründen (die Überflutung mit Erregungen, verbunden mit dem Sadismus und den Schuldgefühlen, die wahrscheinlich daraus resultieren) zieht er es allerdings vor, das Stöhnen in Husten umzuwandeln, was weniger beunruhigend ist. Gleichzeitig stellt er die Verbindung zwischen der Tasche des Arztes und der Ankunft des Storches her. Er weiß also durchaus, daß sich alles im Körper seiner Mutter abspielt. Außerdem begreift er, ohne bei der Entbindung zugegen gewesen zu sein, daß das Kind aus den Genitalorganen seiner Mutter gekommen ist, da er das Blut mit ihrem »Wiwimacher«

assoziiert. Wir sind daher der Meinung, daß die Deutung von Hans' Phobie Kastrationswünsche berücksichtigen muß, deren Objekt der Vater ist. Diese Wünsche sind nur zu verstehen, wenn man sie mit einer zumindest unbewußten[4] Kenntnis der genitalen Komplementarität der Eltern und folglich der mütterlichen Vagina in Verbindung bringt. Das Pferd, stellvertretend für den Vater (oder den Penis des Vaters), ist nicht nur das Objekt, auf das Hans seine Ängste vor der Kastration *durch* den Vater verschoben hat, sondern auch das Objekt, auf das er seine Wünsche nach Kastration *des Vaters* projiziert hat. Durch den doppelten Mechanismus der Projektion und der Verschiebung ist das Pferd zum »Angstpferd«[5] geworden.

Während die Phobie des kleinen Hans auf den positiven Ödipuskomplex konzentriert ist, ist die »infantile Neurose« des Wolfsmannes auf den negativen Ödipus konzentriert, den Wunsch, *vom Vater koitiert zu werden*, in der Urszene den Platz der Mutter einzunehmen. Wir wissen, daß der Junge im Alter von eineinhalb Jahren Zeuge der berühmten Szene des Koitus *a tergo* zwischen den Eltern gewesen sein soll und daß er den Wolfstraum erst im Alter von vier Jahren hatte. Nun führte ihn, laut Freud, »die Aktivierung der Urszene im Traum zur genitalen Organisation zurück. Er entdeckte die Vagina und die biologische Bedeutung von männlich und weiblich.« (GW, Band 12, S. 74) Wir sehen also hier einen Widerspruch zur Theorie von der Entdeckung der Vagina in der Pubertät. Auf ziemlich merkwürdige Weise behauptet Freud, die Beobachtung des Koitus *a tergo* habe dem Wolfsmann »die Überzeugung von der Wirklichkeit der Kastration« gebracht. (*ibid.*, S. 72) Nun ist in dieser Position nicht nur die Vorderseite des weiblichen Körpers vollkommen verdeckt[6], sondern wir stoßen uns auch an einer Zweideutigkeit im Hinblick auf die Rolle der Kenntnis der Vagina beim männlichen Kastrationskomplex: Hier wird ihre Kenntnis hauptsächlich für die Kastrationsängste des Wolfsmannes verantwortlich gemacht; die Vagina wäre eben die Wunde, die aus der vom Vater zugefügten Kastration entsteht. Freud zufolge hat das Kind seine Kenntnis des weiblichen Organs verdrängt, um sich seine erste Theorie vom Sexualverkehr durch den Anus zu eigen zu machen: »Aber nun kam das, was sich mit vier Jahren neu ereignete. Seine seitherigen Erfahrungen, die vernommenen Andeutungen der Kastration, wachten auf und warfen einen Zweifel auf die ›Kloakentheorie‹, legten ihm die Erkenntnis des Geschlechtsunterschiedes und der sexuellen Rolle des Weibes nahe. Er benahm sich dabei, wie sich überhaupt Kinder benehmen, denen man eine unerwünschte Aufklärung – eine sexuelle oder andersartige – gibt. Er verwarf das Neue – in unserem Falle aus Motiven der Kastrationsangst – und hielt am Alten fest. Er entschied sich für den Darm gegen die Vagina ... Die neue Aufklärung wurde abgewiesen.« (*ibid.*, S. 111)

Wieder stehen wir hier vor einer Annahme, die anderen im Werk Freuds enthaltenen Formulierungen widerspricht. In *Die endliche und die unendliche Analyse* (1937) zeigt Freud, daß die Passivität einem Mann gegenüber, welcher Natur diese auch sei, vom Subjekt wie eine Kastration erlebt werden kann und daß die tatsächliche Penetration daher nicht notwendig ist, um Ängste vor dem Verlust des Penis zu wecken. Die anale Penetration könne den Mann *a fortiori* nicht vor der Angst schützen, kastriert zu werden. Die Angst vor der Passivität stellt Freud zufolge den »Fels« der männlichen Analysen dar: »Zu keiner Zeit der analytischen Arbeit leidet man mehr unter dem bedrückenden Gefühl erfolglos wiederholter Anstrengung ... wenn man die Männer überzeugen möchte, daß eine passive Einstellung zum Mann nicht immer die Bedeutung einer Kastration hat und in vielen Lebensbeziehungen unerläßlich ist.«[7] (GW, Band 16, S. 98)

Hier fällt uns zwangsläufig eines auf: Die Wünsche, vom Penis des Vaters penetriert zu werden, sollen beim Wolfsmann bei seiner Beobachtung des elterlichen Koitus im Alter von eineinhalb Jahren bestanden haben und in seinem Traum im Alter von vier Jahren wiederbelebt worden sein, während der Wunsch, vom Penis penetriert zu werden, beim Mädchen angeblich erst in der Pubertät auftritt! Außerdem wünscht sich der Wolfsmann, wie der Präsident Schreber, vom Vater ein Kind zu empfangen, ein an die weibliche Identifikation gebundener Triebwunsch, während beim Mädchen dieser Wunsch nur als Ersatz für den Penisneid auftrete. Die weiblichen Wünsche, penetriert zu werden und ein Kind vom Vater zu empfangen, wären daher beim Mann direkter als bei der Frau.

Wie soll man außerdem verstehen, daß der kleine Junge in der umgekehrten Neigung des Ödipuskomplexes Wünsche hätte, penetriert zu werden (wie die Mutter), auf der Ebene des positiven Ödipuskomplexes aber keine *aktiven* Penetrationswünsche haben soll?

Tatsächlich bringt uns das Material des Wolfsmannes in größte Unschlüssigkeit. Diese Unschlüssigkeit ist zweifellos mit der eigentlichen Natur der Störungen verbunden, an denen dieser Patient leidet. Denn zu sagen, sie seien auf den negativen Ödipuskomplex konzentriert, auf diese passive, weibliche Beziehung zum Vater und auf die Kastrationsängste, die diese Beziehung weckt, wäre zweifellos eine Vereinfachung. Als Freud den Fall in *Hemmung, Symptom und Angst* (1926) wieder aufnimmt, ist er natürlich über das spätere Schicksal der »Neurose« des Wolfsmannes informiert – er läßt das durchblicken, als er die Möglichkeit einer wirklichen zeitweiligen Regression bei dem »Russen« diskutiert, als dieser die Angst erkennen ließ, von dem Wolf *verschlungen* zu werden. »Die Krankengeschichte des russischen ›Wolfsmannes‹ spricht ganz entschieden für die letztere ernstere Möglichkeit ...« (GW, Band 14, S. 134)

Trotzdem nimmt er den Fall des »Russen« wie den von Hans in ihren Manifestationen gegenüber dem angstauslösenden Tier als Modelle für phobische Erkrankungen, die insgesamt auf die Kastrationsangst konzentriert sind, eine um so erstaunlichere Position, als es sich um ein Werk handelt, in dem der Kastrationskomplex ganz deutlich in eine »Reihe« gestellt wird, deren Ende er noch nicht ist (dieses findet sich in der »Angst vor dem Über-Ich«, *ibid.*, S. 170). Als Freud Hans mit dem Wolfsmann vergleicht, schreibt er: »Wir glauben den Motor der Verdrängung in beiden Fällen zu kennen und sehen seine Rolle durch den Verlauf bestätigt, den die Entwicklung der zwei Kinder nimmt. Er ist in beiden Fällen der nämliche, die Angst vor einer drohenden Kastration ... aus Kastrationsangst verzichtet der kleine Russe auf den Wunsch, vom Vater als Sexualobjekt geliebt zu werden, denn er hat verstanden, eine solche Beziehung hätte zur Voraussetzung, daß er seine Genitale aufopfert, das, was ihn vom Weib unterscheidet.« (*ibid.*, S. 136f.) Obwohl Freud im Text des »Wolfsmannes« seine Ausführungen auf die Kastrationsangst konzentriert, liefert er – allerdings, um eine Theorie Adlers zu widerlegen – eine Hypothese, die uns sehr fruchtbar erscheint: »... Eine gerechtere Würdigung des Verdrängungsvorganges in unserem Falle würde übrigens der narzißtischen Männlichkeit die Bedeutung des einzigen Motivs bestreiten. Die homosexuelle Einstellung, die während des Traumes zustande kommt, ist eine so intensive, daß das Ich des kleinen Menschen an ihrer Bewältigung versagt und sich durch den Verdrängungsvorgang ihrer erwehrt. Als Helfer bei dieser Absicht wird die ihr gegensätzliche narzißtische Männlichkeit des Genitales herangezogen.« (GW, Band 12, S. 145f.)

Man kann diese Beschreibung als Beschreibung einer traumatischen

Situation verstehen (für Freud stellt der Wolfstraum ein Trauma dar), in der das Ich – entsprechend der Beschreibung, die Freud davon in *Hemmung, Symptom und Angst* gibt (1926, GW, Band 14, S. 199 f.) – sich aufgrund seiner Unreife und seiner Unfähigkeit, die Erregungen zu meistern, die es überschwemmen, in einem Angstzustand befindet. Dann vollzieht sich im Ich eine automatische Angstreaktion. Die bewirkte Verdrängung ist eine primäre Verdrängung. Die Kastration wäre vielleicht nicht die äußerste Bedrohung; diese würde, wie man vermuten kann, die eigentliche Schicht des Ich betreffen. Das Subjekt würde also versuchen, vom Register der Katastrophe zu dem der Kastration überzugehen.

Das Problem, das sich hier stellt, ist die Frage: Warum eine so »intensive« homosexuelle Einstellung? Schließlich wohnen zahlreiche Kinder dem Koitus ihrer Eltern bei, ohne von ihren weiblich-passiven Identifikationswünschen überschwemmt zu werden.

Wir geben nicht vor, dieses Problem lösen zu können, und wollen hier nur einige Aspekte ansprechen, die mit unserem Vorhaben verbunden scheinen: zu prüfen, ob die Theorie des phallischen sexuellen Monismus gültig ist. Diese stellt das Prinzip auf, allen menschlichen Wesen, auch den Frauen, werde ein Penis zugeschrieben. Sie paßt allerdings schlecht zu dem Wunsch, die Frauen zu kastrieren. Anläßlich des *Leonardo* haben wir eine Auffassung skizziert. Wir haben vermutet, daß die mütterliche Verführung, die in das Kind *eindringt*, und tatsächlich jede Situation, in der das Ich von Erregungen überflutet wird (also jeder traumatische Zustand), zur Bildung einer phallischen Mutterimago führt. Uns scheint, daß der Wolfsmann Traumata erlebt hat (wir haben, Harold Blum folgend, diejenigen hervorgehoben, die mit den schweren Kinderkrankheiten des kleinen Russen zu tun hatten), die geeignet waren, eine besonders gefährliche Imago dieser Art zu bilden.

Freud meint, »daß die Sexualentwicklung des Falles, den wir hier verfolgen, für unsere Forschung den großen Nachteil hat, daß sie keine ungestörte ist.« (GW, Band 12, S. 74 f.) (Man sieht, daß Freud vor allem daran gelegen ist, die sexuelle Entwicklung im allgemeinen aufzudecken.) »Sie wird zuerst durch die Verführung entscheidend beeinflußt und nun durch die Szene der Koitusbeobachtung abgelenkt, die nachträglich wie eine zweite Verführung wirkt.« (*ibid.*, S. 75)

Wenn wir unsere Hypothese von der Bildung einer phallischen Mutterimago im Falle gehäufter Traumata weiterführen, können wir uns vor-

stellen, daß der so der Mutter zugeschriebene Penis mit der fehlenden psychischen Ausarbeitung der Erfahrungen verbunden ist, denen das Subjekt unterworfen war, die in das Subjekt *eingebrochen* sind und dort als Fremdkörper weiterbestehen. Das Ich kann so durch die auf ihm lastenden Überflutungsdrohungen, die seine Existenz gefährden, veranlaßt werden, einen Versuch zur Veränderung der Gefahrensituation zu unternehmen. Dieser wäre anfangs rein ökonomisch und würde dann dynamisch (der Appell an die »narzißtische Männlichkeit«, um den Verdrängungsprozeß zu unterstützen).
Die frühzeitige Mobilisierung des Konflikts, um die Überflutung des Ich zu bewältigen, addiert sich schließlich zu den Auswirkungen des anfänglichen Traumas. Die Triebe und die Abwehrmechanismen werden aktiviert und brechen in das Ich ein. Die daraus folgende Projektion des »Fremdkörpers« in Form des Penis auf die Mutterimago nimmt, wenn sie dem Konstanzprinzip gehorcht, gleichzeitig zwangsläufig eine verfolgende Färbung an, da keine Abfuhr der Triebregungen und keine Ausarbeitung des Konflikts durch das Ich erfolgen. Dieser Teil des Ich, auf die Mutter projiziert, hat die Neigung, in das Ich des Subjekts zurückzukehren, und verfolgt dieses so. Uns scheint die Mutter das Objekt dieser Projektion zu sein insofern, als sie zur Zeit der Unreife des Ich, in der diese traumatischen Erfahrungen stattfinden, unfehlbar auf die Mutter zurückgeführt werden. (Wir denken sowohl an die frühen Krankheiten als auch an die beiden »Verführungen« des Wolfsmannes, wobei die Verführerinnen ihre traumatische Wirkung wahrscheinlich aus der Empfindlichkeit des Subjekts beziehen, die mit seinen Kinderkrankheiten zusammenhängt. Wir haben bereits gesagt, daß uns hinsichtlich der Beziehung zur realen Mutter Informationen fehlen.)
Nach der Lektüre des »Kleinen Hans« fragt Abraham anläßlich einer Arbeit von Jung bei Freud an, ob dieser meine, der Vater habe immer das *Übergewicht*. »In manchen meiner Analysen ist es entschieden die Mutter ...« (Brief vom 7. 4. 1909, in *op. cit.*) Beim Kleinen Hans ist die Mutter relativ präsent, während sie beim Wolfsmann fast vollständig verschwindet.

Der Zufluß innerer Erregungen, der sich, wenn wir Freud folgen, im Verlauf des Traumes mittels verschobener Aktion herstellt – oder von der Beobachtung des Koitus mit achtzehn Monaten an –, stellt die Frage nach der Natur und dem Objekt der so aktivierten Triebe.[8] Für Freud gibt es keinen Zweifel, daß es sich um homosexuelle Triebe handelt. Ihr Gegenstand ist, entsprechend dem umgekehrten Ödipuskomplex, der Vater. Dennoch scheint uns, daß die Frage damit nicht beantwortet ist. Sollte das, was dieser Triebüberflutung ihre Intensität und den gleichzeitig so anziehenden und gefährlichen Charakter passiver Unterwerfung gibt, nicht mit der bedrohlichen, verfolgenden Mutterimago verbunden sein? Sie zeichnet sich hinter dem Vater ab, und ihr Eindringen in das Ich ist gleichzeitig furchterregend und unvermeidlich aus Gründen, die an die Projektion gebunden sind: Das Ich kann sich niemals eines Teils seiner selbst entledigen. Doch ständig werden Versuche unternommen, das zu tun. Dies bringt uns zurück zum Problem der Kastration der Frau und der Verführung.

Freud mißt der (aktiven) Verführung durch die Schwester einen entscheidenden Einfluß bei. Die sexuellen Spiele der Kinder haben jedoch nicht immer einen so negativen Einfluß. Was dagegen sichtbar wird, sind die schwüle, morbide Atmosphäre dieser Kindheit und der zweifellos psychotische Charakter der Schwester, eines frühreifen, sinnlichen, begabten Kindes, das sich in der Adoleszenz das Leben nehmen sollte. Kapitel III, »Die Verführung und ihre nächsten Folgen« (GW, Band 12, S. 42), beginnt mit zwei Deckerinnerungen an die englische Gouvernante; sie soll eines Tages gesagt haben: »Schauen Sie doch auf mein Schwänzchen!« Ein andermal war ihr »zur großen Befriedigung der Geschwister« der Hut weggeflogen. Freud setzt diese Erinnerungen sofort in Beziehung zu einer Kastrationsdrohung, die die Gouvernante ausgesprochen haben soll. Der Wolfsmann hat dann Aggressionsträume gegen seine Schwester und gegen die Gouvernante. Es war, »als hätte er ... nach dem Bad ... die Schwester entblößen ... ihr die Hüllen ... oder Schleier ... abreißen wollen und ähnliches« (*ibid.*, S. 42). Dann erfährt man, seine Schwester habe ihn verführt. Seine aggressiven Phantasien seien ein Versuch, sich selbst in der Rolle des aktiven Verführers darzustellen. Er habe infolge der Verführung eine Aversion gegen seine Schwester entwickelt.

Nun ist diese Thematik – der Hut, der davonfliegt, die abgerissenen Schleier – nicht nur eine Abfolge von Aggressionsphantasien, sondern augenscheinlich auch mit Kastration verbunden. Die Schwester habe ihn ihre »schonungslos gezeigte Überlegenheit sehr drückend« empfinden lassen (*ibid.*, S. 45), und der Wolfsmann habe sich daraufhin an »dienende Personen« gewandt, »deren Bildung und Intelligenz weit hinter der seinigen zurückstehen mußten« (*ibid.*, S. 46). »Waren alle diese Liebesobjekte Ersatzpersonen für die ihm versagte Schwester, so ist nicht abzuweisen, daß eine Tendenz zur Erniedrigung der Schwester, zur Aufhebung ihrer intellektuellen Überlegenheit, die ihn einst so bedrückt hatte, dabei die Entscheidung über seine Objektwahl bekam« (*ibid.*, S. 46). Wie soll man hierin nicht ebenfalls einen Kastrationswunsch erkennen? Wenn er den Fliegen die Beine ausreißt, mit dem Fuß Käfer zerdrückt und phantasiert, er schlage Pferde, so kann man sich vorstellen, daß all dies Kastrationen des weiblichen Penis sind.

Später wird er im Zusammenhang mit Gruscha träumen, er reiße einer *Espe* die Flügel aus. Freud befragt ihn dazu, und es stellt sich heraus, daß es sich um eine *Wespe* handelt, eine Anspielung auf Gruscha (auf die gelbgestreifte Birne): »Die Espe ist natürlich eine verstümmelte Wespe.« Freud kommentiert: »Der Traum sagt klar, er räche sich an der Gruscha für ihre Kastrationsdrohungen.« (*ibid.*, S. 128) Wenn man annimmt, daß Gruscha ihn wirklich bedroht hat, dann ist die Strafe die Kastration eines Objekts, das einen *Stachel* besitzt.

Man könnte sich natürlich fragen, warum das Trauma, der Fremdkörper, in Form eines *sexuellen* Organs projiziert wird. Unserer Meinung nach stellt das Trauma vorbildlich eine Situation dar, die geeignet ist, eine libidinöse Miterregung auszulösen, und zwar so sehr, daß der projizierte Fremdkörper sofort sexualisiert wird.

Das bringt uns zu der Hypothese zurück, der zufolge die Intensität der homosexuellen Triebe und der Kastrationsgefahr, die sie mit sich bringen, von der Imago der phallischen Mutter gestützt werden. Es wäre ihr verfolgender Charakter, der die Beziehung zum Vater verbiegen und ihr ihren so bedrohlichen Charakter geben würde. Man kann sogar vermuten, daß die homosexuelle Unterwerfung unter den Vater einen Versuch darstellt, der Unterwerfung unter die Mutterimago zu entgehen, ein unfruchtbarer Versuch, da die primitive Mutterbeziehung in die Beziehung zum Vater eindringt, aber ein Versuch, der deswegen um so verzweifelter fortgesetzt wird. Der umgekehrte Ödipuskomplex ist ein Teil des »normalen« Ödipuskomplexes (der »vollständige Ödipuskomplex« in *Das Ich und das Es*, GW, Band 13, S. 261), und meist integrieren die Knaben ziemlich geräuschlos die umgekehrte Konfiguration des Ödipuskomplexes, wie es beim Kleinen Hans der Fall war. Wir zitierten seine Phantasie vom Schlosser als einem Repräsentanten eines Aspekts seines homosexuellen Ödipuskomplexes, der es ihm erlaubt, sich mit seinem Vater zu identifizieren, ohne dabei seinen Penis zu verlieren, ja, ihn schließlich sogar zu gewinnen und sich so seiner zukünftigen männli-

chen genitalen Identität nach dem väterlichen Modell zu versichern (sein Vater war ihm »Vorbild«, GW, Band 7, S. 365). Wenn das bei dem kleinen Russen nicht der Fall ist, wenn er vor der Aufgabe innehält, die ihm bestimmt ist, wenn die Kastrationsängste bei ihm so entwickelt sind, liegt das dann nicht an jener phallischen Mutterimago, die ihn in die Beziehung zur Mutter drängt und dieser gleichzeitig ihr Siegel aufdrückt? Die Kastrationsangst wäre dann die Erbin der vorherigen verfolgenden Beziehung, eine Zuflucht vor dem das Ich zersetzenden Erregungszufluß (darin folgen wir Freud voll und ganz). Das Angsttier bliebe gekennzeichnet von der Doppelsinnigkeit der väterlichen Person, die die Mutter verdeckt, und würde, wenn der »Biß« des Pferdes nur eine orale Ausdrucksweise für die Kastrationsangst ist, erklären, daß der Wolf, der den kleinen Russen fressen will, eine Triebregression repräsentiert. Die orale Stufe ist »beim Russen ... im Gefressenwerden grell ausgeführt« (*Hemmung, Symptom und Angst*, GW, Band 14, S. 135).
Diese wenigen Hypothesen würden uns gestatten, die Kastrationswünsche zu berücksichtigen, die der Wolfsmann Frauen gegenüber manifestiert. Seine Kastrationsängste gingen nicht auf das Konto des (hypothetischen) »Anblicks« der Genitalorgane seiner Mutter, der, wie wir festgestellt haben, Freud zu den widersprüchlichen Annahmen veranlaßte, die Kenntnis der Vagina werde ein zusätzlicher Angstfaktor, die anale Beziehung zum Vater erweise sich als tröstlich etc. Alle diese Probleme blieben uns erspart, wenn wir einräumen würden, daß eine angeborene Kenntnis der Vagina und der Sexualität im allgemeinen einschließlich der Genitalität besteht.
Tatsächlich oszilliert die Freudsche Sexualtheorie zwischen zwei Polen, und das macht ihren Reichtum aus. Der eine Pol ist ontogenetisch, der andere phylogenetisch. Wie man weiß, entwickelt Freud gerade im »Wolfsmann« diesen zweiten Aspekt seines Denkens.
»Es ist unzweifelhaft, daß ihm um diese Zeit der Vater zu jener Schreckensperson wurde, von der die Kastration droht ... Der Knabe hat ein phylogenetisches Schema zu erfüllen und bringt es zustande, wenngleich seine persönlichen Erlebnisse nicht dazu stimmen mögen. Die Kastrationsdrohungen oder Andeutungen, die er erfahren hatte, waren vielmehr von Frauen ausgegangen, aber das konnte das Endergebnis doch nicht für lange aufhalten. Am Ende wurde es doch der Vater, von dem er die Kastration befürchtete. In diesem Punkte siegte die Heredität über das akzidentelle Erleben; in der Vorgeschichte der Menschheit ist es gewiß

der Vater gewesen, der die Kastration als Strafe übte und sie dann zur Beschneidung ermäßigte« (GW, Band 12, S. 119). Freud bezieht sich hier auf den »wissenschaftlichen Mythos« der Urhorde in *Totem und Tabu* (1913).

Freud nimmt seinen Gedanken von der phylogenetischen Übertragung am Ende seiner Studie über den Wolfsmann wieder auf und macht sie deutlicher: »Ich habe nun zu Ende gebracht, was ich über diesen Krankheitsfall mitteilen wollte. Nur noch zwei der zahlreichen Probleme, die er anregt, scheinen mir einer besonderen Hervorhebung würdig. Das erste betrifft die phylogenetisch mitgebrachten Schemata, die wie philosophische ›Kategorien‹ die Unterbringung der Lebenseindrücke besorgen. Ich möchte die Auffassung vertreten, sie seien Niederschläge der menschlichen Kulturgeschichte. Der Ödipuskomplex, der die Beziehung des Kindes zu den Eltern umfaßt, gehört zu ihnen, ist vielmehr das bestgekannte Beispiel dieser Art. Wo die Erlebnisse sich dem hereditären Schema nicht fügen, kommt es zu einer Umarbeitung derselben in der Phantasie, deren Werk im einzelnen zu verfolgen gewiß nutzbringend wäre. Gerade diese Fälle sind geeignet, uns die selbständige Existenz des Schemas zu erweisen. Wir können oft bemerken, daß das Schema über das individuelle Erleben siegt, so wenn in unserem Falle der Vater zum Kastrator und Bedroher der kindlichen Sexualität wird, trotz eines sonst umgekehrten Ödipuskomplexes. Eine andere Wirkung ist es, wenn die Amme an die Stelle der Mutter tritt oder mit ihr verschmolzen wird. Die Widersprüche des Erlebens gegen das Schema scheinen den infantilen Konflikten reichlich Stoff zuzuführen.« (*ibid.*, S. 155)

Freud hat also eine Auffassung von der psychosexuellen Entwicklung, die man als ontogenetisch bezeichnen könnte; die Ontogenese könnte von den Ereignissen der persönlichen Lebensgeschichte gestört werden.

Insbesondere ist es die *Verführung*, die den Ablauf der Stadien der Libido *umlenkt*. Wir haben weiter oben daran erinnert, daß Freud der Meinung ist, die *sexuelle Entwicklung des Falles* (des Wolfsmannes also) *habe den großen Nachteil, gestört zu sein*, und zwar durch die erste und zweite Verführung. Diese Auffassung hat er sein ganzes Leben lang beibehalten. In seiner Abhandlung *Über die weibliche Sexualität* (1931) schreibt er: »Wo die Verführung einwirkt, stört sie regelmäßig den natürlichen Ablauf der Entwicklungsvorgänge.« (GW, Band 14, S. 525)

In *Abriß der Psychoanalyse* (1938–1940) sagt er dazu noch: »Unsere Aufmerksamkeit wird zunächst von den Wirkungen gewisser Einflüsse angezogen, die nicht alle Kinder betreffen, obwohl sie häufig genug vorkommen, wie der sexuelle Mißbrauch von Kindern durch Erwachsene, ihre Verführung durch andere wenig ältere Kinder (Geschwister).« (GW, Band 17, S. 113) Dazu kommt noch das Miterleben des elterlichen Koitus: »Es ist leicht festzustellen, in welchem Ausmaß die sexuelle Empfindlichkeit des Kindes durch solche Erlebnisse geweckt und sein eigenes Sexualstreben in *bestimmte Bahnen gedrängt wird, die es nicht wieder verlassen kann* *.« (*ibid.*, S. 114)

Man kann annehmen, daß die Notwendigkeit, die Eindrücke »unterzubringen«, um sie nach dem Schema »auszurichten«, absolut fundamental ist. Man erkennt, daß sie es dem Subjekt ermöglichen muß, aus der Verwirrung und dem Chaos aufzutauchen.

Die hier dem Vater zugewiesene Rolle ist ein Vorläufer derer, die Freud ihm in seinem »Rundschreiben« vom 15. Februar 1924 überträgt (in E. Jones, *Das Leben und Werk von Sigmund Freud*, 1962, Band II, S. 79–82), in dem er die »aktive Therapie« von Ferenczi und Ranks soeben erschienenem Buch über das »Geburtstrauma« diskutiert: »Der Mutterleibsphantasie stellen sich Hindernisse entgegen, welche Angst hervorrufen – die Inzestschranken: Woher kommen die nun? Vertreten werden sie offensichtlich vom Vater, von der *Wirklichkeit* *, von der Autorität, die den Inzest verwehren. Warum haben sie die Inzestschranke errichtet? Meine Erklärung war eine historische und soziale, phylogenetische. Ich leitete die Inzestschranke von der Urgeschichte der menschlichen Familie her und sah dann in dem wirklichen Vater das eigentliche Hindernis, das die Inzestschranke wieder neu aufrichtet.«

Wenn wir das Problem der Phylogenese beiseite lassen, aber die Existenz des »Schemas« und der »Unterbringung« akzeptieren, die es zuläßt oder vielmehr zur Pflicht macht, verstehen wir, daß der Wolfsmann tatsächlich verzweifelt versuchte, seinen Konflikt mit seiner primitiven Vorstellung auf seinen Vater zu verschieben, und daß er um die Differenzierung seiner Imagines kämpfen mußte (und schließlich unterlag, indem er sich von der Psychose überwältigen ließ).

Aber Freud fährt fort: »Das zweite Problem liegt von diesem nicht fernab, ist aber ungleich bedeutsamer. Wenn man das Verhalten des vierjährigen Kindes gegen die reaktivierte Urszene in Betracht zieht, ja wenn man nur an die weit einfacheren Reaktionen des 1½jährigen Kindes beim Erleben dieser Szene denkt, kann man die Auffassung schwer von sich weisen, daß eine Art von schwer bestimmbarem Wissen, etwas wie eine Vorbereitung zum Verständnis, beim Kinde dabei mitwirkt. Worin dies bestehen mag, entzieht sich jeder Vorstellung; wir haben nur die eine ausgezeichnete Analogie mit dem weitgehenden *instinktiven* Wissen der Tiere zur Verfügung.«

»Gäbe es einen solchen instinktiven Besitz auch beim Mensch, so wäre es nicht zu verwundern, wenn er die Vorgänge des Sexuallebens ganz besonders beträfe, wenngleich er auf sie keineswegs beschränkt sein kann. Dieses Instinktive *wäre der Kern des Unbewußten* *, eine primitive Geistestätigkeit, die später durch die zu erwerbende Menschheitsvernunft entthront und überlagert wird, aber so oft, vielleicht bei allen, die Kraft behält, höhere seelische Vorgänge zu sich herabzuziehen.« (GW, Band 12, S. 155 f.)

Auffallend ist, wie sehr die Idee eines *instinktiven*, angeborenen Wissens – Kern des Unbewußten – auf den ersten Blick dem Gedanken einer progressiven Entwicklung der Libido, dem Fehlen eines vorgeformten Sexualinstinkts mit bestimmtem Ziel und Objekt, widerspricht. Insbesondere die *Drei Abhandlungen* (1905) können – im Zusammenhang mit dem Nachdruck, der dort auf die Angleichung von infantiler Sexualität und Perversion gelegt wird – als Widerlegung der »populären Theorie des Geschlechtstriebes« betrachtet werden: »Der populären Theorie des Geschlechtstriebes entspricht am schönsten die poetische Fabel von der Teilung des Menschen in zwei Hälften – Mann und Weib –, die sich in der Liebe wieder zu vereinigen streben. Es wirkt darum wie eine große Überraschung zu hören, daß es Männer gibt, für die nicht das Weib, sondern der Mann, Weiber, für die nicht der Mann, sondern das Weib das Sexualobjekt darstellt.« (GW, Band 5, S. 34) Und später heißt es: »Der Geschlechtstrieb ist wahrscheinlich zunächst unabhängig von seinem Objekt ...« (*ibid.*, S. 47)

In *Die Weiblichkeit* (1933) schreibt Freud über die Entwicklung des kleinen Mädchens, die er, wie man weiß, von narzißtischen Faktoren dominiert sieht, wobei die *libidinöse* Anziehung durch den Vater im wesentlichen *sekundär* wäre:

»Nun wäre es eine Lösung von idealer Einfachheit, wenn wir annehmen dürften, von einem bestimmten Alter an mache sich der elementare Einfluß der gegengeschlechtlichen Anziehung geltend und dränge das kleine Weib zum Mann, während dasselbe Gesetz dem Knaben das Beharren bei der Mutter gestatte. Ja man könnte hinzunehmen, daß die Kinder dabei den Winken folgen, die ihnen die geschlechtliche Bevorzugung der Eltern gibt. Aber so gut sollten wir es nicht haben, wir wissen kaum, ob wir an jene geheimnisvolle, analytisch nicht weiter zersetzbare Macht, von der die Dichter soviel schwärmen, im Ernst glauben dürfen.« (GW, Band 15, S. 127)

Als Freud jedoch die Dualität der Triebe, »Lebenstrieb – Todestrieb« (in *Jenseits des Lustprinzips*, 1920), einführt, schreibt er Eros die Tendenz zu, lebende Materie in immer größeren Einheiten zusammenzufassen. Es sieht dabei so aus, als vollziehe sich dieses Ansammeln nach dem Vorbild der Vereinigung der Gameten: »Die Sexualtriebe hingegen – es ist augenfällig, daß sie primitive Zustände des Lebewesens reproduzieren, aber ihr mit allen Mitteln angestrebtes Ziel ist die Verschmelzung zweier in bestimmter Weise differenzierter Keimzellen.« (GW, Band 13, S. 46) Anders ausgedrückt, eine der beiden großen Triebarten wird als Prinzip der Vereinigung definiert – der Keimzellen, der Individuen. Es gäbe also auf dem Grunde der Lebensvorgänge einen Zeugungsinstinkt, was recht alltäglich und absolut zulässig ist, selbst wenn man kein Anhänger der letzten Triebtheorie ist. Das widerspricht jedoch dem behaupteten Fehlen einer instinktiven Anziehung zwischen den Geschlechtern, woraus sich die Theorie des phallischen sexuellen Monismus ableitet.

Wir könnten vielleicht versuchen, diese Widersprüche zwischen »angeborenem Wissen« und »Unkenntnis der Vagina«, zwischen Zeugungsinstinkt und phallischer Phase (bei der man, das sei im Vorbeigehen gesagt, nicht recht sieht, auf was sie sich erstreckt – vielleicht teilweise auf die Urethralität, vor allem aber auf eine infantile Sexualtheorie) auszuräumen, indem wir uns den Texten zuwenden, in denen Freud den Untergang des Ödipuskomplexes als Folge der Lücke beschreibt, die zwischen den Wünschen des Kindes und seiner Fähigkeit klafft, sie zu verwirklichen. Rufen wir uns zunächst das düstere Bild ins Gedächtnis zurück, das Freud in *Jenseits des Lustprinzips* (1920) vom ödipalen Kind zeichnet: »Die Frühblüte des infantilen Sexuallebens war infolge der Unverträglichkeit ihrer Wünsche mit der Realität und der Unzulänglichkeit der kindlichen Entwicklungsstufe zum Untergang bestimmt. Sie ging bei den peinlichsten Anlässen unter tief schmerzlichen Empfindungen zugrunde. Der Liebesverlust und das Mißlingen hinterließen eine dauernde Beeinträchtigung des Selbstgefühls als narzißtische Narbe …« (GW, Band 13, S. 19)

Der Verzicht auf das ödipale Objekt erscheint in diesem Kontext mit der schmerzlichen Erkenntnis verbunden, die das Kind von seiner Kleinheit, seiner Unzulänglichkeit gewinnt. Es ist eine Tragödie verlorener Illusionen.

In *Der Untergang des Ödipuskomplexes* (1924) stellt Freud zu Beginn seiner Abhandlung die Frage, woran der Ödipuskomplex zugrunde gehe, nachdem er zuvor die Szene beherrscht hatte. Er schreibt: »Die Analysen scheinen zu lehren: an den vorfallenden schmerzhaften Enttäuschungen ... Der Knabe, der die Mutter als sein Eigentum betrachtet, macht die Erfahrung, daß sie Liebe und Sorgfalt von ihm weg auf einen neu Angekommenen richtet ... Auch wo nicht besondere Ereignisse, die wie die als Proben erwähnten, vorfallen, muß das Ausbleiben der erhofften Befriedigung, die fortgesetzte Versagung des gewünschten Kindes, es dahin bringen, daß sich der kleine Verliebte von seiner hoffnungslosen Neigung abwendet. Der Ödipuskomplex ginge so zugrunde an seinem Mißerfolg, dem Ergebnis seiner inneren Unmöglichkeit.« (GW, Band 13, S. 395) Béla Grunberger (in »Essai sur la situation analytique et le processus de guérison«, 1956, in *Le Narcissisme*, 1975) beharrt auf der narzißtischen Verwundung des ödipalen Kindes, das sich an seiner (physiologischen) Unfähigkeit stößt, den Inzest zu verwirklichen. Er entwikkelt diesen Gedanken in »Oedipe et Narcissisme« (1966, in *Le Narcissisme*, 1975), indem er die Auswirkungen des chronologischen Abstands zwischen dem Auftreten der ödipalen Wünsche beim Kind und der Fähigkeit, sie zu befriedigen, erläutert. Die Institutionalisierung der Inzestschranke ziele darauf ab, *das narzißtische Trauma (hervorgerufen durch sein inneres Unvermögen), durch ein Verbot von außen zu ersetzen, das für seinen Narzißmus unendlich weniger verletzend ist.*« (*op. cit.*, S. 336)

Der Autor schreibt diesen chronologischen Abstand zwischen dem Wunsch und der Möglichkeit seiner Befriedigung dem unvollkommen Entwicklungszustand des Menschen zu.

Man kann hier daran erinnern, daß die *menschliche Frühreife* und die sie begleitende »Hilflosigkeit« in Freuds Werk einen wichtigen Platz einnehmen.

So schreibt er in »Entwurf einer Psychologie« (1895–1950, in *Aus den Anfängen der Psychoanalyse*): »Der menschliche Organismus ist zunächst unfähig, die spezifische Aktion herbeizuführen. Sie erfolgt durch *fremde Hilfe*, indem durch die Abfuhr auf dem Wege der inneren Veränderung ein erfahrenes Individuum auf den Zustand des Kindes aufmerksam gemacht wird. Diese Abfuhrbahn gewinnt so die höchst wichtige

Sekundärfunktion der *Verständigung* und die anfängliche Hilflosigkeit des Menschen ist die *Urquelle* aller *moralischen Motive.*« (*op. cit.*, S. 326)

In dieser Passage finden wir eine Vorwegnahme des in *Das Ich und das Es* (1923) ausgedrückten Gedankens, dem zufolge das Überich seinen Ursprung nicht nur im Ödipuskomplex hat, sondern auch in der »langen kindlichen Hilflosigkeit und Abhängigkeit des Menschen.« (GW, Band 13, S. 263)

In einer Fußnote zu *Triebe und Triebschicksale* (1915) schreibt er der Ohnmacht des Säuglings die Trennung zwischen Ich und Nicht-Ich zu: »Der narzißtische Urzustand könnte nicht jene Entwicklung nehmen, wenn nicht jedes Einzelwesen eine Periode von *Hilflosigkeit* und *Pflege* durchmachte, während dessen seine drängenden Bedürfnisse durch Dazutun von Außen befriedigt und somit von der Entwicklung abgehalten würden.« (GW, Band 10, S. 227)

In *Hemmung, Symptom und Angst* (1926) spricht Freud erneut von der Frühreife des Menschenkindes; seine »Intrauterinexistenz ... erscheint gegen die der meisten Tiere relativ verkürzt; es wird unfertiger als diese in die Welt geschickt. Dadurch wird der Einfluß der realen Außenwelt verstärkt, die Differenzierung des Ich vom Es frühzeitig gefördert, die Gefahren der Außenwelt in ihrer Bedeutung erhöht und der Wert des Objekts, das allein gegen diese Gefahren schützen und das verlorene Intrauterinleben ersetzen kann, enorm gesteigert. Dies biologische Moment stellt also die ersten Gefahrsituationen her und schafft das Bedürfnis, geliebt zu werden, das den Menschen nicht mehr verlassen wird.« (GW, Band 14, S. 186f.)

Die Theorie des phallischen sexuellen Monismus (und ihre Ableitungen) scheint uns geeignet, einen Teil der narzißtischen Verwundung zu beseitigen, die der menschlichen Rasse gemeinsam ist und die aus der Frühreife des menschlichen Kindes resultiert.

Den Fels der Realität bildet der Unterschied zwischen den Geschlechtern[9] und den Generationen. Tatsächlich handelt es sich dabei nach unserer Meinung um zwei Seiten derselben Medaille.

Die Wirklichkeit ist nicht, daß die Mutter kastriert wurde, sondern daß sie eine Vagina besitzt, die der kleine Junge nicht ausfüllen kann. Wirklichkeit ist, daß der Vater einen Penis hat, den der kleine Junge nicht hat (der große »Wiwimacher«, um den der Kleine Hans den Vater beneidet), sowie genitale Fähigkeiten, die das Kind noch nicht besitzt.

Wenn es gezwungen ist, den Unterschied der Geschlechter in ihrer genitalen Komplementarität zu erkennen, muß es gleichzeitig auch die Unterschiede zwischen den Generationen zur Kenntnis nehmen. Dies *stellt eine schmerzhafte narzißtische Verwundung dar, die die Theorie des phallischen sexuellen Monismus zu beseitigen sucht*: Wenn das männliche Kind zur Zeit des Ödipuskomplexes keinerlei Wunsch hätte, die Mutter zu penetrieren, weil es von der Existenz ihrer Vagina nichts wüßte, bräuchte es seinen Vater um nichts zu beneiden; dieser würde nur »vage« Berührungen an der Mutter vornehmen, zu denen das Kind selbst auch fähig wäre, wenn die Mutter es zuließe und der Vater sich dem nicht widersetzte. Gleichzeitig blieben ihm auch die Konflikte der Introjektion des väterlichen Penis und die Vergeltungsängste wegen seiner Kastrationswünsche erspart.

Der so aufgefaßte Ödipuskomplex des Knaben bewahrt teilweise seinen Narzißmus. Tatsächlich entspricht er der *perversen Versuchung, die prägenitalen Wünsche und Befriedigungen* (die dem kleinen Jungen zugänglich sind) *als ebenso annehmbar wie und sogar annehmbarer als die genitalen Wünsche und Befriedigungen erscheinen zu lassen* (die nur dem Vater zugänglich sind). Diese Versuchung zeichnet sich in der Analyse des Kleinen Hans deutlich ab, als dieser den Wunsch äußert, die Pferde zu schlagen, und schließlich gesteht, er würde gern seine Mutter schlagen: Das ist für einen kleinen Jungen in der Tat leichter, als mit einer erwachsenen Frau den genitalen Koitus zu vollziehen.

Die Behauptung, zur Zeit des Ödipuskomplexes habe das männliche Kind keinerlei Wunsch, seine Mutter zu penetrieren (da es keine, auch keine unbewußte, Kenntnis von ihrer Vagina habe), erscheint uns als Bestätigung der männlichen Abwehrmechanismen im allgemeinen und der des Perversen im besonderen.

Wenn es zuträfe, daß der Vorgang der Pubertät gleichzeitig den Primat der Genitalzonen, die Erektionsfähigkeit des Penis, die Entdeckung eines neuen Ziels (Penetration einer Höhlung) und des Sexualobjekts mit sich bringt (Freud in den *Drei Abhandlungen*, 1905)[10], wäre dem Ödipuskomplex ein großer Teil seiner dramatischen Ladung entzogen.

Man kann vermuten, daß es die menschliche Frühreife ist, die bewirkt, daß das »angeborene«, animalische Wissen des Menschen dazu bestimmt ist, ins Vergessen zu sinken und einer langsamen und mühsamen Reifung Platz zu machen. Es ist die fehlende Übereinstimmung zwischen dem Inzestwunsch und dem Erwerb der Fähigkeit zu seiner Befriedigung, die der kindlichen Sexualität, der Prägenitalität, dem Phantasieleben und den Sexualtheorien ihre Bedeutung gibt: Diese sind Schöpfungen des Kindes, die nicht nur die Geheimnisse des Erwachsenenlebens durchdringen, sondern auch die sexuelle Wahrheit umformen sollen, um sie erträglich zu machen.

Mit einer Metapher könnte man sagen, daß das gesamte sexuelle Potential des Menschen bei der Geburt schon vorhanden ist wie ein zusammengerolltes Band, das durch die Entwicklung nach und nach abgewickelt wird. Es ist die menschliche Frühreife, die aus dem Instinkt den Trieb und aus der Sexualität die Psychosexualität macht.[11]

Die Unterscheidung zwischen Ichtrieben (Instinkten) und sexuellen Trieben (Trieben) wurde von Freud (in *Vorlesungen zur Einführung in die Psychoanalyse*, 1915–1917, GW, Band 11, S. 363) als dem Menschen eigen angesehen. Uns scheint, daß die Zweiteilung von Ichtrieben und sexuellen Trieben (oder eigentlichen Trieben) in direkter Beziehung zur menschlichen Frühreife steht und auf den *biologischen Faktor* zurückgeführt werden muß, den Freud in *Hemmung, Symptom und Angst* (1926, GW, Band 14, S. 186) als einen der Hauptfaktoren beim Ursprung der Neurosen bezeichnet. »Zu solcher Entzweiung kommt es vielleicht nur beim Menschen, und darum mag im ganzen und großen die Neurose sein Vorrecht vor den Tieren sein. Die überstarke Entwicklung seiner Libido und die vielleicht gerade dadurch ermöglichte Ausbildung eines reich gegliederten Seelenlebens scheinen die Bedingungen für die Entstehung eines solchen Konflikts geschaffen zu haben. Es ist ohne weiteres ersichtlich, daß dies auch die Bedingungen der großen Fortschritte sind, die der Mensch über seine Gemeinschaft mit den Tieren hinaus gemacht hat, so daß seine Fähigkeit zur Neurose nur die Kehrseite seiner sonstigen Begabung wäre.« (GW, Band 11, S. 429)

Das Ich des kleinen Jungen, dessen Tendenzen – die wir alle mehr oder weniger in uns tragen –, der Rivalität, den Konflikten, dem schmerzhaften ödipalen Mißerfolg auszuweichen, nicht unterstützt und ermutigt wurden, sieht sich veranlaßt, das zu suchen, zu entdecken und zu bewundern, was den Vater zum Objekt der Mutter macht, und den Wunsch, ihm zu gleichen, auf die Zukunft zu verschieben. So wird der Vater zum Vorbild, zur Stütze der Projektion des Ichideals des kleinen Jungen. Die Unmöglichkeit, den inzestuösen Plan ohne weiteres zu verwirklichen, drängt den kleinen Jungen »ungebändigt immer vorwärts« (*Faust*, zitiert von Freud in *Jenseits des Lustprinzips*, 1920, GW, Band 13, S. 45).[12]

Zweites Kapitel

Der Perverse und das Ichideal[1]

Als er noch klein war, aber anfangen sollte, in die Schule zu gehen, hatte seine Großmutter ihm erzählt, daß jede Blume im Garten des Paradieses der süßeste Kuchen und die Staubfäden der feinste Wein wären; auf der einen stände Geschichte, auf der anderen Geographie oder das Einmaleins; man brauchte nur Kuchen zu essen, so könnte man seine Aufgaben; je mehr man äße, um so mehr Geschichte, Geographie und Einmaleins wüßte man.
Das glaubte er damals. Aber als er schon ein größerer Knabe war, mehr lernte und klüger wurde, begriff er wohl, daß etwas viel Herrlicheres im Garten des Paradieses sein müsse.

Andersen, *Der Garten des Paradieses*

Wir haben bereits erwähnt, daß Freud in der ersten Phase seiner Forschungen mehrmals Idealisierung und Perversion in Verbindung gebracht hatte.

– Er sprach von der *Idealisierung der Triebe* (*Drei Abhandlungen*, 1905) oder von der *Überschätzung des Triebes* im Altertum im Zusammenhang mit der *Überschätzung des Objekts* in der heutigen Zeit (*Drei Abhandlungen*, 1905, GW, Band 5, S. 48 Fußnote).

– Er sprach von der *Idealisierung des Fetischs, d. h. des Triebobjekts: sexuelle Überschätzung* von Körperteilen oder unbelebten Objekten, verglichen mit dem Fetisch-Gott des »Wilden« (*Drei Abhandlungen*, 1905). Es gibt auch die beiden Briefe an Abraham vom 18. 2. 1909 und vom 24. 2. 1910. Im ersten erwähnt Freud einen Mechanismus der *partiellen Verdrängung* (der sich auf die Analität bezieht) und einen anderen Teil des »Komplexes«, der als Entschädigung *idealisiert* werde (in *Sigmund Freud – Karl Abraham, Briefe*, S. 81). Diese Auffassung von der Zerteilung der Triebrepräsentanz in zwei Teile, von denen der eine verdrängt und der andere *idealisiert* wird, wird in *Die Verdrängung* (1915, GW, Band 10, S. 253) wieder aufgenommen.

Der Brief vom 24. 2. 1910 an Abraham (in *op. cit.*, S. 93 f.) spricht von den »*idealen* Ansprüchen« des Fetischisten.

– Er führte das Konzept des Narzißmus hauptsächlich im Zusammenhang mit der Form der Objektwahl beim Homosexuellen ein: Fußnote 1 (GW, Band 5, S. 44) in den *Drei Abhandlungen* (1905–1910) und *Eine Kindheitserinnerung des Leonardo da Vinci* (1910, GW, Band 8, S. 170).

1915 nimmt die Fußnote zu den *Drei Abhandlungen* (GW, Band 5, S. 44) eine Veränderung vor, bei der die wesentlichen Merkmale der Homosexualität definiert werden als narzißtische Objektwahl und Beibehaltung der erotischen Bedeutung der Analzone.

Wir haben so das Wesentliche der Verbindung rekapituliert, die Freud vor der Schrift von 1914, *Zur Einführung des Narzißmus*, zwischen Idealisierung und Perversion herstellt (und die Veränderung von 1915 hinzugefügt, die die vorhergehenden Schlußfolgerungen beibehält und gleichzeitig präzisiert. Es scheint dies das letzte Mal zu sein, daß Freud Narzißmus und Analität als Merkmale einer Perversion verbindet, während vorher Idealisierung und Analität mehrmals auf den Fetischismus bezogen wurden).

Man muß die Bedeutung unterstreichen, die die Rolle der Perversionen bei der Einführung des Konzepts des Narzißmus in die psychoanalytische Theorie hatte (1914). Wir werden auf diese Schrift allerdings deshalb zurückkommen, um das Konzept des *Ichideals*, des Gefährten des Narzißmus, genauer zu untersuchen: Freud nimmt im Zusammenhang mit dem Ichideal eine Auffassung wieder auf, die er schon zuvor in seiner Schrift *Der Dichter und das Phantasieren* (1908) geäußert hatte: »Aber wer das Seelenleben des Menschen kennt, der weiß, daß ihm kaum etwas anderes so schwer wird wie der Verzicht auf einmal gekannte Lust. Eigentlich können wir auf nichts verzichten, wir vertauschen nur eines mit dem andern.« (GW, Band 7, S. 215) Das Ichideal erscheint 1914 als eines der wesentlichen Schicksale des Narzißmus. »Der Mensch hat sich hier, wie jedesmal auf dem Gebiete der Libido, unfähig erwiesen, auf die einmal genossene Befriedigung zu verzichten. Er will die narzißtische Vollkommenheit seiner Kindheit nicht entbehren, und wenn er diese nicht festhalten konnte, ... sucht er sie in der neuen Form des Ichideals wieder zu gewinnen. Was er als sein Ideal *vor sich hin projiziert* *, ist der Ersatz für den verlorenen Narzißmus seiner Kindheit, in der er sein eigenes Ideal war.« (GW, Band 10, S. 161) Was dem Menschen seine anfängliche narzißtische Vollkommenheit genommen hat, sind die »Verweise der anderen« und die Entwicklung »seines eigenen Urteils«. Tatsächlich öffnet sich die narzißtische Monade, die am Anfang das Menschenwesen ausmacht, der Außenwelt aufgrund ihrer »anfänglichen Hilflosigkeit« (»Entwurf einer Psychologie«, in *op. cit.*, S. 326), einer Hilflosigkeit, die die *Pflege* durch andere notwendig macht, um das Überleben zu sichern (*Triebe und Triebschicksale*, 1915, und *Hemmung, Symptom und Angst*, 1926). So wird der Narzißmus, die Zeit, in der *das Ich sein eigenes Ideal war*, veranlaßt, der Objektbeziehung Platz zu machen. Das Ich begibt sich eines Teils seines Narzißmus, indem es diesen in Form des *Ideals* auf das Objekt projiziert. Von nun an besteht ein Abstand, ein Riß zwischen dem Ich und seinem Ideal; das Ich bemüht sich mit verschiedenen Mitteln, die beiden Ränder der Wunde zu vernähen, von der es jetzt gezeichnet ist. Die Vereinigung mit dem ersten Objekt, dem Träger der verlorenen narzißtischen Vollkommenheit, wird eines der Mittel zur Rückgewinnung des ursprünglichen Narzißmus. Obwohl die Existenz der Mutter, solange die Verschmelzung zwischen Ich und Nicht-Ich, zwischen Subjekt und Objekt andauert, nicht wahrgenommen wird, wird der narzißtische Zustand rückblickend – wie man vermuten kann und wie das klinische Material weitgehend bestätigt – als identisch mit der Verschmelzung zwischen dem

Säugling und seiner Mutter phantasiert, und zwar nach dem Modell der intrauterinen Situation (von der Freud vermutet, daß sie eine Primärphantasie ist).

Tatsächlich bringt Freud die zentrale Stellung des Ödipuskomplexes mit der menschlichen Frühreife in Verbindung, ohne sie allerdings direkt auf den Wunsch nach einer Rückkehr zu den Ursprüngen zu beziehen[2]: »Der Ödipus-Komplex ... verdankt aber seine Bedeutung keineswegs einem uns unverständlichen Zusammentreffen, sondern die biologischen Tatsachen der langen Unselbständigkeit und langsamen Reifung des jungen Menschen sowie des komplizierten Entwicklungsganges seiner Liebesfähigkeit drücken sich in dieser Betonung des Verhältnisses zu den Eltern aus.« (Freud, 1919, in »Vorrede« zu *Probleme der Religionspsychologie* von Theodor Reik, 1919, GW, Band 12, S. 325.)

Wenn der Inzestwunsch nicht nur von einem Sexualtrieb getragen wird, sondern von dem Wunsch, die verlorene narzißtische Einheit wiederzufinden, kann man dann nicht besser verstehen, daß der Junge im Laufe seiner Entwicklung dahin gelangt, die Vaterfigur mit seinem Ichideal zu besetzen? Er bringt seinen Narzißmus bei seinem Vater unter, der so sein Ideal wird, d. h. sein *Identifikationsentwurf*. Tatsächlich ist die Mutter in allen Fällen die erste Verführerin, und zwar durch ihre »normale« Pflegetätigkeit. Freud hat das immer wieder erwähnt, von den *Drei Abhandlungen* (1905 – siehe Auszug oben) bis zum *Abriß der Psychoanalyse* (1938–1940): »Dies erste Objekt vervollständigt sich später zur Person der Mutter, die nicht nur nährt, sondern auch pflegt und so manche andere, lustvolle wie unlustige, Körperempfindungen beim Kind hervorruft. In der Körperpflege wird sie zur ersten Verführerin des Kindes« (GW, Band 17, S. 115); unter anderem auch in *Über die weibliche Sexualität* (1931): »Unter den passiven Regungen der phallischen Phase hebt sich hervor, daß das Mädchen regelmäßig die Mutter als Verführerin beschuldigt, weil sie die ersten oder doch die stärksten genitalen Empfindungen bei den Vornahmen der Reinigung und Körperpflege durch die Mutter ... verspüren mußte.« (GW, Band 14, S. 532) Es handelt sich, wie wir wiederholen möchten, um die »normale« Tätigkeit der Mutter, die das Kind pflegt. Uns scheint jedoch, daß diese mütterliche Aktivität, wenn sie auch teilweise die Fixierung belegt, deren Objekt die Mutter ist, doch weder deren Intensität noch Fatalität erklärt.

Die inzestuöse Fixierung, die sich im Ödipuskomplex äußert, wäre, wenn sie nur das Werk des Sexualtriebes wäre, zweifellos leicht zu überwinden,

denn es gibt tatsächlich keinen »ödipalen Trieb«, wenn man sich an die Libidotheorie hält, sondern nur einen Sexual- (oder Aggressions-)trieb. Die Zähigkeit der Verbindung zwischen dem (sexuellen) Trieb und dem Objekt im Augenblick des Ödipuskomplexes rührte dann von den narzißtischen Wurzeln der Inzestliebe her. Was den Jungen in Richtung auf den Ödipuskomplex und die Genitalität vorantriebe, wäre die Sehnsucht nach seiner glorreichen Vergangenheit, nach der Zeit, in der er sein eigenes Ideal war.
In einer Hinzufügung von 1924 zu den *Drei Abhandlungen* (1905–1924) schreibt Freud, der, wie man weiß, von dem *Geburtstrauma* Ranks (1924) in seiner eigenen Arbeit stark beeinflußt war: »In einer anderen Schrift (*Das Trauma der Geburt*, 1924) hat *Rank* die Mutterbindung auf die embryonale Vorzeit zurückgeführt und so die biologische Grundlage des Ödipuskomplexes aufgezeigt.« (GW, Band 5, Fußnote 2, S. 127f.) Durch diesen Satz begreift man wahrscheinlich einen der Gründe für die Faszination, die Rank auf ihn ausgeübt hat, selbst wenn er ihn schließlich ablehnte. Freud war tatsächlich immer versucht, die Entdeckungen der Psychoanalyse mit der Biologie zu verbinden, auch wenn er sie gleichzeitig von ihr loslöste.
Dann kommt Freud zur Untersuchung der Verbindungen zwischen der libidinösen Befriedigung und dem Ichideal[3]: »Wo sich ein solches Ideal nicht entwickelt hat, da tritt die betreffende sexuelle Strebung unverändert als Perversion in die Persönlichkeit ein. Wiederum ihr eigenes Ideal sein, auch in betreff der Sexualstrebungen, wie in der Kindheit, das wollen die Menschen als ihr Glück erreichen.« (GW, Band 10, S. 168)
Die Projektion des kindlichen Narzißmus auf die Eltern, die das Ichideal wesentlich begründet, erscheint wie ein Schritt vorwärts in der Eroberung des Realitätssinnes und der Objektbeziehungen, da der primäre Größenwahn zugunsten des Objekts aufgegeben wird. Gleichzeitig entspricht die Bildung des Ichideals dem Realitätsprinzip, indem sie nicht den kürzesten Abfuhrweg zur Befriedigung nimmt (der dem Lustprinzip eigen ist). Wir haben betont, daß das Ichideal den Gedanken des »Entwurfs« impliziert, der wiederum Aufschub, Umweg, zeitweilige Belegung beinhaltet, Merkmale eines psychischen Funktionierens nach dem Realitätsprinzip. Das Ganze ruft den Gedanken von »Entwicklung« und »Evolution« hervor. Tatsächlich ist es die Mutter, der im wesentlichen – zumindest zu Beginn des Lebens – die Aufgabe zufällt, ihr Kind zu veranlassen, sein Ichideal auf einander folgende, immer entwickeltere Vorbilder zu projizieren.

Wohldosierte Versagungen und Befriedigungen müssen das Kind dazu bringen, sich von gewissen Befriedigungen zu lösen, die mit bestimmten Funktionen und einer bestimmten »Seinsweise« verbunden sind, um neue zu gewinnen. Jede Etappe seiner Entwicklung muß ihm so viele Befriedigungen liefern, daß es keine Lust zur Umkehr bekommt, und so viele Frustrationen, daß es nicht stehenbleiben will (Fixierung); das Kind soll insgesamt die *Hoffnung* bewahren, die ihm ermöglicht, weiter die Stufen seiner Entwicklung zu ersteigen. So wird das Kind von seiner Mutter geführt, die ihm hilft, sein Ichideal »vor sich hin« zu projizieren, indem sie seine antreibende Rolle stärkt, d. h. sich so verhält, daß das Ichideal den Aspekt des »Versprechens« behält.
Die Mutter kann das Ichideal des Kindes aber auch *vom Wege abbringen*, sei es durch einen Mangel an narzißtischen und objektbezogenen Befriedigungen, sei es durch ein Übermaß an Befriedigungen. Für unser Thema wollen wir nur die zweite Hypothese beibehalten. Wenn für den Jungen die Projektion des Ichideals auf den Vater im Augenblick des Ödipuskomplexes das Versprechen einer Aufhebung des Abstands zwischen dem Ichideal und dem Ich enthält (in der Phantasie von einer inzestuösen Beziehung), kann die Beziehung der Mutter zu ihrem kleinen Jungen verhindern, daß diese Projektion zustandekommt.
Freud betont in seinem Werk mehrfach die Tatsache, daß das Kind vor allem *groß sein* will. So schreibt er beispielsweise in *Der Dichter und das Phantasieren* (1908): »Das Spielen des Kindes wurde von Wünschen dirigiert, eigentlich von dem einen Wunsche, der das Kind erziehen hilft, vom Wunsche: groß und erwachsen zu sein. Es spielt immer ›groß sein‹, imitiert im Spiele, was ihm vom Leben der Großen bekannt geworden ist.« (GW, Band 7, S. 216)
Man kann den Wunsch, »groß zu werden«, als fundamentalen Inhalt des »normalen« (oder »neurotischen«) Ichideals ansehen. Tatsächlich drängt jedes Gefühl von *Bewunderung* zur Identifizierung.
Die *verführende* Haltung der Mutter kann diesen Wunsch, »groß zu werden«, beim Kind allerdings beseitigen und es daran hindern, dem Vater gegenüber die Bewunderung zu empfinden, die ihn zu seinem Identifikationsvorbild macht, zum Träger seines Ichideals.
Ehe wir die Modalitäten dieses Vorgangs und seine Folgen präzisieren, wollen wir anmerken, daß Freud bei Leonardo diese Unterdrückung des Wunsches, »groß zu werden«, wahrgenommen hatte: »Der große Leonardo blieb überhaupt sein ganzes Leben über in manchen Stücken

kindlich.« (*Eine Kindheitserinnerung des Leonardo da Vinci*, 1910, GW, Band 8, S. 199) Obwohl man den »Spielen« Leonardos einen besonderen Sinn zusprechen kann – wir werden darauf zurückkommen –, stellt Freud dennoch eine Verbindung her zwischen der Verführung durch die Mutter, dem Fortbestehen des »Spiels« im Erwachsenenalter und dem Problem des Verführten, das »Großwerden« zu akzeptieren:

»Es ist wahrscheinlich, daß dieser Spieltrieb Leonardos in seinen reiferen Jahren schwand, daß auch er in die Forschertätigkeit einmündete, welche die letzte und höchste Entfaltung seiner Persönlichkeit bedeutete. Aber seine lange Erhaltung kann uns lehren, wie langsam sich von seiner Kindheit losreißt, wer in seinen Kinderzeiten die höchste, später nicht wieder erreichte, erotische Seligkeit genossen hat.« (*ibid.*, S. 201) Die Psychoanalytiker erkennen heute insgesamt die *Verführung* durch die Mutter als entscheidenden ätiologischen Faktor bei den Neurosen an. Zitieren wir beispielsweise die Sätze von Robert Bak in *The phallic woman* (1978, S. 32f.):

»Man trifft häufig eine Dreieckskonstellation an, in der die Verführung durch die Mutter eine spezifische Form annimmt. Dem Jungen wird das Gefühl gegeben, er sei nicht nur der Bevorzugte, sondern auch mittels eines Identitätsbandes der der Mutter Nächste. Aus dem Vater wird ein Außenseiter, ein Fremder, eine *quantité négligable* gemacht.[4] In mehreren Fällen waren die Patienten nahe an der Verwirklichung des Inzests und hatten gute Gründe anzunehmen, der Nichtvollzug habe an ihnen gelegen.«

Was für unser Thema wichtig erscheint, ist, *daß alles abgelaufen ist, als habe die Mutter das Kind dazu getrieben, sich eitle Hoffnungen zu machen, indem sie es glauben machte, mit seiner kindlichen Sexualität sei es ein vollkommener Partner und habe seinen Vater folglich um nichts zu beneiden, und es so in seiner Entwicklung anhielt; sein Ichideal besetzte nicht den genitalen Vater und seinen Penis, sondern blieb an ein prägenitales Modell gebunden.*

Tatsächlich lebt der Perverse, der darin meist von seiner Mutter unterstützt wird, in der *Illusion*, die Prägenitalität sei der Genitalität gleichwertig oder überlegen. Der Vater und seine Attribute werden *ausgeschlossen*. Die infantile Sexualtheorie des phallischen Monismus wird insgesamt in den Dienst der Aufrechterhaltung dieser Illusion gestellt. Wenn der Inzestwunsch, wie wir glauben, von den narzißtischen Motivationen gestützt wird, dem Wiederfinden der Zeit, in der Ich und Nicht-Ich verschmolzen waren, dann hat der zukünftige Perverse die Illusion, es sei nicht notwendig, den Höhepunkt der sexuellen Entwicklung zu erreichen, um die Verschmelzungssituation mit der Mutter wiederzufinden. Die Sehnsucht nach der primären Verschmelzung, der Zeit, in der das Kind sein eigenes Ideal war, veranlaßt das Subjekt in den normalen Fällen, seinen Narzißmus *vor sich hin* zu projizieren, auf den ödipalen Vater, den väterlichen Penis, in der Phantasie einer genitalen Leistung, die das Versprechen einer Rückkehr zu den Ursprüngen enthält. Sie kann jedoch beim zukünftigen Perversen dazu führen, den ganzen Vorgang verschwinden zu lassen.

Wenn die Projektion des Narzißmus *nach vorn* in Form des Ichideals den Aufschub der erwarteten Befriedigung beinhaltet und damit ein mehr dem Realitätsprinzip entsprechendes Vorgehen, das sich in Richtung auf Entwicklung und Reifung bewegt, dann veranlaßt die perverse Illusion umgekehrt dazu, den *kurzen Weg* zu wählen: Die Verschmelzung mit der Mutter wird hier und jetzt stattfinden, ohne daß es nötig ist, sich zu entwickeln und groß zu werden.

Wir haben daher hier eine Gegenüberstellung des *langen Weges*, der das Subjekt zum Ödipuskomplex und zur Genitalität führt, und des *kurzen Weges*, der das Subjekt an die Prägenitalität fixiert. Diese beiden Wege definieren zwei Formen von Ichideal.

Um diese beiden Formen besser zu umreißen, wollen wir nun zur Untersuchung der Prüfungsträume[5] schreiten, »typischen Träumen« laut Freud, indem wir ihnen eine persönliche Deutung geben und den Prüfungstraum eines Neurotikers mit dem Prüfungstraum eines unserer perversen Patienten vergleichen.

Freud widmet in der *Traumdeutung* (1900) den Prüfungsträumen zwei Seiten: »Jeder, der mit der Maturitätsprüfung seine Gymnasialstudien abgeschlossen hat, klagt über die Hartnäckigkeit, mit welcher der Angsttraum, daß er durchgefallen sei, die Klasse wiederholen müsse u. dgl. ihn verfolgt. Für den Besitzer eines akademischen Grades ersetzt sich dieser typische Traum durch einen anderen, der ihm vorhält, daß er beim Rigorosum nicht bestanden habe, und gegen den er vergeblich noch im Schlaf einwendet, daß er ja schon seit Jahren praktiziere, Privatdozent sei oder Kanzleileiter ... Nachdem wir aufgehört haben, Schüler zu sein, sind es nicht mehr wie zuerst die Eltern und Erzieher und später die Lehrer, die unsere Bestrafung besorgen; die unerbittliche Kausalverkettung des Lebens hat unsere weitere Erziehung übernommen, und nun träumen wir von der Matura oder vom Rigorosum – und wer hat damals nicht selbst als Gerechter gezagt? – so oft wir erwarten, daß der Erfolg uns bestrafen werde, weil wir etwas nicht recht gemacht, nicht ordentlich zustande gebracht haben, so oft wir den Druck einer Verantwortung fühlen.« (GW, Band 2/3, S. 280f.)

Die Deutung, die Freud diesen Träumen gibt, verdankt er angeblich einem »kundigen Kollegen«. Diesem war aufgefallen, daß der Maturatraum nur bei solchen Personen vorkommt, die in Wirklichkeit diese Prüfung bestanden haben (unsere klinische Erfahrung hat uns übrigens gelehrt, daß es Ausnahmen von dieser Regel gibt). Freud sagt dann weiter: »Der ängstliche Prüfungstraum, der, wie sich immer mehr bestätigt, dann auftritt, wenn man vom nächsten Tage eine verantwortliche Leistung und die Möglichkeit einer Blamage erwartet, würde also eine Gelegenheit aus der Vergangenheit herausgesucht haben, bei welcher sich die große Angst als unberechtigt erwies und durch den Ausgang widerlegt wurde ... Die als Empörung gegen den Traum aufgefaßte Einrede: Aber ich bin ja schon Doktor u. dgl. wäre in Wirklichkeit der Trost, den der Traum spendet, und der also lauten würde: Fürchte dich doch nicht vor morgen; denke daran, welche Angst du vor der Maturitätsprüfung gehabt hast, und es ist dir doch nichts geschehen. Heute bist du ja schon Doktor usw. Die Angst aber, die wir dem Traume anrechnen, stammte aus den Tagesresten.« (*ibid.*, S. 281)

Das mag sein, aber wäre es nicht einfacher und dem Wunsch des Schläfers entsprechender, im Traum erfolgreich zu sein? Warum dieser komplizierte Umweg?

Die Prüfungsträume sind im Rahmen der Traumtheorie und der Wunscherfüllung problematisch. Die Angst wird nicht durch das Bevorstehen irgendeiner Triebverwirklichung ausgelöst. Es handelt sich auch nicht um Bestrafungsträume im eigentlichen Sinne (welcher infantile Wunsch sollte denn bestraft werden?).

Hier der Prüfungstraum einer neurotischen Patientin:

Die Träumerin hatte mit beträchtlichem Unbehagen ihre erste Bakkalaureatsprüfung abzulegen. In ihren Assoziationen sagte sie, sie habe immer gemeint, sie habe es eigentlich nicht verdient, zu dieser Prüfung zugelassen zu werden, obwohl sie die Vorprüfungen bestanden hatte. Sie wurde von dem Gedanken verfolgt, sie verdanke ihre Zulassung der Duldsamkeit der Jury, die wußte, daß im gleichen Jahr ihr Vater gestorben war. Sie hatte ihren sterbenden Vater, gegen den sie eine heftige Abneigung empfand, nicht gepflegt. Am Tage seiner Beerdigung hatte sie sich dabei ertappt, daß sie vor sich hin trällerte.

Ihre Abneigung war tatsächlich mit einem intensiven Abwehrkampf gegen ihre ödipale Liebe verbunden, für die sie – wie ihr Material zeigte – von einem schrecklichen Mutterbild bestraft zu werden fürchtete.

Könnte man nicht folgende Deutung vorschlagen? Die Patientin hat eine scheinbare Reife erworben, symbolisiert durch das Bakkalaureat (Abitur). Doch das *Ichideal* ist nicht zufrieden mit der *Lücke*, die durch die Nicht-Integration der Beziehung zu den Eltern und die nicht vollzogene Trauer repräsentiert wird. Für das Ichideal handelt es sich um eine *falsche Reife*, die auf *betrügerische* Weise erlangt wurde (dank der Duldsamkeit der Jury).

Die Patientin hat das Bakkalaureat nicht *wirklich* (sie hat die Konflikte und die Elemente ihrer Psychosexualität nicht integriert, wie der Erwerb des Bakkalaureats glauben machen könnte; daher das Gefühl, es nicht verdient zu haben). Unserer Meinung nach hat hier das Ichideal Forderungen hinsichtlich der Art und Weise, wie unser Ich sich gebildet hat, und verweigert Abkürzungen der Reifung sowie Täuschungen.

Prüfungen markieren das Leben des Kindes, des Adoleszenten und oft des jungen Erwachsenen und bestätigen gewissermaßen die Integration der verschiedenen Etappen seiner Reifung.

Die Ausgabe der *Traumdeutung* (1900), die wir anläßlich unserer ersten Arbeit über die Prüfungsträume konsultierten, enthielt den letzten Absatz des diesem Thema gewidmeten Kapitels nicht. Wir hatten in der Tat den Bakkalaureatstraum mit der Tatsache in Zusammenhang gebracht, daß diese Prüfung in vielen (deutschsprachigen und slawischen) Ländern den lateinischen Namen »Matura« trägt. Nun hat Freud 1925 folgende Zeilen hinzugefügt: »W. Stekel, von dem die erste Deutung des ›Maturatraumes‹ herrührt, vertritt die Meinung, daß er sich regelmäßig auf sexuelle Erprobung und sexuelle Reife beziehe. Meine Erfahrung hat dies oft bestätigen können.« (*ibid.*, S. 282)

In der *Standard Edition* (1964, Bd. IV, 1. Teil, S. 275) der *Traumdeutung* ist eine Fußnote enthalten, die sich auf die Prüfungsträume bezieht (diese ist weder in den *Gesammelten Werken* noch in der gegenwärtigen französischen Ausgabe vorhanden; daher handelt es sich hier um eine Rückübersetzung):

»An dieser Stelle folgte im Jahre 1909 folgender Absatz: Der Kollege, den ich oben erwähnte, Dr. Stekel (es handelt sich um den »kundigen Kollegen«), hat auf die Tatsache aufmerksam gemacht, daß das für die betreffende Prüfung benutzte Wort ›Matura‹ lautet, was auch ›Reife‹ bedeutet; er will beobachtet haben, daß die ›Maturaträume‹ oft am Vorabend einer sexuellen Probe aus Angst vor einem Fiasko aufgrund mangelnder Potenz auftreten.« In der Ausgabe von 1911 wurde folgender Satz hinzugefügt: »Ein deutscher Kollege wandte, wie ich meine, zu Recht, ein, der deutsche Name der Prüfung – Abiturium – enthalte diese ›Doppelbedeutung‹ nicht. Von 1914 an wurde der ganze Absatz gestrichen und durch den neuen Absatz ersetzt, der das Kapitel beendet.«

Unsere Hypothese ist in der Tat nicht an das Wort »Matura« gebunden (was nur eine einfache Bestätigung ist), und die Reife, um die es sich handelt, geht über die Angst vor einem »Fiasko« hinaus. Der Wunsch, der sich in den Prüfungsträumen erfüllt, ist unserer Meinung nach vom *Ichideal* beherrscht: die Schwierigkeiten, die Integration der Konflikte und die verschiedenen Etappen der Entwicklung nicht auszulassen, um dem Ich die Vollständigkeit zu sichern, die zu seiner *genitalen narzißtischen* Erhebung notwendig ist.

Etwas von dieser Hypothese scheint in dem folgenden Auszug aus Freuds Deutung der Prüfungsträume durchzuscheinen:

»Die Prüfungsträume setzen der Deutung bereits jene Schwierigkeit entgegen, die ich vorhin als charakteristisch für die meisten der typischen Träume angegeben habe. Das Material an Assoziationen, welches uns der Träumer zur Verfügung stellt, reicht für die Deutung nur selten aus ... Vor kurzem gewann ich den sicheren Eindruck, daß die Einrede: Du bist ja schon Doktor u. dgl., nicht nur den Trost verdeckt, sondern auch einen Vorwurf andeutet. Derselbe hätte gelautet: Du bist jetzt schon so alt, schon so weit im Leben, und machst noch immer solche Dummheiten, Kindereien.« (*ibid.*, S. 282)

Hier wird die Betonung auf das Gefälle zwischen dem wirklichen Alter (der bestandenen Prüfung) und dem infantilen Charakter des Ich (»Kindereien«) gelegt. Wir denken also, daß der Prüfungstraum den Wunsch des Ichideals übersetzt, eine Neuanpassung zwischen diesen beiden Elementen vorzunehmen (der Prüfung, die die Reife voraussetzt, und den tatsächlichen »Kindereien«), damit das wirkliche Ich und das scheinbare Ich zusammenfallen.

Es wäre also ein vom Ichideal regierter Wunsch (das Ich dem Ideal nahezubringen), der den Prüfungstraum eingibt. Es handelt sich um den Wunsch, die Lücken in der Reifung durch eine Wiederaufnahme des fehlerhaften Prozesses auszufüllen. Dieser Wunsch, der einen oder mehrere Triebe mobilisiert, trifft erneut auf nicht beseitigte Schranken und erregt Angst.

Die Prüfung, von der Freud in der *Traumdeutung* am häufigsten zu träumen berichtet, ist nun gerade ein Examen, dessen Erfolg mit einem leichten Täuschungsmanöver verbunden war (das also eine Lücke verbarg): »Im Gymnasialprüfungstraume werde ich regelmäßig aus Geschichte geprüft, wo ich damals glänzend bestanden habe, aber allerdings nur, weil mein liebenswürdiger Professor – der einäugige Helfer eines anderen Traumes ... – nicht übersehen hatte, daß auf dem Prüfungszettel, den ich ihm zurückgab, die mittlere von drei Fragen mit dem Fingernagel durchgestrichen war, zur Mahnung, daß er auf dieser Frage nicht bestehen solle.« (*ibid.*, S. 282)

Die kleine Täuschung, die den Erfolg der Prüfung ermöglicht hat, wird vom Ichideal nicht akzeptiert, nicht aus Schuldgefühl, sondern weil sie eine Reife symbolisiert, die nur scheinbar ist, und unserer Deutung nach versucht der Träumer (offenbar Freud), im Traum den Reifungsvorgang, der Lücken enthält, wieder aufzunehmen, da sein Ichideal sich nicht mit Täuschungen zufriedengibt. Der einäugige Professor ist vielleicht da, um an die Kastration zu erinnern, welche die Lücke im Ich symbolisiert.

Was nicht in das Ich integriert ist, wird auf einer bestimmten Ebene wie eine Kastration erlebt.

Auch andere Träume Freuds scheinen in die Richtung der hier vorgebrachten Hypothese zu deuten.

In Abschnitt H des Kapitels VI der *Traumdeutung* (1900, S. 462–492) untersucht Freud das, was er als »heuchlerische Träume« bezeichnet, die »die Theorie der Wunscherfüllung auf eine harte Probe stellen«. Nachdem Freud den berühmten Wiederholungstraum Roseggers erzählt hat, entnommen aus »Fremd gemacht« (»... ich habe neben meinem bescheidenen Studenten- und Literatendasein den Schatten eines veritablen Schneiderlebens durch die langen Jahre geschleppt, ohne seiner los werden zu können ...«), berichtet Freud von einem seiner eigenen Träume, den er als dem Roseggers ähnlich beurteilt: »Ich habe als junger Doktor lange Zeit im chemischen Institut gearbeitet, ohne es in den dort erforderten Künsten zu etwas bringen zu können, und denke darum im Wachen niemals gern an diese unfruchtbare und *eigentlich beschämende* * Episode meines Lernens. Dagegen ist es bei mir ein wiederkehrender Traum geworden, daß ich im Laboratorium arbeite, Analysen mache, Verschiedenes erlebe usw.; *diese Träume sind ähnlich unbehaglich wie die Prüfungsträume* * und niemals sehr deutlich. Bei der Deutung eines dieser Träume wurde ich endlich auf das Wort ›*Analyse*‹ aufmerksam, das mir den Schlüssel zum Verständnis bot. Ich bin ja seither ›Analytiker‹ geworden, mache Analysen, die sehr gelobt werden, allerdings *Psychoanalysen*. Ich verstand nun: wenn ich auf diese Art von Analysen im Tagesleben stolz geworden bin, mich vor mir selbst rühmen möchte, wie weit ich es gebracht habe, hält mir nächtlicherweise der Traum jene anderen mißglückten Analysen vor, auf die stolz zu sein ich keinen Grund hatte.« (*ibid.*, S. 479)

Die Deutungen, die Freud seinen Träumen gibt, sind vielfältig. Es handele sich um Bestrafungsträume, um »masochistische Tendenzen im Seelenleben« und auch um den Wunsch, noch einmal jung zu sein. Wir glauben, daß es sich auch hier im wesentlichen um den Wunsch handelt, ein *narzißtisches Versagen* (*Scham*faktor), symbolisiert durch den Mißerfolg der chemischen Analyse, nicht hinter dem Erfolg neuer »Analysen« zu verstecken.

Wenn nicht *alle* Etappen der Entwicklung angemessen geleistet werden, wenn die Konflikte unzulänglich integriert werden, dann entsteht, wie groß der scheinbare Erfolg des Ich und manifest erwachsen sein Charakter auch sein mögen, eine Spannung zwischen Ich und Ichideal. So, wie dem Überich kein Wunsch verborgen bleibt, bleibt dem Ichideal keine Täuschung verborgen.

Eine Patientin träumt, daß sie bei der Bakkalaureatsprüfung durchfällt. Sie assoziiert: »Jedesmal, wenn ich in einer Krise bin, habe ich denselben Traum. Ich falle durch die Prüfung und sage mir: ›Aber ich habe doch studiert; das ist also unwichtig.‹ Und gleichzeitig habe ich den Gedanken, dieses Studium sei wertlos, weil ich ja die Bakkalaureatsprüfung nicht habe, weil da etwas fehlt.«

»In Wirklichkeit bin ich tatsächlich durch die Bakkalaureatsprüfung gefallen, obwohl ich eine sehr gute Schülerin war. Die Nonnen erzählten mir dauernd, welche Opfer meine Eltern für meine Studien gebracht hätten. Ich konnte erst zehn Jahre später mein Studium aufnehmen, als eine Verordnung erlassen worden war, die den Zugang zu den Fakultäten nach einer Sonderprüfung gestattete.«

Die »Krise«, von der sie ihren Traum ausgelöst glaubt, ist zunächst an die Übertragung bestimmter Aspekte ihrer Mutterbeziehung gebunden. Hier seien uns einige Bemerkungen erlaubt: Es handelt sich um einen Traum, der im Gegensatz zu den von Freud berichteten eine tatsächlich mißlungene Prüfung in Szene setzt. Die Patientin scheint an ungelösten ödipalen Problemen gescheitert zu sein (ihre älteren Schwestern hatten keine höhere Schulbildung). Später hat sie die Möglichkeit, eine »Sonderprüfung« abzulegen, die ihr gelingt und die augenscheinlich (objektiv) das vorhergehende Versagen gutmacht, jedoch nicht verdecken kann, daß in Wirklichkeit »etwas *fehlt*« (ihr eigener Ausdruck), das das mißlungene Bakkalaureat symbolisiert, das ihr eigenes Ich berührte, augenscheinlich die Nicht-Integration ihrer Rivalität mit ihren älteren Schwestern. Der Wunsch der Träumerin scheint zu sein, sich nicht mit einem Flickwerk zufriedenzugeben, welches das Fehlende verdeckt, sondern es wirklich auszufüllen, indem sie sich ihren ödipalen Problemen stellt. Wenn sie bei jeder »Krise« in ihrem Leben den gleichen Traum hat, so deshalb, weil sie jedesmal vor demselben Dilemma steht: die Dinge von Anfang an noch einmal aufzunehmen oder sie zu umgehen, sie mit Hilfe einer »Sonderprüfung« verschwinden zu lassen. Das Ichideal bevorzugt absolute Lösungen. In der analytischen Situation wendet sich der Traum natürlich an die Analytikerin; die analytische Kur (im Gegensatz zu gewissen Formen der Psychotherapie und allen Behandlungen mit Psychopharmaka) ist die Methode, die sich ihrer Definition nach nicht damit zufriedengibt, Lükken zuzudecken und Mängel abzuschirmen, sondern die gesamte Persönlichkeit und die ganze Entwicklung ins Spiel bringt. Aus dieser Perspektive gesehen sind die Prüfungsträume Programmträume *par excellence* und übersetzen die Ahnung, die man vom eigentlichen Sinn der analytischen Kur haben kann, ohne davon die mindeste bewußte Kenntnis zu besitzen; diese Ahnung ist eben gerade an die Funktion des Ichideals gebunden, die wir darzulegen versucht haben.

Wir glauben, hiermit die Aufmerksamkeit auf den Reifungsaspekt des Ichideals gelenkt zu haben, das sich bemüht, die Vollständigkeit des Ichs zu sichern, indem es sich weigert, Täuschungen zu akzeptieren, und den *langen Weg* einschlägt.

Wir wollen uns nun der umgekehrten Tendenz bei einem jungen perversen Patienten zuwenden, dessen Ichideal sich gerade mit dem *kurzen Weg* und den damit verbundenen Täuschungsmanövern zufriedengibt. Es handelt sich ebenfalls um Material, in dessen Mitte ein Prüfungstraum steht.

Jean-Jacques ist der jüngste Sohn einer streng katholischen Familie mit sechs Kindern. Dieser Patient, heute 28 Jahre alt, war mit einer angeborenen Mißbildung zur Welt gekommen, die nach der Geburt bald korrigiert wurde; seine Mutter nahm ihn, als er klein war, aufgrund dieser Behinderung und der dadurch notwendig gewesenen Operation zu sich ins Bett. Vor dem Vater verheimlichte sie stets etliche »Dummheiten«, die das Kind begangen hatte. Der junge Mann, inzwischen verheiratet und Familienvater, masturbiert heute mit dem Schlafanzug seiner Schwiegermutter (der Mutter seiner Frau) und hat dabei offen sadomasochistische Phantasien. Wenn er mit seiner Frau sexuell verkehrt, fesselt er sie mit Schnüren. Als Heranwachsender hatte er auch sexuelle Kontakte mit einem Mann, der älter war als er, nur ein Bein hatte und dem sein Vater »voll vertraute«. Er fuhr ohne Fahrerlaubnis ein Auto, sein Freund saß dabei neben ihm. Letzterer, der bei den Behörden der Stadt und insbesondere bei der Polizei sehr angesehen war, gab sich bei Unfällen der Polizei gegenüber als Fahrer aus und »deckte« das Vergehen des Patienten.

Der Patient träumte während der Analyse einmal, er wolle eine Prüfung ablegen (das Bakkalaureat), zu der er nicht zugelassen wurde. Das machte ihn sehr wütend und beunruhigte ihn außerordentlich; ein Professor rief ihn heimlich zu sich und sagte: »Das sind alles Idioten (es handelte sich um die Mitglieder der Jury), ich werde das regeln!« Dazu assoziierte der Patient über seine Mutter, die ihn, als er klein war, zu sich ins Bett nahm und seine »Dummheiten« vor dem Vater verbarg, und über seine Beziehung zu dem Einbeinigen. Der Professor aus dem Traum, der ihn beiseite rief, habe auf ihn den Eindruck gemacht, als wolle er sich ihm sexuell nähern. Der Professor spielt also die Rolle der Mutter als Komplizin – er erspart es ihm, sich dem ödipalen Konflikt (mit der Jury) und der Geschwisterrivalität (mit den anderen Prüflingen) zu stellen; er gibt ihm das Bakkalaureat (Matura: die Reife), ohne daß er seine Konflikte integrieren müßte (wie die Mutter, die ihn in ihr Bett nahm, ihn hat glauben machen können, er brauche nicht zu reifen, um den Platz seines Vaters einzunehmen). Ebenso hilft der Einbeinige ihm, die Autorität zu täuschen (seinen Vater, der ihm »voll vertraute«, und die Polizei). Er kann ohne Führerschein (ohne Prüfung) fahren, also ohne das getan zu haben, was notwendig ist, um die erforderlichen Fähigkeiten (die Reife) zu erwerben, und zwar dank der Komplizenschaft des Freundes, eines Mutterersatzes.

Ganz am Anfang seiner Analyse fand er unter folgenden Umständen eine Arbeit: Ein Freund, der die gleiche Ausbildung hatte wie er, erzählte ihm eines Tages, er wolle sich in einer Institution, die von einer Frau geleitet wurde, um eine freie Stelle bewerben; der Patient ging, ohne seinem Freund etwas zu sagen, zu dieser Frau hin und bekam die Stelle. Dieses Ausagieren zeigte sehr gut, unter welchen Auspizien die Kur ablaufen sollte.

Später versäumte er eine Sitzung und sagte beim nächsten Mal, er habe die Zeit der Sitzung benutzt, um seine Frau mit seiner Freundin zu betrügen. Seine Frau glaube, er sei »in die Analyse gegangen«: schließlich sei er der Meinung, wenn er die Zeit bezahle, könne er frei über die Sitzungsstunde verfügen.

Er war sichtlich von dem Wunsch beseelt, die Analytikerin solle die Rolle des Professors aus seinem Traum übernehmen (die Mutter – der Einbeinige) und ihm helfen, die Jury zu betrügen (den Vater und auch seine Frau bei seinem Verhältnis mit seiner Überich-Freundin, aber auch den entwerteten, kastrierten Vater, der unwürdig war, das Ichideal zu verkörpern: »Das sind alles Idioten.«). Er assoziierte über den homosexuellen Einbeinigen und sagte, dieser Mann habe ihn früher aufgefordert, ihn auf eine lange Autoreise zu begleiten. Er habe sich mit ihm im Alter von 17 Jahren in einem Hotelzimmer wiedergefunden, und durch einen Lapsus fügte er hinzu: »Ich war schon naiv!« Bewußt wollte er natürlich sagen, er sei »noch« naiv gewesen, doch man erriet, daß er in der Tat sehr früh eine Vorgehensweise entdeckt hatte, die er in der Folge oft anwendete: Er spielte den Naiven. Anders ausgedrückt, und das bezog sich auf seine früheste Kindheit, es handelte sich darum, die Autorität – den Vater – dadurch zu täuschen, daß er das kranke und unschuldige Kind spielte, das von der Mutter verwöhnt wurde und in einer körperlichen Nähe zu ihr lebte, die die Mutter gegenüber dem Vater zu seiner Komplizin machte. Die homosexuellen und fetischistischen Aspekte seiner Beziehung zu dem Einbeinigen lassen wir hier absichtlich beiseite, um seine *Funktion* als Komplize gegenüber der Autorität freizulegen, eine Funktion, die ihn so in der Mutterübertragung der Mutter und der Analytikerin angleicht, die nach dem Wunsch des Patienten ebenfalls diese Rolle spielen soll.

Uns scheint, daß dieses Material zeigt, wie der Perverse versucht, sein Bakkalaureat zu erhalten, ohne sich der Prüfung zu unterziehen, und dies im Gegensatz zu den neurotischen Patienten, die in unseren Beispielen versuchen, die Prüfung noch einmal zu machen, weil sie befürchten, das Diplom unrechtmäßig erlangt zu haben. Während der Neurotiker Sein und Schein in Übereinstimmung zu bringen sucht, begnügt sich der Perverse mit »Täuschungen«.

Das Ich des Perversen ist, wie wir zu zeigen versucht haben, auf fehlerhaften Identifikationen errichtet. Die so entstandenen Lücken zu verdecken, die Prägenitalität (die dem kleinen Jungen zugänglich ist) als die Genitalität (dem Vorrecht des Vaters) auszugeben, so zu tun, als sei der kleine, nicht geschlechtsreife Penis anziehender als der große, befruchtende Penis des Vaters, das sind die Aufgaben, die der Perverse zu leisten gezwungen ist, um sein Ich zu verkleiden und die »Illusion« aufrechtzuerhalten.

Drittes Kapitel

Das verkleidete Ich

Der Himmel war jetzt ein reiner Opal, und die Dächer der Häuser glitzerten gegen ihn wie Silber. Aus einem Kamin gegenüber stieg eine dünne Rauchgirlande. Sie kräuselte sich als ein violettes Band durch die perlmuttfarbene Luft.
In der großen, vergoldeten venezianischen Laterne, erbeutet aus der Barke eines Dogen, die von der Decke der ausladenden, eichegetäfelten Eingangshalle herabhing, brannte noch das Licht von drei flackernden Gasflammen, zarten, blauen Blütenblättern aus Feuer, umrandet von Weißglut. Er drehte sie aus ...

Es ist das Bild des Betrachters und nicht das Bild des Lebens, das die Kunst widerspiegelt.

Oft scheint es mir, als verberge die Kunst den Künstler weit mehr, als sie ihn jemals offenbart.

Oscar Wilde, *Das Bildnis des Dorian Gray*

Wir haben die Tatsache unterstrichen, daß das Kind, wenn es den Unterschied zwischen den Geschlechtern in ihrer *genitalen Komplementarität* erkennt, gleichzeitig gezwungen ist, den *Unterschied zwischen den Generationen* zur Kenntnis zu nehmen, was aus der Perspektive des Perversen dem Versinken im Nichts gleichkommt. Also muß alles unternommen werden, um dieser schrecklichen Bewußtwerdung zu entgehen, die in ihm ein Gefühl wahrhaftiger Verlassenheit auszulösen droht. Die prägenitale Sexualität mit ihren Trieben, ihren erogenen Zonen und ihren Partialobjekten *muß einem Idealisierungsvorgang unterworfen werden.* Das Ziel dieser Idealisierung ist für den Perversen, sich selbst und anderen die Illusion zu vermitteln, die prägenitale Sexualität sei der genitalen Sexualität überlegen.
Wir betonten bereits, daß Freud in den *Drei Abhandlungen* (1905) von der Idealisierung der Triebe beim Perversen sowie von der Überschätzung des Triebes im Altertum sprach (im Vergleich zur Idealisierung des Objekts in der modernen Zeit), wenn er auch 1914 versichert, die Idealisierung könne nur für die Objekte gelten.
Es scheint interessant, zunächst die Auffassung – die Freud nie aufgegeben hat – von der Existenz einer *organischen Verdrängung* zu verfolgen. Deren Vorläufer – gerade im Hinblick auf die Perversion – erkennt man in dem Brief an Fließ vom 11. 1. 1897 (in *Aus den Anfängen der Psychoanalyse,* 1950): »Die Perversionen münden regelmäßig in Zoophilie ein und haben tierischen Charakter. Sie erklären sich nicht durch Funktionieren von später aufgelassenen erogenen Zonen, sondern durch die Wirkung erogener *Sensationen,* welche diese Macht später verlieren. Man erinnert sich dabei, daß der leitende Sinn (auch für die Sexualität) beim Tier der Geruch ist, der beim Menschen abgesetzt wird. Solange der Geruch (– Geschmack) herrscht, wirken Haare, Kot und die gesamte Körperoberfläche, auch das Blut sexuell erregend.« (*op. cit.,* S. 160) Bald darauf, in dem bereits zitierten Brief vom 14. 11. 1897, bringt Freud sehr deutlich das Nicht-Aufgeben der erogenen Zonen und Empfindungen mit der Perversion und dem Fehlen der *organischen Verdrängung* in Zusammenhang. Gleichzeitig fällt die Bedeutung auf, die in diesem Zusammenhang der *Analität* gegeben wird und die spätere Formulierungen über den Prozeß der Zivilisation vorwegnimmt. Erinnern wir uns an diesen wichtigen Absatz: »Daß bei der Verdrängung etwas Organisches mitwirkt, habe ich oft geahnt, daß es sich um die Auflassung von ehemaligen Sexualzonen handelt, konnte ich Dir schon einmal erzählen ... bei mir hatte sich die

Vermutung an die veränderte Rolle der Geruchssensationen geknüpft: Aufrechter Gang, Nase vom Boden abgehoben, damit eine Anzahl von früher interessanten Sensationen, die an der Erde haften, widerlich geworden – durch einen mir noch unbekannten Vorgang. (Er trägt die Nase hoch – Er hält sich für etwas besonders Edles.) Die Zonen nun, welche beim normalen und reifen Menschen sexuelle Entbindung nicht mehr produzieren, müssen Afterregion und Mund-Rachengegend sein ... Bei den Tieren bestehen diese Sexualzonen nach beiden Hinsichten in Kraft; wo sich das auch beim Menschen fortsetzt, entsteht Perversion.« (*ibid.*, S. 199f.)

Und weiter: »Grob gesagt, die Erinnerung stinkt aktuell, wie in der Gegenwart das Objekt stinkt ...« (*ibid.*, S. 200) Später heißt es: »Somit ist es ersichtlich, wie mit den Entwicklungsschüben das Kind von der Frömmigkeit, Scham u. dgl. überzogen wird, und wie das Ausbleiben solchen Unterganges sexueller Zonen die Moral Insanity als Entwicklungshemmung produzieren kann.« (*ibid.*)

Der Gedanke, daß bei der Verdrängung ein organisches Element im Spiel sei, wird erneut in den *Drei Abhandlungen* (1905) ausgesprochen: »Man gewinnt beim Kulturkinde den Eindruck, daß der Aufbau dieser Dämme ein Werk der Erziehung ist, und sicherlich tut die Erziehung viel dazu. In Wirklichkeit ist diese Entwicklung eine organisch bedingte, hereditär fixierte und kann sich gelegentlich ganz ohne Mithilfe der Erziehung herstellen. Die Erziehung verbleibt durchaus in dem ihr angewiesenen Machtbereich, wenn sie sich darauf einschränkt, das organisch Vorgezeichnete nachzuziehen und es etwas sauberer und tiefer auszuprägen.« (GW, Band 5, S. 78)

Man hätte vermuten können, mit der Anerkennung der Universalität des Kastrationskomplexes (die in einer Fußnote zum »Kleinen Hans« von 1923 bestätigt wurde, GW, Band 7, S. 246) werde die Auffassung von einer organischen Verdrängung verschwinden. So war es aber nicht. In *Der Untergang des Ödipuskomplexes* (1924) spricht Freud von einer organischen, phylogenetischen Motivation (zusätzlich zu der durch ihre »innere Unmöglichkeit« und den Kastrationskomplex bedingten): »Wenn der Ödipuskomplex auch von den meisten Menschenkindern individuell durchlebt wird, so ist er doch ein durch die Heredität bestimmtes, von ihr angelegtes Phänomen, welches programmgemäß vergehen muß, wenn die nächste vorherbestimmte Entwicklungsphase einsetzt.« (GW, Band 13, S. 395f.)

In *Das Unbehagen in der Kultur* (1929) wird die Hypothese von der *organischen Verdrängung* nachdrücklicher bestätigt. Zitieren wir einen Auszug aus der langen Fußnote auf Seite 458f., GW, Band 14:

»Diese Veränderung hängt am ehesten zusammen mit dem Zurücktreten der Geruchsreize, durch welche der Menstruationsvorgang auf die männliche Psyche einwirkte. Deren Rolle wurde von Gesichtserregungen übernommen, die im Gegensatz zu den intermittierenden Geruchsreizen eine permanente Wirkung unterhalten konnten. Das Tabu der Menstruation entstammte dieser ›organischen Verdrängung‹ als Abwehr einer überwundenen Entwicklungsphase; alle anderen Motivierungen sind wahrscheinlich sekundärer Natur ... *Dieser Vorgang wiederholt sich auf anderem Niveau, wenn die Götter einer überholten Kulturperiode zu Dämonen werden* *.«

Dann folgen die langen, wohlbekannten Ausführungen über die »Aufrichtung« als »Beginn des verhängnisvollen Kulturprozesses«: »Die Analerotik erliegt also zunächst der ›organischen Verdrängung‹, die den Weg zur Kultur gebahnt hat.« (*ibid.*, S. 459)

In einer anderen Fußnote zur gleichen Arbeit (*ibid.*, S. 465f.) beharrt Freud auf der »organischen Verdrängung« der Analerotik und ihren kulturellen Folgen.

Halten wir diesen Vergleich zwischen der Aufgabe – infolge einer organischen Verdrängung – der prägenitalen (analen) Befriedigungen und der Umwandlung der alten Götter in Dämonen fest.

Wir wollen anmerken, daß Freud noch mindestens zweimal anläßlich der kulturellen Entwicklung von einem »organischen Vorgang« spricht. In »Über eine Weltanschauung«, *Neue Folge der Vorlesungen zur Einführung in die Psychoanalyse* (1933) schreibt er, der »Prozeß der Kulturentwicklung« sei »einem organischen Vorgang vergleichbar« (GW, Band 15, S. 194).

In seiner Antwort auf den Brief Einsteins, *Warum Krieg?* (September 1932), sagt Freud, der Prozeß der Kulturentwicklung sei vergleichbar »mit der Domestikation gewisser Tierarten ...; ohne Zweifel bringt er körperliche Veränderungen mit sich; man hat sich noch nicht mit der Vorstellung vertraut gemacht, daß die Kulturentwicklung ein solcher organischer Prozeß sei ... Sensationen, die unseren Vorahnen lustvoll waren, sind für uns indifferent oder selbst unleidlich geworden; es hat organische Begründungen, wenn unsere *ethischen und ästhetischen Idealforderungen* * sich geändert haben.« (GW, Band 16, S. 26)

Der Vergleich, den Freud zwischen den Befriedigungen, die der organischen Verdrängung anheimfallen, und dem Sturz der alten Götter zieht, ist erhellend. Man versteht sehr gut – und man braucht nur de Sade zu lesen, um sich davon zu überzeugen –, daß Triebe Gegenstand eines Kults sein können. Der Perverse hat aus seinen alten Göttern eben keine Dämonen gemacht und ist um so mehr gezwungen, ihnen Ehren zu erweisen, als seine Götter von der Mehrzahl seiner Mitmenschen nicht anerkannt werden, da diese in einem bestimmten Augenblick ihrer Entwicklung die Ideale gewechselt haben. Er ist also gezwungen, diesen Göttern Altäre zu errichten, seine prägenitalen Triebe zu erhöhen, denn *er vergrößert damit sein eigenes Ich.*

Vorwegnehmend kann man sagen, daß das, was beim Perversen das Bestehen einer Ichspaltung anzuzeigen scheint, nicht die Tatsache ist, daß das Subjekt gleichzeitig weiß und nicht weiß, daß die Mutter keinen Penis hat, sondern die Tatsache, daß es weiß und gleichzeitig nicht weiß, daß seine prägenitale Sexualität der genitalen Sexualität des Vaters nicht gleichwertig ist. Mit anderen Worten, es handelt sich darum, um jeden Preis die dunkle und vernichtende Ahnung von der Herrschaft der väterlichen Vorrechte zu leugnen, um die Illusion aufrechterhalten zu können, er sei das auserwählte Kind, das von seiner Mutter absolut bevorzugt wird und ihr angemessener Sexualpartner ist.

Das erschreckende Gefühl, das der Perverse in sich trägt, seine Illusion könne zusammenbrechen, seine Mutter habe ihm einen trügerischen Spiegel vorgehalten, muß bekämpft werden. Man spricht oft vom Sexualzwang des Perversen (der in unserer klinischen Erfahrung nicht immer evident ist). Wir schlagen vor, diesem einen *Idealisierungszwang* beizugesellen, der unserer Meinung nach die Berücksichtigung von Affinitäten gestattet, die oft zwischen dem Perversen und dem Beau auffallen: Der Perverse ist sehr häufig ein Ästhet.

Wir möchten hier betonen, daß der Idealisierungsvorgang beim Perversen nicht unbedingt von einer Sublimierung der Triebe begleitet ist. Sehr häufig – und darauf werden wir noch zurückkommen – ist der Prozeß der Sublimierung beim Perversen gestört (aber nicht immer, wie der sehr bedeutende Beitrag der Perversen – faktisch der Homosexuellen – zum Aufbau unseres künstlerischen Erbgutes zeigt). Die Tatsache, daß bei einem Künstler, einem Schriftsteller oder einem Philosophen der Sublimierungsvorgang gestört ist, hindert ihn nicht unbedingt daran, Werke hervorzubringen, und verhindert auch nicht, daß diese Werke für einige

Zeit in den Himmel gehoben werden, und zwar aus Gründen, die wir zu umreißen versuchen werden. Der Idealisierungszwang treibt jedoch nicht immer zur schöpferischen Tätigkeit, sondern führt vielmehr zum Schönheitskult.

Einer meiner Patienten, ein Fetischist, seines Zeichens Philosoph, lebt in einem Milieu literarischer Avantgarde. Es handelt sich um einen Mann von Raffinesse und Eleganz, der sagt, er komme aus „beruflicher Neugier" in die Analyse.

Die Analytikerin erfährt erst einige Wochen nach Beginn der Kur von seinem Fetischismus, und zwar unter folgenden Umständen: Sie ist für einige Tage abwesend. Bei der ersten Sitzung nach ihrer Rückkehr sagt der Analysand, er sei sehr zufrieden, einen »glänzenden« Artikel (das Wort stammt von ihm) beendet zu haben ... Dann assoziiert er über seinen Vater, der vollkommen ruiniert und gebrechlich war. Er hat einen Traum gehabt. Er fand auf dem Boden ein kleines, in Silberpapier ... nein, in Aluminiumfolie eingewickeltes Paket ... Darin befand sich eine staubige Kartoffel, die er aß. Ziemlich beschämt erzählt er, er habe im Alter von zehn Jahren eines Tages seine eigenen Exkremente gegessen ... einfach so, ganz plötzlich (er war zehn Jahre alt, als seine Schwester geboren wurde). Um diese Zeit herum hat er begonnen zu masturbieren und dachte dabei an Frauen, die in glänzende Regenmäntel (sic) gehüllt waren. An Regentagen hält er immer Ausschau nach einer Frau, die so gekleidet ist. Das erregt ihn.

Wir werden nicht das ganze Material kommentieren, sondern nur einige Verbindungen herstellen:

Abwesenheit der Analytikerin und Geburt seiner Schwester: Verlust der Mutter oder eines Muttersatzes in der Übertragung. Die Koprophagie tritt bei der Geburt seiner Schwester auf, ebenso seine fetischistischen Phantasien. Die Abfassung des »glänzenden« Artikels fällt in die Zeit der Abwesenheit der Analytikerin; der Artikel ist glänzend wie der Fetisch und das Papier, das die Kartoffel/das Exkrement einhüllt. Die Koprophagie wird im Traum erneut erlebt, diesmal in einer »glänzenden« Verkleidung. All das wird mit einem kastrierten Vater assoziiert (es handelt sich um den Beginn einer Analyse, doch diese wenigen Elemente zeigen wohl deutlich, wie dieser elegante und »glänzende« Patient hinter einem Silberpapier seine Triebe und seine Objekte aus dem analsadistischen Stadium verbirgt und wie im übrigen seine perversen Aktivitäten an die Trennung vom Mutterobjekt gebunden sind).

Ein anderer Patient übte zahlreiche perverse Aktivitäten aus; er war Exhibitionist und ging auch in besondere Kinos, um dort Frauen zu berühren, deren Ehemänner oder Freunde im allgemeinen neben ihnen saßen. In einer Sitzung begann er, darüber zu sprechen, daß er gern schreiben würde; er hatte vorher erwähnt, er habe einen meiner Artikel gelesen. Er fragte sich, wie er das machen würde, als ihm ein Traum einfiel, den er vergessen hatte:
»Ich befand mich in einem Sägewerk. Dort lag ein enormer Stoß von Holzscheiten, die alle gleich waren und die ich alle sorgfältig silbern anstreichen sollte. Ich mußte sehr aufpassen, um alle Scheite ganz mit Farbe zu bedecken; das erinnert mich daran, daß ich, als ich klein war, einmal Kot auf die Holzscheite des Sägewerkes strich, das neben unserem Haus lag. Der Chef war verrückt vor Wut. Ich denke an die Schokolade, die ich nachmittags trank, und auch an Schokoladenzigaretten, die ich früher im Tabakladen kaufte, in dem es auch Bonbons gab.«
Wir sind der Meinung, daß man an diesem zweiten Beispiel deutlich den Unterschied zwischen Idealisierung und Sublimierung sehen kann: Die schöpferische Tätigkeit, die unser Patient sich im Traum vorstellt (und die er mit seinem Wunsch zu schreiben assoziiert), besteht darin, die Schokolade und die Holzscheite (den analen Penis) mit einer Farbe oder einem Silberpapier zu bedecken, die sie idealisiert, aber nicht deren innere Natur verändert; man braucht nur daran zu kratzen, dann wird der Exkrementencharakter des Phallus unter der glänzenden Hülle wieder zum Vorschein kommen. Damit der Vater (der Chef des Sägewerkes) wirklich nicht mehr hat als der Sohn, wird sein genitaler Penis fäkalisiert.
Rrose Sélavy lebte bis zum Alter von etwa fünfunddreißig Jahren ein scheinbar »genitales« Sexual- und Familienleben. Die Begegnung mit einem Perversen, einem Kunstliebhaber, regte sie an, Kunstwerke zu sammeln, Ausstellungen zu besuchen und sich als Mäzenin zu betätigen; gleichzeitig gestattete sie ihrer latenten Perversion, sich zu manifestieren. Kann man nicht annehmen, daß Rroses prägenitale Triebe sich nur mit Hilfe der ästhetischen Atmosphäre äußern konnten, mit der ihr Partner sich umgab und die ihren Beziehungen eine idealisierende Aura verlieh?
Ein Patient kommt und bittet um eine Analyse. Er ist ein verführerischer Mann von fünfundvierzig Jahren. Im Verlauf des Gesprächs erfahren wir, daß er das jüngste von fünf Kindern ist, geboren in einer Holzhütte in einem Vorort einer Großstadt; seine Eltern sind arme Leute; er war das »Lieblingskind« seiner Mutter, mit der er »sehr zärtliche« Liebkosungen

austauschte. Der Vater war Alkoholiker. Er beschloß sehr früh, »aus dieser Hütte zu entkommen«. Mit fünfzehn Jahren betritt dieses Kind aus dem Lumpenproletariat eine Buchhandlung, hört dort Musik, wird von Leidenschaft für ein Instrument ergriffen und beschließt, sich auf den Besuch des Musikkonservatoriums in seiner Stadt vorzubereiten. Am Ende des Gesprächs erfahren wir, daß er mit zwanzig Jahren eine ziemlich lange Episode homosexueller Prostitution durchlebt hat. Eines Tages lernte er einen Intellektuellen kennen und zog mit diesem in eine gemeinsame Wohnung. Er erlernt den Beruf dieses Mannes und klettert nach und nach die Stufen der Erfolgsleiter seines Fachs hoch, in dem er heute ein höchst angesehener Mann ist. Inzwischen hat er die homosexuellen Praktiken aufgegeben und geheiratet.

Es sieht so aus, als habe er echte Sublimierungen vollzogen (und nicht nur Idealisierungen). Da die Analyse noch nicht begonnen hat, ist es schwer, Hypothesen über den libidinösen Haushalt dieses Patienten aufzustellen. Was uns bei dieser Gelegenheit auffiel, ist, daß ein guter Teil des Lärms des Lebens – um Freud zu paraphrasieren – von den Perversen kommt, ihrem Bedürfnis, sich und anderen die Überlegenheit der prägenitalen Dimension über das Universum des Vaters zu beweisen. Das Bedürfnis des Perversen, seine Triebe, seine Objekte, das prägenitale Universum, in dem er sich bewegt, zu maskieren, zielt letztendlich auf die Idealisierung seines eigenen Ichs ab. Er vertauscht sich mit seinen verehrten Partialobjekten, der verwandelten Vorstellung seiner eigenen infantilen Attribute, die dadurch erhöht werden. Er spiegelt sich in seinen gepriesenen Trieben, wie er sich früher in den verliebten Augen seiner Mutter spiegelte, um dort die Bestätigung seiner anbetungswürdigen Vollkommenheit zu finden. Er muß die Götter der Prägenitalität feiern, um sich seine eigene Göttlichkeit zu sichern.

Erinnern wir uns an den interessanten jungen Mann, den Freud Abraham gegenüber beschrieb (in seinem Brief vom 24. 2. 1910, S. 93, *op. cit.*), an dessen »Eleganz und Geschmack in der eigenen Kleidung« und seine »idealen Ansprüche«.

In dem Artikel, den Abraham der *Psychoanalyse eines Falles von Fuß- und Korsettfetischismus* (1912) widmet, schreibt er über seinen Patienten: »Aus den Ferien zurückgekehrt, achtete er auch in der Heimatstadt auf *elegante* * Schuhe, besonders bei seinen Mitschülern.« (Abraham, *Gesammelte Schriften,* Band 1, S. 25.) Der Patient schrieb in seiner Autobiographie: »Meine Augen wurden wie von magischer Gewalt auf weibliche Schuhe gezogen ... Ein uneleganter Schuh stößt mich ab und flößt mir Abscheu ein.« (*ibid.*, S. 256) Etwas weiter unten kommentiert Abraham: »Der Anblick weiblicher Schuhe erregt jedoch nur dann Lust, wenn sie ... elegant sind ... Die hohen Anforderungen, die der Schuhfetischist in bezug auf ästhetische Werte an sein Sexualobjekt zu stellen pflegt, beweisen ein starkes Bedürfnis nach Idealisierung des Objektes.« (*ibid.*, S. 258) Abraham betont, daß der Patient sein Interesse nicht auf die Gesamtheit des Körpers und auch nicht auf die primären oder sekundären Geschlechtsmerkmale richtet, sondern nur auf gewisse Teile der Bekleidung. *»Nicht also auf den nackten Körper, sondern auf dessen Verhüllung.«*

Zwar treten die »idealen Ansprüche« beim Fetischisten besonders hervor, doch uns scheint, daß die meisten Perversen sie ebenfalls haben.

Es sei uns erlaubt, nun auf ein höheres Register überzugehen (ein Symptom hat schließlich die gleiche Bedeutung, ob es bei einem Genie oder einem gewöhnlichen Menschen auftritt) und uns Leonardo zuzuwenden: »(Er war) ... heiter und liebenswürdig gegen alle; er liebte die Schönheit auch an den Dingen, die ihn umgaben, trug gern prunkvolle Gewänder und schätzte jede Verfeinerung der Lebensführung.« (in *Eine Kindheitserinnerung des Leonardo da Vinci,* GW, Band 8, S. 130)

Freud zitiert eine Passage aus dem *Traktat über Malerei,* in dem Leonardo den Maler dem Bildhauer gegenüberstellt und ihn rühmt. Man sieht, welcher Nachdruck auf die *ästhetischen* Bedingungen gelegt wird, unter denen der Maler seine Arbeit leistet, während die Analität beim »beschmierten« Bildhauer sichtbar bleibt: »Da hat er das Gesicht ganz beschmiert und mit Marmorstaub eingepudert, so daß er wie ein Bäcker ausschaut, und ist mit kleinen Marmorsplittern über und über bedeckt, daß es aussieht, als hätte es ihm auf den Buckel geschneit, und seine Behausung, die ist voll Steinsplitter und Staub. Ganz das Gegenteil von alle diesem ist beim Maler der Fall ... denn der Maler sitzt mit großer Bequemlichkeit vor seinem Werke, wohlgekleidet, und regt den ganz leichten Pinsel mit den anmutigen Farben. Mit Kleidern ist er geschmückt, wie es ihm gefällt. Und seine Behausung, die ist voll heiterer Malereien und glänzend reinlich. Oft hat er Gesellschaft, von Musik, oder von Vorlesern verschiedener schöner Werke, und das wird ohne Hammergedröhn und sonstigen Lärm mit großem Vergnügen angehört.« (*ibid.*, S. 130) Wenn die Quantität der Libido, die nicht direkt in den perversen Aktivitäten abgeführt wird und für eine echte Sublimierung zur Verfü-

gung steht, relativ groß ist (und man versteht, daß es sich da um ein besonders schwieriges ökonomisches Problem handelt, wenn man einräumt, daß es die Partialtriebe sind – dieselben, die in der Perversion verwendet werden –, die dem Prozeß der Sublimierung unterliegen, und zwar so sehr, daß Glover (1964)[1] von dem »scheinbaren Aufblühen der Sublimierungen bei bestimmten Arten der Homosexualität« sprach und »die enge Beziehung zwischen dem Mißerfolg der Sublimierung und der perversen Formation« als absolut kennzeichnend für die Pathologie bezeichnete), ist beim Subjekt die Angst geringer, daß der infantile Charakter des Ichs enthüllt werden könnte, der unter der Verkleidung durchscheint. Doch insgesamt scheint uns diese Angst immer vorhanden, immer aktiv zu sein; sie treibt den Perversen zu einer immer größeren Idealisierung seiner Partialobjekte und des perversen Aktes selbst. Glover bemerkte, daß *»die perverse Aktivität freier ausgeübt wird, wenn bestimmte ästhetische Bedingungen erfüllt sind *.«* (1931)[2]
Es führt das Beispiel eines »Homosexuellen mit Flagellationsphantasien« an, »dessen erotische Aktivitäten gehemmt waren, wenn die Peitsche nicht im Hinblick auf ihre Form, Größe, Feinheit, Glätte, Farbe und so fort bestimmten ästhetischen Maßstäben genügte«. (Wir können in der Tat in dieser Peitsche einen Fetisch sehen.) Glover fährt fort: »Die Kleider- und Schuhfetischisten weisen ähnliche Reaktionen auf. Die Unterwäsche muß beispielsweise bestimmten ästhetischen Regeln im Hinblick auf Modell, Farbe, Linie und dergleichen entsprechen. Die Strenge solcher Regeln erinnert an die rigiden Maßstäbe gewisser Kunstkritiker oder Aussteller. Wenn jemand, der nicht weiß, um was es sich handelt, eine Diskussion über die zur perversen Sexualbefriedigung notwendigen Umstände mitanhörte, könnte er sie nur sehr schwer von einer ästhetischen Diskussion über die Regeln von ›schön‹ und ›häßlich‹ unterscheiden.«[3] Glover nimmt diese Erörterung in *A Note on Idealization* (1932, in *op. cit.*) wieder auf, und dies insbesondere im Hinblick auf die Perversion. Er bemerkt, es gebe »Anzeichen für eine sexuelle Überschätzung in der Einstellung oder dem Verhalten der ganz Kleinen gegenüber den erreichbaren Teilen ihres eigenen Körpers ...; dies legt ein bestimmtes Maß von höchster Bewunderung und Anbetung nahe ... Die gleiche Reaktion kann in der Beziehung zu zahlreichen unbelebten äußeren Objekten beobachtet werden, beispielsweise zu dem Ort, an dem bunte Glasstücke aufgehängt sind ... Charakteristischerweise manifestieren sich diese Einstellungen vollständiger gegenüber unbelebten Ersatzobjek-

ten (Spielzeug etc.) als gegenüber lebenden Objekten (Eltern etc.).« Die Untersuchung der Perversionen zeigt, daß »außerhalb einer ausgeprägten Sexualüberschätzung der Partialobjekte und ihrer unmittelbaren Substitute viele Fälle eine extreme Idealisierung dieser Objekte aufweisen, so primitiv diese auch sein mögen«. Glover fügt über den Perversen scherzhaft hinzu: »*So sehr ihm auch die Idealisierung erwachsener Beziehungen abgehen mag, seine Gänse betrachtet er gewohnheitsmäßig als Schwäne* *. Meine Erfahrung scheint anzuzeigen, daß diese Reaktionen im Falle solcher Objekte häufiger sind, die mit der analen oder urethralen Sexualität zu tun haben. In der Nähe dieser Fälle stehen die fetischistischen Idealisierungen, die eine beträchtliche Dosis sadistischen Interesses enthalten. In einem typischen Fall wurde *der Ringmuskel des Afters als eine Art im Himmel hängender Lichthof phantasiert. Dann wurde er betrachtet, angebetet und idealisiert. Die Eigenschaften, die ihm zugeschrieben wurden, waren mystisch, und die ganze Einstellung des Patienten war religiöser Art* *.«[4]

Glover zeigt, daß die Idealisierung sich nicht nur »auf die Partialobjekte, Nahrung, Fäzes, erogene Zonen etc. ... bezieht, sondern auch auf die natürliche Umgebung, die Sonne und das Sonnenlicht, auf Wälder und blühende Gärten, Berghänge, Täler, das Meer« (*op. cit.*, S. 294). Es gebe eine sehr frühreife Form der primitiven Idealisierung »in engem Zusammenhang mit der *analsadistischen Sexualität* *« (*ibid.*, S. 296).[5]

Obwohl Glover mehr die Idealisierung der Objekte als die der Triebe ins Auge zu fassen scheint, beginnt der Unterschied sich zu verwischen, wenn es sich um erogene Zonen, die Quellen der Triebe, handelt. Wir wissen übrigens, daß sich im Unbewußten das Objekt des Triebes und der Trieb selbst oft vermischen. Im Alptraum beispielsweise projiziert das Subjekt seinen Trieb auf ein Objekt, das es verfolgt. Die Lähmung, die es ergreift, kann nur das Zeichen dafür sein, daß der Trieb/das Objekt in das Ich zurückkehren wird (der Teil seiner selbst, den das Subjekt als dessen Repräsentanten ansieht). Die Notwendigkeit, die Umgebung, das Dekor zu idealisieren, erscheint uns beim Perversen absolut fundamental: Alles, was das Ich umgibt, ist wie ein Spiegel, in dem es sich abbildet. Dieser Spiegel muß von erlesenem und raffiniertem Geschmack sein, um die Analität zu verkleiden, sie mit tausend glitzernden Juwelen zu verdecken (den bunten Glasstücken, von denen Glover spricht).

Das Werk Oscars Wildes scheint ganz besonders deutlich auszudrücken, was dieser Ästhetizismus gleichzeitig verbirgt und enthüllt.

Eines seiner Märchen, »Der Geburtstag der Infantin« (1888), macht die Tragödie desjenigen anschaulich, dessen Illusion bezüglich der Großartigkeit seines Ichs zusammenbricht, der plötzlich sein Bild im Spiegel der Wahrheit sieht: Ein Zwerg glaubt sich von der Prinzessin geliebt, die ihm eine Blume geschenkt hat (die Mutter, die ihr Kind täuscht, indem sie es glauben macht, es sei ihr angemessener Sexualpartner); da er im Wald wohnt, hat er noch nie sein eigenes Spiegelbild gesehen. Auf der Suche nach der Geliebten betritt er den königlichen Palast und eilt durch Säle, von denen einer herrlicher geschmückt ist als der andere: »Von allen Räumen war dies der prächtigste und schönste. Die Wände waren mit in sich geblümten blaßrotem Lucceser Damast bespannt, der ein Muster von Vögeln und zierlichen silbernen Blüten trug; die Möbel aus massivem Silber schmückten Blumengirlanden und schaukelnde Liebesgötter; vor den beiden gewaltigen Kaminen standen große, mit Papageien und Pfauen bestickte Paravents, und der Fußboden aus meergrünem Onyx schien sich weit in die Ferne zu dehnen. Er befand sich auch nicht allein.« Man errät, daß der Zwerg, nachdem er sich an der Pracht berauscht hat, die ihn umgibt, zum ersten Mal seinem wirklichen Bild in einem Spiegel begegnet. Als er begreift, daß die schreckliche Gnomengestalt, der er sich gegenübersieht, seine eigene ist, stirbt er (man kann annehmen, daß der Zwerg das Kind repräsentiert, das zu klein ist, um seine Mutter zu befriedigen, und seine Häßlichkeit die demaskierte Analität).

In einem anderen Märchen, »Der junge König« (1888), schreibt Oscar Wilde: »Und es scheint, als habe er vom ersten Augenblick seiner Anerkennung an Zeichen jener sonderbaren Leidenschaft für Schönheit offenbart, die bestimmt war, einen so großen Einfluß auf sein Leben auszuüben ..., und sobald er der Ratsversammlung oder dem Audienzzimmer entwischen konnte, stieg er die breite Treppe mit ihren Löwen aus vergoldeter Bronze und ihren Stufen aus schimmerndem Porphyr hinab und wanderte von Zimmer zu Zimmer und von Gang zu Gang wie einer, *der in Schönheit ein Mittel gegen Schmerz zu finden sucht, so etwas wie Genesung von Krankheit* *.«

Das Bedürfnis des Ichs, um jeden Preis die Illusion aufrechtzuerhalten, wird dramatisch geschildert in »Das Bildnis des Mr. W. H.« (1890). Oscar Wilde zeichnet dort die Geschichte einer literarischen Täuschung nach. Der Betrüger bringt sich um, als er sich entdeckt sieht. Der Kritiker, der am Ursprung dieser Affäre steht und den Selbstmord des Helden verursacht hat, beginnt an die These des Fälschers zu glauben, der behauptet hatte, die Identität des Adressaten der Sonette Shakespeares entdeckt zu haben. Der Kritiker nimmt sich ebenfalls das Leben, aber nicht ohne vorher dem Autor einen Brief übersandt zu haben, in dem er ihn beschwört, an die Existenz von Mr. Willy Hugues (W. H.) zu glauben. Dadurch gewinnt der Autor die Sicherheit, daß es sich doch um eine Fälschung handele: »Kein Mensch«, schreibt er, »stirbt für das, von dem er weiß, daß es wahr ist. Die Menschen sterben für das, von dem sie möchten, daß es wahr sei, von dem *ein unsäglicher Schrecken in ihrem tiefsten Inneren ihnen sagt, daß es nicht wahr ist* *.«

Das kritische Werk Oscar Wildes kann auf verschiedenen Ebenen gelesen werden. Tatsächlich brauchen einige der bekannten Paradoxa von Oscar Wilde über die Kunst anscheinend nicht ganz ernst genommen zu werden. Es handelt sich um nicht mehr und nicht weniger als eine Umkehrung der gewöhnlich anerkannten Beziehungen zwischen Kunst und Natur, Kunst und Leben, Kunst und dem »Realen«, und zwar, um die Vollkommenheit des Ichs zu sichern. Wenn, wie wir vermutet haben, die Umgebung des Perversen sein idealisiertes Ich repräsentieren muß, dann wird die Kunst – die bei Wilde im wesentlichen dekorative Kunst ist – zum Prinzip des Lebens, der Natur, des »Realen«. So vergewissert man sich, daß das Ich der Kunst völlig konform ist, da die Kunst nun zum *Vorbild* des Lebens, also des Ichs, erhoben wird. Wenn so eine umgekehrte Beziehung zwischen dem Objekt und seiner Spiegelung besteht, ist das Ich, in ein ästhetisch befriedigendes Dekor gestellt, nur noch die Spiegelung dieses Dekors. Die Schönheit des Dekors projiziert sich so auf das Ich, fängt es ein und erhöht es. Die Vollkommenheit der Kunst bemäntelt die Unvollkommenheiten der Natur.

Einer der Aufsätze Oscar Wildes über die Kunst trägt den Titel »Der Verfall der Lüge« (1890). Es handelt sich um einen Dialog zwischen Cyril und Vivian; letzterer ist das Sprachrohr des Autors: »Meine eigene Erfahrung ist die: Je mehr wir die Kunst studieren, desto weniger kümmert uns die Natur. In Wirklichkeit offenbart uns die Kunst den Mangel an planvoller Absicht in der Natur, ihre merkwürdigen Roheiten, ihre außergewöhnliche Eintönigkeit, das völlig Unfertige ihres Zustands. Zweifellos hat die Natur gute Absichten, aber, wie Aristoteles einmal sagte, sie kann sie nicht ausführen. Wenn ich eine Landschaft betrachte, sehe ich auch gleich alle ihre Mängel. Zu unserem Glück jedoch ist die Natur so unvollkommen, sonst wäre nie die Kunst entstanden. Die Kunst ist unser geistvoller Protest, unser kühner Versuch, der Natur ihren eigentlichen Platz zuzuweisen.«

Vivian schreibt einen Artikel mit dem Titel: »Der Verfall der Lüge: Ein Protest.« Es handelt sich um ein Plädoyer für die Lüge in der Kunst. »Ein Charakter in einem Roman rechtfertigt sich nicht dadurch, daß er ist, was andere Leute sind, sondern daß er ist, was der Autor ist.« Und über den *psychologischen Roman*: »Was wirklich interessant ist an Menschen in der guten Gesellschaft« (es handelt sich um einen Angriff auf Paul Bourget), »... das ist die Maske, die jeder trägt, nicht die Wirklichkeit, die hinter der Maske steckt.« »Die Kunst beginnt mit dem geometrischen Ornament, mit Werken, die aus der Phantasie und zum reinen Vergnügen geschaffen sind, und mit dem Unwirklichen, dem Nichtexistenten zu tun haben. Das ist die erste Phase. Dann wird das Leben durch dieses neue Wunder bezaubert und verlangt, aufgenommen zu werden in den *Zauberkreis* *. Die Kunst betrachtet das Leben als Teil ihres ungeformten Materials, gestaltet es um und gibt ihm neue Formen; sie ist den Fakten gegenüber vollkommen gleichgültig, sie erfindet, erdichtet, träumt und errichtet zwischen sich und der Wirklichkeit die geheimnisvolle Grenze des schönen Stils, der ornamentalen oder idealen Gestaltung. Es ist die dritte Phase, in der das Leben die Oberhand gewinnt und die Kunst in die Wüste treibt.« Vivian singt das Loblied des englischen Dramas, als dieses »ein völlig neues Geschlecht (schuf), dessen Leiden furchtbarer waren als alle Leiden, die der Mensch je erlitten hatte, dessen Entzücken heftiger war als das Entzücken des Liebenden, das die Stärke der Titanen und die Ruhe der Götter besaß, ein Geschlecht mit *ungeheuerlichen und unvergleichlichen Sünden* *, mit ungeheuerlichen und unvergleichlichen Tugenden. Ihm verlieh sie eine Sprache, die sich von der alltäglichen unterschied, eine Sprache voll klingender Musik und süßen Rhythmen, erhaben gemacht durch einen feierlichen Tonfall, oder anmutig geschmückt, durch einen geschmeidigen Reim, mit feierlichen Worten geschmückt wie mit Edelsteinen und reich an kühnem Schwung. Die Kunst kleidete ihre Kinder in unerhörte Gewänder, gab ihnen *Masken,* und auf ihr Geheiß erhob sich die antike Welt aus ihrem marmornen Grabe.«

Darauf folgt eine Kritik Shakespeares: »Die Stellen bei Shakespeare – und es gibt deren viele –, wo die Sprache *roh, vulgär, überladen, bizarr, sogar obszön* * ist, haben alle ihren Ursprung im Leben, das nach einem Echo seiner eigenen Stimme ruft und die Vermittlung des schönen Stils zurückweist, durch den allein das Leben erfahren werden sollte, um Ausdruck zu finden.« Hier wird das Leben eindeutig mit der Analität identifiziert. Die Kunst muß jede Spur der Analität vertilgen: »Die Kunst gelangt in sich, nicht außerhalb ihrer selbst, zur Vollendung ... Sie ist eher ein Schleier als ein Spiegel ...; ihr sind die Formen, die wirklicher sind als der lebendige Mensch, zu eigen und die großen Archetypen, von denen die bestehenden Dinge nichts als unvollendete Abbilder sind.« Diese ideale und idealistische Auffassung von der Kunst entspricht gut der Phantasie eines idealen Ichs, das unzufrieden ist mit seinen aufeinanderfolgenden Inkarnationen, die nicht in der Lage sind, ihm seine verlorene Vollkommenheit zurückzugeben, ebenso, wie sie das Subjekt in die Mitte des »Zauberkreises« zu stellen sucht: Sein Ich, erhellt von dem großartigen Licht, das es umgibt, wird dadurch verwandelt (die Kunst sei auf ihre dekorative Funktion reduziert, und dieses Dekor präge sich sozusagen dem so idealisierten Objekt auf; dies wird eindeutig erklärt in einem anderen Text der »Ansätze« unter dem Titel: »Der Kritiker als Künstler«: »Noch immer ist die Kunst, die sich offen als dekorativ gibt, die Kunst mit der man leben kann. Sie ist von allen sichtbaren Künsten die einzige Kunst, die Stimmung und Temperament in uns weckt. ... Die Harmonie, die in dem feinen Verhältnis von Linie und Fläche liegt, spiegelt sich in der Seele.«

Ein Tag wird kommen, an dem der Realismus besiegt sein, der Idealismus und die Schönheit triumphieren werden (O. Wilde bezieht sich hier direkt auf Platon):

»An diesem Tag, ob der Morgen dämmert oder die Abendröte den Himmel färbt, welche Freude werden wir alle empfinden! Die Tatsachen werden für verächtlich gelten; die Wahrheit wird ihre Ketten in Tränen baden, und die Fiktion wird mit erstauntem Antlitz zu uns zurückkehren. Vor unseren geblendeten Augen wird sich der Geist der Welt verändern. Vom Grund der Meere aufgetaucht, werden Behemot und Leviathan die hochragenden Galeeren umschwimmen wie auf den köstlichen Karten einer Zeit, in der man die Geographiebücher noch lesen konnte. Drachen werden den Himmel durchqueren. Wir werden die Basilisken ergreifen und den kostbaren Edelstein im Kopf der Kröte sehen. Der Hippogryph wird in unseren Ställen sein vergoldetes Heu fressen, und über unseren Köpfen schwebend wird der blaue Vogel die schönen und unmöglichen Dinge besingen, die anbetungswürdigen Dinge, die nicht geschehen, die Dinge, die nicht sind, sondern sein sollten.«

Der Text schließt mit einer Anrufung der Lüge (wir würden hier von Illusion sprechen), welche die Kunst (im Sinne Wildes) fördern muß: »Die letzte Schlußfolgerung ist, daß die Lüge, Bestätigung der schönen, unwahren Dinge, das eigentliche Ziel der Kunst ist.«

Man sieht also, daß sich hinter dieser Diskussion der Ästhetik, in der der Idealismus dem Realismus und *a fortiori* dem Naturalismus gegenübergestellt wird, für den Perversen und auch – wie man natürlich annehmen kann – für den Autor lebenswichtige Fragen abzeichnen.

Wir weisen darauf hin – doch hier müßte man das ganze Werk Oscar Wildes zitieren –, daß ein anderer Text, veröffentlicht in »Ansätze«, den Titel trägt: »Die Wahrheit der Masken – Eine Bemerkung über die Illusion«.

Dem Werk Oscar Wildes – das für unser Vorhaben entschieden exemplarisch ist – möchten wir noch weitere Illustrationen für das Grundthema entnehmen, nämlich die Angst des Perversen, die Analität könne hinter der idealisierenden Maske durchscheinen und so den wahren Charakter des Ichs verraten. Dieses Thema dürfte, wie uns scheint, hilfreich sein für das Verständnis der Beziehung des Perversen zur Realität.

Wir sahen bereits den Zwerg aus »Der Geburtstag der Infantin« (1888) sterben, als sein wirkliches Ich ihm plötzlich enthüllt wurde. Den »jungen König« (1888) verließen wir, als er seinen Palast durcheilte »wie einer, der in Schönheit ein Mittel gegen Schmerz zu finden sucht, so etwas wie Genesung von Krankheit«. Oscar Wilde setzt die Beschreibung dieses jungen Mannes fort, dessen Hauptbeschäftigung darin besteht, sich mit schönen Dingen zu umgeben: »Alle seltenen und kostbaren Werkstoffe übten unfehlbar einen großen Zauber auf ihn aus, und in seiner Begier, sie zu erlangen, hatte er viele Kaufleute ausgeschickt, manche, um bei dem rauhen Fischervolk der Nordmeere Bernstein einzuhandeln, manche nach Ägypten, daß sie nach dem seltsamen grünen Türkis fahndeten, der nur in Königsgräbern zu finden ist und von dem es heißt, er besitze magische Eigenschaften, manche nach Persien, um Seidenteppiche und bemaltes Tongeschirr, und andere nach Indien, Flor und gefärbtes Elfenbein zu kaufen, Mondsteine und Armbänder aus Jade, Sandelholz und blaue Emaillen und Schals aus feiner Wolle. Doch was ihn am meisten beschäftigt hatte, war das Gewand, das er zu seiner Krönung tragen sollte, das Gewand aus gewebtem Gold, und die rubinbesetzte Krone und das Zepter mit seinen Reihen und Ringen aus Perlen.«

Der junge König, der »auf seinem verschwenderisch ausgestatteten Lager ruhte«, sah sich in Gedanken in »dem makellos schönen Gewand eines Königs« zur Krönungszeremonie in der Kathedrale stehen. »Nach einer Weile stand er auf, lehnte sich an den geschnitzten Kaminvorsprung und blickte sich in dem matt erhellten Gemach um. Die Wände waren mit kostbaren Wirktapeten behängt, die den Triumph der Schönheit darstellten. Ein großer, mit Achat und Lapislazuli inkrustierter Schrank füllte eine Ecke aus, und dem Fenster gegenüber stand ein zierlich gearbeitetes Schränkchen mit vielen Schubladen, dessen lackierte Füllungen mit Goldstaub und Goldmosaiken geschmückt waren und auf dem ein paar hauchzarte Trinkschalen aus venezianischem Glas und ein Kelch aus dunkelgeädertem Onyx standen. Blasse Mohnblüten waren auf die seidene Bettdecke gestickt, als wären sie den müden Händen des Schlafes entfallen, und hohe Rundstäbe aus geriffeltem Elfenbein trugen den samtenen Betthimmel, aus dem große Buschen Straußenfedern wie weißer Schaum zu dem bleichen Silber der Kassettendecke aufstiegen. Ein lachender Narcissus aus grüner Bronze hielt einen glänzenden Spiegel über seinen Kopf. Auf dem Tisch stand eine Schale aus Amethyst.«

Im Freien ist der Schauplatz nicht weniger »poetisch« (Nebel, Jasminduft, Gesang der Nachtigall ...): »Nie zuvor hatte er so eindringlich oder mit so tiefer Freude den Zauber und das Geheimnis schöner Dinge gespürt.«

Dann schläft der junge König ein und hat nacheinander drei Träume, die die Mühe und den Schmerz darstellen, welche sein Schönheitsdurst denen verursacht, die damit beauftragt sind, ihn zu befriedigen.

Im ersten befindet er sich in einer langen, niedrigen Dachstube, die mit Webstühlen gefüllt ist. »Ein paar abgehärmte Frauen saßen an einem Tisch und nähten. Ein abscheulicher Geruch erfüllte den Raum. Die Luft war verdorben und schwer, und von den Wänden tropften und rieselten die Ausdünstungen.«

Man hat wohl erraten, daß es sich um die Weber handelt, die die Krönungsrobe weben.

Der zweite Traum läßt vor den Augen des jungen Königs hundert Sklaven erscheinen, angekettet, mit Lendenschurzen bekleidet, die eine riesige, von einem Schwarzen befehligte Galeere rudern. Die Neger packen den jüngsten Sklaven und werfen ihn mehrmals ins Meer, bis er aus der Tiefe des Wassers eine riesige Perle an die Oberfläche holt und vor Erschöpfung stirbt. Man errät, daß diese Perle für das Zepter des Königs bestimmt ist.

Der dritte Traum führt ihm »eine ungeheure Menschenmenge« vor Augen, die »im Bett eines eingetrockneten Flusses« arbeitet. Wie Ameisen klettern die Menschen an den Felsen hoch. »Sie gruben tiefe Schächte in den Boden und stiegen in sie hinab.«
»Aus dem Dunkel einer Höhle sahen ihnen der Tod und die Habsucht zu, und der Tod sagte: ›Ich bin müde, gib mir ein Drittel von ihnen und laß mich gehen.‹ Aber die Habsucht schüttelte den Kopf. ›Sie sind meine Diener‹, antwortete sie.« Tod und Habsucht geraten in Streit, und der Tod schickt Geißeln aus, die alle Menschen töten werden. »Und aus dem Schlamm am Grunde des Tales krochen Drachen und gräßliche Geschöpfe mit Schuppen, und die Schakale kamen über den Sand getrabt und sogen die Luft in ihre Nüstern.«
»Und der junge König weinte und fragte: ›Wer waren diese Menschen und wonach suchten sie?‹«
»›Nach Rubinen für eines Königs Krone‹, antwortete einer, der hinter ihm stand.«
Dieses Märchen scheint uns in der Tat die Wahrheit zu enthüllen, die sich hinter der Maske verbirgt – eine Wahrheit, die Oscar Wilde, wie wir gesehen haben, mehrmals auszuschließen versucht. Hier kann sie zugunsten der moralischen Wendung der Erzählung offen erscheinen – und man sieht, daß sie aus Analität und Sadismus besteht.
Ein anderes Märchen, »Der glückliche Prinz« (1888), ist genauso strukturiert und zeigt noch deutlicher, daß die Analität durch den Prozeß der Idealisierung nicht umgewandelt, sondern nur mit einer Schicht glänzender Juwelen bedeckt wird:
»Hoch über der Stadt stand auf einer mächtigen Säule die Statue des Glücklichen Prinzen. Sie war über und über mit dünnen Goldblättchen bedeckt, statt der Augen hatte sie zwei glänzende Saphire, und ein großer roter Rubin leuchtete auf seiner Schwertscheide.«
Der Prinz, den das Elend bewegt, bittet den Schwälberich (dieser wunderte sich darüber, daß der Prinz nicht *von echtem Gold* sei), den Armen den Rubin zu bringen, der seine Schwertscheide schmückt; dann soll er auch seine beiden Saphiraugen forttragen.
»›Ich bin ganz mit feinem Gold bedeckt‹, sagte der Prinz, ›du mußt es abnehmen, Blatt für Blatt, und meinen Armen geben; die Lebenden glauben immer, daß Gold sie glücklich machen kann.‹ Blatt um Blatt des feinen Goldes pickte ihm der Vogel ab, bis der Glückliche Prinz ganz grau und düster aussah.«

Doch in »Das Bildnis des Dorian Gray« (1890) ist der Dialog zwischen Oberfläche und Tiefe am kraftvollsten und tragischsten ausgedrückt. Man erinnert sich, daß Lord Henry, der zynische und brillante Ästhet, die Bekanntschaft des Dorian Gray macht, eines jungen Mannes von außerordentlicher Schönheit, und zwar bei dem Kunstmaler Basil Hallward. Dieser liebt Dorian Gray und fertigt von ihm ein herrliches Porträt, das sein Meisterwerk ist. Lord Henry erläutert Dorian Gray einige seiner Paradoxa: »Für mich ist Schönheit das Wunder aller Wunder. Nur Dumme urteilen nicht nach dem, was sie sehen.« (Aus unserer Perspektive begreift man, daß dieser sehr bekannte Aphorismus vollkommen ernst zu nehmen ist.) Unter der Anleitung von Lord Henry gleitet Dorian in Ausschweifung und Grausamkeit ab. Während die Jahre vergehen und Dorian in seinen Handlungen immer größere Niedrigkeit beweist, bleibt sein Gesicht von unangetasteter Schönheit, Jugend und Frische. Doch nach und nach verändert sich das Porträt. Es bekommt Falten, sein Ausdruck wird häßlicher, grausam und abstoßend und trägt alle Zeichen von Alter und Verfall.

Dorian versucht, das schreckliche Porträt zu vergessen, das ihm sein wahres Ich enthüllt: »Bei anderer Gelegenheit beschäftigte er sich mit dem Studium der Edelsteine und erschien bei einem Kostümball als Anne de Joyeuse, Admiral von Frankreich, in einem Anzug, der mit fünfhundertsechzig Perlen besät war. Diese Neigung fesselte ihn jahrelang, und man kann sogar sagen, daß sie ihn niemals verließ. Häufig verbrachte er den ganzen Tag damit, die verschiedenen Steine, die er gesammelt hatte, in ihren Kästen zu ordnen und wieder zu ordnen ...«

»Und so suchte er ein ganzes Jahr lang die köstlichsten Proben von Geweben und Stickereien zusammenzutragen, die er nur finden konnte ... Eine besondere Leidenschaft hegte er auch für Kirchengewänder, wie freilich für alles, was mit dem *Zeremoniell der Kirche* * verbunden war. In den langen Truhen aus Zedernholz, die sich in der Westgalerie seines Hauses aneinanderreihten, bewahrte er viele seltene und schöne Exemplare der Kleidung auf, welche die Braut Christi wahrlich tragen muß ... Den mystischen Verrichtungen, bei denen diese Dinge angewandt wurden, wohnte etwas inne, das seine Phantasie anregte. Denn diese Schätze und alles, was er in seinem wunderschönen Haus angesammelt hatte, sollten ihm *Mittel zu Vergessen sein, Dinge, die so beschaffen waren, daß er eine Zeitlang der Furcht zu entrinnen vermochte, die ihm mitunter allzugroß erschien, um sie ertragen zu können* *.«

Eines Abends trifft Dorian Basil, den er seit Jahren nicht mehr gesehen hat. Dieser ist beunruhigt über das, was er über das verderbte Leben Dorians gehört hat. Dorian führt ihn in sein Haus und läßt ihn den Raum betreten, in dem das Porträt eingeschlossen ist. »Als Dorian eine halb niedergebrannte Kerze anzündete, die auf dem Kaminsims stand, sah der Maler, daß der Raum über und über mit Staub bedeckt und daß der Teppich zerlöchert war. Eine Maus lief raschelnd hinter der Täfelung. Ein feuchter Modergeruch lag in der Luft.« (Man sieht die Entidealisierung des Dekors, die der des Ichs entspricht.)

Dorian sagt dann: »Sie glauben also, daß nur Gott die Seele sehen kann, Basil? Ziehen Sie den Vorhang beiseite, und Sie werden die meine sehen ...«

»Ein Ausruf des Entsetzens kam von den Lippen des Malers, als er in dem trüben Licht das abscheuliche Gesicht auf der Leinwand erblickte, das ihn angrinste. In seinem Ausdruck lag etwas, das ihn mit Ekel und Widerwillen erfüllte ...«

»›Können Sie nicht Ihr Ideal darin erkennen?‹ sagte Dorian bitter.«

Er tötet Basil und bittet einen jungen Chemiker, die Leiche verschwinden zu lassen: »Ein abscheulicher Geruch nach Salpetersäure lag im Raum. Aber das Wesen, das am Tisch gesessen hatte, war verschwunden.«

Von jetzt an überstürzen sich die Dinge, und die Analität gewinnt im buchstäblichen Wortsinne *die Oberhand*. Man sieht Dorian »ekelhafte Höhlen« besuchen: »Ein rotes Funkeln kam von einem Überseedampfer, der Kohlen bunkerte. Das schlüpfrige Pflaster glich einem nassen Wettermantel ... Nach etwa sieben oder acht Minuten erreichte er ein kleines Haus, das zwischen zwei dürftige Speicher gezwängt war ... Leise öffnete sich die Tür, und er ging hinein, ohne ein Wort zu der vierschrötigen, häßlichen Gestalt zu sagen, die sich in den Schatten drückte, als er vorbeiging. Am Ende der Diele hing ein zerschlissener grüner Vorhang, der in dem böigen Wind, der ihm von der Straße gefolgt war, wehte und schwang. Er zog ihn beiseite und trat in einen langen, niedrigen Raum, der aussah, als wäre er einst ein drittklassiger Tanzboden gewesen. Grelle, flackernde Gasflammen, getrübt und verzerrt in den fliegenbeschmutzten Spiegeln, die ihnen gegenüber hingen, reihten sich an den Wänden. Hinter ihnen waren schmierige Reflektoren aus geripptem Zinn angebracht und warfen zitternde Lichtscheiben. Den Fußboden bedeckte ockerfarbenes Sägemehl, das stellenweise zu Schmutz getreten war, und vergossene Getränke fleckten ihn mit dunklen Kreisen.«

Eines Abends sieht Dorian sich in einem Spiegel, den ihm früher einmal Lord Henry geschenkt hat, und beginnt, seine Schönheit zu hassen. Er zerbricht den Spiegel. »Seine Schönheit war es, die ihn zugrunde gerichtet hatte, seine Schönheit und die Jugend, um die er gefleht hatte.« Dorian stürzt sich auf das Porträt und zersticht es mit dem Messer, mit dem er Basil erstochen hatte. Man hört einen schrecklichen Schrei und einen Sturz. Die Dienstboten brechen die Tür auf und finden einen Leichnam mit welkem, ekelhaftem, runzligem Gesicht. An der Wand hängt das Porträt des Dorian Gray im ganzen Glanz seiner Jugend und seiner Schönheit. Analität und Sadismus beherrschen die Szene ganz. Das wahre Ich ist endgültig demaskiert.

Eine stilistische Untersuchung des Werkes von Oscar Wilde würde dasselbe Problem in der Form selbst hervortreten lassen. Ist der Mißbrauch von Metaphern, wie wir sie in der Überschrift zitieren, nicht an das Bedürfnis gebunden, das Ich ständig zu verkleiden?

Die Dinge sind nie das, was sie sind; sie sind anderen Dingen *ähnlich*, die selbst wieder auf andere verweisen wie in einem Spiegelkabinett, in dem das Wesen des gespiegelten Objekts aufgelöst wird und jedes Spiegelbild wieder nur ein Spiegelbild zeigt. Die Dinge sind mit einem angenommenen, glitzernden Flitterkostüm bekleidet, die einfachen oder natürlichen Elemente sind maskiert und werden preziös oder künstlich. So wirkt die Sprache als Zauberer. In »Das Bildnis des Dorian Gray« wendet sich Lord Henry zur Teestunde in einem Salon, wo unbekümmerte Aristokraten und elegante junge Leute plaudern, an die Hausherrin: »Ich hoffe, Dorian hat Ihnen von meinem Plan erzählt, alles umzubenennen, Gladys. Es ist eine köstliche Idee ... Namen sind alles. Ich streite nie um Handlungen. Mein Streit geht nur um Worte. Das ist der Grund, warum ich vulgären Realismus in der Literatur hasse. Der Mann, der einen Spaten Spaten nennen wollte, sollte gezwungen werden, einen zu benutzen.«

Der Künstler ist hier wirklich der *Artifex*. »Was ist das, ein Feuerwerk?« hatte die Prinzessin den Prinzen gefragt (in »Die bedeutende Rakete«, 1888).

»›Es ist so wie das Nordlicht‹, sagte der König, der immer Antwort auf Fragen gab, die an andere gestellt waren, ›nur viel natürlicher.‹«

Es scheint, daß Oscar Wilde sehr nahe daran war, dieses »Etwas« zu wissen, das »unsäglichen Schrecken« auslöst. Vielleicht steht diese Schwierigkeit, das »Etwas« in seinem Innersten aufrechtzuerhalten, die-

ses »Etwas«, das ihm ständig sehr nahe war, teilweise am Ursprung der Tragödie seiner Existenz.
Im Verlauf dieses Versuchs, die Anstrengung des Perversen zu zeigen, der sein Ich verkleiden, dessen prägenitalen (analen) Charakter verhüllen und erheben will, um es dem »genitalen« Ich des Vaters gleichwertig und sogar überlegen zu machen, wurde das schwierige Problem der Beziehungen zwischen Idealisierung und Sublimierung mehrfach erwähnt. Doch man muß noch weiter gehen.

Viertes Kapitel

Idealisierung, Sublimierung

Ebenso darf die unendliche Gegenwart in der Welt nicht vernachlässigt werden. Es gibt keine poetischen Gegenstände und andere, die es nicht sind. Die wahre Reinheit hat nichts mit der Wahl der Gegenstände und der Mittel zu tun; sie ist diejenige, die sich ohne Schwäche den Unebenheiten und dem Schmutz der Welt stellt, sie in sich zu schmelzen versteht und wieder an den Tag bringt, ohne daß ihre schneeweiße Stirn etwas von ihrer Weiße verloren hätte. Der Dichter hat das Recht auf alle Worte: Er kann nur sündigen, wenn es ihm an Liebe zu irgendeinem Bruchstück des Universums mangelt.

Jean Rousselot in
»L'Evangile de Rainer Maria Rilke«,
Les Lettres, 1952

Wir können nicht vorgeben, eine definitive Antwort auf das Problem zu haben, das sich uns stellt – nämlich die Unterscheidung zwischen »Idealisierung« und »Sublimierung«.

Die Sublimierung ist ein Begriff, den alle Psychoanalytiker gleichzeitig ungenau und unentbehrlich finden, um eine große Anzahl von Phänomenen in und außerhalb der analytischen Kur zu verstehen. Die Definitionen, die Freud ihr gegeben hat, unterlagen einer bestimmten Zahl von Veränderungen und bieten zumindest am Anfang Widersprüche; es sieht so aus, als habe Freud zu keiner Zeit gedacht, dieses Gebiet in seinem Werk vollständig erforscht zu haben.

Als er beispielsweise in *Das Unbehagen in der Kultur* (1929) das Loblied der Sublimierung und der Befriedigung singt, die man aus »den Quellen psychischer und intellektueller Arbeit« gewinne – »Das Schicksal kann einem dann wenig anhaben« –, fügt er hinzu, die Befriedigungen dieser Art hätten »eine besondere Qualität, die wir gewiß eines Tages werden metapsychologisch charakterisieren können« (GW, Band 14, S. 438). Aus diesem Satz geht hervor, daß ihm zu jenem Zeitpunkt das Problem nicht gelöst schien.

Eine gründliche Untersuchung der Sublimierung würde eine eigene Studie erfordern. Wir wollen daher hier nur einige Anhaltspunkte mehr deskriptiver als metapsychologischer Art vorschlagen.

Es ist interessant festzustellen, daß Freud die Sublimierung zum ersten Mal (abgesehen von einigen Briefen an Fließ, in denen er das Wort beiläufig erwähnt) tatsächlich im Zusammenhang mit der Perversion erwähnt, nämlich in »Dora« (*Bruchstück einer Hysterie-Analyse,* 1905), das zwar erst nach den *Drei Abhandlungen* erschien, aber 1901 geschrieben wurde. Erinnern wir uns an die Passage, aus der wir oben einen Auszug zitiert haben: »Die Perversionen sind weder Bestialitäten noch Entartungen im pathetischen Sinne des Wortes. Es sind Entwicklungen von Keimen, die sämtlich in der indifferenzierten sexuellen Anlage des Kindes enthalten sind, deren Unterdrückung oder Wendung auf höhere, asexuelle Ziele – deren *Sublimierung* – die Kräfte für eine gute Anzahl unserer Kulturleistungen abzugeben bestimmt ist. Wo also jemand grob und manifest pervers *geworden* ist, da kann man richtiger sagen, er sei es *geblieben,* er stellt ein Stadium einer *Entwicklungshemmung* dar. Die Psychoneurotiker sind sämtlich Personen mit stark ausgebildeten, aber im Laufe der Entwicklung verdrängt und unbewußt gewordenen perversen Neigungen.« (GW, Band 5, S. 210)

Wir sehen also hier – was wir bereits im vorigen Kapitel bemerkt hatten –, daß es die Libido der prägenitalen Triebe ist, die entweder direkt in der Perversion abgeführt oder in der Sublimierung benutzt wird. Die Sublimierung erscheint hier als ein *Schicksal des Partialtriebes.*

In den *Drei Abhandlungen* erscheint der Begriff wieder im Zusammenhang mit den Partialtrieben und der Perversion, zuerst im Hinblick auf die Neugier und den Blick: »Die mit der Kultur fortschreitende Verhüllung des Körpers hält die sexuelle Neugierde wach, welche danach strebt, sich das Sexualobjekt durch Enthüllung der verborgenen Teile zu ergänzen, die aber ins Künstlerische abgelenkt (›sublimiert‹) werden kann, wenn man ihr Interesse von den Genitalien weg auf die Körperbildung im ganzen zu lenken vermag.« (GW, Band 5, S. 55) Wir wollen anmerken, daß dieser Satz das Problem der Sublimierungsfähigkeit des Fetischisten aufwirft, dessen Interesse sich nicht auf die gesamte Körperbildung erstreckt, sondern auf einen *Ersatz* für ein männliches Genitalorgan, das der Mutter zugeschrieben wird (nach Freud); allgemeiner gesprochen: Ermöglicht die Fixierung des Perversen auf das *Partialobjekt* aus dieser Perspektive die künstlerische Sublimierung?

Als Freud, ebenfalls in den *Drei Abhandlungen* (1905), Reaktionsbildung und Sublimierung verbindet, als handele es sich um ein und denselben Prozeß, nimmt er an, daß die Sublimierung die notwendige Energie für ihre neuen Ziele wieder aus der infantilen Sexualität bezieht: »Die Kulturhistoriker scheinen einig in der Annahme, daß durch solche Ablenkung sexueller Triebkräfte von sexuellen Zielen und Hinlenkung auf neue Ziele, ein Prozeß, der den Namen *Sublimierung* verdient, mächtige Komponenten für alle kulturellen Leistungen gewonnen werden.« (*ibid.*, S. 79) Freud zufolge beginnt die Sublimierung gleichzeitig in der Latenzperiode als Reaktion auf die »perverse« Sexualität (*ibid.*, S. 70).

In der »Zusammenfassung« (*ibid.*, S. 132) unterscheidet Freud deutlicher zwischen Reaktionsbildung und Sublimierung, schreibt ihnen den gleichen Ursprung in der Latenzperiode und dasselbe Ziel zu, nämlich den Kampf gegen die infantile Sexualität, zeigt jedoch klar, daß die sexuelle Energie durch den Prozeß der Sublimierung abgeführt wird: »In derselben (Latenzperiode) würde die Produktion sexueller Erregung keineswegs eingestellt, sondern halte an und liefere einen Vorrat von Energie, der großenteils zu anderen als sexuellen Zwecken verwendet werde, nämlich einerseits zur Abgabe der sexuellen Komponenten für soziale Gefühle, anderseits (vermittels Verdrängung und Reaktionsbildung) zum

Aufbau der späteren Sexualschranken.« (*ibid.*, S. 133-34) Doch weiter unten im Text verschwindet die Unterscheidung zwischen Sublimierung und Reaktionsbildung wieder, als Freud die Reaktionsbildung als »Unterart der Sublimierung« bezeichnet (*ibid.*, S. 140).

In einer Fußnote zu den *Drei Abhandlungen* (1905–1915), die zu dem Abschnitt »Reaktionsbildung und Sublimierung« gehört, schreibt Freud: »In dem hier besprochenen Falle geht die Sublimierung sexueller Triebkräfte auf dem Wege der Reaktionsbildung vor sich. Im allgemeinen darf man aber Sublimierung und Reaktionsbildung als zwei verschiedene Prozesse begrifflich voneinander scheiden. Es kann auch Sublimierungen durch andere und einfachere Mechanismen geben.« (Fußnote 2, *ibid.*, S. 79)

In einem Brief an Pastor Pfister (2. Mai 1910, in *Sigmund Freud – Oskar Pfister, Briefe 1909–1939,* Frankfurt a. M., 1963, S. 34f.) schreibt Freud: »Was Sie ›Kompensation‹ heißen, fällt bei mir unter den Begriff der ›Sublimierung‹ oder den ähnlichen doch klareren der ›Reaktionsbildung‹.« Es geht hier um einiges: Je nachdem, ob man die beiden Begriffe vermischt oder nicht, impliziert man die Verdrängung – auf der die Reaktionsbildung beruht – oder läßt Raum für die Abfuhr des Triebes.«

In dem Abschnitt »Sublimierung« (in *Drei Abhandlungen,* 1905) dagegen zeichnet Freud ein rasches Bild von der »Ökonomie« desjenigen, bei dem »überstarke(n) Erregungen aus einzelnen Sexualitätsquellen« bestehen (GW, Band 5, S. 140–41). Tatsächlich wird hier die Sublimierung als »Ausgang« im Falle einer anormalen Veranlagung angesehen. Die »überstarken Erregungen« finden »Abfluß und Verwendung auf andere Gebiete ..., so daß eine nicht unerhebliche Steigerung der psychischen Leistungsfähigkeit aus der an sich gefährlichen Veranlagung resultiert. Eine der Quellen der Kunstbetätigung ist hier zu finden und, je nachdem solche Sublimierung eine vollständige oder unvollständige ist, wird die Charakteranalyse hochbegabter, insbesondere künstlerisch veranlagter Personen jedes Mengungsverhältnis zwischen Leistungsfähigkeit, Perversion und Neurose ergeben.« (*ibid.*, S. 140) Man sieht also hier die Sublimierung an ein »Übermaß« der Triebe gebunden (das als pathologisch angesehen wird), und man sieht, daß beim gleichen Individuum ein Nebeneinanderbestehen eines neurotischen Sektors, eines perversen Sektors und eines »schöpferischen« Sektors für möglich gehalten wird. Es ist nicht ausgeschlossen, daß Freud hier an Leonardo gedacht hat, da er sich von 1898 an für diesen interessierte (siehe den Brief an Fließ vom 9. 10. 1898 in *Aus den Anfängen der Psychoanalyse*).

Tatsächlich sagt Freud im *Leonardo* (1910): »In solcher Weise teilen sich Verdrängung, Fixierung und Sublimierung in die Verfügung über die Beiträge, welche der Sexualtrieb zum Seelenleben Leonardos leistet.« (GW, Band 8, S. 205)

Der letzte Abschnitt der zweiten Abhandlung (»Die infantile Sexualität«, in *Drei Abhandlungen,* 1905), betitelt »Wege wechselseitiger Beeinflussung«, erscheint uns interessant, weil er insofern ein Vorläufer der Schrift »Die psychogene Sehstörung in psychoanalytischer Auffassung« (1910) ist, als er die Sublimierung in Beziehung setzt zur Stützung und zur doppelten Polarität der Triebe – Sexualtriebe, Selbsterhaltungstriebe –, die implizit in den *Drei Abhandlungen* enthalten ist. Freud nimmt an, daß die »Verbindungswege, die von anderen Funktionen her zur Sexualität führen, auch in umgekehrter Richtung gangbar sein müssen« (GW, Band 5, S. 107). Der Weg, der vom Nicht-Sexuellen zum Sexuellen führt, ist natürlich derjenige, der seinen Ursprung in einem Erhaltungsbedürfnis hat, um zur Sexualität und zur Bildung der Autoerotik zu führen, während der Weg, der vom Sexuellen zum Nicht-Sexuellen führt, von der Sublimierung beschritten wird. Nun können die Störungen einer Sexualfunktion in der nicht-sexuellen Funktion, auf die sie sich stützt, einen Widerhall erzeugen. Das ist bei der Anorexie der Fall: »Ist wie zum Beispiel der beiden Funktionen gemeinsame Besitz der Lippenzone der Grund dafür, daß bei der Nahrungsaufnahme Sexualbefriedigung entsteht, so vermittelt uns dasselbe Moment auch das Verständnis der Störungen in der Nahrungsaufnahme, wenn die erogenen Funktionen der gemeinsamen Zone gestört sind.« (*ibid.,* S. 107) Freud, der zuvor von der libidinösen Miterregung gesprochen hat, und zwar aus Anlaß der sexuellen Erregung, die mit der intellektuellen Arbeit verbunden ist, fährt fort: »Wissen wir einmal, daß Konzentration der Aufmerksamkeit Sexualerregung hervorzurufen vermag, so wird uns die Annahme nahegelegt, daß durch Einwirkung auf demselben Wege, nur in umgekehrter Richtung, der Zustand der Sexualerregung die Verfügbarkeit über die lenkbare Aufmerksamkeit beeinflußt.« (*ibid.,* S. 107) Man kann bemerken, daß das Beispiel der Anorexie sich direkt auf den Mund bezieht, der gleichzeitig Eingang des Verdauungssystems und erogene Zone ist, während das Beispiel der Aufmerksamkeit sich eines ganz anderen Vorbilds bedient, denn die libidinöse Miterregung ist ein ökonomisches Problem geheim-

nisvollen Ursprungs. Könnte man in diesem Augenblick sagen, daß Freud den Begriff der Stützung auf jede »wichtige« Aktivität des Organismus ausdehnt? (»Es ist möglich, daß nichts Bedeutsameres im Organismus vorfällt, was nicht seine Komponente zur Erregung des Sexualtriebes abzugeben hätte.« – *Drei Abhandlungen,* 1905, GW, Band 5, S. 106.)
Wie auch immer, wenn sich einerseits die orale Sexualität von der Nahrungsaufnahme ausgehend entwickelt und eine sexuelle Störung ihrerseits die Nahrungsaufnahme beeinflußt, wenn andererseits die sexuelle Erregung aus starker Konzentration der Aufmerksamkeit entsteht und die sexuelle Erregung ihrerseits die Arbeit des Denkens stört, stehen wir vor den »auch in umgekehrter Richtung gangbaren Verbindungswegen«; wie ist es dann aber mit der Sublimierung? »Die nämlichen Wege aber, auf denen Sexualstörungen auf die übrigen Körperfunktionen übergreifen, müßten auch in der Gesundheit einer anderen wichtigen Leistung dienen. Auf ihnen müßte sich die Heranziehung der sexuellen Triebkräfte zu anderen als sexuellen Zielen, also die Sublimierung der Sexualität vollziehen.« (*ibid.*, S. 107)
In *Die psychogene Sehstörung in psychoanalytischer Auffassung* (1910) wird Freud zeigen, »daß es für niemand leicht sein wird, zweien Herren zugleich zu dienen« (GW, Band 8, S. 99): »Wenn der sexuelle Partialtrieb, der sich des Schauens bedient, die sexuelle Schaulust, wegen seiner übergroßen Ansprüche die Gegenwehr der Ichtriebe auf sich gezogen hat, so daß die Vorstellungen, in denen sich sein Streben ausdrückt, der Verdrängung verfallen und vom Bewußtwerden abgehalten werden, so ist damit die Beziehung des Auges und des Sehens zum Ich und zum Bewußtsein überhaupt gestört. Das Ich hat seine Herrschaft über das Organ verloren, welches sich nun ganz dem verdrängten sexuellen Trieb zur Verfügung stellt. Es macht den Eindruck, als ginge die Verdrängung von seiten des Ichs zu weit, als schüttete sie das Kind mit dem Bade aus ...« (*ibid.*, S. 99)
Doch Freud fügt hinzu: »Zutreffender ist aber wohl die andere Darstellung, welche die Aktivität nach der Seite der verdrängten Schaulust verlegt. Es ist die Rache, die Entschädigung des verdrängten Triebes, daß er, von weiterer psychischer Entfaltung abgehalten, seine Herrschaft über das ihm dienende Organ nun zu steigern vermag. Der Verlust der bewußten Herrschaft über das Organ ist die schädliche Ersatzbildung für die mißglückte Verdrängung, die nur um diesen Preis möglich war.« (*ibid.*, S. 99)

Der Konflikt zwischen den beiden Triebarten – Selbsterhaltungstriebe (oder Ichtriebe, indem das Ich hier eine Triebunterstützung gewinnt) und Sexualtriebe stützen sich ja auf dasselbe Organ, dessen Funktion auf dem Spiel steht – führt zur Veränderung dieser Funktion. Wir ahnen, daß die Besetzungsaktivität, die teilweise die Sublimierung der sexuellen Schaulust, gestützt auf die Sehfunktion, repräsentiert, gleichfalls gehemmt sein kann, da sie keine libidinöse Energie mehr zur Verfügung hat, um sie zu ihren Gunsten umzulenken. Tatsächlich spricht Freud in diesem Text nicht von Sublimation. Dennoch führt ein Beispiel, das er von einer Bewegungshemmung gibt, direkt dorthin: »Deutlicher noch als am Auge ist diese Beziehung des zweifach in Anspruch genommenen Organs zum bewußten Ich und zur verdrängten Sexualität an den motorischen Organen ersichtlich ..., wenn die Finger von Personen, welche der Masturbation entsagt haben, sich weigern, das feine Bewegungsspiel, welches am Klavier oder an der Violine erfordert wird, zu erlernen.« (*ibid.*, S. 100)
Wir verstehen, daß die Neurose, wenn die direkte Abfuhr der prägenitalen Libido in perversen Aktivitäten einen großen Teil der Energie abzieht, die geeignet wäre, zugunsten der Sublimation umgelenkt zu werden, ebenso der Sublimation einen Teil der notwendigen Energie entzieht. Obwohl Freud, wie wir bereits gesehen haben, nicht immer ganz deutlich war in bezug auf den Gegensatz zwischen Verdrängung und Sublimierung, wollen wir uns an die Texte halten, in denen dieser Gegensatz klar bestätigt wird. In der Tat erscheint uns nur er geeignet, das besondere Schicksal des Triebes zu berücksichtigen, bei dem dieser durch Wechsel des Zieles oder des Objekts (oder beider gleichzeitig) Befriedigung findet.
Man erinnert sich, daß Freud in *Zur Einführung des Narzißmus* (1914) schreibt: »Die Idealbildung steigert, wie wir gehört haben, die Anforderungen des Ichs und ist die stärkste Begünstigung der Verdrängung; die Sublimierung stellt den Ausweg dar, wie die Anforderung erfüllt werden kann, ohne die Verdrängung herbeizuführen.« (GW, Band 10, S. 162)
Beim »Wolfsmann« (1918, *Aus der Geschichte einer infantilen Neurose*, GW, Band 12) zeigt Freud, daß der Kampf des Russen gegen die Religion von drei verschiedenen Punkten ausging: Der erste ist mit seiner »Fixierung« verbunden, der zweite rührt von der Tatsache her, daß der Patient aufgrund seiner eigenen Ambivalenz seinem Vater gegenüber die Ambivalenz der Religion erriet. »Am bedeutsamsten war aber gewiß ein drittes Element, auf dessen Wirkung wir die pathologischen Ergebnisse seines

Kampfes gegen die Religion zurückführen dürfen. Die zum Manne drängende Strömung, welche von der Religion sublimiert werden sollte, war ja nicht mehr frei, sondern zum Teil durch Verdrängung abgesondert und damit der Sublimierung entzogen, an ihr ursprüngliches sexuelles Ziel gebunden. Kraft dieses Zusammenhanges strebte der verdrängte Anteil sich den Weg zum sublimierten Anteil zu bahnen oder ihn zu sich herabzuziehen ... Endlich hatte die Religion gesiegt, aber ihre triebhafte Fundierung erwies sich unvergleichlich stärker als die Haltbarkeit ihrer Sublimierungsprodukte.« (*op. cit.*, S. 152) Man sieht hier also deutlich, daß die partielle Verdrängung die volle Sublimierung der Homosexualität verhindert hat und daß eine Anziehung-Abstoßung zwischen dem sublimierten Teil und dem verdrängten Teil der homosexuellen Triebe bestehen wird. Wenn man sich an den entscheidenden Charakter erinnert, den Freud der Resexualisierung der sublimierten homosexuellen Triebe bei der Auslösung der Paranoia beimißt (*Psychoanalytische Bemerkungen über einen autobiographisch beschriebenen Fall von Paranoia [Dementia paranoides]*, 1911, GW, Band 8), so ermißt man die Bedeutung der Beobachtung, die er hier über den fehlenden Erfolg bei der Sublimierung der homosexuellen Triebe aufgrund der Verdrängung macht.

In seiner Schrift *Über einige neurotische Mechanismen bei Eifersucht, Paranoia und Homosexualität* (1922) kommt er im Zusammenhang mit einem paranoiden Patienten auf das Problem zurück: »Der Zustand der Homosexualität war bei diesem Patienten leicht zu überblicken. Er hatte keine Freundschaft und keine sozialen Interessen gebildet; man mußte den Eindruck bekommen, als ob erst der Wahn die weitere Entwicklung seiner Beziehungen zum Manne übernommen hätte, wie um ein Stück des Versäumten nachzuholen. Die geringe Bedeutung des Vaters in seiner Familie und ein beschämendes homosexuelles Trauma in frühen Knabenjahren hatten zusammengewirkt, um seine Homosexualität in die Verdrängung zu treiben und ihr den Weg zur Sublimierung zu verlegen.« (GW, Band 13, S. 200)

Uns scheint, daß diese wenigen Zitate ausreichen, um den Gegensatz zu zeigen, der zwischen Sublimierung und Verdrängung besteht. Im Falle der Perversion hätten wir es – schematisch – mit einer Libido zu tun, die, direkt in perversen Akten abgeführt, für den Prozeß der Sublimierung nicht zur Verfügung steht.

Im Falle der Neurose – wieder schematisch – wäre es die Verdrängung, die diesen Prozeß behindert.

Ein anderes Problem, das uns hier hervorhebungsbedürftig scheint, ist das – für unser Thema sehr wichtige – der Beziehungen zwischen Sublimierung und Identifizierung.

Wir stellen fest, daß gewisse Autoren den Nachdruck auf die Verbindungen gelegt haben, die zwischen den beiden Mechanismen bestehen, Verbindungen, die wir auch bei Freud zu finden glauben.

Das gilt beispielsweise für Otto Fenichel. In seinem dreibändigen Handbuch über *Die psychonalytische Neurosenlehre* (Frankfurt a. M., Berlin, Wien, 1983, S. 203 f.) schreibt er: »Die empirische Tatsache, daß Sublimierungen, insbesondere soweit sie in der Kindheit entstehen, von verfügbaren Vorbildern abhängen, also von Anregungen, die direkt oder indirekt durch die Umgebung zur Verfügung gestellt werden, bestätigt Freuds Annahme, daß die Sublimierung aufs engste mit der Identifizierung zusammenhängt. Darüber hinaus zeigen Störungen der Sublimierungsfähigkeit, daß eine solche Unfähigkeit Schwierigkeiten bei der Bildung von Identifizierungen entspricht.« Wir wollen anmerken, daß derselbe Autor, kaum als Häretiker zu verdächtigen, in Band 3 des zitierten Werkes auf S. 79 von der *Idealisierung eines Triebhandelns* spricht.

Ein Abschnitt des 20. Kapitels desselben Bandes trägt den Titel »Rationalisierung und Idealisierung von Triebregungen«, S. 53 f. Darin ist die Rede von der »Verherrlichung des Triebhandelns« und »Pervertierung eines Ideals«. Mark Kanzer beharrt in *Acting out, sublimation et épreuve de la réalite* (1957) auf dem Unterschied zwischen *Acting out* und Sublimierung: (Wir möchten anmerken, daß die Perversion, soweit sie sich in der Außenwelt aktualisiert, eine Form von Ausagieren darstellt.)

»In der Sublimierung andererseits entdecken wir starke Identifizierungen, eine größere Fähigkeit, Spannungen zu ertragen. Die Sublimierungen als solche dienen: 1. als Ersatzbefriedigungen, 2. als Aufschubmechanismen und 3. als letzte Lieferanten von Objekten im Hinblick auf die Triebbefriedigung. Während das Acting out vom Denken über die Phantasie zum Handeln regrediert, ist es im Fall der Sublimierung umgekehrt; sie ist mehr von den Identifizierungen als vom unmittelbaren Besitz des Objektes abhängig, um die Sicherheit zu gewährleisten, und sie begünstigt die Verinnerlichung der motorischen Abfuhr, d. h. eine Bindung der Energie, die ihr einen wichtigen Einfluß bei der Bildung des Überich verleiht. Der Prozeß der Verinnerlichung ist gebunden an die Ersetzung der äußeren

Objekte durch Symbole, in denen die Analyse letztlich Repräsentanten der unpersönlich gewordenen Elternfiguren wiederfindet. Das schöpferische intellektuelle Geschick bei der Sublimierung kennzeichnet die integrative Fähigkeit des Ich auf einer komplexen Entwicklungsebene; das Acting out dagegen ist charakterisiert durch desintegrative Tendenzen ... Vom Standpunkt der Identifizierung aus liegt bei der Sublimierung eine Angleichung an einen idalisierten Elternteil vor, während es sich beim Acting out um Projektion und Zerstörung des schlechten Elternteils handelt.« (*op. cit.*, S. 668)[1] Wenn wir Fenichel bei seiner Versicherung folgen, Freud verbinde Identifizierung und Sublimierung, dann sind wir gezwungen, an zwei Punkten haltzumachen.

Zunächst einmal müssen wir von den *Drei Abhandlungen* (1905) an, da wir den Erwerb der Sublimierungen mit der Latenzperiode in Zusammenhang bringen und ihren späteren Entwicklungen beträchtlich vorgreifen, eine Verbindung zwischen dem Überich und den Identifizierungen, die es beinhaltet, und dem Konzept herstellen, das uns beschäftigt.

Dann stellen wir fest, daß Freud, als er das Überich einführt (*Das Ich und das Es,* 1923), Identifizierung und Sublimierung so eng verbindet, daß sie quasi vermischt werden.

In dem Kapitel »Das Ich und das Über-Ich (Ichideal)« stellt er die Hypothese auf, der zufolge das Ich sich ein wenig wie ein Friedhof bildet, der alle aufgegebenen Sexualobjekte beherbergt, mit denen es sich identifiziert hat, daß »der Charakter des Ichs ein Niederschlag der aufgegebenen Objektbesetzungen ist, die Geschichte dieser Objektwahlen enthält« (GW, Band 13, S. 257).

»Ein anderer Gesichtspunkt besagt, daß diese Umsetzung einer erotischen Objektwahl in eine Ichveränderung auch ein Weg ist, wie das Ich das Es bemeistern und seine Beziehungen zu ihm vertiefen kann, allerdings auf Kosten einer weitgehenden Gefügigkeit gegen dessen Erlebnisse. Wenn das Ich die Züge des Objekts annimmt, drängt es sich sozusagen selbst dem Es als Liebesobjekt auf, sucht ihm seinen Verlust zu ersetzen, indem es sagt: ›Sieh', du kannst auch mich lieben, ich bin dem Objekt so ähnlich.‹«

»Die Umsetzung von Objektlibido in narzißtische Libido, die hier vor sich geht, bringt offenbar ein Aufgeben der Sexualziele, eine Desexualisierung mit sich, also eine Art von *Sublimierung* *.«

»Ja, es entsteht die eingehender Behandlung würdige Frage, ob dies nicht der allgemeine Weg zur Sublimierung ist, ob nicht alle Sublimierung

durch die Vermittlung des Ichs vor sich geht, welches zunächst die sexuelle Objektlibido in narzißtische verwandelt, um ihr dann vielleicht ein anderes Ziel zu setzen« (GW, Band 13, S. 258).
Als Freud in der Fortsetzung des Textes (im Kapitel »Die beiden Triebarten«) die Existenz einer Energie annimmt, die das Ich und das Es bewegt und eine »verschiebbare und indifferente Energie« ist, die »dem narzißtischen Libidovorrat entstammt«, macht er sie zu einer desexualisierten Energie. Das führt ihn zu der Aussage: »Wenn diese Verschiebungsenergie desexualisierte Libido ist, so darf sie auch *sublimiert* heißen ... Hier stehen wir wieder vor der früher berührten Möglichkeit, daß die Sublimierung regelmäßig durch die Vermittlung des Ichs vor sich geht. Wir erinnern den anderen Fall, daß dies Ich die ersten und gewiß auch spätere Objektbesetzungen des Es dadurch erledigt, daß es deren Libido ins Ich aufnimmt und an die durch Identifizierung hergestellte Ichveränderung bindet. Mit dieser Umsetzung in Ichlibido ist natürlich ein Aufgeben der Sexualziele, eine Desexualisierung, verbunden.« (*ibid.*, S. 273 f.)
Dieser Nothafen der Libido im Ich, nutzbar im Hinblick auf die Sublimierung, damit diese desexualisiert werden kann, wird von der letzten Theorie des psychischen Apparats, die das Ich deutlich als Instanz definiert, sowie der Theorie des Narzißmus an postuliert. Gleichzeitig wird die Sublimierung noch direkter als zuvor mit den Identifizierungen in Verbindung gebracht, wobei das Ich der Niederschlag der Identifizierungen des Subjekts ist.
Um zu verstehen, was der Begriff der »Desexualisierung« durch Rückzug der Libido dem Konzept der Sublimierung hinzufügt, wollen wir auf die früheren Formulierungen Freuds zurückgreifen. Wir haben gesehen, daß in den *Drei Abhandlungen* (1905) die Sublimierung für Freud im wesentlichen als Prozeß definiert ist, der die sexuellen Kräfte von ihrem Ziel ablenkt, indem er sie für neue Ziele verwendet (GW, Band 5, S. 79). In *Die ›kulturelle‹ Sexualmoral und die moderne Nervosität* (1908) führt er aus, daß der Sexualtrieb »der Kulturarbeit außerordentlich große Kraftmengen zur Verfügung (stellt), und dies zwar infolge der bei ihm besonders ausgeprägten Eigentümlichkeit, sein Ziel verschieben zu können, ohne wesentlich an Intensität abzunehmen. Man nennt diese Fähigkeit, das ursprünglich sexuelle Ziel gegen ein anderes, nicht mehr sexuelles, aber psychisch mit ihm verwandtes, zu vertauschen, die Fähigkeit zur *Sublimierung*.« (GW, Band 7, S. 150)
Es liegt jedoch ziemlich klar auf der Hand, daß der Begriff der »Zielver-

tauschung« des Triebes zweideutig bleibt im Hinblick auf die wirkliche Veränderung, die der Trieb selbst durchmacht. Der Text von 1914 *(Zur Einführung des Narzißmus)* unterstreicht den Unterschied zwischen Idealisierung und Sublimierung und läßt eine Umwandlung der Natur des Triebes erkennen und damit die Notwendigkeit, die Sublimierungstheorie zu ergänzen; diese Ergänzung wird erst 1923 in *Das Ich und das Es* eingeführt, wie wir gesehen haben.

Dennoch spricht Freud ab 1911 im »Fall Schreber« von der »Resexualisierung« der sozialen Instinkte als Auslöser der Paranoia, was eine vorhergehende Desexualisierung des homosexuellen Triebes impliziert. Doch Freud beschreibt noch nicht den eigentlichen Prozeß der Desexualisierung und dessen Beziehung zum Narzißmus. Tatsächlich wird er erst 1923 zeigen, daß der Prozeß der Sublimierung an die »Desexualisierung« des Triebes selbst gebunden ist (und nicht nur an den Austausch eines sexuellen gegen ein nicht-sexuelles Ziel), eine Desexualisierung, die durch die Umwandlung sexueller Libido in narzißtische Libido ermöglicht wird, und zwar dank einer Phase libidinösen Rückzugs auf das Ich.

Es ist also die Einführung des Narzißmus, die es Freud gestattete, die Hypothese von einem Nothafen im Ich zu verankern, den die Libido im Verlauf des Sublimierungsvorganges anläuft.

Dennoch sieht es so aus, als sei ihm 1914 (in *op. cit.*) dieses Argument, das noch direkt aus seinem Text abgeleitet werden kann, noch nicht hinreichend klargeworden, und wir möchten annehmen, daß die Unterscheidung, die er zu dieser Zeit traf zwischen Sublimierung, die sich auf den Trieb bezieht, und Idealisierung, die sich auf das Objekt bezieht, daher rührt, daß er noch nicht über das Konzept der Desexualisierung verfügte. Letzteres ermöglicht die teilweise Berücksichtigung des Unterschiedes zwischen Idealisierung und Sublimierung eines Triebes, je nachdem, ob man es mit einer ausreichenden Desexualisierung oder dem Fehlen einer wirklichen Desexualisierung zu tun hat.

Die »Desexualisierung«, die, wie man sagen muß, ein einigermaßen rätselhafter Prozeß bleibt, berücksichtigt die *Umwandlung des Triebes selbst* (und nicht nur seines Ziels). Außerdem hat sie die Tendenz zur Herstellung einer engen Verbindung zwischen Narzißmus und Sublimierung. Wenn das Konzept der »Desexualisierung« auch vielleicht mehr Probleme aufwirft, als es löst, hat es doch darum nicht weniger Indexwert: Die Sublimierung unterzöge den Trieb einer intimen *Veränderung.* Diese ist nun aber eine theoretische Notwendigkeit. Sie gestattet die

Berücksichtigung der »Hindernisse« des Prozesses und seine Unterscheidung – wie wir sie zu treffen versuchen – von der Idealisierung und auch von der Reaktionsbildung. Insgesamt kann sie von der klinischen Praxis aus »konstruiert« werden wie eine »Konstruktion« in der Analyse: als fehlendes Stück eines Puzzles, das es erlaubt, die Einheit und Kohärenz des psychischen Lebens wiederherzustellen.
Befassen wir uns nun mit einem Text, der uns im Hinblick auf die Sublimierung selten zitiert zu werden scheint. Allerdings beschäftigt er sich nur ganz indirekt damit. Dennoch besteht Übereinstimmung mit dem Text über die »psychogene Sehstörung« (1910), obwohl Freud damals jeden Bezug zum ersten Triebdualismus aufgegeben hatte. Es handelt sich um das Kapitel I von *Hemmung, Symptom und Angst* (1926). Man kann anmerken, daß dieser Text in unseren Augen die Unterscheidung zwischen Ersatzbildung und einfacher Hemmung im Hinblick auf diese »Symptome« schwierig macht (»Symptome« im geläufigen Sinne des Wortes, denn das Problem ist eben die Frage, ob man im psychoanalytischen Sinne ein Symptom vor sich hat oder nicht). Es handelt sich um Phänomene, die eine gewisse Verwandtschaft mit denen besitzen, welche Freud 1910 im Zusammenhang mit der hysterischen Blindheit beschrieben hatte (die er als »Ersatzbildung« bezeichnete). Hier stellt er sie in den Rahmen der Hemmungen. »Die Hemmung ist der Ausdruck einer *Funktionseinschränkung des Ichs,* die selbst sehr verschiedene Ursachen haben kann. Manche der Mechanismen dieses Verzichts auf Funktion und eine allgemeine Tendenz desselben sind uns wohlbekannt.«
»An den spezialisierten Hemmungen ist die Tendenz leichter zu erkennen. Wenn das Klavierspielen, Schreiben und selbst das Gehen neurotischen Hemmungen unterliegen, so zeigt uns die Analyse den Grund hierfür in einer überstarken Erotisierung der bei diesen Funktionen in Anspruch genommenen Organe, der Finger und der Füße. Wir haben ganz allgemein die Einsicht gewonnen, daß die Ichfunktion eines Organes geschädigt wird, wenn seine Erogeneität, seine sexuelle Bedeutung, zunimmt. Es benimmt sich dann, wenn man den einigermaßen skurrilen Vergleich wagen darf, wie eine Köchin, die nicht mehr am Herd arbeiten will, weil der Herr des Hauses Liebesbeziehungen zur ihr angeknüpft hat.« (GW, Band 14, S. 116)
Freud führt die Hemmungen, die dann auftreten, auf die Tatsache zurück, daß das Ich »auf diese ihm zustehenden Funktionen (verzichtet), um nicht eine neuerliche Verdrängung vornehmen zu müssen, *um einem Konflikt*

mit dem Es auszuweichen« (*ibid.*). Er vermutet, daß andere Hemmungen im Dienste der Selbstbestrafung stehen, insbesondere im Hinblick auf die beruflichen Tätigkeiten. Das Überich verweigert dem Ich »Nutzen und Erfolg«. Wenn das Ich in diesem Falle auf seine Aktivitäten verzichtet, dann geschieht dies, *»um nicht in Konflikt mit dem Über-Ich zu geraten«* (*ibid.*).

Wir finden diese Unterscheidung zwischen den beiden Motiven der Hemmung schwer nachvollziehbar, vor allem, wenn es sich um das »Klavierspiel« handelt, das ebenfalls geeignet ist, dem Ich »Nutzen und Erfolg« zu bringen. Was die Erotisierung einer Ichfunktion angeht, die zu ihrer Einschränkung führt, scheint Freud im ersten Fall nur den quantitativen Faktor zu berücksichtigen: »... wenn seine Erogeneität, seine sexuelle Bedeutung, zunimmt«, schreibt er. Wir möchten für unser Vorhaben die Tatsache festhalten, daß die Sublimierung in der ersten Reihe der beschriebenen Phänomene steht – derer, die zu einer funktionellen Einschränkung führen –, damit ein Konflikt zwischen Ich und Es vermieden wird. Die zweite Reihe von Phänomenen, die sich auf die »beruflichen Tätigkeiten« bezieht, impliziert *ipso facto* die Sublimierung. Nun zeigt Freud aber, daß die Hemmung das Ziel hat, einen Konflikt zwischen Ich und Überich zu vermeiden. Dies scheint uns wichtig für unser Anliegen und direkt aus den Beziehungen herzurühren, die die Sublimierung zum Narzißmus unterhält. Tatsächlich *wird die Sublimierung nicht immer in Übereinstimmung mit dem Überich vollzogen; sie kann von diesem sogar heftig bekämpft werden,* denn das Ergebnis des Sublimierungsvorganges im Falle einer Schöpfung oder einer Entdeckung ist geeignet, dem Ich »Nutzen und Erfolg« zu bringen. Das ist, zumindest hier, eines der Motive für den Widerstand des Überichs. Wenn wir das klinische Material untersuchen, können wir sehen, daß das – vorübergehende – Gefühl narzißtischer Vollständigkeit, welches das Ich empfindet, wenn es sich dank seiner Leistungen seinem Ideal annähert, ebenso wie ein ödipaler Verstoß mit Schuldgefühlen belegt werden kann: Tötung oder Kastration der Rivalen (Vater und Brüder), Inzest mit der Mutter. Die Hemmungen der Sublimierung, wenn diese zu einem konkreten Ergebnis, zur einer Steigerung des Selbstwertgefühls führen muß, scheint uns nicht nur an quantitative Probleme der verfügbaren libidinösen Energie, sondern auch an die Aufhebung gewisser Verbote gebunden, die direkt mit der narzißtischen Befriedigung zu tun haben, welche das Überich nicht duldet.

Erinnern wir uns, was Freud in *Zur Einführung des Narzißmus* (1914) schreibt:

»Das Selbstgefühl erscheint uns zunächst als Ausdruck der Ichgröße, deren Zusammengesetztheit nicht weiter in Betracht kommt. Alles, was man besitzt oder erreicht hat, jeder durch die Erfahrung bestätigte Rest des primitiven Allmachtsgefühls hilft das Selbstgefühl steigern.« (GW, Band 10, S. 165)

Es scheint, daß das Eichmaß der »Ichgröße« zur Zeit des Ödipuskomplexes die Größe des Vaters ist und daß, wie wir es in einem ganzen Teil unserer Arbeit betont haben, die Rückkehr zur kindlichen Allmacht und das erneute Zusammentreffen von Ich und Ideal ein Äquivalent für die inzestuöse Verschmelzung mit der Mutter sind. Wenn das narzißtische Ideal dorthin strebt, dann kann das Überich nichts anderes tun, als sich zu widersetzen.

Um die Probleme besser einzukreisen, an denen sich der Perverse beim Sublimierungsvorgang stößt, wollen wir hier das Beispiel einer Aufhebung ödipaler Verbote anführen, die einen Neurotiker, allerdings einen vielfältig begabten Neurotiker, zu einer Entdeckung führte. Wir wollen uns hier keineswegs wieder mit dem Gedanken befassen, dem zufolge es die Partialtriebe sind, die der Sublimierung die libidinöse *Energie* liefern. Was wir darlegen möchten, ist, daß diese Energie für die Sublimation ungenutzt bleiben kann, wenn ein Verbot auf ödipaler Ebene die Durchführung des Prozesses trifft, der zur narzißtischen Erhöhung des Ichs führt.

Als Norbert sich in diesem Frühjahr auf die analytische Couch legt, ist es kalt, die Zentralheizung ist ausgefallen. Ein elektrisches Heizgerät ist eingeschaltet, um die eisige Raumluft zu erwärmen. Die heiße Luft, die von ihm aufsteigt, läßt den Lüster an der Decke vibrieren und klingen. Norbert sagt, das Geräusch erinnere ihn an die drei Armreifen aus ziseliertem Gold, die seine Mutter am Handgelenk trug. Sie hatte diese Schmuckstücke von ihrer eigenen Mutter. Sie waren auf persische Art gearbeitet; der mütterliche Zweig der Familie Norberts stammt aus dem Nahen Osten. Wenn seine Mutter fortging, wartete Norbert ungeduldig auf das Klingen ihrer Armreifen, das ihre Rückkehr ankündigte. Das war ein Fest. Wie glücklich war er, wenn das leichte Geräusch sich näherte und endlich der Schlüssel im Schloß gedreht wurde! Dann verschwanden Unruhe, Traurigkeit und Angst.

An jenem Tag sprach Norbert lange über die Zärtlichkeit seiner Mutter und über das Glück, in ihrer Nähe zu sein. Die Erinnerungen, die er so in sich wachrief, stammten aus seinem vierten oder fünften Jahr. Wir hielten die erste Sitzung der letzten Woche vor der Unterbrechung durch die Osterferien ab. Am Ende der Sitzung fügte Norbert hinzu, zu dieser Zeit habe er eines Tages mit den drei Armreifen seiner Mutter gespielt und diese verlegt. Er glaubte, verrückt zu werden, denn er hatte nicht die mindeste Ahnung, wohin er diese Schmuckstücke gelegt haben konnte. Totaler Erinnerungsausfall. Man suchte sie tagelang, ohne Erfolg. Über dieser Mitteilung endete die Sitzung.

Am nächsten Tag nahm Norbert seinen Bericht wieder auf: »Meine Mutter sagte immer, sie würde je einen dieser Armreifen unseren drei Ehefrauen geben.« Norbert ist das älteste von drei Kindern. Er hat zwei Brüder, die zwei bzw. vier Jahre jünger sind als er. Im Verlauf der Sitzung nimmt die Atmosphäre herzlicher Zuneigung und zärtlicher Nähe von der vorigen Sitzung nach und nach ab. Norberts Erinnerungen werden immer unangenehmer und unharmonischer. Die Wohnung war dunkel, die Eltern arm, die Häuser, die man aus dem Fenster sah, anonyme, häßliche Ziegelgebäude. Norberts Vater erhielt einen mageren Offizierssold. Er selbst trug seine Sachen in einem Arbeiter-Brotbeutel, wenn er zur Schule ging. Das Stadtviertel war proletarisch. Norbert versuchte diese Trostlosigkeit und Häßlichkeit zu überwinden, indem er die wenigen Familienbesitztümer eines nach dem anderen mit glühendem Eifer untersuchte, die ihm schön erschienen. Das Képi mit den goldenen Litzen, das seinem Vater gehörte, das Silber und Kristall, das die Großeltern geschenkt hatten. Es kam vor, daß er sich in der Betrachtung dieser Wunder verlor, bei der, wie er sagte, sein eigenes Elend und sein Unbehagen vergingen. Einige Tage nach dem Verlegen der mütterlichen Armreifen kam ein Onkel zu Besuch und zog den Vorhang vor dem Fenster auseinander: Die Armreifen hingen an dem Drehriegel zum Öffnen und Schließen des Fensters. Da verstanden wir die Bedeutung des Verschwindens der Armreifen und seiner Beunruhigung über den »Erinnerungsausfall«, der die Handlung begleitet hatte, sowie seine Angst, verrückt zu werden. Norbert hatte in der Tat einen symbolischen Mord begangen wie ein Krimineller, der in einem Ausnahmezustand handelt, und zwar an seinen Brüdern. Hatte er nicht mehrere Monate zuvor erzählt, er habe am Fenster auf die Rückkehr seiner Mutter aus der Klinik gelauert, die mit dem Neugeborenen auf dem Arm zurückkam? Hatte er nicht kurz nach der Ankunft des jüngeren Bruders den nicht unterdrückten Impuls gehabt, nach dem Beispiel des jungen Goethe alle Spielsachen aus dem Fenster zu werfen und dazu noch einige Küchengeräte, ein Backbrett und eine hölzerne Teigrolle, bis der auf die Straße gelaufene Hausmeister von Norbert gesagt hatte: »Dieses Kind ist verrückt!«? Norbert hatte den Eindringling auf diese Weise symbolisch wieder dahin geschickt, woher er gekommen war (auf die Straße), und dasselbe hatte er mit den Gegenständen getan, die – wie man sich vorstellen kann – die eigenartige elterliche Küche repräsentierten, die dazu gedient hatte, den Eindringling herzustellen. Er wollte zweifellos auch den Bauch seiner Mutter (die Wohnung) endgültig von allen unerwünschten Inhalten entleeren.

Man kann die Hypothese aufstellen, daß die Faszination, die goldene, silberne oder kristallene Gegenstände auf Norbert ausübten – und in der man quasi *in statu nascendi* ein ästhetisches Bedürfnis erkennt –, an die Heftigkeit seiner zerstörerischen Triebe gegen seine Brüder und seine Eltern gebunden ist und vor allem gegen seine so zärtliche, geliebte Mutter, die so grausam untreu war, Gefühle, die durch die bevorstehende Abreise der Analytikerin wiederbelebt wurden. Norberts Haß, Schuldgefühl und Depression erzeugen in ihm ein Chaos, dem er entgeht, indem er sich in die Betrachtung von Gegenständen versenkt, die er als schön empfindet. Man kann vermuten, daß die Objekte, die er bewundert, eine präzise symbolische Bedeutung haben: das Képi des Vaters, der idealisierte Phallus, dem er sich in einer homosexuellen und introjektiven Regung zuwendet, um die durch die Mutter verursachte Enttäuschung zu bekämpfen, und auch in der – dem positiven Ödipuskomplex entsprechenden – Hoffnung, einen großen Penis zu erwerben, der geeignet ist, sie zu befriedigen und zu befruchten. Das Kristall und das Silber der Großeltern besitzen wahrscheinlich eine analoge Bedeutung: die eines Phallus, der durch die Generationen geht und Norberts Aufnahme in eine Ahnenreihe beinhaltet. Gleichzeitig stellt die positive Besetzung der Geschenke der Großeltern (im Gegensatz zur negativen Besetzung der Geschenke der Eltern: die Babys) zweifellos die Repräsentation der Suche nach einem Ersatzelternpaar dar.

Norberts Konflikt, gebunden an die Bruderrivalität im Rahmen seines positiven Ödipuskomplexes und einer intensiven Liebe zu seiner Mutter, wird in der Übertragung erneut erlebt (die Wärme des Analysezimmers, das Klingen des Lüsters wirken auf das Material der Sitzung wie die Tagesreste auf den Traum). Das nahe Ende der Sitzung und die bevorstehende Abwesenheit der Analytikerin reaktivieren die Aggressivität gegen die Mutter, die fortging, um zu gebären, und alle zwei Jahre einen neuen Rivalen nach Hause brachte. Das Objekt der aggressiven Triebe wird auf einen symbolischen Ersatz verschoben (die Armreifen als Verdichtung der brüderlichen Rivalen und ihrer Funktion als kostbare Partialobjekte, die der Mutter gehören). Der Affekt (der Haß) wird gegen die eigene Person gewendet und in Angst umgewandelt, verrückt zu werden (der Erinnerungsausfall, der ein Loch im psychischen Leben repräsentiert, entspricht einer Kastration; erinnern wir uns, daß der Hausmeister – Überich – über einen anderen symbolischen Mord, begangen am Inhalt des Bauches der Mutter und den beiden Eltern in der Urszene – gesagt hatte: »Dieses Kind ist verrückt!«). Wir haben hier ein Bild von Norberts psychischem Funktionieren, seinen Fähigkeiten zu Verschiebung, Verdichtung und Symbolisierung etc., kurz, seinem Geschick, die neurotischen Mechanismen und die Rolle, die das Vorbewußte in seiner seelischen Aktivität spielt, bestmöglich zu nutzen. Nach der Erinnerung an das Verschwinden der Armreifen tritt eine Regression auf der Ebene des Materials zutage. Nicht nur werden die Affekte unangenehm, sondern auch die Repräsentationen verändern sich, nehmen einen analen Beiklang an: das Dunkle, das Häßliche, das Ärmliche treten in Erscheinung. Repräsentationen und Affekte kennzeichnen die *Depression,* die auf die Attacken gegen die Brüder und die Mutter folgt. Die Geburt des ästhetischen Empfindens setzt einen Kontrapunkt zu diesem Universum von Zerstörung, Häßlichkeit und Tristesse und enthält im Keim die Fähigkeiten zur Sublimierung. Norbert besitzt eine gute Fähigkeit, sich seinen drepressiven Affekten zu stellen, eine Fähigkeit zu symbolischer Aktivität und sublimatorische Gaben, die sich heute auf dem Gebiet der Wissenschaft betätigen und sich einige Zeit nach dieser Sitzung glücklich entwickelt haben. Norbert hat nämlich eine Entdeckung gemacht, deren Bezüge zu den hier besprochenen Konflikten und im Zusammenhang mit Wiederholungsträumen, in denen Nischen vorkamen und bei denen sich zwei Nischen als unzulänglich zur Unterbringung von drei Kindern erwiesen, faszinierend sind. Norberts Entdeckung steht in Zusammenhang mit der Sublimierung seines Wunsches, sich der Brüste seiner Mutter zu bemächtigen: Norbert ist Chemiker. Er arbeitet an einer Substanz, die wir CLNA nennen wollen; eines Nachts sieht er im Traum die auf eine Tafel geschriebene Formel; sie ist zu CMMA geworden. Norbert assoziiert die beiden M mit zwei Brüsten; seine Entdeckung ermöglicht die Verwendung von CLNA zu therapeutischen Zwecken.

Norbert brachte in dieser Sitzung und in den folgenden Monaten zahlreiche Erinnerungen, die mit dieser Zeit seiner Kindheit verbunden waren. Zunächst einmal war das Fenster, an dessen Drehknopf er die Armreifen aufgehängt hatte, dasselbe, aus dem er schamlos die Spielsachen und Küchengeräte geworfen hatte; dasselbe, aus dem er auch seine Mutter hatte zurückkehren sehen. Er hatte eines Tages auch sämtliche Schubladen der Kommode ausgeleert. Später kam die Erinnerung an einen Photoapparat für Erwachsene, der ihm, Norbert, geschenkt worden war, als er vier Jahre zählte, und den er erst benutzen sollte, wenn er groß wäre – *das Versprechen eines erwachsenen Genitalapparates, den er in der Zukunft erwerben würde;* diesen Apparat bewunderte er wie das Képi, das Silber und das Kristall. Das Erleben im Zusammenhang mit der Depression wurde von ihm als der »Himmel, der sich verdunkelt« beschrieben, auch als »der Makel«, während die Zeit davor »das verlorene Paradies« war. Dieses verlorene Paradies ist augenscheinlich die Zeit seines Lebens, in der Norbert sich mit seiner Mutter vereint fühlte, während die Anwesenheit des Vaters, die Tatsache, daß er der Mutter Kinder gegeben hat, und die Geburt der Brüder die Rolle von Faktoren spielen, die diese Einheit zerbrechen.

Norbert ist im Alter von siebenundzwanzig Jahren in die Analyse gekommen, und zwar aufgrund wiederkehrender Ängste in bezug auf die Integrität seiner Genitalorgane. Seine analytischen Kenntnisse reichten aus, um ihn diese Ängste als »schwachsinnig« bezeichnen zu lassen (er sah, daß sie karikaturhaft an den Kastrationskomplex gebunden waren), änderten aber natürlich nichts an seiner so fixierten Angst. Seine Neurose war nahezu vollständig um den Ödipuskomplex herum organisiert und ohne wirkliche zeitweilige Regression (die Regression, die wir im wiedergegebenen Material bemerkten, ist topischer Art).

Man erkennt, wie uns scheint, daß die sublimatorische Aktivität Norberts (heute wissenschaftlicher Art) an seine Introjektion des väterlichen Penis gebunden ist (wie übrigens auch der Brüste seiner Mutter, was der Traum von der chemischen Formel zeigt. Wir wollen anmerken, daß die Aneignung der mütterlichen Brüste ebenfalls in einer ödipalen Regung erfolgt: Es handelt sich darum, die Schuldgefühle zu besiegen, die er hat, weil er sie den Rivalen raubt. Gleichzeitig eignet sich Norbert die wohltätigen Eigenschaften der Brüste an, die er in sublimierter Form – er entdeckt therapeutische Eigenschaften – zahllosen Brudersubstituten zurückgibt. So identifiziert er sich mit den beiden lebensspendenden Eltern). In ihrem

schönen Artikel *A Psychoanalytical Approach to Aesthetics* (1952)[2] schreibt Hanna Segal:
»Es ist klar, daß die künstlerische Schöpfung einen überaus wichtigen genitalen Aspekt hat. Die Schaffung eines Kunstwerkes ist die psychische Entsprechung der Zeugung. Es handelt sich um eine bisexuelle genitale Aktivität, die eine gute Identifizierung mit dem Vater – der das Kind gibt – und mit der Mutter erfordert – die es empfängt und trägt.«
Wir meinen, daß dieser bisexuelle Aspekt der künstlerischen Schöpfung auf jede Schöpfung oder Entdeckung verallgemeinert werden kann, auf welchem Gebiet auch immer. Außerdem interessieren wir uns im Hinblick auf den Perversen vor allem für die Auswirkungen der Lücken, die in ihm aufgrund seiner unzureichenden Integration der väterlichen Identifizierungen entstanden sind. Merken wir an, daß die Identifizierung mit der Mutter, obwohl sie bei ihm oft im Vordergrund steht, doch auch mangelhaft ist: Er kann sich nur mit einer Mutter identifizieren, die den Vater zurückweist.
Der *Schaffens*prozeß solcher Menschen, die von ihrem Ichideal ohne Sublimierung ihrer Triebe zum Schaffen getrieben werden, und der Prozeß derer, die wie Norbert zu einer wirklichen Sublimierung gelangen, unterscheiden sich, wie es scheint, in bezug auf die verfolgten Ziele nicht. In der Tat wird der Schaffensakt in allen Fällen von dem Wunsch (Narzißmus) bewegt, die verlorene Vollkommenheit wiederzufinden, und repräsentiert also auf einer bestimmten Ebene auch ein Mittel, zu einer Wiedervereinigung von Ich und Ideal zu gelangen. Je tiefer die Verletzung, die aus der Ungleichheit zwischen den narzißtischen Strebungen und der Repräsentation des wirklichen Ichs resultiert, desto gebieterischer die Notwendigkeit, Mittel und Wege zum Ausfüllen des fatalen Abstandes zu finden. Daraus kann man sofort schließen, daß hier Probleme der *Identifizierung* eine zentrale Stellung einnehmen. Tatsächlich haben wir gesehen, daß die Entwicklung des Ichs sich mittels Projektion der verlorenen Allmacht auf das Objekt vollzog, das so zum Repräsentanten des ersten Ichideals des Kindes wird. Das Objekt (in diesem Stadium die Mutter) hat die schwere Aufgabe, das Kind dazu zu bringen, dieses erste Ideal gegen immer entwickeltere Ideale auszutauschen, und zwar dank der Integration der verschiedenen Reifungsphasen, einer Integration, die durch Identifikation mit dem Objekt erfolgt, das im fraglichen Stadium Träger des Ichideals ist. Man muß betonen, wie notwendig es ist, Versagungen und Befriedigungen zu dosieren, damit das Kind weder in

Versuchung gerät umzukehren noch auf das Stadium fixiert bleibt, das es gerade durchläuft. Jede Stufe der Entwicklung muß so viele Befriedigungen bieten, daß das Kind vorhersieht, die folgende werde noch weitere bringen, und so wenige, daß es sein Interesse und seine Neugier für neue Freuden bewahrt. Zusammengefaßt besteht die Erziehung aus dem Streben nach diesem Gleichgewicht. Das Ich des Kindes wird so um Introjekte und (sekundäre) Identifizierungen reicher, die aufeinander folgen und sich dem regressiven Zusammentreffen von Ich und Ideal mittels der primären Identifizierung widersetzen. Diese Identifizierungen müssen durch die neu erworbenen Eigenschaften den Abstand verringern, der zwischen dem Ich und dem Ideal besteht. Gleichzeitig gestatten die Introjektion der Eigenschaften des Objekts, dem das Kind gleichen will, und die Identifizierung mit dem Objekt, das Träger des Ichideals ist, dem Ich, vom Es geliebt zu werden (»Sieh', du kannst auch mich lieben, ich bin dem Objekt so ähnlich.« *Das Ich und das Es,* 1923, GW, Band 13, S. 258) und so das Selbstgefühl zu stärken oder, anders ausgedrückt, den Affekt, der aus dem mehr oder weniger großen Abstand zwischen Ich und Ideal resultiert.

Die Auswirkungen der Verführung durch die Mutter auf das Ichideal, das in seinem Fortschritt angehalten wird, wurden bereits erläutert.

Die Tatsache, daß der zukünftige Perverse im Gegensatz zum Neurotiker oder zum »normalen« Subjekt sein Ichideal nicht auf seinen Vater projiziert, wurde unterstrichen. Dies entspricht ganz den Auffassungen Freuds von der »normalen« Entwicklung: »Der kleine Knabe legt ein besonderes Interesse für seinen Vater an den Tag, er möchte so werden und so sein wie er, in allen Stücken an dessen Stelle treten. Sagen wir ruhig: er nimmt den Vater zu seinem Ideal.« (»Die Identifzierung«, in *Massenpsychologie und Ich-Analyse,* GW, Band 13, S. 115.) Und auch: »Man erkennt nur, die Identifizierung strebt danach, das eigene Ich ähnlich zu gestalten wie das andere zum ›Vorbild‹ genommene.« (*ibid.,* S. 116)

Als Freud in *Das Ich und das Es* das Überich untersucht – von jetzt an mit dem Ichideal oder Ideal-Ich vermischt –, beharrt er auf der Identifizierung mit einem *geliebten und bewunderten* Vater, die zur Bildung dieser neuen Instanz beiträgt:

»Es ist leicht zu zeigen, daß das Ichideal allen Ansprüchen genügt, die an das höhere Wesen im Menschen gestellt werden. Als Ersatzbildung für die Vatersehnsucht enthält es den Keim, aus dem sich alle *Religionen* * gebildet haben. Das Urteil der eigenen Unzulänglichkeit im Vergleich des

Ichs mit seinem Ideal ergibt das demütige *religiöse* * Empfinden, auf das sich der sehnsüchtig Gläubige beruft. Im weiteren Verlauf der Entwicklung haben Lehrer und Autoritäten die Vaterrolle fortgeführt; deren Gebote und Verbote sind im Ideal-Ich mächtig geblieben und üben jetzt als *Gewissen* die moralische Zensur aus« (»Das Ich und das Über-Ich [Ichideal]« in *Das Ich und das Es*, GW, Band 13, S. 265).

Man sieht, wie wichtig – auch wenn Freud aus dem Überich und dem Ichideal eine einzige Instanz macht –, wenn nicht vorherrschend bei der Bildung des Ödipuskomplexes und seines Erben die Projektion des Narzißmus auf den Vater bleibt.

Wir wollen hinzufügen, daß die Bildung des Überichs selbst von Freud einer Sublimierung gleichgesetzt wird: »Das Überich ist ja durch eine Identifizierung mit dem Vaterbild entstanden. Jede solche Identifizierung hat den Charakter einer Desexualisierung oder selbst Sublimierung.« (*ibid.*, S. 284)

(Eben diese Desexualisierung – Sublimierung der Beziehung zum Vater, verinnerlicht in Form des Überich – wird Freud in *Das ökonomische Problem des Masochismus,* 1924, gestatten, den moralischen Masochismus als Folge einer Resexualisierung der Beziehung zwischen Überich und Ich zu deuten. GW, Band 13, S. 381.)

Freud möchte denjenigen, die die Existenz eines »höheren Wesens im Menschen« behaupten, eine Antwort geben und schreibt, dieses höhere Wesen sei »das Ichideal oder Über-Ich, die Repräsentanz unserer Elternbeziehung. Als kleine Kinder haben wir diese höheren Wesen gekannt, bewundert, gefürchtet, später sie in uns selbst aufgenommen« (*Das Ich und das Es,* GW, Band 13, S. 264).

Wir sehen also, wie eng Narzißmus, Ödipuskomplex, Identifizierung und Sublimierung bei Freud verbunden sind und wie groß die Rolle der »verlorenen Vollkommenheit«, die auf den Vater projiziert wird, bei allen Prozessen ist, die dem Subjekt eine Fähigkeit zu Schöpfung und Sublimierung vermitteln werden. Wir möchten folgende Arbeitshypothese vorschlagen: Die Subjekte, die ihr Ichideal nicht auf ihren Vater und dessen Penis projizieren konnten und daher mangelhafte Identifizierungen hergestellt haben, sind aus auf der Hand liegenden narzißtischen Gründen veranlaßt, sich die Identität, die ihnen fehlt, durch verschiedene Mittel zu verschaffen; die Schöpfung symbolisiert den Phallus, die lückenhafte Identität wird der Kastration angeglichen. Die unmögliche Identifikation mit dem Vater (oder einem Vaterersatz) bringt das Subjekt jedenfalls dazu, sein Werk *herzustellen* und nicht zu *zeugen;* es gehorcht wie das Subjekt selbst nicht dem Prinzip der Abstammung. Die Introjektion der väterlichen Eigenschaften – symbolisiert durch die seiner Attribute – hat nicht stattfinden können, die mit diesem Prozeß verbundenen Wünsche sind verdrängt und gegenbesetzt worden, und daher verfügt das Subjekt nicht über die desexualisierte (sublimierte) Libido, die zur Herstellung seines Werkes erforderlich ist. Der Antrieb zu dem Werk wäre also das Ichideal, doch der benutzte Rohstoff wird nicht fundamental verändert. Als *niemandes Sohn* kann der Schöpfer, den wir beschreiben, nicht Vater eines authentischen Werkes sein. Die Identität, die er sich gibt, muß zwangsläufig usurpiert sein, also begründet auf der Negation seiner Zugehörigkeit zu einer Ahnenreihe. Das geschaffene Werk hat die Tendenz, einen Phallus zu repräsentieren, der dem genitalen Penis des Vaters überlegen ist. Tatsächlich kann er aufgrund der unzulänglichen Introjektion der väterlichen Attribute nur eine Täuschung sein. Es handelt sich darum, Ich und Ideal zusammentreffen zu lassen, indem der Prozeß der Sublimierung *umgangen* wird, der, wie wir gesehen haben, die Identifizierung mit dem Vater beinhaltet. (Und es geht gleichzeitig darum, sich Konflikte zu *ersparen,* die aus der Introjektion des väterlichen Penis resultieren, die, wie wir gesehen haben, die Kastrationsangst noch durch die Vergeltungsangst verstärkt.)

Wie wir zu zeigen versucht haben, projiziert der Perverse sein Ichideal auf seine prägenitalen Triebe und Partialobjekte statt auf seinen Erzeuger, um sich mit diesem zu identifizieren. Er muß den Trugschluß aufrechterhalten, er brauche weder zu wachsen (weil er seiner Mutter so, wie er ist, gefällt) noch den Platz seines Vaters einzunehmen (das ist bereits geschehen). Was die Verewigung des Trugschlusses gestattet, ist das Nichtbestehen der *Genitalität.* In diesem Falle entspricht seine Illusion, den Platz des Vaters eingenommen zu haben – ihn also um nichts beneiden zu müssen –, vollkommen der Realität.

Man gelangt so zu einer völligen Einebnung der Unterschiede (zwischen Vater und Kind, zwischen dem kleinen Penis des Kindes und dem Genitalorgan des Vaters), und wir haben gesehen, daß die Nicht-Anerkennung der Generationsunterschiede eng mit der Nicht-Anerkennung der Unterschiede zwischen den Geschlechtern verbunden ist. Doch wir haben auch gesehen, daß der Perverse sich nie völlig über die Tatsache im unklaren ist, daß sein Vater einen Penis mit Vorrechten und Fähigkeiten besitzt, die das Kind nicht hat. Er muß also, um seine Illusion zu bewahren, *seinen kleinen, prägenitalen Penis für ebenso wertvoll wie den des Vaters ausgeben, indem er ihn idealisiert.*

Unserer Meinung nach verwirklicht das Schaffen des Perversen dieses Ziel: Es repräsentiert seinen eigenen, vergrößerten Phallus, der mangels einer angemessenen Vateridentifizierung nur *nachgeahmt* sein kann.

Tatsächlich ist dieser Vorgang auch außerhalb der Perversion erkennbar, und zwar jedesmal, wenn man einen bedeutenden Mangel in den Identifizierungen auf der Ebene der beiden Neigungen des Ödipuskomplexes antrifft, begleitet von einer Projektion des Ichideals auf archaische, prägenitale Bilder und einem Fehlen des zur Reife führenden Ichideals (aus präzisen historischen Gründen), die das Subjekt dazu treiben, lieber das Aufrechterhalten der Illusion – die Täuschung – zu wählen als das Ausfüllen der Lücken, nach dem der Neurotiker oder der »Normale« strebt. Obwohl es legitim ist, auf einer bestimmten Ebene die perverse Organisation im eigentliche Sinne zu differenzieren, kann es für das uns beschäftigende Thema interessant sein, den *gemeinsamen Kern* verschiedener nosologischer Einheiten zu umreißen, die von der Perversion bis zu gewissen Charakterformationen oder Psychopathien, ja Toxikomanien reichen. Wenn man sie genau untersucht, handelt es sich um pathologische Lösungen, bei denen immer ein *Acting-out* besteht und das eigentliche Werk als ein *Acting-out* angesehen werden kann, das auf wundersame Weise den Graben überbrückt zwischen Wasser und Wein, dem prägenitalen und dem genitalen Penis, dem Vater und dem Kind.

Das Werk, das von Menschen geschaffen wird, die den besprochenen strukturellen Kern aufweisen (so sehr es auch von den väterlichen Wurzeln abgeschnitten sein mag und – tatsächlich auch gerade aus diesem Grund – so originell es auch zu sein vorgibt), wird in der Tat *im wesentlichen eine Imitation* sein, eine Kopie des genitalen Penis. Diese Imitation ist an die eigentliche Natur der archaischen Identifizierungen gebunden, die darin enthalten sind, sowie an das Fehlen von entwickelten ödipalen und postödipalen Identifizierungen.

In den Fällen, die uns hier beschäftigen, ist die Lücke im Ich, die durch die mangelnde Introjektion und Assimilation des Vaters gebildet wurde – ein unbewußter Vorgang, der eine aus Liebe, Bewunderung und körperlicher Nähe bestehende Beziehung beinhaltet –, jedenfalls nicht durch eine Imitation *des Vaters und der väterlichen Attribute* (denen narzißtisch die Besetzung entzogen wurde) ausgefüllt, sondern durch einen Versuch, sich gänzlich von den Bindungen der Abstammung zu lösen. Die Imitation betrifft einen »idealen« Phallus, wie er vom Subjekt *phantasiert* wird. Die Vorbilder, soweit es sie gibt, sind weit entfernt oder abstrakt. Wenn sie Gestalt annehmen, so geschieht dies in Personen, die keinen idealisierten Vaterersatz darstellen, sondern denen es selbst gelungen ist, die Introjektionskonflikte zu umgehen und sich *einen autonomen, magischen Phallus* zu geben, oder die ihren Nacheiferern dessen Erwerb versprechen, ohne daß sie sich dazu dem schmerzlichen Prozeß der Entwicklung unterziehen müssen. Der Mensch, der zu einer der hier von uns besprochenen Strukturen gehört, wird dann Schüler eines »Magiers«, wenn er nicht (oder bevor er) selbst »Magier« wird. Der Perverse und die verwandten Strukturen streben immer auf die eine oder andere Weise danach, die Phantasie zu realisieren, die hinter der infantilen Sexualtheorie des phallischen sexuellen Monismus steht, und zwar die doppelte Negation des Unterschieds der Geschlechter und der Generationen. *Die Theorie des phallischen sexuellen Monismus ist der infantile Prototyp ihrer erwachsenen Ideologien.* Für sie geht es um den Versuch, sich *die Entwicklung zu ersparen* und durch Magie nicht groß zu *werden*, sondern es sofort zu *sein* und sich so die Reifung zu erstehlen.

Der Leser möge uns erlauben, auf Oscar Wilde zurückzukommen. Wir werden versuchen zu zeigen, wie sich in seinem Werk auf der Ebene der Inhalte die Weigerung äußert, einer Ahnenreihe anzugehören. Wenden wir uns erneut dem kritischen Werk zu. Einer der Aufsätze aus den *Ansätzen* (1890) trägt den Titel »Felder, Pinsel und Gift – Eine Studie in Grün«. Um dem Vorwurf zu begegnen, den Künstlern und Gelehrten fehle es »an Ganzheit und Vollständigkeit des Wesens«, erinnert Oscar Wilde an Thomas Griffiths Wainewright, einen Freund von Charles Lamb; dieser hatte »ein bedeutendes künstlerisches Temperament und diente außer der Kunst noch vielen anderen Herren: Er war nicht nur Dichter und Maler, Kunstkritiker, Kunstsammler und Prosaschriftsteller, ein Liebhaber alles Schönen und Dilettant in allen gefälligen Künsten, sondern auch ein Betrüger von nicht geringer oder gewöhnlicher Begabung, und als heimlicher und verschlagener Giftmischer steht er in unserer und nicht nur in unserer Zeit fast ohne Beispiel da.« Oscar Wilde teilt uns mit, die Mutter seines Helden sei bei dessen Geburt gestorben; sein Vater folgte ihr kurz darauf nach. Das Kind wurde von seinem Großvater erzogen, doch dieser starb ebenfalls, als der Junge neun Jahre alt war. Er kam dann in die Obhut eines Onkels, den er später vergiftete. Er war sehr empfindsam für Schönheit und Poesie und zeigte frühzeitig eine Begabung zur Malerei. Die Gedichte von Wordsworth bewegten ihn zu Tränen. Er begann selbst zu schreiben – nach einem Aufenthalt bei der Armee, der seine zarte Sensibilität auf eine harte Probe stellte –, und zwar unter »mehreren phantastischen Pseudonymen. *Janus Weathercock, Egomet Bonmot* und *Van Vinkvooms,* das waren einige der grotesken Masken, hinter denen er seinen Ernst verbarg oder seinem Leichtsinn die Zügel schießen ließ. Eine Maske sagt uns mehr als ein Gesicht. Diese Verkleidungen verstärkten seine Persönlichkeit.« (*op. cit.*) Er beschloß, »als Dandy die Stadt zu schockieren, und seine herrlichen Ringe, seine antike Gemme als Krawattennadel und seine blaßgelben Glacéhandschuhe waren überall bekannt, ja Hazlitt sah sie sogar als Zeichen eines neuen Stils in der Literatur an: Dazu gaben ihm sein volles lockiges Haar, seine schönen Augen und seine feingliedrigen, weißen Hände den gefährlichen und reizvollen Vorzug, anders als die anderen zu sein.« (*ibid.*) »Er hat einen geschärften Sinn für den Wert einer schönen Umgebung und wird nicht müde uns die Räume zu schildern, in denen er wohnte oder gerne gewohnt hätte.« (*ibid.*, S. 49)

Dieser Mann – von »vibrierender Natur« – tötet nacheinander erst seinen Onkel, dann seine Schwiegermutter und seine Schwägerin, »vielleicht aus einer Laune oder vielleicht, um sein heimliches Machtgefühl zu stärken« (*ibid.*).

»Vor dreizehn Jahren, als er seine kostbare Sammlung von Majoliken und Marc Antonios anlegte, hatte er die Namen seiner Kuratoren für eine schriftliche Vollmacht *gefälscht* *, um einen Teil des Vermögens in die Hand zu bekommen, das er von seiner Mutter geerbt und in den ehelichen Hausstand eingebracht hatte.« (*ibid.*)

Er wurde zu lebenslänglicher Haft verurteilt. Zu einem seiner Besucher soll er gesagt haben: »Doch möchte ich Ihnen sagen, daß mir eines bis zum Schluß gelungen ist. Ich bin mein Leben lang entschlossen gewesen, ein Gentleman zu bleiben. Das ist mir immer gelungen und gelingt mir noch. An diesem Ort ist es Brauch, daß jeder der Insassen einer Zelle abwechselnd am Morgen das Fegen besorgt. Ich teile meine Zelle mit einem Maurer und einem Straßenkehrer, aber sie reichen mir nie den Besen!« Jemandem, der ihm den Mord an seiner Schwägerin vorwarf, soll er geantwortet haben: »Ja, es war scheußlich, es zu tun, aber sie hatte sehr dicke Fesseln.« Er tröstete sich mit seinen »wunderbaren *Paradis Artificiels*« (*ibid.*).

Oscar Wilde zog den Schluß:

»Il n'y a pas incompatibilité essentielle entre le crime et la culture d'esprit« (»Es gibt keine wesentliche Inkongruenz zwischen Verbrechen und Kultur«, *ibid.*).
Es ist kaum von Bedeutung, ob dieser Thomas Griffiths Wainewright wirklich existiert hat oder eine Schöpfung des Geistes von Oscar Wilde ist. Was uns interessiert, ist, daß wir hier eine gewisse Anzahl von Elementen vereinigt sehen, denen wir bereits begegnet sind (insbesondere den Ästhetizismus) und die wir unter der Überschrift der Idealisierung eingeordnet haben; dazu kommt hier noch das Verbrechen (das wir für den Augenblick beiseite lassen wollen) und die Tätigkeit des Fälschens. Fälscher sein bedeutet den Versuch, etwas auf *dem kurzen Wege* zu erhalten, was auf allgemeine Art der Perverse tut, und es bedeutet, sich für etwas auszugeben, was man nicht ist, indem man sich außerhalb seiner Ahnenreihe stellt. Außerdem finden wir bei dem Helden von »Feder, Pinsel und Gift« gleichzeitig noch die Verwendung zahlreicher Pseudonyme und eine Unterschriftsfälschung.
Dorian Gray verbindet sich mit *Geldfälschern*. (Es gab in den Vereinigten Staaten einen hochbegabten Fälscher, der die Geldscheine der Bundesbank so gut nachahmte, daß sie von den echten nicht zu unterscheiden waren. Bis zu dem Tag, an dem er das Porträt Lincolns auf den Banknoten durch sein eigenes Abbild ersetzte! Ein extremer Fall, in das Subjekt die Phantasie akutalisiert, die hinter seiner Tätigkeit als Fälscher steht.)
Ein anderer Text der *Ansätze* ist betitelt »Der Kritiker als Künstler«. Was uns auch hier auffällt, ist, daß die Paradoxa – die, das sei nebenbei gesagt, einer gewissen Aktualität nicht ermangeln, ob es sich um die Kritik oder sogar um die Psychoanalyse handelt – gewisse fundamentale Probleme des Perversen aufdecken, hier in Zusammenhang mit seinen identifikatorischen Lücken.
So lautet Wildes These, die Kritik sei eine *schöpferische Kunst.* »Mehr noch, ich möchte behaupten, daß die Kritik, indem sie die reinste Form des persönlichen Eindrucks darstellt, auf ihre Weise schöpferischer als eine Schöpfung ist, *da sie sich am wenigsten auf einen außerhalb ihrer selbst liegenden Maßstab bezieht und in der Tat ihre eigene Ursache ist* *, und, wie die Griechen sagen würden, in sich selbst und für sich selbst ihr Ziel hat.« (*op. cit.*) »Und am Beispiel all dieser schöpferischen Kunstkritiker wird deutlich, daß die Persönlichkeit für jede wirkliche Interpretation das Wesentliche ist. Wenn Rubinstein die ›Sonata Appassionata‹ von Beethoven spielt, gibt er uns nicht nur Beethoven, sondern ebenso sich

selbst, und damit gibt er uns Beethoven ganz – Beethoven, der uns durch eine reiche künstlerische Natur neu interpretiert und durch eine neue starke Persönlichkeit lebendig und wunderbar gemacht wird. Spielt ein großer Schauspieler Shakespeare, machen wir dieselbe Erfahrung. Seine eigene Individualität wird zum lebendigen Teil der Interpretation. Manchmal heißt es, Schauspieler geben ihren eigenen Hamlet, nicht den Hamlet Shakespeares; und dieser Trugschluß – denn das ist er – wird leider ... wiederholt ... Tatsächlich *gibt es eine solche Gestalt wie Shakespeares Hamlet gar nicht* *.« (*ibid.*)

Weiter unten heißt es, es sei »Aufgabe der ästhetischen Bewegung, die Menschen zur Betrachtung anzuregen, nicht zum Schaffen« (*ibid.*). »Gewiß, wir müssen uns zur Kultivierung des Temperaments an die dekorativen Künste wenden: an die Künste, die uns rühren, nicht an die Künste, die uns belehren. Es ist zweifellos ein Vergnügen, moderne Bilder anzusehen, wenigstens einige von ihnen. Aber es ist ganz unmöglich, mit ihnen zu leben. Sie sind zu ausgeklügelt, zu sicher, zu intellektuell. Ihre Absichten sind zu deutlich, und ihre Technik allzu offenkundig. Was sie zu sagen haben, erschöpft sich in kürzester Zeit, und dann *werden sie so langweilig wie Verwandte* *.« (*ibid.*)

»Von Zeit zu Zeit entrüstet sich die Welt über einen bezaubernden artistischen Dichter, weil er – um ihre abgedroschene, alberne Phrase zu gebrauchen – ›nichts zu sagen hat‹. Aber hätte er etwas zu sagen, dann würde er es wahrscheinlich tun, und das Ergebnis wäre langweilig. Gerade weil er keine neue Botschaft zu verkünden hat, kann er ein schönes Werk schaffen. Seine Eingebung gewinnt er aus der Form und aus der Form allein, wie es beim Künstler sein sollte. Eine wirkliche Leidenschaft würde ihn ruinieren. Alles, was wirklich geschieht, ist für die Kunst verdorben. Die schlechte Dichtung kommt aus *dem natürlichen Gefühl. Natürlich sein, heißt einleuchtend sein, und einleuchtend sein, heißt unkünstlerisch sein* *.« (*ibid.*)

Und schließlich: »Ich selber neige zu der Ansicht, daß das Schöpferische dem Abgesang nahe ist. Es entsteht aus allzu primitiven, allzu natürlichen Impulsen.« (*ibid.*)

Der Gedanke, Kritik sei die höchste Form der Schöpfung, da sie am wenigsten *Beziehungen zu den äußeren Objekten hat und ihre Daseinsberechtigung in sich selbst findet,* scheint uns die Phantasie zu enthalten, die wir deutlich zu machen versuchten, nämlich einen autonomen Phallus zu haben, ohne deshalb die männlichen Attribute des Vaters zu introjizieren und in die Ahnenreihe einzutreten. Der autonome Phallus kann durchaus vorgeben, eine höhere Form der Schöpfung zu sein, da er niemandem etwas verdankt. Der Perverse hat sich *selbst gezeugt.* Ebenso werden der Schöpfer und seine Schöpfung (Beethoven und die *Appassionata,* Shakespeare und *Hamlet*) zugunsten des Interpreten verneint. Tatsächlich aber unterwirft sich der Interpret, der einem Werk *dient,* dem Schöpfer dieses Werkes, erkennt seine Zeugungskraft an, introjiziert seine Schöpfung und stellt sie wieder her, nachdem er sie unter Wahrung ihrer Essenz assimiliert hat. Er hat sich von dem Werk befruchten lassen, das in ihm natürlich neue Dimensionen gefunden haben kann, aber das Werk ist nicht denaturiert. Der Interpret wird nicht behaupten, es *gebe Shakespeares Hamlet nicht,* sondern versuchen, sich von der Persönlichkeit durchdringen und erfüllen zu lassen und die Vision wiederzugeben, die der Autor von ihr hatte.

Dieses Einverleiben und nicht sein Anspruch, die Priorität vor dem Schöpfer zu haben, entscheidet über die Qualität seiner Arbeit.

Im Falle Oscar Wildes, der das Verdienst hat – durch das hindurch, was auf den ersten Blick als Provokation erscheint –, uns einige seiner wirklichen Probleme erkennen zu lassen, sieht man, wie das authentische Schaffen gehemmt sein kann, da es aus *allzu primitiven, allzu natürlichen* Impulsen entsteht.

Nun sind aber die Identifizierungen, die die Sublimierung ermöglichen, auf primitiven und natürlichen Mechanismen begründet, da sie auf der ebenfalls primitiven und natürlichen Beziehung zu den Eltern beruhen, die zweifellos nicht durch die Magie der Idealisierung verwandelt und daher »langweilige Verwandte« sind. (Der Vater und seine Attribute werden vom Perversen häufig »fäkalisiert« wie im Falle des Patienten, der die Holzscheite in der Sägerei mit Exkrementen beschmierte und so die genitale Macht des Vaters verneinte. Die Tatsache, daß es sich um einen Mann handelte, dessen Beruf darin bestand, Holz zu *schneiden,* spielte bei der Handlung des kleinen Jungen wahrscheinlich eine Rolle: Zweifellos machte er so gleichzeitig die kastrierende Macht des Vaters lächerlich.)

Diese »langweiligen« Eltern – grau wie der glückliche Prinz, nachdem er seine goldene Hülle verloren hatte – stehen im Gegensatz zu dem von der Idealisierung projizierten *Glanz.* Es ist sicher nicht schwer zu verstehen, woher die Anziehungskraft kommt, die alles Glänzende oder leuchtend Bunte auf Kinder hat (was, wie wir sahen, von Glover betont wurde). Diese Anziehungskraft wirkt auch auf den Primitiven, auf wenig kultivierte Menschen und mehr oder weniger auf jedermann. Im Russischen bedeutet das gleiche Wort »rot« und »schön«.

Die mystischen »Theophanien«, »Erscheinungen« und »Visionen« sind immer mit Licht und Glanz assoziiert. So erschien Gott Moses in einem *brennenden Dornbusch*.

»Und der Engel des Herrn erschien ihm in einer feurigen Flamme aus dem Busch. Und er sah, daß der Busch mit Feuer brannte und ward doch nicht verzehrt.« (2. Moses 3,2)

Man könnte hier auch die theosophischen Auffassungen von Jakob Böhme erwähnen, wie sie von Alexandre Koyré berichtet werden (in *La philosophie de Jacob Boehme*, 1929, 1. Aufl. 1979 – die Ausgabe, auf die wir uns beziehen).

In *Die Morgenröte im Aufgang* beschreibt der deutsche Mystiker die Abstammung des Gottessohnes im Verhältnis zu Gottvater in Begriffen des Lichts; der Sohn sei das Licht, das die Kräfte und Mächte des Vaters erhellt (*op. cit.*, S. 103). Der Sohn werde von der Sonne vorgestellt werden, die mit allen ihren Strahlen die ganze Tiefe des Vaters erhelle (*ibid.*, S. 104).

»Böhme denkt, daß die Macht des Vaters, repräsentiert durch die Gestirne, die sich unter den Sternen ausdehnt und teilt, die von den Sternen ausgeht wie eine Vielfalt von Mächten, von neuem in der Sonne konzentriert ist. Konzentriert, verwandelt sie sich dort in Licht, und durch dieses Licht leuchten auch die Gestirne ... Es gibt auch eine ständige Strömung, einen geschlossenen Kreislauf zwischen den Gestirnen und der Sonne: Die Macht, die von den Gestirnen kommt, kehrt als Licht dorthin zurück, und das Ganze, das Universum, bildet so ein wirklich vereinigtes System.« (*ibid.*, S. 104)

Man muß sich fragen, welcher Natur die Idealisierung ist, da diese das Fehlen der Desexualisierung beinhaltet.

Alle Züge der Idealisierung, die wir hervorgehoben haben, der Glanz, das Gold, das Silber, die Edelsteine, das Leuchten, scheinen aus dem analen Register zu kommen oder sind diesem vielmehr entgegengesetzt und verweisen daher darauf. Alle Masken, alle Zierden, mit denen sich das Ich des Perversen bekleidet, das Dekor, mit dem er sich umgibt, seine Schöpfungen, alle Substitute seines verkleideten Ich oder seines vergrößerten Phallus erinnern durch den Gegensatz an die Analität, die sie verhüllen.

Zwar ist die enge Beziehung zwischen kostbaren und glänzenden Substanzen und den Exkrementen von den Analytikern seit langem anerkannt, aber sie ist gewiß nicht leicht zu verstehen.

In *Charakter und Analerotik* (1908) schreibt Freud: »Am ausgiebigsten erscheinen die Beziehungen, welche sich zwischen den anscheinend so disparaten Komplexen des Geldinteresses und der Defäkation ergeben ... Es ist bekannt, daß der Gegensatz zwischen dem Wertvollsten, das der Mensch kennen gelernt hat, und dem Wertlosesten, das er als Abfall (›refuse‹) von sich wirft, zu dieser bedingten Identifizierung von Gold und Kot geführt hat.« (GW, Band 7, S. 207f.) Freud zeigt, daß das alte Interesse für die Defäkation so durch jenes abgelöst wird, das sich auf das Geld bezieht. So besteht einerseits ein manifester Gegensatz zwischen dem ursprünglichen Objekt (Fäzes) und dem abgeleiteten Objekt (Geld), andererseits eine scheinbare Zäsur zwischen dem Interesse am Geld und der Defäkation, während auf unbewußter Ebene Identität und Kontinuität vorhanden sind.

Dennoch scheint in diesem Text der kostbare Charakter des Goldes eine selbstverständliche Gegebenheit zu sein. Ferenczi zeigt später in seiner Schrift *Zur Ontogenie des Geldinteresses* (1914) die Abstammung des Geldinteresses von dem ursprünglichen Interesse an Fäzes; dabei betont er die Entwicklung, die von den Exkrementen mit all ihren Merkmalen (Geruch, Konsistenz, Aussehen) zu den scheinbar vom ursprünglichen Objekt entferntesten Stoffen führt (sauber, fest, trocken, glänzend), und zwar über alle Zwischenstufen, auf die die Beobachtung von Kindern und deren Spielen schließen läßt (Erde, Sand, Kieselsteine, Muscheln, Knöpfe, Kugeln etc.).

Was diese scheinbare Umkehr der Werte herbeiführt, sind die *Reaktionsbildungen*. So sind die Geldstücke nichts anderes als die *geruchlos gemachten, getrockneten und glänzend gewordenen Exkremente. Pecunia non olet.* Außerdem hat die Ästhetik für Ferenczi ihre Wurzeln in der verdrängten Analität. Darüber hinaus muß die Wirkung untersucht werden, die der Verlust der Allmacht und des Wertes auslöst, welche das Kind ursprünglich mit den Fäzes verbindet. Diese Allmacht und dieser Wert, ebenso wie alle Befriedigungen, die der Mensch einmal genossen hat und die laut Freud nicht verschwinden, sondern nur gegen andere vertauscht werden können, scheinen nicht völlig auf die den späteren Entwicklungsphasen innewohnenden Befriedigungen übertragen zu werden, sondern brauchen scheinbar neue Substitute mit denen des ursprünglichen Objekts entgegengesetzten Eigenschaften. Die Merkmale dieses Gegensatzes

machen sie für das Ich, das sie mit der Macht und dem Wert besetzt, die ursprünglich den Exkrementen beigemessen wurden, annehmbar.
Doch vielleicht sollte man eher in Erwägung ziehen, daß der Grundstoff – die Exkremente – im Verlauf der aufeinander folgenden Substitutionen, denen er unterliegt, nach und nach gereinigt wird, was im chemischen Sinne ein Äquivalent zur Sublimierung wäre.
Wenn wir den Vorgang jedoch im einzelnen betrachten, neigen wir eher zur Annahme der Reaktionsbildung: Zu Anfang des Prozesses mußte jede Materie ausreichen, die Eigenschaften mit einem dem ursprünglichen Objekt *entgegengesetzten Aspekt* hatte, ein bunter Kieselstein, ein funkelnder Stein, ein Metallstückchen etc. Nach und nach hat der Mensch, wie wir uns vorstellen können, versucht, das Lustprinzip, das im Besitz des Ersatzes für das ursprüngliche Objekt enthalten ist, mit dem Realitätsprinzip zu versöhnen, indem er Materialien besetzte, deren *innere Qualitäten* – zumindest teilweise – das Interesse rechtfertigten, das er ihnen entgegenbrachte. Hier ist nicht nur die Seltenheit inbegriffen (eine Eigenschaft, die, ganz im Gegensatz zum banalen und allgemeinen Charakter der Fäzes, über die anale Problematik hinausgeht: Jedes menschliche Wesen ist selten und sogar einzigartig, ganz wie der Penis und das ödipale Objekt), sondern auch eine gewisse Anzahl von offenkundigen Merkmalen (so etwa die Unveränderlichkeit), die aus Gold und gewissen Edelsteinen angemessene Stützen des *Wertes* machen – die soziale Konvention, die sie zum Eichmaß macht, ruht also auf Elementen, welche ebenso mit dem Lustprinzip wie mit dem Realitätsprinzip verbunden sind. Anders ausgedrückt, zu Beginn des Vorgangs, der die Besetzung des ursprünglichen Analobjekts auf Objekte verschiebt, die ihm Stück für Stück entgegengesetzt sind, sind nur die *Reaktionsbildungen* im Spiel.
Man muß allerdings anmerken, daß Ferenczi in dieser Schrift ebenso wie Freud in einer Reihe von Texten, wie wir gesehen haben, nicht zwischen Reaktionsbildung und Sublimierung unterscheidet.
Auf den ersten Blick könnten wir vermuten, daß die *Idealisierung* der Analität beim Perversen mit einer Reaktionsbildung gleichzusetzen wäre: Das Ichideal, das allein die Hervorbringung des Werkes beherrscht, kann die Analität nur modifizieren, indem es sie verschiedenen Umwandlungen unterzieht, die nicht an die Sublimierung gebunden sind, sondern an die Verschiebung und an die *Reaktionsbildungen.* Damit würde man dem von Ferenczi vorgeschlagenen Modell der Ontogenese des Geldinteresses folgen.

Uns scheint jedoch, daß die Gleichsetzung der Idealisierung der Analität mit der Reaktionsbildung eine Reihe von Elementen nicht berücksichtigt.

Zunächst einmal beruht die Reaktionsbildung auf der Verdrängung und Gegenbesetzung der Triebe, die sie bekämpfen soll und aus denen sie ihre Energie bezieht. Nun glauben wir aber nicht, daß die analen Triebe beim Perversen wirklich *verdrängt* sind. Ein Teil dieser Triebe unterliegt natürlich der Verdrängung. Kein menschliches Wesen könnte in der Gesellschaft leben, wenn es nicht einen Teil seiner Analität verdrängte und einen anderen der Sublimierung unterzöge. Diejenigen, die nicht in der Lage sind, diese Mechanismen zu vollziehen, sind entweder noch in der Wiege oder in einer Anstalt.

Selbst als der Wolfsmann Freud in der ersten Sitzung vorschlägt, mit ihm einen analen Koitus zu vollziehen und ihm auf den Kopf zu defäzieren (nebenbei gesagt, welcher Angriff auf den »Denkapparat« des Analytikers wird damit als Einleitung geführt!), geschieht das im *Rahmen der Analyse*. Doch die Reaktionsbildung ist im allgemeinen ein solider Mechanismus, der sich endgültig – wenn er nicht im Verlauf einer Analyse erneut bearbeitet wird – dem Charakter einprägt. Er erstickt die Triebe, gegen die er »reagiert«, unter einem Bleigewicht, das uns als Gegensatz zu der verhältnismäßigen Leichtigkeit erscheint, mit der die glänzende Hülle der Idealisierung vom Druck der analen Triebe, die sie mehr verhüllt als enthält, durchbohrt, zerschmolzen und aufgelöst wird. Der *Idealisierungszwang*, den in die Beschreibung perversen Verhaltens aufzunehmen wir vorgeschlagen haben, scheint an das bevorstehende offene Wiedererscheinen der verdeckten Analität gebunden zu sein. Der Trieb, die Exkremente, die erogene Analzone werden einfach als ihr Gegenteil verkleidet – und das Gegenteil trägt immer den unauslöschlichen Eindruck dessen, was es leugnet, wie Freud in *Die Verneinung* (1925) gezeigt hat. Es ist also möglich, die Analität nicht nur *hinter* dem glänzenden Schmuck zu erkennen, der sie verhüllt, sondern gerade *in dessen Glanz*.

»Etwas im Urteil verneinen, heißt im Grunde: das ist etwas, was ich am liebsten verdrängen möchte. Die Verurteilung ist der intellektuelle Ersatz der Verdrängung, ihr Nein ein Merkzeichen derselben, ein Ursprungszertifikat wie etwa das ›Made in Germany‹. Vermittels des Verneinungssymbols macht sich das Denken von den Einschränkungen der Verdrängung frei und bereichert sich um Inhalte, die es für seine Leistung nicht entbehren kann.« (GW, Band 14, S. 12f.) Die Autoren von *Das Vokabular der Psychoanalyse (op. cit.)* sagen unter dem Stichwort »Verneinung«, diese habe für Freud »den Wert eines Hinweises, der den Augenblick anzeigt, in dem ein unbewußter Gedanke oder ein Wunsch aufzutauchen beginnt, und dies ebensowohl in der wie außerhalb der Behandlung« (*op. cit.*, S. 600).

Tatsächlich setzt Freud die Verneinung mit einer partiellen Aufhebung der Verdrängung gleich.

»Ein verdrängter Vorstellungs- oder Gedankeninhalt kann also zum Bewußtsein durchdringen, unter der Bedingung, daß er sich *verneinen* läßt. Die Verneinung ist eine Art, das Verdrängte zur Kenntnis zu nehmen, eigentlich schon eine Aufhebung der Verdrängung, aber freilich keine Annahme des Verdrängten. Man sieht, wie sich hier die intellektuelle Funktion vom affektiven Vorgang scheidet. Mit Hilfe der Verneinung wird nur die eine Folge des Verdrängungsvorganges rückgängig gemacht, daß dessen Vorstellungsinhalt nicht zum Bewußtsein gelangt. Es resultiert daraus eine Art von intellektueller Annahme des Verdrängten bei Fortbestand des Wesentlichen an der Verdrängung.« (GW, Band 14, S. 12)

Uns scheint, daß wir uns hier dem Mechanismus der Idealisierung nähern. Tatsächlich kann man sehen, daß die Verneinung die *Erschütterung der Verdrängung* signalisiert. Diese Erschütterung kann mehr oder weniger tief sein, und sein Beispiel, das Freud in der Fußnote gibt, läßt denken, daß »das Wesentliche an der Verdrängung« in gewissen Fällen doch wieder auf dem Spiel stehen kann. Er schreibt: »Derselbe Vorgang liegt dem bekannten Vorgang des ›Berufens‹ zugrunde. ›Wie schön, daß ich meine Migräne so lange nicht gehabt habe!‹ Das ist aber die erste Ankündigung des Anfalls, dessen Herannahen man bereits verspürt, aber noch nicht glauben will.« (Fußnote 1, *ibid.*, S. 12) Die Idealisierung scheint uns beim Perversen an die auf einer bestimmten Ebene bestehende Kenntnis des analen Charakters seines Ich gebunden und an die Verneinung dieses Charakters mittels der narzißtischen Aura, deren Stütze diese Analität wird.

All das spielt sich ab, als sei die Idealisierung der Analität immer an die Drohung gebunden, das Exkrement in der ursprünglichen Form wiedererscheinen zu sehen.

»Es ist bekannt, daß das Gold, welches der Teufel seinen Buhlen schenkt, sich nach seinem Weggehen in Dreck verwandelt, und der Teufel ist doch gewiß nichts anderes als die Personifikation des verdrängten unbewußten

Trieblebens«, schreibt Freud in *Charakter und Analerotik* (1908, GW, Band 7, S. 207f.). Es besteht in der Tat – und das ist in gewisser Weise auch in Freuds Werk nachzulesen, wie eine Reihe von oben angeführten Zitaten zeigt – ein radikaler Gegensatz zwischen Analität und Narzißmus. Man denke zum Beispiel an alles, was Freud über die organische Verdrängung sagt, eine Verdrängung, die er immer mit der Analität und der *Aufgabe der alten, zu Dämonen gewordenen Götter* in Verbindung bringt (in *Das Unbehagen in der Kultur*, 1929, GW, Band 14). Anders ausgedrückt, die narzißtische Besetzung – die Idealisierung – der Aktivitäten, Objekte und erogenen Zonen der Analphase wird aufgegebenen zugunsten des späteren Entwicklungsstadiums. Wieder finden wir den Teufel (Dämonen) in der Freudschen Formulierung über die Aufgabe der alten Götter. Wenn der Teufel das »verdrängte unbewußte Triebleben« repräsentiert (*Charakter und Analerotik,* 1908), trägt er alle Merkmale der Analität (er ist schwarz, behaart, riecht nach Schwefel, ist mit den Exkrementen assoziiert etc.), als würden die überholten oder verbotenen Triebbefriedigungen einen unweigerlich analen Charakter annehmen. »Das ist pfui!« sagt die Mutter zum Kind bei allen Handlungen oder Verhaltensweisen, die es unterlassen soll (vgl.: »... wie wir das Sinnesorgan [Kopf und Nase] im Ekel abwenden, so wendet sich Vorbewußtes und der bewußte Sinn von der Erinnerung ab. Dies ist die Verdrängung.« Brief an Fließ von 14. 11. 1897, in *op. cit.,* S. 200).
Dieser Gegensatz zwischen Narzißmus und Analität wurde von Béla Grunberger in mehreren Arbeiten untersucht, und seine Auswirkungen wurden von ihm auf verschiedenen Gebieten verfolgt. Er schreibt beispielsweise: »Die Triebreifung spielt sich also unter dem Zeichen eines Schuldgefühls parallel zum Narzismus und zum Trieb ab, hauptsächlich der analen Komponente (Ichideal und Überich), und zeigt uns eine echte Antinomie Phallus-Penis, die zwischen diesen eine *dialektische Bewegung* entstehen läßt.« (*De l'image phallique*, 1963, S. 249)
Dieser Gegensatz berücksichtigt wahrscheinlich die Verwundbarkeit der Idealisierung der Analität (es gibt Materien, auf denen der Anstrich nicht hält), ebenso wie die direkte Abfuhr der analen Triebe im perversen Akt deren partielle Verdrängung ungewiß und für das »intellektuelle Urteil« wenig wahrscheinlich macht. Die Verneinung der mit den Analtrieben verbundenen Gedanken und Vorstellungen ist besonders zerbrechlich und muß *zwanghaft* wiederholt werden, um einen Anschein von Wirksamkeit zu gewinnen.

Das Wissen, daß die Idealisierung nur eine dünne Lackschicht auf dem Exkrement ist, ist intuitiv vorhanden in dem Urteil, das Napoleon über Talleyrand abgab: »Scheiße in einem Seidenstrumpf!«
Ein Film von Samuel Fuller (1950), *Der Baron von Arizona*, zeigt einen hochbegabten Gauner, der durch die Fälschung von Dokumenten vorgibt, ein kleines Mädchen, dessen Interessen er vertritt, sei eine Nachfahrin der spanischen Könige, der ehemaligen Kolonisatoren von Arizona, und müsse daher Besitzerin dieses Staates werden. Am Ende der Geschichte kommen seine Fälschungen an den Tag. Daraufhin wird ihm dreimal gesagt: »Ihre Sache ist eine schlechte Zigarre in einem guten Deckblatt!« (»It's a bad cigar in a rich spanish leaf«). Die oberflächliche Natur der Idealisierung – der anale Phallus, den sie verbirgt – wird hier offenkundig.
Unser Vorgehen kann ein wenig gewagt erscheinen. Es ist in der Tat sehr ehrgeizig, einen Mechanismus wie den der Idealisierung umreißen zu wollen, indem man ihm die beiden Objekte wiedergibt, auf die Freud ihn nacheinander angewandt hat: die Triebe und das eigentliche Objekt, und indem man eine – zweifellos unvollständige – Unterscheidung zwischen diesem Vorgang, der Sublimierung und der Reaktionsbildung skizziert. Dies hat uns veranlaßt, die Idealisierung der Verneinung anzunähern, allerdings unter Beibehaltung einer gewissen Spezifität. Es würde sich um einen Mechanismus handeln, der vom Ichideal regiert wird und bei Perversen wahrscheinlich ausschließlich auf die Analität Anwendung findet. Diese ist nur sehr partiell verdrängt und läuft Gefahr, wieder ans Tageslicht zu treten. Nun tendiert aber der Perverse, wie wir gesehen haben, dazu, sein Ich und seine prägenitalen Attribute als dem Ich und dem genitalen Penis des Vaters ebenbürtig oder sogar überlegen auszugeben. Daher ein ständiger *Zwang*, die Prägenitalität zu idealisieren und so den Unterschied zwischen den Generationen aufzuheben und die Illusion zu bewahren, er sei das adäquate und bevorzugte Objekt seiner Mutter.
Wir möchten dieses Kapitel schließen, indem wir hier an einige Vorschläge erinnern, die wir an anderer Stelle unterbreitet haben (in *Le Rossignol et l'Empereur de Chine – Essai psychanalytique sur le ›faux‹*, 1968), und diese mit den obigen Ausführungen verbinden.
Am Ende des Gartens des Kaisers von China erstreckte sich der »herrlichste Wald mit hohen Bäumen und tiefen Seen« (»Die Nachtigall« von H. C. Andersen, in *Andersens Märchen*, Frankfurt a. M. 1981, Band 1, S. 287). Der Wald reichte bis zum Meer hinunter, und die großen Schiffe

konnten bis unter seine Äste fahren. In diesen Ästen wohnte eine Nachtigall, deren bezaubernder Gesang einen armen Fischer entzückte. Bald verbreitete sich der Ruhm der Nachtigall. Aus allen Ländern der Erde strömten Reisende herbei, um die Stadt, das Schloß und den Park des Kaisers zu bewundern. Doch alle waren bei ihrer Abreise überzeugt, die Nachtigall sei allen Schätzen des Kaisers überlegen. Der Kaiser erfuhr von der Existenz der Nachtigall durch Bücher, die hingerissene Reisende ihr widmeten. Er rief seinen Kavalier. »Der war so vornehm! Wenn jemand, der geringer war als er, mit ihm zu sprechen oder etwas zu fragen wagte, antwortete er weiter nichts als ›P!‹, und das hat ja nichts zu bedeuten.« (*ibid.*, S. 288) Der Kaiser verlangte, der Kavalier solle die Nachtigall an den Hof kommen lassen, und wenn sie nicht käme, würde »dem ganzen Hofe auf den Bauch getrampelt werden, wenn er Abendbrot gegessen hat« (*ibid.*, S. 289). Die einzige am Hofe, die die Nachtigall kannte, war ein armes Küchenmädchen. Sie diente dem Kavalier als Führerin und brachte ihn zu der Nachtigall. Der Kavalier war enttäuscht, in den Ästen einen kleinen, grauen Vogel zu sehen, dessen Aussehen er gewöhnlich fand. Dennoch lud er den Vogel ein, zu kommen und vor dem Kaiser zu singen. Die Nachtigall sang so schön, daß der Kaiser Tränen in den Augen hatte. Er bot der Nachtigall seinen goldenen Pantoffel an, damit sie ihn um den Hals tragen könne, doch sie fand, sie sei genug belohnt durch die Tränen, die sie in den Augen des Kaisers gesehen hatte. Von da an hatte sie ihren Käfig bei Hof, besaß jedoch die Freiheit, zweimal tagsüber und einmal nachts auszugehen. Die ganze Stadt sprach nur noch von der Nachtigall. »Ja, elf Hökerkinder wurden nach ihr benannt; aber nicht eins von ihnen hatte einen Ton in der Kehle.« (*ibid.*, S. 292)
Eines Tages kam bei Hofe ein großes Paket an, darauf stand geschrieben »Nachtigall«. Es enthielt ein mechanisches Spielzeug in einer Schachtel, eine künstliche Nachtigall, die der lebendigen gleichen sollte, aber über und über mit Diamanten, Rubinen und Saphiren besetzt war; sobald man den Mechanismus aufgezogen hatte, begann der künstliche Vogel zu singen, sein Schwanz bewegte sich auf und ab, und er glitzerte strahlend. Das war ein Geschenk des Kaisers von Japan an den Kaiser von China. Bald begeisterte sich der ganze Hof für die künstliche Nachtigall, die so schön anzusehen war und dreißigmal hintereinander dasselbe Stück sang, und zwar in einem Rhythmus, dem die echte Nachtigall nicht folgen konnte. Niemand bemerkte, daß diese durch das Fenster davonflog und in ihren grünen Wald zurückkehrte. Der Spielmeister erkärte, die künstli-

che Nachtigall sei besser als die echte, nicht nur wegen ihres glänzenden Aussehens, sondern auch wegen ihres Inneren. Das ganze Volk schloß sich dieser Meinung an. Außer dem armen Fischer, der meinte: »Es fehlt etwas, ich weiß nicht was.« (*ibid.*, S. 293)

Die echte Nachtigall wurde aus dem Reich verbannt. Die mechanische Nachtigall bekam den Ehrenplatz in der Nähe des Kaisers. »Und der Spielmeister schrieb ein Werk von fünfundzwanzig Bänden über den Kunstvogel; das war so gelehrt und so lang, voll von den allerschwersten chinesischen Wörtern, daß alle Leute sagten, sie hätten es gelesen und verstanden, denn sonst wären sie ja dumm gewesen und auf den Bauch getrampelt worden.« (*ibid.*, S. 294) Eines Tages aber zersprang etwas in der Mechanik des Vogels. Die zarten Walzen waren abgenutzt. Man durfte die Nachtigall nur einmal im Jahr singen lassen.

Fünf Jahre vergingen, und der Kaiser wurde schwer krank. Er konnte nicht mehr atmen, denn der Tod saß auf seiner Brust. Er flehte den mechanischen Vogel an, für ihn zu singen, doch dieser blieb stumm, denn es war niemand da, ihn aufzuziehen, und ohne dies sang er nicht; der Tod blickte den Kaiser unverwandt mit seinen leeren Augenhöhlen an. Da erklang plötzlich ein bezauberndes Lied. Das war die lebendige Nachtigall, die auf den Ruf ihres Kaisers herbeigeeilt war, um ihm das Lied der Hoffnung zu singen. Der Tod zog sich langsam zurück, und als die Diener eintraten, um ihren toten Kaiser zu sehen, erwartete er sie stehend in seinem kaiserlichen Ornat, seinen Säbel an sein Herz gedrückt, und sagte: »Guten Morgen!«

Das ist, unvollkommen nacherzählt, eines der hübschesten Märchen von Andersen. Es soll zu Ehren von Jenny Lind, der schwedischen Nachtigall, geschrieben worden sein, deren Erfolg zeitweise von der kraftvolleren Technik gewisser italienischer Sänger übertroffen worden war, einer Technik, die diese allerdings an die Stelle des Talents setzten. Man kann sich jedoch vorstellen, daß Andersen hier das allgemeinere Problem der ästhetischen Schöpfung und der Aufnahme behandeln wollte, die das Publikum dem Künstler bereitet.

Auf einer umfassenderen Ebene scheint uns dieses Märchen die gesamte Problematik des »Falschen« anzuschneiden.

Man kann in der Tat die Existenz einer je nach Individuum mehr oder weniger ausgeprägten Tendenz feststellen, dem »Falschen« im Verhältnis zum »Echten« den Vorzug zu geben – eine Tendenz, die wir in bezug auf die Prüfungsträume hervorgehoben haben –, ob es sich hier um den

Schöpfer selbst handelt oder um den, der die unechte Schöpfung bereitwillig übernimmt; diese Bereitwilligkeit scheint auf einen spezifischen Faktor zurückzugehen, dessen Natur noch erhellt werden muß.
Mit anderen Worten, es stellt sich die Frage, wer dazu getrieben ist, den künstlichen Vogel zu schaffen und warum, und wer von dem künstlichen Vogel zum Schaden des echten fasziniert sein wird und warum.
Doch zunächst, wie können wir das Echte und das Falsche definieren?
Im Falle des Andersen-Märchens scheint die Unterscheidung leicht: Das Falsche ist mit dem Unbelebten identifiziert, das Echte mit dem Lebendigen. Wir wissen, daß diese Unterscheidung in den meisten Fällen nicht genügt und vor allem nicht so einfach zu treffen ist. Der unbelebte oder lebendige Charakter einer ästhetischen oder intellektuellen Schöpfung beispielsweise ist nicht so offensichtlich. Dennoch können wir der Intuition des dänischen Erzählers folgen und die späteren Erörterungen unserer Schrift so vorwegnehmen, denn unsere Überlegung geht von einer ähnlichen Perspektive aus wie der, die er einführt: Das Echte ist tatsächlich dem Lebendigen gleichzusetzen, insofern es seinem Wesen nach immer durch natürliche Ursachen *erzeugt* ist und seinerseits nach demselben Gesetz *erzeugt,* während das Falsche außerhalb jeder natürlichen Kontinuität liegt, aber dennoch versucht, sich als organisches Glied einer Kette darzustellen, d. h. als dem Prinzip der Abstammung gehorchend.
Diese lockere Definition, gleichzeitig zu umfassend und zu partiell, kann nur provisorisch sein.
Besondere Betonung erfordern der *anale* Faktor dieser Schöpfungen sowie die Tatsache, daß es sich – von der Seite des Herstellers oder des Weihrauchträgers als »Falschen« – immer darum handelt, eine Darstellung des *Phallus* herzustellen oder anzubeten.
Auch dort dient uns Andersens Intuition als Führer, denn er fordert uns auf, die Verdienste zweier *Vögel* voneinander zu unterscheiden.
Uns scheint heute, daß die Werke des Perversen den Prototyp dieser Schöpfung eines analen Phallus darstellen, eines »nachgeahmten« Penis, dessen Verwandtschaft mit dem Fetisch uns in einem späteren Kapitel beschäftigen wird. Selbstverständlich besitzt der Perverse nicht das Monopol auf diese nachgeahmten Schöpfungen, doch das ins Werk gesetzte Vorgehen ist dem seinen analog. Symmetrisch dazu kann der Perverse in der Lage sein, »authentisch« zu schaffen. Tatsächlich scheint uns, daß nicht genug Nachdruck auf die großen Libidoquantitäten gelegt wird, die bei jedem menschlichen Wesen zur Sublimierung benutzt werden – selbst

wenn es nicht schöpferisch ist –, und der Perverse kann trotz seiner direkten prägenitalen Triebbefriedigung über eine Libido verfügen, die sublimierbar ist.

Die Idealisierung findet sich in Andersens Märchen wieder; sie bekleidet die künstliche Nachtigall üppig mit funkelnden Juwelen, während die echte Nachtigall ein bescheidener, grauer Vogel ist. Die echte Nachtigall hat nichts zu verbergen, während die künstliche Nachtigall vergessen machen muß, daß sie »gemacht« ist, daß sie nur eine Ansammlung von Walzen und Achsen/Rädern ist. Wir haben vorher gesehen, daß die Nicht-Assimilierung des väterlichen Penis, das Fehlen von Liebe und Bewunderung für den Vater und das Fehlen der *homosexuellen* Unterwerfung, das aus dieser »Leidenschaft« herrührt, von der Freud spricht, dazu führen, den Phallus zu *imitieren,* soweit die Identifizierung mit dem Vater mangelhaft ist.

Wir haben das Material eines unserer Patienten zitiert, der tatsächlich ein Fetischist war. Wir werden es hier noch einmal anführen, denn rückblikkend erscheint es uns beispielhaft:

Der Patient begann seine Sitzung, indem er über Hundekot sprach, den er vor unserer Tür gesehen hatte. Dann fuhr er fort, indem er die Sekrete aus seinen Genitalorganen erwähnte und detailliert über deren Konsistenz, Menge und Geruch sprach. Er kam dann auf seine Aggressivität gegenüber seiner Frau und auf eine schmerzhafte Spritze zu sprechen, die er ihr am Vorabend gegeben hatte, sowie auf seine eigenen sexuellen Schwierigkeiten.

Wir bemerkten, er könne anscheinend nur schmutzige oder schmerzhafte Dinge in uns und seine Frau stecken, seine Exkremente und nicht seinen Penis. Da erinnerte er sich an einen Traum, in dem er für seine Frau die *Kopie* eines antiken Gegenstandes kaufte (unsere Wohnung befindet sich im Viertel der Antiquitätenhändler).

Hier finden wir das »Falsche« als analen Penis wieder, der den genitalen Penis des Subjekts bewahrt oder ihn ersetzt. Wir können also sagen, daß das »Falsche« sich für einen Phallus ausgibt, d. h. für einen Penis, der fähig ist, die narzißtische Vollständigkeit zu sichern, dem keine der Eigenschaften fehlt, von denen angenommen wird, daß sie ihn vollständig machen, der aber in Wirklichkeit immer nur ein analer Penis ist. Gewiß, zu Beginn des analen Stadiums macht die narzißtische Besetzung der Fäkalstoffe diese auf der Ebene der psychischen Realität so wertvoll wie Gold. Doch die Reinlichkeitserziehung wird das Kind veranlassen, die

Besetzung von dem abzuziehen, ja, das zu verachten, was ihm zuerst als unendlich kostbar erschien. Das begleitende Eintreten des phallischen Stadiums[3] wird ihm gestatten, seine Besetzung auf den genitalen Penis zu übertragen, der ihm von nun an als höchster zu bewahrender narzißtischer Wert erscheinen wird.

Wenn nun der anale Penis der Vorläufer des genitalen Penis ist, ist er später auch dessen Imitation. Auf der Ebene des Primärvorgangs werden Prothesen oder orthopädische Vorrichtungen, die ein Glied ersetzen oder eine Fehlfunktion ausgleichen können, mit dem analen Penis gleichgesetzt und übrigens manchmal zu Fetischen erhoben.

Der Prozeß der Ausarbeitung des »Falschen«, der die Gleichung »Fäzes = Penis« gewissermaßen wörtlich nimmt, versucht also, dem analen Penis seine alte narzißtische Besetzung wiederzugeben, und verdeckt dabei vor anderen und vor der eigenen Person den prägenitalen Charakter des betreffenden Penis, denn sobald das phallische Stadium einmal erreicht ist, ist die Stufenleiter der Werte umgestürzt, und die Kotstange kann den Phallus nicht mehr ersetzen. Dennoch hat sie vor letzterem den Vorteil, daß sie keineswegs einmalig ist.

Im Werk Oscar Wildes kann man übrigens zahlreiche Vögel finden; einige davon kommen in den von uns zitierten Passagen vor. In *Das Bildnis des Dorian Gray* wird der Vogel von Lord Henry, ein bizarrer Papagei aus Java, minutiös beschrieben. Obwohl es sich um einen echten Vogel handelt, ist er besonders ausgefallen. Wenn die »hergestellte« und nicht gezeugte Schöpfung ihrem Wesen nach anal ist und einen analen Phallus repräsentiert, so stellt sie eine *Sicherung gegen die Kastration* dar. Tatsächlich ist die anale Kastration im Vergleich zur genitalen Kastration keine definitive und absolute Verstümmelung. Die Kotstange läßt sich in der Tat beliebig erneuern. Sie ist also der einzige Penis, der *nachwächst* wie der Phönix (wieder ein Vogel), der aus der Asche steigt und sich selbst fortzeugt. Auch dort finden wir wieder den Unterschied zwischen der künstlichen und der echten Nachtigall. Man kann sich vorstellen, daß die Walzen und Räder, aus denen die künstliche Nachtigall besteht, ersetzt werden können, während die echte Nachtigall, wie wir wissen, eines Tages sterben wird.

Wir denken also, daß der Bewunderer des »Falschen« mit einer Schöpfung konfrontiert ist, die ihm die Illusion gibt, seine eigenen Introjektionskonflikte könnten umgangen werden, ohne daß er deshalb einen Fingerbreit von seiner Macht abgeben müsse, und seine narzißtische Wunde könne ohne große Unkosten vernarben. Außerdem hält er die Täuschung aufrecht, es sei möglich, *einen narzißtisch befriedigenden und gleichzeitig unkastrierbaren Phallus zu besitzen,* denn das »Falsche« wahrt, wenn es ihm dank der Idealisierung gelingt, die ihm eigenen analen Merkmale zu maskieren, dennoch dessen Vorzüge, indem es sozusagen auf beiden Bühnen spielt.

In der Geschichte Andersens besitzen diejenigen, die *sich so akzeptieren, wie sie sind,* und außerdem in engem Kontakt zur Materie stehen – der arme Fischer, das Küchenmädchen –, eine gewisse Vertrautheit mit der echten Nachtigall und sind nicht vom Falschen fasziniert, ganz im Gegensatz zum Spielmeister, zum Kavalier und zu den Höflingen, von denen Andersen ein Porträt zeichnet, das den »petits marquis« von Molière sehr nahe kommt.

Hier muß betont werden, daß die allein von der Idealisierung beherrschten Vorgänge die Analität nur *maskieren,* während die Sublimierung sie benutzt und *umwandelt.* Dies gibt dem Werk eine andere Dimension. Zwei Beispiele machen das deutlicher:

In seinem Vorwort zur französischen Ausgabe der Werke Oscar Wildes (*Œuvres II,* 1977) erinnert Jacques de Langlade an einen Ausspruch, den der Autor André Gide gegenüber getan hat und der wegen der Selbsterkenntnis, die er verrät, bewegend ist: »Ich habe mein ganzes Genie in mein Leben gelegt und nur mein Talent in meine Werke.«

In »Das Bildnis des Dorian Gray« ist ein Absatz besonders aufschlußreich, weil er eine Art Entwicklung oder Kommentar des Ausspruchs gegenüber André Gide darstellt und unserer Meinung nach ziemlich genau den Unterschied zwischen dem Schöpfer oder Ästheten feststellt, der mittels der Idealisierung wirkt, und dem Schöpfer, der den Sublimierungsvorgang benutzt:

»Die einzigen persönlich erfreulichen Künstler, die ich jemals kennenlernte, sind schlechte Künstler. Gute Künstler leben nur in dem, was sie schaffen, und sind infolgedessen völlig uninteressiert an dem, was sie sind. Ein großer Dichter, ein wirklich großer Dichter, ist das unpoetischste aller Geschöpfe. Geringere Dichter dagegen sind absolut faszinierend. Je schlechter ihre Gedichte sind, um so malerischer sehen sie aus. Die bloße Tatsache, ein Buch mit zweitklassigen Sonetten veröffentlicht zu haben, macht einen Mann ganz unwiderstehlich. Er lebt die Poesie, die er nicht schreiben kann. Die anderen schreiben die Poesie, die sich nicht zu verwirklichen wagen.«[4]

Fünftes Kapitel

Das analsadistische Universum und die Perversion

Und um meine Huldigungen zu vervielfachen, unterscheide ich weder zwischen den Altern noch zwischen den Geschlechtern.

Sade, *La nouvelle Justine,* 1797
(Worte, die von Rodin gesprochen werden)

Die Bedeutung, die der analen Regression in der Perversion und der sie begleitenden Idealisierung zukommt, wurde bereits betont. Nun soll gezeigt werden, wie und warum die Welt des Perversen sich auf einer bestimmten Ebene mit der analsadistischen Regression vermischt.
Wir haben bereits – vor allem in Kapitel I – auf die Einebnung des doppelten Unterschieds zwischen den Geschlechtern und den Generationen hingewiesen, zu der der Perverse neigt. Jetzt soll gezeigt werden, daß diese fehlenden Unterschiede zwischen Geschlechtern und Generationen und tatsächlich *die Abschaffung aller Unterschiede* dem analsadistischen Stadium eigen sind.
Gehen wir von der Beschreibung aus, die Freud von der Ersetzung des Lustprinzips durch das Realitätsprinzip und von dem besonderen Schicksal der Sexualtriebe bei diesem Vorgang in bezug auf die Ichtriebe gibt, und zwar in *Formulierungen über zwei Prinzipien des psychischen Geschehens* (1911): »Die Ablösung des Lustprinzips durch das Realitätsprinzip mit den aus ihr hervorgehenden psychischen Folgen, die hier in einer schematisierenden Darstellung in einen einzigen Satz gebannt ist, vollzieht sich in Wirklichkeit nicht auf einmal und nicht gleichzeitig auf der ganzen Linie. Während aber diese Entwicklung an den Ichtrieben vor sich geht, lösen sich die Sexualtriebe in sehr bedeutsamer Weise von ihnen ab. Die Sexualtriebe benehmen sich zunächst autoerotisch, sie finden ihre Befriedigung am eigenen Leib und gelangen daher nicht in die Situation der Versagung, welche die Einsetzung des Realitätsprinzips erzwungen hat. Wenn dann später bei ihnen der Prozeß der Objektfindung beginnt, erfährt er alsbald eine lange Unterbrechung durch die Latenzzeit, welche die Sexualentwicklung bis zur Pubertät verzögert.« (GW, Band 8, S. 234)
Wir stellen hier die Hypothese auf, daß der zukünftige Perverse dieses Fehlen der Frustration von der Domäne der Autoerotik (wo die Befriedigung wirklich möglich ist) auf die Objektdomäne verschiebt, genauer, auf die ödipale Situation, wo die Befriedigung illusorisch ist. Die Illusion wird unter Mißachtung der sexuellen Wahrheit aufrechterhalten, nämlich der der sexuellen Komplementarität der Eltern.
Der Erwerb des Realitätsprinzips im sexuellen Bereich wird also von Freud implizit an die Anerkennung des genitalen Koitus, der väterlichen Vorrechte und, allgemeiner, der genitalen Dimension der Sexualität gebunden, die dem Kind vor der Pubertät nicht zugänglich ist (selbst wenn die genitalen Wünsche und das Wissen um die Genitalität bei ihm

schon seit langem bestehen und vielleicht sogar angeboren sind, wie in Kapitel I ausgeführt wurde). Für das männliche Kind – wir betonten das – handelt es sich darum, die sexuellen und befruchtenden Fähigkeiten des väterlichen Penis einzuräumen und den Aufschub der diesbezüglichen Befriedigung zu akzeptieren, da der Wunsch in der Gegenwart nur zu Versagung führen kann.

Der Vorgang der Ersetzung durch eine unmittelbare autoerotische, an das Sexualobjekt gebundene Befriedigung dank der *Phantasie,* die das »neurotische«, also »normale« Mittel zur Vermeidung des Aufschubs ist, scheint uns beim Perversen durch die *Regression* ersetzt, die dazu führt, daß der Wunsch, seine Quelle, sein Ziel und die damit verbundenen Vorstellungen auf den analsadistischen Bereich zurückgeführt werden, ein Vorgang, der nicht nur die Vermeidung des Befriedigungsaufschubs ermöglicht, sondern auch die Abschaffung des Begriffs Aufschub in demselben Schritt, in dem auch die genitale Dimension der Psychosexualität verschwindet.

Um zu zeigen, wie die analsadistische Regression die Einebnung aller Unterschiede bewirkt, schlagen wir vor, uns dem Werk desjenigen zuzuwenden, der am besten geeignet ist, das Wesen des Sadismus zu enthüllen, nämlich des Marquis de Sade.*

Dabei stützen wir uns auf *Les cent vingt Journées de Sodome* (1904–1967), die Sade 1785 verfaßte, sowie auf *La nouvelle Justine, ou les malheurs de la vertu – suivie de l'histoire de Juliette, ou les prospérités du vice* (1797–1966).

Diese beiden Werke scheinen das eigentliche Wesen des Sadismus auszudrücken.

Wir beginnen mit der Interpretation des Schauplatzes, an dem sich Sades Szenen abspielen, und kommen dann zur Untersuchung der Umwandlungen der Realität, die Sade und, wie wir zu zeigen hoffen, auch der Perverse im allgemeinen notwendig vollzieht, da diese Umwandlung der Realität gewissermaßen die Grundierung darstellt, auf die die Perversionen in ihrer Vielfalt aufgetragen werden.

* Wir bitten den Leser wegen des wiederholenden und monotonen Charakters unserer Zitate um Entschuldigung. Diese Wiederholung und diese Monotonie scheinen uns als solche aufschlußreich. Man könnte sie mit einer Zeremonie oder einem religiösen Ritual gleichsetzen, mit einer magischen Formel (Abrakadabra), die geeignet ist, auf die Götter einzuwirken ... oder auf die Dämonen.

Der Schauplatz der Szenen Sades

Man hat oft bemerkt, daß die Szenen Sades sich an geschlossenen Orten abspielen. Diese Klöster, diese unerreichbaren Schlösser tief in den dunklen Wäldern sind mit dem Dekor des englischen Schauerromans verglichen worden. Man kann sich jedoch fragen, welchen unbewußten Sinn diese Abgeschlossenheit hat.

Die Psychoanalyse lehrt uns, daß im Traum die Gebäude und Landschaften Projektionen des Körpers, der Genitalorgane, der erogenen Zonen des Träumers oder seiner Objekte sind. Dieser Gedanke existierte schon bei Autoren vor Freud, Scherner und Volkelt, die von Freud in der *Traumdeutung* (1900) ausführlich zitiert werden. (Die Bibliographie der ersten Auflage erwähnt: Scherner, R. A., *Das Leben des Traumes,* Berlin, 1861.) Nach Scherner habe »die Traumphantasie eine bestimmte Lieblingsdarstellung für den ganzen Organismus ...; diese wäre das *Haus* ...; sie kann auch umgekehrt ganze Reihen von Häusern benützen, um ein einzelnes Organ zu bezeichnen, z. B. sehr lange Häuserstraßen für den Eingeweidereiz. Andere Male stellen einzelne Teile des Hauses wirklich einzelne Körperteile dar, so z. B. im Kopfschmerztraum die Decke eines Zimmers (welche der Träumer mit ekelhaften krötenartigen Spinnen bedeckt sieht) den Kopf ... Im weiblichen Geschlechtstraum kann sich die Schrittenge der zusammenschließenden Schenkel durch einen schmalen, von Häusern umschlossenen Hof, die weibliche Scheide durch einen mitten durch den Hofraum führenden, schlüpfrig weichen, sehr schmalen Fußpfad symbolisieren ... So führt z. B. der Eingeweidereiztraum durch kotige Straßen ...« (GW, Band 2/3, S. 89f., in *Die Traumdeutung,* 1900).

Als Freud »Die Darstellung durch Symbole im Traum« *(ibid.)* untersucht, betitelt er den 3. Abschnitt: »Darstellung des Genitales durch Gebäude, Stiegen, Schachte« *(ibid.,* S. 368), den 4. Abschnitt: »Das männliche Genitale durch Personen, das weibliche durch eine Landschaft symbolisiert« *(ibid.,* S. 370). Die späteren Untersuchungen über die Bildung von Symbolen[1] und die psychoanalytische Klinik selbst haben diese Projektion seiner Körperlichkeit auf äußere Objekte durch das Subjekt und die Herstellung *symbolischer Beziehungen* zwischen dem menschlichen Körper und der Welt bestätigt. Wir dürfen uns daher mit Recht nach dem Sinn von Sades Topographie fragen und diese in einen Zusammenhang mit dem Körper bringen.

Zu diesem Zweck wollen wir hier eine gewisse Anzahl von Beschreibungen aus den oben erwähnten Werken heranziehen.
Als Justine von Bressac flieht und bei Rodin ankommt, enthüllt ihr Rosalie, seine Tochter, die grausamen Sitten dieses Wirtes, der seine Pensionärinnen mißbraucht und auspeitscht und mit seiner Schwester und seiner Tochter, die er zu ermorden plant, Inzest begeht. »Ich werde fliehen!« sagt Justine. »Das ist unmöglich«, erwidert Rosalie, »sein Beruf gibt ihm das Recht, seine Türen zu *verschließen*[2]; dieses Haus ist wie ein Kloster.« (S. 231, Band 6 der frz. Ausgabe)
Kaum ist sie dem Kindsmörder Rodin entkommen, muß Justine, von ihm gebrandmarkt, einem Mann folgen, der sie mit einem Dolch bedroht:
»Nach zwei Stunden langem Marsch erreichen sie ein Schloß, das *auf dem Grunde* einer breiten Talmulde liegt, umgeben von *ausgewachsenem Hochwald,* was dieser Behausung das *dunkelste* und wildeste Aussehen verlieh. Die Tür des Hauses war derart *versteckt* hinter Baumstämmen und Hecken, daß sie unmöglich zu erraten war. Diesen Ort betrat Justine, vom Herrn der Behausung selbst geführt, gegen zehn Uhr abends. Während diese arme Kreatur, die sofort in ein Zimmer verbracht wurde, in dem man sie sorgfältig *einschloß,* inmitten der neuen Schrecken, die sie umgeben, etwas Ruhe zu finden sucht, wollen wir das ausführen, was man über dieses Abenteuer wissen muß, um ihm ein wenig Interesse abzugewinnen.« (S. 282, Band 6 der frz. Ausgabe)
Justine befindet sich in dem Schlupfwinkel Bandoles, dessen Genuß darin besteht, an Maschinen gefesselte Frauen zu schwängern, sie später selbst zu entbinden und dabei zu quälen und dann den Säugling bis zum Alter von achtzehn Monaten aufzuziehen, um ihn anschließend zu ertränken. Justine, die wieder einmal ihrem Henker entkommt, sieht in der Ferne einen Glockenturm und fragt eine Hirtin danach; diese sagt ihr, es handele sich um eine Benediktinerabtei:
»Kaum ist sie von der Erhebung herabgestiegen, die sie erklettert hatte, da sieht sie den Glockenturm nicht mehr. Nachdem sie nur noch den Wald zum Führer hat, glaubt sie bald, daß die Entfernung, nach der sich zu erkundigen sie vergessen hat, eine ganz andere als die von ihr geschätzte sei.« Sie ist ringsum von Bäumen umgeben, die Wege sind von Gebüsch überwachsen. Die Nacht bricht herein. Der Ort ist verlassen. Ein noch undurchdringlicheres Dickicht, ein noch engerer Weg, und sie gelangt zum Kloster Sainte-Marie-des-Bois.
»Justine hatte schon das Aussehen des Schlosses von Bandole wild und

erschreckend gefunden, doch das dieser Abtei mußte ihr noch wilder erscheinen. Der nächste bewohnte Ort war sechs Meilen entfernt, und *ungeheure Wälder* schienen die Abtei dem Blick der Menschen zu entziehen; sie lag in einem breiten und *tiefen* Tal, das *ringsum von alten Eichen umgeben war*. Deshalb hatte Justine den Glockenturm aus den Augen verloren, sobald sie sich in der Ebene befand.« (S. 303, Band 6 der frz. Ausgabe)

Doch im Herzen des Klosters existiert ein noch geheimerer Ort, tief in der Erde vergraben:

»... Betrachtet den undurchdringlichen Zufluchtsort, an dem Ihr Euch befindet; nie ist ein Sterblicher in diesen Mauern erschienen; selbst wenn das Kloster erobert, durchwühlt und niedergebrannt würde, würde diese Freistatt unbekannt bleiben. Sie ist ein allein gelegener Bau, *in die Erde gegraben* und *ringsum von sechs Mauern umgeben,* deren jede zehn Fuß dick ist ...« (S. 32, Band 6 der frz. Ausgabe)

Diese Beschreibung wird vervollständigt von Omphale, einer der Sklavinnen der Mönche, die damit beauftragt ist, Justine zu »unterweisen«:

»Am Ende der Sakristei befindet sich eine durch Holzwerk *verkleidete* Tür, die mittels einer Feder zu öffnen ist. Diese Tür dient als Eingang zu einem *schmalen Gang,* der ebenso *dunkel* wie lang ist und dessen *Krümmungen* du beim Eintreten vor Schrecken zweifellos nicht wahrnehmen wirst. Dieser *schmale Gang* führt zunächst abwärts, denn er muß unter einem dreißig Fuß *tiefen* Graben hindurch; dort befindet sich eine Brücke, die überschritten zu haben du dich erinnern wirst. Dann steigt der Gang wieder an und verläuft nur sechs Fuß unter der Erde; so gelangt er in einer Entfernung von ungefähr zweihundert Klafter in das *Kellergeschoß* unserer Behausung; wie du gesehen hast, gelangt man durch eine Falltür nach draußen in den Speisesaal. *Sechs Einfassungen aus Stechpalmen und Dornbüschen* von drei Fuß Dicke machen es unmöglich, diese Unterkunft zu sehen, und sei es vom Glockenturm der Kirche aus ... Von welcher Seite auch immer man diesen Bereich betrachtet, man kann ihn nur für eine Lichtung im Walde, niemals aber für eine Behausung halten ... Das Gewölbe, das dieses Bauwerk nach oben abschließt, ist auf seiner ganzen Oberfläche von einer sehr dicken Bleischale bedeckt, in die verschiedene immergrüne Büsche gepflanzt sind; diese verbinden sich mit den uns umgebenden Hecken und geben dem Ganzen das Aussehen eines noch wirklicheren Hügels.«

Und auch: »Mehrere von uns sind gestorben, nur weil sie mehr als acht

Tage lang in diesen *Kloaken* gewohnt haben!« (S. 353 ff., Band 6 der frz. Ausgabe) Das Kloster ist Schauplatz von Orgien, bei denen Inzest, Sodomie, Vergewaltigungen, Koprophagie und Morde vollzogen werden. Wieder einmal gelingt Justine die Flucht. Die Nacht ist *dunkel.* Eine *bogenförmige Allee* führt auf die Höhe einer *Höhle,* wo *Toten*orgien praktiziert werden (S. 85, Band 7 der frz. Ausgabe).

Sie hört, wie die Mönche ihr Todesurteil aussprechen. »... Indem sie dennoch all ihre Energie zusammennimmt, beeilt sie sich und folgt dem *gewundenen* Pfad, bis sie ans äußerste Ende des Kellers gelangt. Da sie keine *Bresche* findet, beschließt sie, selbst eine anzulegen. Sie hatte die Schere aufbewahrt, von der schon die Rede war; mit dieser bewaffnet, arbeitet sie, bis ihre Hände bluten, doch nichts hält sie auf. Die Hecke war mehr als zwei Fuß dick; sie schneidet eine Öffnung hinein; nun befindet sie sich in der zweiten Allee. Doch wie groß ist ihr Erstaunen, als sie unter ihren Füßen nun *einen weichen, nachgiebigen Boden spürt, in den sie bis an die Fußknöchel einsinkt!* Je weiter sie voranschreitet, desto dichter wird die Dunkelheit. Neugierig auf die Ursache dieser Bodenveränderung, tastet sie: Gerechter Himmel! Was sie berührt, ist der Kopf eines *Leichnams!*« (S. 86, Band 7 der frz. Ausgabe.)

Aus dem Kloster entkommen, trifft Justine Madame d'Esterval, die sie zur Herberge ihres Mannes führt: »Als sie von der Lage der Herberge sprach, die d'Esterval führte, hatte seine liebe Gattin sie nur angedeutet. Es war unmöglich, einen wilderen Zufluchtsort zu finden ... Tief *eingebettet* in die *Höhlung einer Schlucht, von hohen Bäumen überragt, stand das Haus so versteckt, daß man es erst sah, wenn man es betrat* ...« (S. 93 f., Band 7 der frz. Ausgabe).

Hier wird nun die unglückliche Justine von Roland zu ihrer Bleibe geleitet: Sie kommen am Fuß der Berge an, betreten die engen *Schluchten,* der Weg ist fast *ungangbar.* Man läßt die arme Justine *sich drehen, auf- und absteigen.* Von einem Weg *gibt es keine Spur mehr.* Die Stille ist beängstigend. Endlich erscheint das Schloß am Rande eines *schrecklichen Abhangs.* »Keine Straße schien dort hinzuführen.« Schließlich erreicht Justine diese »erschreckende Zuflucht« (S. 299, Band 7 der frz. Ausgabe).

Doch im Inneren dieser Festung gibt es einen noch geheimeren und furchtbareren Ort:

»Indem er sie am Arm packte, zog der Wüstling sie mit sich; er führte sie mit der rechten Hand; in der Linken trug er eine kleine Laterne, die ihren

Weg schwach erhellte. Nach mehreren Windungen erschien die Tür eines *Kellers;* Roland öffnet sie, läßt Justine als erste eintreten und sagt ihr, sie solle *hinabsteigen,* während er die *Pforte* wieder verschließt. Nach hundert Schritten stößt man auf eine zweite Tür, die auf dieselbe Weise geöffnet und geschlossen wird, doch dahinter gab es keine Stufen mehr: Es folgte ein enger, in den Fels geschnittener Weg *voller Windungen,* der *steil abfiel.* Roland sprach kein Wort. Dieses erschreckende Schweigen verdoppelte Justines Entsetzen; da sie vollkommen nackt war, empfand sie um so stärker die gräßliche *Feuchtigkeit* dieser unterirdischen Gänge ... Schließlich öffnet sich eine letzte Tür aus Bronze; sie lag mehr als achthundert Fuß tief *in den Eingeweiden der Erde:* Roland öffnet sie, und Justine, die ihm folgt, fährt zurück, als sie den schrecklichen Ort sieht, an den man sie geführt hat. Roland, der sie umsinken sieht, hebt sie hoch und stößt sie grob in die Mitte eines *runden Kellerraumes,* dessen Mauern, mit Leichentüchern drapiert, nur von den grausigsten Gegenständen geschmückt waren ...«

»›Hier wirst du umkommen, Justine!‹ sagte Roland ...« (S. 305 f., Band 7 der frz. Ausgabe).

Justine ist in den Totenkeller mitten unter die Leichname herabgestiegen:

»Sie hatte schon fünfzehn Stunden an *diesem abstoßenden Ort* verbracht, wo der *Mangel an Luft* und der *Gestank,* indem sie alle Fähigkeiten ihrer Existenz absorbierten, sie bisher daran gehindert hatten, irgendein Bedürfnis zu verspüren. Seit langem schon brannte die Lampe nicht mehr; zwischen zwei Leichen sitzend, wartete die Unglückliche schweigend ...« (S. 331, Band 7 der frz. Ausgabe)

Doch überlassen wir die tugendhafte Justine ihren Mißgeschicken und wenden uns ihrer Schwester Juliette zu.

Der Artikel 44 des »Statuts der Gesellschaft der Freunde des Verbrechens« enthält die Beschreibung zweier Serails: »Die beiden Serails sind *von hohen Mauern* umgeben. Alle Fenster sind vergittert, und die Subjekte gehen niemals aus. Zwischen dem Gebäude und der hohen Einfassungsmauer ist ein Zwischenraum von zehn Fuß, der eine mit Zypressen bepflanzte Allee bildet; dort hinunter lassen die Mitglieder der Gesellschaft manchmal Subjekte kommen, um sich auf dieser einsamen Promenade mit ihnen den düstersten und oft schrecklichsten Vergnügungen hinzugeben. Am Fuße einiger Bäume sind *Löcher* gegraben, in denen das Opfer augenblicklich verschwinden kann. Man soupiert gelegentlich

unter diesen Bäumen, manchmal sogar in einem der Löcher. Manche davon sind *außerordentlich tief,* man gelangt nur mittels *verborgener* Treppen hinein, und in ihnen kann man sich allen möglichen Schandtaten hingeben, und zwar mit der gleichen Ruhe und Stille, als befände man sich *in den Eingeweiden der Erde*« (S. 409, Band 8 der frz. Ausgabe). Im Laufe ihrer Italienreise gelangt Juliette mit ihrem Liebhaber Sbrigani und einer »charmanten Witwe«, einer Anhängerin Sapphos, nach Sizilien:
»Wir dinierten in Pietra-Mala mit der Absicht, von dort aus den *Vulkan* zu beobachten. Eifrige Zuschauerinnen bei allen Unregelmäßigkeiten der Natur, Anbeterinnen von allem, was deren Störungen, Launen und die schrecklichen Frevel kennzeichnete, von denen ihre Hand uns täglich Beispiele gibt ..., drangen wir zu Fuß in die kleine, trockene und verbrannte Ebene vor, wo man das Phänomen beobachten kann. Das umgebende Gelände ist sandig, unbebaut und voller Steine; wenn man weiter voranschreitet, verspürt man *stärkste Hitze und atmet den Geruch von Kupfer und Kohle ein, den der Vulkan ausströmt.* Endlich erblickten wir die Flamme, die ein unvermutet eingetretener leichter *Regen* noch glühender machte; dieser Flammenherd mag einen Umfang von dreißig oder vierzig Fuß haben. Wenn man in der Nähe die Erde aufgräbt, flackert unter dem Gerät, das die Erde öffnet, sofort das Feuer auf ... Die Erde aus der Mitte des Flammenherdes ist überaus glühend und *verbrennt und verzehrt augenblicklich jede Materie, die man hineinwirft,* ihre Farbe ist violett wie die, die der Weingeist ausströmt.« (*ibid.,* S. 552f.)
Während Juliette und ihre Freundin in der Ebene Feuer legen und sich dabei mit Nero vergleichen, erscheint ein Riese, der sie bis zu seiner Behausung führt: »Von da aus konnten wir das grausige Becken erblikken, in dem wir uns befanden; es war *von allen Seiten von Bergen umgeben,* so weit man sehen konnte; die dürren Gipfel und Hänge waren von Pinien, Lärchen und immergrünen Eichen bedeckt. Man konnte unmöglich etwas Wilderes und *Düstereres* sehen. Man glaubte sich *am Ende der Welt.* Wir bestiegen die Barke; der Riese lenkte sie allein. Vom Hafen des Schlosses aus waren es noch dreihundert Klafter. Wir kamen am Fuß eines eisernen Tores an, das in die dicke Mauer eingelassen war, die das Schloß umgab; dort erblickten wir zehn Fuß breite Gräben, die wir auf einer *Brücke* überschritten, *welche sich hob,* nachdem wir sie überquert hatten; eine zweite Mauer bot sich den Blicken, wir durchquerten noch ein eisernes Tor und befanden uns in *einem so dichten Wald,* daß wir glaubten, es sei unmöglich, weiter zu gehen.« Dann »erscheint eine

Wendeltreppe; die Steinmauer schließt sich wieder, und durch *die Eingeweide der Erde* gelangen wir (noch immer im *Dunkeln*) in die Mitte der *Keller* dieses Hauses, von denen wir mittels einer Öffnung aufsteigen, die von einem ähnlichen Stein wie dem eben erwähnten verschlossen ist. Endlich befinden wir uns in einem niedrigen Saal, in dem rings an den Wänden Skelette stehen; die *Sitzgelegenheiten* in diesem Saal bestanden ausschließlich aus Totengebeinen, und wider Willen mußte man sich auf *Schädel* setzen ...«

»›*Ich habe euch!*‹ sagte er, sobald wir Platz genommen hatten. ›Ihr seid *in meiner Macht;* ich kann mit euch tun, was mir gefällt.‹« (*ibid.,* Band 8, S. 555 f.)

Ehe wir die Gemeinsamkeiten all dieser Beschreibungen erörtern – die leicht auszumachen sind – und versuchen, ihre Bedeutung zu interpretieren, wollen wir noch die »entlegene und einsame Zuflucht« betrachten, die die Wüstlinge in den *Hundertzwanzig Tagen von Sodom* (Marquis de Sade, *Die Hundertzwanzig Tage von Sodom oder die Schule der Ausschweifung,* Dortmund 1979) gewählt haben, den »berühmten Tempel«: das Schloß von Silliny.

Zunächst kann man anmerken, daß Sade betont, wie die »Stille, Entlegenheit und Ruhe« der Libertinage förderlich seien. Anders ausgedrückt, der Gedanke, daß die Wüstlinge so vor der Polizei geschützt sind, ist nur eine Rationalisierung: Die Örtlichkeiten und zweifellos auch deren Architektur sind nicht nur ein *Mittel,* um Akte der Libertinage zu vollziehen, sondern gehören mit zur Substanz.

»Um hinzugelangen, mußte man zunächst nach Baste gehen, dann passierte man einen gewissen Ort, oberhalb welches der Weg sich so sehr verengte, daß man bald die Kutschen verlassen mußte. Man trat in einen *schwarzen Wald* ein und drang auf einem *schwierigen, zerrissenen* Weg, ohne Führer absolut *ungangbar,* ungefähr 15 Meilen vor. Die düstere Wohnstätte des *Köhlers* und des Waldwächters zeigte sich. In dieser Höhe etwa begann der Grundbesitz Durcets, der Weiler gehörte ihm. Da die Insassen dieser kleinen Ansiedlung fast lauter Diebe und Schmuggler waren, war es Durcet leicht, sie sich zu Freunden zu machen, und der erste Befehl, den man ihnen gab, war der, niemanden ins Schloß gelangen zu lassen. Bald darauf kam der *erste November,* an welchem die Gesellschaft vollzählig versammelt war. Durcet bewaffnete seine treuen Vasallen, gewährte ihnen einige Privilegien, die sie seit langem erbeten, und *die Schranke wurde geschlossen* ...«

»Wenn man die *Köhlerei* passiert hatte, begann man einen Berg zu ersteigen, fast so hoch wie der St. Bernhard, und mit viel schwierigerem Aufstieg, denn man kann nur zu Fuß auf den Gipfel gelangen. Nicht etwa, weil die Maultiere nicht hinaufkämen, sondern weil die Abgründe von allen Seiten so nahe an den Saumpfad herantraten, daß es mit der größten Gefahr verbunden gewesen wäre, sich ihnen anzuvertrauen ... Man braucht fast fünf gute Stunden, um den Gipfel zu erreichen, welcher wieder eine andere Besonderheit aufweist, die durch die Vorsicht, die man anwendete, zu einer neuen Schranke wurde, zu einer so unübersteiglichen, daß nur mehr die Vögel sie passieren konnten. Diese einzigartige Laune der Natur besteht in einer mehr als dreißig Klafter langen *Spalte* zwischen dem nördlichen und südlichen Teil des Berggipfels, so daß man ohne künstliche Hilfe, nachdem man den Berg erklettert hat, nicht wieder hinabsteigen kann. Durcet ließ die beiden Teile, zwischen denen ein *Abgrund* von mehr als tausend Fuß *Tiefe* gähnte, durch eine sehr schöne *Holzbrücke* verbinden, *die abgeschlagen wurde,* als die letzten Trainwagen angekommen waren, und von diesem Moment an gab es absolut keine Möglichkeit mehr, mit Schloß Silliny in Verbindung zu treten.«
Die Ebene »*ist rings von senkrechten Felsen eingeschlossen* ..., welche die Ebene wie eine Wand umschließen und *nichts zwischen ihnen durchlassen* ... Und in der Mitte dieser kleinen, so gut umwallten, so trefflich verteidigten Ebene befindet sich das Schloß Durcets; es ist überdies von einer Mauer von dreißig Fuß Höhe umgeben und hinter den Mauern verteidigt *ein sehr tiefer Wassergraben* noch einen letzten Wall, der eine Rundgalerie bildet ...« (S. 59f., *op. cit.*).
Wie bei einigen vorherigen Beschreibungen gibt es auch im Inneren dieses Schlosses einen noch geheimeren Ort, eine Folter- und Hinrichtungskammer, wie man errät; es handelt sich um »einen anderen Ort«, den man über eine »sehr *enge, steile* Wendeltreppe« erreicht, »die auf dreihundert Stufen in *die Eingeweide der Erde führte,* in eine Art gewölbten, durch drei Eisentüren *verschlossenen* Kerker ...« (*ibid.*, S. 64).
Dort kann der Wüstling in aller Ruhe seine Freveltaten begehen:
»Welche Ruhe, welcher Grad von Sicherheit mußte den Verbrecher erfüllen, den die Bosheit mit einem Opfer hierherführte. Er war allein, außerhalb Frankreichs, in einem sicheren Lande, im Grund eines *unbewohnbaren Waldes,* in einem *Versteck* dieses Waldes, das durch die getroffenen Maßnahmen den Vögeln des Himmels allein erreichbar war, er war hier im Grunde *der Eingeweide der Erde.* Wehe, hundertmal wehe

über jene unglücklichen Kreaturen, die in solcher Verlassenheit einem Schurken ohne Rechtsgefühl und Religion ausgeliefert waren, der kein anderes Interesse kannte als seine Passion, keinen anderen Maßstab als die selbstherrlichen Gesetze seiner perfiden Lüste ...« (*ibid.*, S. 64f.).

Nachdem die Hauptpersonen der bevorstehenden Ausschweifungen und die notwendigen Lebensmittel in das Schloß gelangt sind, wird dieses vollkommen isoliert, von der Welt abgeschnitten: Durcet läßt *»die Brücke abschlagen«*.

»... daß man also, sage ich, alle *Türen vermauern* müsse, durch welche man ins Innere gelangte, und sich in dem Platze so völlig einschließen wie in einer belagerten Festung, ohne die kleinste Öffnung zu lassen, sei es für den Feind oder den Deserteur. Der Vorschlag wurde ausgeführt, *man verbarrikadierte sich so, daß es nicht einmal mehr möglich war zu erkennen, wo Türen gewesen waren* ...« (*ibid.*, S. 65).

Wir fühlen uns um so mehr berechtigt, diese Beschreibungen als Bilder des Körpers zu betrachten, als die Sprache im allgemeinen – und die Sades im besonderen – Begriffe, die Körperteile bezeichnen, für Gegenstände, Teile von Gegenständen oder Landschaften benutzt. Man spricht tatsächlich vom »Fuß« eines Tisches oder Baumes, von den »Armen« eines Sessels oder, in den zitierten Texten, von »Schläuchen« (für Gänge), von den »Eingeweiden der Erde«; umgekehrt werden von Sade architektonische Begriffe benutzt, um Körperteile zu bezeichnen. So will Cœur-de-Fer Justine von der Überlegenheit des Rektums über die Vagina für die sexuellen Genüsse überzeugen (bei Sade ein wiederkehrendes Thema). Er sagt zu ihr:

»Ein hübsches Mädchen wie Ihr hat mehr als eine Gunst zu vergeben; und Venus wird bei Euch in mehr als einem Tempel gefeiert« (»Tempel« ist der Ausdruck, mit dem Sade das Schloß von Silliny bezeichnet): »Ich werde mich mit dem engsten zufriedengeben. Ihr wißt, meine Liebe, in der Nähe des Labyrinths von Cypris gibt es eine dunkle Höhle, in der sich die Liebesgötter verstecken, um uns mit größerer Energie zu verführen: solcher Art wird der Altar sein, auf dem ich den Weihrauch verbrennen werde ... Er ist, mit einem Wort, die Zuflucht des Mysteriums.« (Man hat bereits gesehen, wie oft der Begriff der Zuflucht, des undurchdringlichen Zufluchtsortes in Sades Topographie vorkommt.) »Muß ich Euch noch mehr sagen, Justine? Wenn *dieser Tempel der geheimste ist,* so ist er auch gleichzeitig der köstlichste. Nur dort findet man das, was zum Glück nötig ist; und die weite Bequemlichkeit des benachbarten ist weit von der reizvollen Anziehungskraft eines Ortes entfernt, *in den man nur mit Anstrengung eindringt* und *nur mit Mühe verweilt* *.« Wir haben in den zitierten Texten eine Reihe von Begriffen hervorgehoben, die mit ziemlicher Häufigkeit erscheinen und einer gemeinsamen Thematik angehören: Dunkelheit, Enge, Tiefe, Windungen, natürliche oder steinerne Umfassungen, gebildet von Bergen oder Pflanzen, das Runde (die kreisförmige Allee, der runde Keller), Isolation: Schlösser, die durch abgeschlagene Brücken zu Inseln werden, sowie das Thema der Ansammlung von Leichen.

Der Schauplatz von Sades Szenen erscheint uns als *Weg durch den Verdauungstrakt,* ein Weg, auf dem das Opfer *progressiv* und *sukzessiv* von den verschiedenen Segmenten des Verdauungstraktes angegriffen wird, um in der Umklammerung zu enden, den der Schließmuskel des Henkers bildet (der heimliche *»andere Ort«* im Inneren des Schlosses), der es immobilisiert, überwältigt und ganz nach seinem Willen manipuliert, da es ihm ausgeliefert ist. Dort wird das Opfer zugrunde gerichtet, der Mord vollzogen (der Verdauungsvorgang endet mit der Ausscheidung, dem unbewußten Äquivalent des Mordes).

Es sind die *Hundertzwanzig Tage von Sodom,* die am deutlichsten – wenn auch symbolisch – diesen langen Weg des Objekts im Inneren des Verdauungstraktes beschreiben. Die *Hundertzwanzig Tage ...* werden im übrigen von Sade selbst als »Reise« bezeichnet (an einer Stelle heißt es auch, »damit die Unterhaltung bis zum Ende der Reise andauere«). Die *Hundertzwanzig Tage ...* sind nach einer strengen Regel abgefaßt; es handelt sich um ein Tagebuch, das in vier Teilen angelegt ist, die den vier Monaten der Reise entsprechen: November, Dezember, Januar, Februar (die Reise, die am 1. November beginnt, wird von Allerheiligen an gezählt, dem Vorabend des Totenfestes, und steht so unter dem Zeichen des Todes). Doch jeder Teil entspricht auch bestimmten »Passionen«, den »einfachen« (oder »der ersten Klasse«), den »doppelten« (oder »der zweiten Klasse«), den »verbrecherischen« (oder »der dritten Klasse«) und den Passionen »des Mordes« (oder »der vierten Klasse«); auf die Erzählungen dieser »Passionen« durch die »Erzählerinnen« folgt die Verwirklichung des Berichteten durch die Einwohner des Schlosses.

Es handelt sich also um eine *Abstufung* der Angriffe auf das Objekt, das am Ende des Berichts verstümmelt und schließlich zerstört wird. Die Spannung regiert den Bericht.

Mehrfach erklärt der Autor, er könne im Augenblick erst einen Teil der

Tatsachen aufdecken, da ihn »die Ordnung des Stoffes« dazu zwinge. So heißt es beispielsweise: »... daß er sogleich einen Exzeß mit ihr beging, den zu erzählen uns noch unmöglich ist. Der Leser, der sieht, wie behindert wir in diesen Anfängen sind, damit wir Ordnung in unseren Stoff bringen, wird uns entschuldigen, wenn wir viele kleine Details noch verschleiert lassen.« (*op. cit.*, S. 95 f.) Oder auch: »Dies wurde noch mit einigen anderen Episoden verbunden, welche ich nach der Anordnung der Materien noch nicht entschleiern darf.« (*ibid.*, S. 162) Und: »Leider sind wir durch die Ordnung, die wir für unseren Stoff vorgezeichnet haben, gezwungen, dem Leser noch einige Zeit das Vergnügen vorzuenthalten, das ihm die Aufzählung der Details dieser religiösen Zeremonie zweifellos verschaffen würde.« (*ibid.*, S. 192) Nun sieht es bei der Lektüre so aus, als handele es sich wortwörtlich um eine »Ordnung der Materie«, d. h. nicht nur um die Ordnung, in welcher der Inhalt der Ereignisse berichtet wird, sondern um die Ordnung, in welcher die Objekte, in Exkremente (eine andere Bedeutung des Wortes »Materie«) verwandelt, langsam durch den Verdauungstrakt gleiten, bis sie fäkalisiert und ausgeschieden werden (was ihr Tod ist: Im Unbewußten ist der Leichnam mit dem Exkrement identifiziert).

Aus der gleichen Perspektive muß unserer Meinung nach die Aufstellung von »Gesetzen« oder »Regeln« durch die vier Wüstlinge verstanden werden. Es handelt sich um sehr strenge und genaue Verwendungen der Zeit, eine langsame und sukzessive Planung der Ausschweifungen. Sie haben die Definition der »glissements progressifs du plaisir« (Titel eines Films mit sadistischen Themen von Alain Robbe-Grillet) und deren strengen Bedingungen zum Ziel.

Wir behalten uns vor, den Zusammenhang zwischen Sadismus und Gesetz später zu untersuchen. Für den Augenblick wollen wir die »Gesetze« oder »Regeln« der *Hundertzwanzig Tage ...* wie die Variante eines »Vertrages« untersuchen. Die psychoanalytische Literatur hat sich häufig mit dem »masochistischen Vertrag« befaßt. Der sadistische Vertrag (der dessen Pendant ist) scheint uns nichts anderes zu sein als die Unterwerfung des Objekts nicht unter das Subjekt (es kann sich sogar um zwei Protagonisten gleichzeitig handeln: Der Sadist ist bei Sade immer auch Masochist), sondern vielmehr *unter das einzige Gesetz, das die Vorgänge bestimmt, die sich im Inneren des Verdauungstraktes abspielen.* Der Vertrag (Gesetze oder Regeln) reduziert das ödipale Überich auf das Gesetz der Eingeweidefunktionen.

Was die sehr lange »Einleitung« betrifft, so präsentiert diese dem Leser äußerst detailliert alle handelnden Personen.
Tatsächlich wird alles nach der Analität Erworbene, die Objektbeziehung, das Objekt selbst, der Körper und die Körperteile, die differenzierten erogenen Zonen, die Ideale, das Überich, deren Schicksal wir soeben umrissen haben, gezwungen, sich wieder der analen Form anzupassen (d. h. dem zum Anus führenden Darm).
Béla Grunberger spricht bei der Untersuchung der analen Objektbeziehung (*La Relation objectale anale,* 1959–1971) vom Vorgang der Verdauung als »Zerlegung der verzehrten Lebensmittel und deren nach und nach erfolgenden Zerfall in immer weniger differenzierte Einheiten, die zunehmend ihre ursprünglichen Besonderheiten verlieren und schließlich eine homogene Masse bilden, die Fäkalmasse« (*op. cit.,* S. 188) und bringt diese Tatsache in Zusammenhang mit dem Ausspruch des Lagerleiters von Auschwitz, Rudolf Hoess, der das Lager als »Anus der Welt« bezeichnete. Es ist zweifellos überflüssig zu erwähnen, daß die an diesen von elektrisch geladenen Stacheldrahtzäunen umschlossenen Ort Deportierten dort zu homogenen Teilchen wurden – anonym und austauschbar –, numeriert, in Gaskammern eingeschlossen und schließlich zu Asche verbrannt. Das Konzentrationslager repräsentiert auf einer gewissen Ebene die Objektivierung des Verdauungssystems und die Verwirklichung de Sadescher Phantasien.

Wir möchten die Tatsache betonen, daß *diese Reduktion der eigentümlichsten und höchst individualisierten Objekte auf ein undifferenziertes Magma (Analogon der Fäkalmasse) unserer Meinung nach das eigentliche Wesen des Sadismus ausdrückt,* wie Sade selbst uns durch sein ganzes Werk hindurch zu verstehen gibt.

Alles deutet darauf hin, daß die Gleichung Penis = Kind = Fäzes[3] *hier wörtlich genommen wird.* Die Fäzes sind in der Tat ein Besitz, der Kind und Erwachsenem, Mann und Frau gemeinsam ist, ganz im Gegensatz zum Penis und zum Säugling. Ein Kind zu haben, einen genitalen Penis zu haben bedeutet Wachsen und Reifen, bedeutet, eine Frau oder ein Mann zu werden. Außerdem sind die Fäzes unendlich erneuerbar, wie wir zuvor schon betonten. Die Reduktion des Penis auf die Fäzes (des genitalen Penis auf den analen Penis) gestattet also, der Konfrontation mit der Kastrationsangst auszuweichen. Der Koitus ist bei Sade stets eine Gruppenaktivität, deren Protagonisten – in den kompliziertesten Stellungen, die eingenommen, verlassen, umgewandelt werden – Männer und Frauen sind, Kinder, Alte, Jungfrauen, Dirnen, Nonnen, Lüstlinge, Mütter und Söhne, Väter und Töchter, Brüder und Schwestern, Onkel und Neffen, Adelige und gemeines Volk: »... alles wälzt sich am Boden, nach Art der Tiere, man wechselt, vermischt sich, treibt Blutschande und Ehebruch ...« (*op. cit.* S. 72) So sieht es eine der Vorschriften aus den *Hundertzwanzig Tagen* vor. Manchmal geht es darum, den Unterschied zwischen den Geschlechtern und den Lebensaltern offenkundig aufzuheben: Eine der »Zeremonien« in den *Hundertzwanzig Tagen* besteht beispielsweise darin, Hochzeiten zwischen Kindern zu feiern: »Beide waren ungewöhnlich geschmückt, in städtischer, aber verkehrter Kleidung, das heißt, der kleine Knabe war als Mädchen, das Mädchen als Knabe gekleidet.« (*ibid.*, S. 192) Oder auch: »An diesem Abend vermählt sich der Bischof als Frau mit Antinous als Mann und als Mann mit Seladon als Frau« – Antinous und Seladon sind Kinder. Und auch Noirceuil sagt zu Juliette: »Eine recht ungewöhnliche Phantasie quält mich seit langem, Juliette, und ich habe deine Rückkehr mit Ungeduld erwartet, da ich nur dich allein auf der Welt habe, um sie zu befriedigen ... Ich möchte mich verheiraten, und zwar zweimal am gleichen Tag: Um zehn Uhr morgens will ich, als Frau gekleidet, einen Mann heiraten, und zu Mittag will ich, als Mann gekleidet, einen Lustknaben als Frau heiraten. Ich will noch mehr ... Ich will, daß eine Frau mich nachahmt, und welche andere Frau als du könnte dieser Phantasie dienen? Du sollst, als Mann gekleidet, eine Tribade heiraten, und zwar bei derselben Messe, bei der ich als Frau einen Mann heirate; und als Frau gekleidet sollst du eine andere Tribade heiraten, die als Mann gekleidet ist, während ich, wieder in das Gewand meines Geschlechts gekleidet, als Mann einen Lustknaben heirate, der als Mädchen gekleidet ist.« (*Histoire de Juliette, op. cit.,* Band 9, S. 569 der frz. Ausgabe)

Die erogenen Zonen werden einander gleichgesetzt: Man füllt den Anus mit Milch (*ibid.,* S. 215), defäziert in die Vagina (*ibid.*) oder in den Mund (überall in Sades Werk), der Mund muß »stinken« (*ibid.,* S. 249), man zwingt eine Frau, durch den Anus zu entbinden (*ibid.,* S. 386) etc., etc. Diese Vermischung der Zonen führt tatsächlich zu deren Fäkalisierung.

Die Vermischung könnte die Überschrift über allen Phantasien Sades lauten. Zu den komplizierten, vielfältigen und wechselnden Stellungen, zur Gleichwertigkeit der erogenen Zonen, zu den sexuellen Verkleidungen, die darauf abzielen, die Geschlechter zu verwechseln, zu den Paarungen zwischen Subjekten verschiedener Generationen und zum Inzest selbst kommt noch der Geschmack an monströsen Genealogien. So erzählt beispielsweise Jérôme, einer der Mönche der Benediktinerabtei, in der Justine gefangen ist: »Dies war, meine Freunde, der Ursprung der Geburt Olympes ..., die die dreifache Ehre auf sich vereinte, gleichzeitig meine Tochter, meine Enkelin und meine Nichte zu sein. Mit Hélène gehe ich bald vom Inzest zur Sodomie über.« (*La Nouvelle Justine, op. cit.,* Band 7, S. 61 der frz. Ausgabe) Und in Band 8, S. 254, sagt Saint-Fond zu Juliette: »Ich trieb *Vatermord, Inzest, Mord, Prostitution, Sodomie.*« Juliette sagt: »Ich sah andere, ähnliche Paare; ich sah Brüder, die ihre Schwestern, und Väter, die ihre Töchter beschliefen; Mütter, die von ihren Kindern mißbraucht wurden; alle Bilder des Inzests, des Ehebruchs, der Sodomie, der Prostitution, der Unreinheit, der Ausschweifung, der Gottlosigkeit boten sich mir in tausend Nuancen, und ich glaube, daß die Bacchantinnen niemals mehr Frevel und Schandtaten vereinigten.« (*ibid.,* S. 421)

Der Artikel 4 der Statuten der »Gesellschaft der Freunde des Verbrechens« bestimmt: »Die Gesellschaft bricht alle Bande der Ehe und vermischt die des Blutes. Man muß in seinem Hause unterschiedslos die Frau seines Nächsten genießen wie seine eigene, seinen Bruder, seine

Schwester, seine Kinder, seine Neffen wie die der anderen. Der leichteste Widerwille gegen diese Regeln ist ein machtvoller Ausschlußgrund.« (*Histoire de Juliette, op. cit.*, Band 8, S. 402) Und Artikel 12 schreibt vor: »In den dem Genuß geweihten Stunden sind alle Brüder und Schwestern nackt; sie vermischen sich und genießen unterschiedslos ...« (*ibid.*, S. 403). Gernande ruft aus: »Oh! Wie erregt man wird, wenn man Bande bricht!« (*ibid.*, Band 9, S. 310)

Dieses Thema kehrt in Sades Werk immer wieder. Es handelt sich außerdem darum, die größtmögliche Anzahl von »Umkehrungen«, »Brechungen« und »Zerstörungen« dieser für »trügerisch« erklärten »Bande« anzusammeln. Eine Verdichtung von »Brechungen« wird uns beispielsweise in Passion 137 des vierten Teils der *Hundertzwanzig Tage* ... präsentiert (*op. cit.*, S. 272): »Ein Blutschänder und großer Liebhaber der Sodomie läßt sich, um dieses Verbrechen mit der Blutschande, dem Mord, der Vergewaltigung, der Gotteslästerung und dem Ehebruch zu vereinigen, von seinem Sohn mit einer Hostie in den Arsch ficken, vergewaltigt seine verheiratete Tochter und tötet seine Nichte.«

»Es gibt eine Art von Vergnügen, welche *das Sakrileg oder die Profanierung der unserem Kult geweihten Objekte verleiht* *«, sagt Noirceuil (in *Histoire de Juliette, op. cit.*, Band 8, S. 258).

In diesem Bedürfnis, zu »zerbrechen« und zu »brechen«, wird man das erkannt haben, was man heute gewöhnlich *»Übertretung«* nennt. Die Übertretung hat nichts »Ödipales«, denn sie ist ein Ziel an sich. »Nein, nichts auf der Welt ist so köstlich wie die Existenz solcher Hemmnisse, die nur verwirklicht wurden, um sich das Vergnügen zu verschaffen, sie zu durchbrechen.« (*La Nouvelle Justine, op. cit.*, Band 7, S. 294) Sie ist ihrem Wesen nach an die Perversion und nach unserer Auffassung an das gebunden, was jede Perversion fundamental Sadistisches an sich hat.

Bei Sade wird ganz deutlich, daß der Inzest keineswegs mit der Befriedigung einer langen Sehnsucht nach dem ödipalen Objekt zusammenhängt, sondern mit der Abschaffung der Kategorie »Kind« und der Kategorie »Eltern«. Auf allgemeinere Weise wird das Vergnügen der Übertretung durch die Phantasie gestützt, die Grenzen durchbrochen zu haben, die Mann und Frau, Erwachsenen und Kind, Mutter und Sohn, Tochter und Vater, Bruder und Schwester sowie die erogenen Zonen voneinander trennen, im Mord die Trennung der Moleküle des Körpers aufgehoben, *die Realität zerstört und dadurch eine neue geschaffen zu haben, die des analen Universums, in dem alle Unterschiede aufgehoben sind.* Dieses

Universum ist seinem Wesen nach das des *Sakrilegs,* da alles – und vor allem das, was tabu, verboten, geheiligt ist – in ein riesiges Mahlwerk gestopft wird, den Verdauungstrakt, das die Moleküle zersetzt, um die so erhaltene Masse auf das Exkrement zurückzuführen. Die erogenen Zonen, die verschiedenen Körperteile, die austauschbar geworden sind, werden wie durch eine diabolische Chirurgie verwandelt. Das Thema des wahnsinnigen Chirurgen, in Horrorfilmen geläufig, schafft Chimären und Monstren, indem es die natürlichen Grenzen durchbricht.

In *La nouvelle Justine* (*op. cit.*, Band 6) gibt es die Person eines »sadistischen« Chirurgen, Rodin (der Herr der Pension), dessen Freund Rombeau ebenfalls Chirurg ist: »Er übt die Chirurgie aus Liebhaberei aus, nur um des Vergnügens willen, neue Entdeckungen zu machen; er hat diese derart vervielfacht, hat über diesen Teil so geschätzte Werke verfaßt, daß er als der geschickteste Mann gilt, den es derzeit in Frankreich gibt ...; der wirkliche Chirurg von Saint-Marcel ist ein Mann namens Rombeau, den er unter seinen Schutz genommen hat und den er an seinen Experimenten teilnehmen läßt.« (*op. cit.*, Band 6, S. 228)

Rombeau ermutigt Rodin, seine Tochter zu sezieren:

»– Und deine schuldige Tochter, soll sie nicht an die Reihe kommen? Denke, Rodin, denke doch, wie nützlich ein solches Subjekt für die Anatomie sein kann: Niemals wird sie den letzten Grad an Vollkommenheit erreichen, wenn die Untersuchung der Gefäße nicht an einem Kind von vierzehn oder fünfzehn Jahren durchgeführt wird, das auf grausame Weise zu Tode gekommen ist ...«

Tatsächlich wird Rodin seine Tochter töten, indem er ihr die Gebärmutter entfernt. Auch diese sadistische Phantasie haben die Nazi-Ärzte in die Realität umgesetzt. Es handelt sich in der Tat um demiurgische Phantasien, ein Thema, das wir später ausführlicher erörtern werden. Der Sadist setzt sich an die Stelle Gottes und der Natur, d. h. der beiden Eltern – Gott und Natur sind in Sades ganzem Werk ständig Gegenstand der Verfolgung –, und wird *jenseits der Zerstörung zum Schöpfer einer neuen Realität.*

Hier scheint es notwendig, einige Behauptungen Sades über den Mord anzuführen. Früher erschienen sie uns als bloße Negationen des Todes (als absolutes Ende), die vielleicht insgesamt einen Versuch enthielten, das Vergehen abzuschwächen (und damit die daraus entstehende Verfolgung, da die Personen Sades offenkundig nicht in der Lage waren, ihr Schuldgefühl auszuarbeiten), sowie als Geständnis der Ohnmacht (man kann sich niemals des Objekts entledigen). Außerdem werden sie durch banale materialistische Argumente gestützt. Doch die Fortführung unserer Überlegungen hat uns veranlaßt, diese Abhandlungen, die sich insbesondere in *Justine* und *Juliette* monoton wiederholen, als zentral für das Verständnis Sades und des Sadismus und der Perversion im allgemeinen anzusehen. Rombeau diskutiert mit Rodin:

»– Ich gebe zu ..., ich empfinde die gleichen Regungen, und ich begreife nicht, durch welchen unerklärlichen Widerspruch die geheimnisvolle Natur dem Menschen jeden Tag den Geschmack an der Zerstörung ihrer Werke einflößt.«

»›Ich verstehe das sehr gut‹, sagt Rodin. ›Diese Teile zersetzter Materie, die von uns in den *Schmelztiegel* ihrer Werke geworfen werden, geben ihr das Vergnügen, *in anderen Formen neu zu erschaffen* *.‹« (*ibid.*, S. 263)

Dieselbe Figur sagt auch: »... wenn nichts stirbt, wenn nichts zerstört wird, wenn in der Natur nichts verlorengeht, wenn alle zerstörten Teile irgendeines Körpers nur die Auflösung erwarten, um sofort in *neuen Formen* zu erscheinen, wie gleichgültig ist dann eine Mordtat! Und wie dumm wäre das Wesen, das es wagen würde, darin ein Verbrechen zu sehen!« (*ibid.*, S. 264)

Und hier spricht Bressac zu Justine:

»Die Macht zur Zerstörung ist dem Menschen nicht gewährt; er hat höchstens die, *die Formen zu variieren,* doch er hat nicht die Macht, sie zu vernichten. *Nun ist aber in den Augen der Natur jede Form gleich* *; nichts geht verloren in dem ungeheuren *Schmelztiegel**, in dem ihre Variationen sich vollziehen: Alle Teile von Materie, die hineinfallen, steigen unablässig *in anderer Gestalt* * wieder daraus hervor ... *Und was bedeutet es ihrer schaffenden Hand, daß diese Fleischmasse, die heute ein zweibeiniges Individuum bildet, morgen in der Form tausend verschiedener Insekten erscheint* *? Wagt man zu sagen, daß der Bau dieses Tieres mit zwei Füßen sie mehr koste als der des Regenwurms und daß sie größeres Interesse daran nehmen müsse? ... Alles, was auf diesem Erdball vegetiert, ist in ihren Augen von *gleichem Wert* *, und ich werde nie zugeben, daß die Verwandlung eines ihrer Wesen in tausend andere ihren Blick jemals auch nur im geringsten trüben könnte. Ich würde mir sagen: Alle Tiere, alle Pflanzen wachsen, ernähren sich, zerstören sich, vermehren sich mit den gleichen Mitteln und empfangen nie einen wirklichen Tod, sondern eine einfache *Variation* * in dem, was sie *modifiziert* *; alle, sage ich, erscheinen heute *in einer Form* * und *einige Jahre später in einer* *anderen* *, können nach dem Geschmack des Wesens, das sie bewegen will, sich an einem Tag *tausend und tausend Male* * verändern, ohne daß davon irgendein Naturgesetz auch nur einen Augenblick betroffen wäre.« (*La nouvelle Justine,* Band 6, S. 202f.)

Auf dieselbe Art ist die vehemente materialistische Abhandlung von Bandole zu verstehen, aus der wir einige Meinungen wiedergeben:

»Es gibt zweifellos nichts so Absurdes wie das System der Leute, die sich darauf versteifen zu sagen, die Seele sei eine vom Körper verschiedene Substanz; ... sie haben aus dem Teil, den sie als *Seele* bezeichnen, einen isolierten Stoff gemacht und diesem das imaginäre Recht eingeräumt, unabhängig von der Materie zu existieren, aus der allein er hervorgeht.«

Und Clément, einer der Benediktinermönche:

»... Durch von der Natur gegebene Vorlieben werde ich den Zwecken der Natur gedient haben, die, da sie ihre Schöpfungen allein durch Zerstörungen bewirkt, mir die Idee zu diesen immer nur dann eingibt, wenn sie jene braucht; das heißt, *ich werde aus einem länglichen Stück Materie drei- oder viertausend runde oder eckige geformt haben* *. Das ist die ganze Geschichte des Mordes.« (S. 400, Band 6, *op. cit.*) Und auch: »Eine unablässige Aktion und Reaktion, ein Heer von Lastern und Tugenden, mit einem Wort, ein vollkommenes Gleichgewicht, *das aus der Gleichheit von Gut und Böse* * auf der Erde herrührt.« (*ibid.*, S. 401)

Ferner: »... Was liegt an *der Veränderung, die ich an den Modifikationen der Materie vornehme* *? Was liegt daran, wie Montesquieu sagt, *daß ich aus einem runden Ball einen eckigen mache* *? Was liegt daran, daß ich aus einem Mann einen Kohl[4], eine Rübe, einen Schmetterling oder einen Wurm mache?« (*ibid.*, S. 178)

Und weiter: »Quält also, vernichtet, zerstört, massakriert, verbrennt, pulverisiert, schmelzt, *verändert also unter hunderttausend Formen* * alle Hervorbringungen der drei Reiche ... alles, was sich in unserer Reichweite befindet, gehört uns: Verwirren, zerstören und verändern wir es ohne Furcht, ihm zu schaden ...«

»Doch sollte es keine *Unterschiede* * zwischen den Arten geben und Morde von einer solchen Schwärze, daß sie (die Natur) sich dagegen auflehnt? Wie töricht, das auch nur einen Augenblick lang anzunehmen. Kann dieses Wesen, das euch nach euren flüchtigen menschlichen Konventionen geheiligt erscheint, in euren Augen einen höheren Preis haben? Worin kann der Körper eures Vaters, eures Sohnes, eurer Mutter, eurer

Schwester in ihren Augen kostbarer sein als der eures Sklaven? *Diese Unterscheidungen existieren nicht* * für sie; sie sieht sie nicht einmal; es ist unmöglich, daß sie sie sähe; und dieser nach euren Gesetzen so kostbare Körper *wird sich verwandeln* * wie der des Heloten, den ihr so verachtet.« (*ibid.,* Band 9, S. 178 f.) Folglich wird der Natur folgende Rede zugeschrieben: »Ob dein Vater, deine Mutter, dein Sohn, deine Tochter, deine Nichte, dein Freund dir weder teurer noch kostbarer sind als der letzte der Würmer, die über die Oberfläche der Erde kriechen ..., ob du schaffst oder zerstörst, all das ist in meinen Augen nahezu gleichviel; ich bediene mich der einen wie der anderen deiner Vorgehensweisen, nichts geht in meinem Schoß verloren: Das Blatt, das von einem Busch fällt, dient mir so viel wie die Zedern, die den Libanon bedecken, und der Wurm, der aus der Fäulnis entsteht, hat in meinen Augen weder einen höheren noch einen geringeren Preis als der mächtigste Monarch der Erde. Bilde also oder zerstöre, wie es dir gefällt: Die Sonne wird dennoch aufgehen.« (*ibid.,* S. 185 f.)

Und Juliette als würdige Nachahmerin Saint-Fonds und einiger anderer: »Und das also ist der Mord: ein wenig desorganisierte Materie, *einige Veränderungen* in den Zusammensetzungen, ein paar *zerstörte Moleküle,* zurückgeworfen in den *Schmelztiegel* der Natur, die sie der Erde binnen weniger Tage in *anderer Form* zurückgeben wird ...« (*ibid.,* S. 399)

Wir meinen, diese wiederkehrende Thematik der *Veränderung der Formen* – der menschlichen Fähigkeit, nicht zu vernichten, sondern aufzulösen und umzuwandeln – nach der Zerstörung der Moleküle bedeutet, daß *alles* in das Chaos zurückkehren muß, das ursprüngliche, mit dem Exkrement identifizierte Chaos.

Sades materialistische Rede, die postulierte Gleichheit von Mensch und Auster, von Menschen untereinander und von Tod und Leben (das nur ein Teil des »Feinstofflichen« ist), die Negation der Zweiheit von Körper und Seele hinter den »philosophischen« Argumenten macht nur eine grundlegende Absicht deutlich: die, das Universum zu *fäkalisieren* oder vielmehr das Universum der Unterschiede (genitales Universum) aufzuheben, um an seine Stelle das anale Universum zu setzen, dessen Teilchen sämtlich untereinander austauschbar sind. Wenn man alle Besetzung wegnimmt, deren Träger sie waren, wenn der Affektbetrag in allen Fällen derselbe und nahe Null ist, dann werden alle Objekte gleichwertig und dem Exkrement analog.

Was ist das Ziel dieser Umwandlung der Realität, deren erste und fundamentale alchimistische Operation – das Große Werk – in der Rückkehr zum Chaos besteht? Wir sagten, es handele sich um die Aufhebung der Unterschiede. Wir haben nachgewiesen, daß das Inzesthindernis nicht nur der Vater ist, sondern auch die chronologische Nicht-Übereinstimmung zwischen dem Auftreten des ödipalen Wunsches und dem Erwerb der Fähigkeit, ihn zu befriedigen; dieses Mißverhältnis ist an die menschliche Frühreife und an den sie begleitenden Zustand der »Hilflosigkeit« gebunden, der das Menschenkind für sein Überleben vom Objekt abhängig macht.

Dieser Zustand der Ohnmacht, Hilflosigkeit und Abhängigkeit nun wird von Sade offen geleugnet.

Hier ein Auszug aus der Rede, die Bressac an Justine richtet, ehe er seine eigene Mutter opfert:

»Doch das Geschöpf, das ich zerstöre, ist meine Mutter: Wir werden also den Mord in diesem Zusammenhang untersuchen ... Inzwischen wird das Kind geboren; die Mutter nährt es ... Wenn die Mutter dem Kind diesen Dienst erweist, wollen wir nicht daran zweifeln, daß sie dazu durch das natürliche Gefühl getrieben wird, das sie veranlaßt, sich von einer Absonderung zu befreien, die ihr sonst gefährlich werden könnte ... So ist es kein Dienst, den die Mutter dem Kind erweist, wenn sie es nährt; es ist im Gegenteil das Kind, das der Mutter einen sehr großen Dienst erweist ... Jetzt frage ich euch, ob dieses Kind, weil die Mutter ihm fortwährend Pflege erweist, die es nicht benötigt und die nur für sie vorteilhaft ist, sich zur Dankbarkeit verpflichtet fühlen muß? Was? Ich soll jemandem etwas schulden, weil dieser Jemand etwas für mich getan hat, ohne das ich sehr gut auskommen kann und das nur ihm selbst nötig ist? ... Es ist also klar, daß das Kind bei allen Anlässen seines Lebens, bei denen es über die Lebenstage seiner Mutter verfügen kann, dies ohne die geringsten Skrupel tun kann, ja sogar muß, da es eine solche Frau nur verabscheuen kann, weil die Rache die Frucht des Hasses und der Mord das Mittel seiner Rache ist. So möge es also ohne Erbarmen dieses Individuum opfern, dem es sich zu Unrecht verpflichtet glaubt; möge es ohne Rücksicht die Brust zerreißen, die es genährt hat.« (*ibid.*, S. 209f.)

In diesem Auszug sehen wir deutlich die Problematik skizziert, die Melanie Klein in *Neid und Dankbarkeit* (1957) dargelegt hat. Die Brust wird als Besitzerin alles Wünschenswerten empfunden. Dieses Gefühl kann die Grundlage eines intensiven Neides sein, »der das Verderben des

Objekts beinhaltet: Er beraubt es dessen, was es besitzt« (*op. cit.,* S. 28 der frz. Ausgabe). Es kann auch zu einer Umkehrung der Faktoren führen: »... Der Patient konnte sich in der Phantasie mächtiger fühlen als seine Eltern, sich nämlich vorstellen, er – oder sie – habe seine eigene Mutter geschaffen, habe sie geboren, und die Mutterbrust gehöre ihm. Dann wäre es die Mutter, die dem Patienten die Brust geraubt hat, und nicht der Patient, der sie ihr genommen hat.« In ihren *Réflexions sur l'Orestie* (1959) (abgedruckt in der französischen Ausgabe von *Envie et gratitude,* 1957) präzisiert Melanie Klein diesen Gedanken: »... Der Neid richtet sich auf die Kreativität der Mutter. Eine der Auswirkungen des Neides äußert sich durch den Wunsch, die Situation umzukehren, die Eltern auf eine infantile Ohnmacht zu reduzieren und aus dieser Umkehrung ein sadistisches Vergnügen zu schöpfen.« (in *op. cit.,* S. 196) Man hat gesehen, daß Sade vorgibt, das Kind habe die Brust nicht nötig, sondern die Brust habe das Kind nötig. Die Ohnmacht des Kindes wird geleugnet; dadurch wird die narzißtische Verletzung (des Kindes), die mit seiner Ohnmacht und Abhängigkeit verbunden ist, beseitigt. Was die Brust angeht, nach Melanie Klein Quelle und Symbol der Schöpfung, so wird diese gehaßt und ständig angegriffen.

Der Mönch Jérôme erzählt etwa:

»Ich errate nicht, welchen Reiz diese beiden Kugeln, die so ungeschickt auf der Brust plaziert sind, wohl haben können. Nach gründlichem Nachdenken entdecke ich, wie ich hinzufügte, diesen Reiz nur in der Berührung des Hinterns, der unsere Ehrung wirklich verdient; *und da wir ihn ebenso haben wie die Frauen* *, verstehe ich nicht, warum es notwendig sein soll, sie mit soviel Sorgfalt zu suchen.« (*op. cit.,* S. 427)

Diese Verachtung der Brust erscheint nicht nur insofern aufschlußreich, als es sich darum handelt, die Quelle der Schöpfung zu zerstören, sondern, wie die zitierte Passage zeigt, auch deshalb, weil man sich davon überzeugen muß, daß die Frau kein spezifisches Attribut besitzt, das sie begehrenswert macht und das der Mann nicht hat. So rächt sich der ohnmächtige kleine Junge an der für seinen Wunsch unerreichbaren Mutter, die zweifellos desto unerreichbarer ist, je mehr sie ihn in Versuchung geführt hat.

Wir wollen anmerken, daß die »Kreativität« der Mutter im ganzen Werk Sades noch direkter zerstört wird durch die grauenhaften Abtreibungen, die die Wüstlinge an ihr vornehmen.

Was das weibliche Geschlecht angeht, so wird es als »unwürdiger Teil«

(*ibid.*, S. 104), »dieser faulige Teil, den die Natur nur aus Unvernunft geschaffen hat und der immer derjenige ist, der uns am meisten abstößt« (*ibid.*, S. 59), »diese verfluchte Spalte« (*ibid.*, S. 136) bezeichnet. Es wird verglichen mit dem »anderen Tempel« (dem Anus), und der Vergleich fällt immer zugunsten des letzteren aus. Unserer Meinung nach wäre es unzureichend, darin nur eine Auswirkung des Kastrationskomplexes zu sehen. Wir haben daran erinnert, daß Freud zufolge das weibliche Geschlecht ein Gegenstand des Schreckens ist insofern, als sein Anblick den Kastrationsdrohungen eine gewisse »Realität« verleiht. Tatsächlich bezeichnet das deutsche Wort »Abscheu«, das Freud benutzt, eine Art »Ekel, gemischt mit Schrecken« (auch der Begriff des »Abgestoßenseins«, den Sade verwendet, wäre zutreffend). Wir sind jedoch der Meinung, daß es jenseits einer an den Kastrationskomplex im strengen Sinne gebundenen Abwehr hier auch darum geht, alle Attribute der Weiblichkeit herabzusetzen, alles, was die Mutter vom Sohn und vom Vater unterscheidet, um die kindliche Unzulänglichkeit zu beseitigen, ein Problem, das wir eingehend erörtert haben. Doch nicht die Vagina im eigentlichen Sinne wird hier geleugnet; *die Verneinung bezieht sich auf den Wunsch, dessen Objekt sie ist,* und dieser Wunsch wird *auf den Anus verschoben,* der Männer und Frauen, Kindern und Erwachsenen gemeinsam ist (ebenso wie wir es oben hinsichtlich der Fäzes betont haben). Und dieser Anus ist außerdem vorzuziehen, wenn er einem Mann gehört: »... Der Präsident spießte dann alle Löcher ohne Unterschied auf, obwohl ihm das eines jungen Knaben weitaus am liebsten war.« (*Die Hundertzwanzig Tage ..., op. cit.*, S. 21)

Wenn die Vagina abstoßend ist, dem Anus (mit dem man defäziert) höchstens gleichwertig, tatsächlich aber unterlegen, wenn man von Frauen nichts anderes wünscht als die Analöffnung, das Gesäß und die Exkremente (vgl. die koprophagen Praktiken), und zwar unter Mißachtung ihrer eigentlich weiblichen Organe (Brüste, Vagina), wenn überdies die Männer der Sache dienlicher sind als die Frauen, dann ist die narzißtische Verletzung, die mit der kindlichen Unzulänglichkeit verbunden ist, gut beseitigt. Man kann sogar annehmen, daß sie es auch bei der anderen Neigung des Ödipuskomplexes ist: Wenn die Mutter keine anziehenden Merkmale hat, die ihr eigen sind, dann ist der kleine Junge vor ihr nicht nur nicht gedemütigt, sondern stellt auch für seinen Vater ein der Mutter gleichwertiges oder überlegenes Objekt der Anziehung dar.

Wenn die Herabwürdigung junger, schöner und stolzer Geschöpfe Lust verschafft durch »das Sakrileg oder die Profanierung von Gegenständen, die unserem Kult gewidmet sind«, dann kann eine zusätzliche Wollust in der Bevorzugung von Frauen liegen, »die durch Ausschweifung, oder von Natur aus, oder durch den Arm der Gerechtigkeit verkrüppelt waren« (*ibid.*, S. 172). Die Duclos (eine der »Erzählerinnen«) berichtet von einer »Passion« dieser Art. Sofort wollen es die Libertins den Protagonisten der Erzählung gleichtun (man hatte uns bereits darüber informiert, sie fänden »mehr Reiz und Pikanterie an einem alten, widerwärtigen und schmutzigen Objekt ..., als an dem, was die Natur aufs göttlichste geformt hat«) (*ibid.*, S. 55). »Es kann daher nicht erstaunen machen, daß sehr viele Leute für ihr Vergnügen eine alte, häßliche und selbst stinkende Frau einem frischen, hübschen Mädchen vorziehen ...« (*ibid.*, S. 56) Sie wollen sich mit der Desgranges befriedigen, einer Kriminellen, die eine verstümmelte Ferse hat, hinkt, zahnlos ist und der drei Finger fehlen. »... Und während Objekte von größter Schönheit und äußerster Frische vor ihren Augen sind, die bereit sind, ihre leisesten Wünsche zu befriedigen, ist es das, was Natur und Verbrechen entehrt und welk gemacht haben, ist es das schmutzigste und abstoßendste Objekt, das unsere zwei Schweinehunde mit Ekstase und unendlichem Vergnügen genießen; daran möge man den Menschen erkennen! Die beiden scheinen sich um diesen halbverwesten Kadaver zu raufen wie zwei in ein Aas verbissene Doggen ...« (*ibid.*, S. 173 f.)

Uns scheint, daß diese »Passion« zwei Ziele verwirklicht: Eines besteht darin, die Schönheit, Reinheit und den Adel noch mehr zu erniedrigen, indem sie auf eine Stufe gestellt werden mit Häßlichkeit, Infamie und Lumpenpack (ethische und ästhetische Qualitäten werden hier nicht mehr berücksichtigt als, wie wir gesehen haben, die sexuellen Attribute der Frau); das andere scheint uns mit unserer Grundhypothese verbunden: Wenn die Sadesche Szene sich im Inneren des Verdauungstraktes abspielt, um im Rektum zu enden (wo das Objekt getötet, ausgeschieden wird), dann stellt das alte, schmutzige, häßliche, verstümmelte, stinkende Objekt die Objektivierung und Bestätigung der Sadeschen (und sadistischen) Phantasie dar: Es ist schon halb verdaut, gewissermaßen angegriffen durch die Verdauungssäfte, und fäkalisiert.

Wenn der Haß sich auch nicht nur auf die Frauen erstreckt, sondern auch auf die Männer, nicht nur auf die Mutter, sondern auch auf den Vater (Muttermorde sind in Sades Werk sehr zahlreich, aber auch Vatermorde kommen vor), so gilt dennoch unzweifelhaft die beständigste Feindseligkeit der Frauen, und zwar, wie uns scheint, immer in Verbindung mit der Notwendigkeit, durch Umkehrung das primäre Gefühl der Unzulänglichkeit zu beseitigen. Der Herzog sagt zu den in Silliny versammelten Frauen:

»Ohnmächtige und gefesselte Wesen, einzig zu unserer Lust bestimmt... Tausendmal geknechteter als Sklavinnen, habt ihr nichts zu erwarten als Demütigung ...« (*Die Hundertzwanzig Tage ..., op. cit.*, S. 75)

»Bedenket, daß wir euch durchaus nicht als menschliche Kreaturen betrachten, sondern lediglich als Tiere, die man für den Dienst, den man von ihnen erhofft, ernährt, die man jedoch vertilgt, wenn sie diesen Dienst verweigern.« (*ibid.*, S. 78)

Die Natur – und wir haben gesehen, daß Sade das dauernd wiederholt – ist also ein *Schmelztiegel,* d. h. das Gefäß, in dem sich die chemische Fusion der Substanzen vollzieht. Wir haben gesagt, daß diese Verschmelzung, die aus einem Zerbrechen der Grenzen resultiert, welche die Dinge und die Menschen voneinander trennen, zur Welt des Ungeteilten, zum Chaos führt. Es handelt sich also darum, die Schöpfung zu zerstören, indem eine ungeheure *Vermischung* bewirkt wird, ein Konglomerat, eine totale Homogenisierung der Substanzen, und so den Platz desjenigen einzunehmen, der am Ursprung der Schöpfung steht, d. h. Gottes. Denn diese Zerstörung besteht aus der Schaffung einer neuen Dimension, der des Ununterschiedenen.

In einer ersten Annäherung ist der Held Sades so mit einem ungeheuerlichen Zerstörer identifiziert, bei dem sich klar das Bild des mit Mund und Anus verschmolzenen Verdauungstraktes abzeichnet: Der Held Sades wird insgesamt zum Mahlwerk, zum Schmelztiegel, in dem sich das Universum auflöst: »O Justine! Archimedes arbeitete an einem Apparat, der die Welt aus den Angeln heben sollte; wenn ein Mechaniker ein Gerät erfinden würde, das sie pulverisiert, so hätte dieser allein sich um die Natur verdient gemacht, denn die Hand der Natur brennt darauf, ihr Werk von neuem zu beginnen ..., das im ersten Anlauf verfehlt wurde.« (der Mönch Clément zu Justine in *La nouvelle Justine, op. cit.*, Band 6, S. 402)

Und auch: »Als ich eines Tages den Ätna untersuchte, dessen Kehle Flammen speit, wünschte ich mir, dieser berühmte Vulkan zu sein.« »– ›Höllenschlund‹, rief ich, als ich ihn betrachtete, ›wenn ich wie du alle Städte verschlingen könnte, die mich umgeben, welche Tränen würde ich fließen lassen!‹« (Jérôme in *La nouvelle Justine, op. cit.*, S. 45)

An diesem Punkt erscheint es uns interessant, an den Satz zu erinnern, der *Die Hundertzwanzig Tage* ... beschließt: »Diese ganze Rolle wurde am 22. Oktober 1785 begonnen und in siebenunddreißig Tagen vollendet.« (*op. cit.*, S. 285) Tatsächlich bedeckt der in der Bastille Gefangene mit mikroskopischer Schrift eine Papierrolle von 12,10 m Länge, zusammengesetzt aus kleinen, 12 cm breiten Blättern, die aneinandergeklebt sind. Gilbert Lély[5] zufolge hat Sade damit für sein Werk »die am leichtesten zu versteckende Form« gewählt. Zweifellos. Um so mehr, als nach dem Sturm auf die Bastille das Manuskript verschwand und Sade darüber »blutige Tränen« vergoß, wie der Autor erzählt. Als der Sexualforscher Iwan Bloch die Rolle von der Familie Villeneuve-Trans, die sie aufbewahrte, kaufte, sah er, wie sich vor seinen Augen dieses seltsame Gebilde entrollte, dessen Form so gut zu seinem Inhalt paßte.
Sich an die Stelle des Schöpfers zu setzen, indem man das anale Universum hervorbringt, beinhaltet die Entthronung des Schöpfers. Zahlreiche Seiten, insbesondere in *Justine* und *Juliette*, sind atheistischen Bekenntnissen gewidmet, begleitet von Beschimpfungen und Blasphemien, die sich an Gott richten. So sagt beispielsweise die Dubois zu Justine: »... Dieser eitle und lächerliche Gott, den du zu deinem Idol zu machen die Dummheit hast ..., dieser Gott, an den du törichterweise glaubst, ist nur für unsere Verachtung geschaffen ...« (*La nouvelle Justine, op. cit.*, Band 6, S. 130)
Bressac sagt: »Ich bitte tausendmal um Verzeihung, meine Freunde, wenn ich mich im Laufe dieser Abhandlung gezwungen sehe, einen Augenblick dieses trügerische Wesen zuzulassen, das unter dem Namen GOTT bekannt ist ...« (*La nouvelle Justine, op. cit.*, Band 7, S. 223; Bressac fährt bis Seite 228 fort, die Nichtigkeit der Gottesidee darzulegen.) Eine noch längere Abhandlung gleichen Inhalts steht am Beginn von *La nouvelle Justine* (Band 6, S. 179–195): »Oh! Justine, wie ich diese Idee Gottes hasse und verabscheue!« (*ibid.*, S. 193).
Cœur-de-Fer (*ibid.*, S. 151) bezeichnet Gott als »Dummkopf«. In *L'Histoire de Juliette* (*op. cit.*, Band 8) nehmen die Verwünschungen Delbènes gegen »dieses abscheuliche Phantom« mehr als zwanzig Seiten in Anspruch (S. 38–60).
Man weiß, daß die Verwünschungen Gottes verdichtet sind im »Dialog zwischen einem Priester und einem Sterbenden«, verfaßt 1782 (in *Œuvres complètes, op. cit.*, Band 14, S. 53–64).
Doch nach der Logik des Prinzips einer erzwungenen Rückkehr zum

Ununterschiedenen muß auch Gott selbst eine Verwandlung durchmachen und zu Fäkalmaterie werden.
Als Bressac versucht, Justine von »Betrug und Dummheit« der Religion zu überzeugen (in *La nouvelle Justine, op. cit.*, Band 6, S. 179), sagt er ihr:
»... Dieser große Gott, Schöpfer von allem, was wir sehen, wird sich herablassen, jeden Morgen zehn oder zwölf Millionen Mal in einem Stück Teig herabzusteigen, das, da es von den Gläubigen verdaut werden muß, sich in ihren Eingeweiden bald in die allergewöhnlichsten Exkremente verwandelt ...; (der Sohn Gottes) hat es gesagt: ›Das Brot, das ihr hier seht, wird mein Fleisch sein, und ihr werdet es verdauen; da ich Gott bin, werdet ihr Gott verdauen; der Schöpfer des Himmels und der Erde wird sich also in Kot verwandeln, weil ich es gesagt habe; und der Mensch wird seinen Gott essen und scheißen, weil Gott gut und allmächtig ist.‹« (*ibid.*, S. 190)
Noirceuil sagt zu Juliette: »Im Norden der Tatarei gibt es ein Volk, das sich jeden Tag einen neuen Gott macht: Dieser Gott muß der erste Gegenstand sein, den man erblickt, wenn man morgens aufwacht. Wenn es zufällig ein Kothaufen ist, dann wird dieser Kothaufen das Idol des Tages; und ist dieser in der Hypothese nicht ebensoviel wert wie der lächerliche Gott aus Mehl, den die Katholiken anbeten? Der eine besteht bereits aus Exkrementen, der andere wird bald dazu; in Wahrheit ist der Unterschied sehr gering.« (*Histoire de Juliette, op. cit.*, Band 8, S. 185)
Die Vermischung aller Objekte, aller Werte und selbst Gottes und ihre absolute Nivellierung durch die Zurückführung auf den Zustand von Fäkalmaterie wird besonders deutlich in der folgenden Passage, die von Juliette und Saint-Fond handelt:
»... Ich mußte sogar aus seinem Kothaufen einen Gott machen; doch aufgrund einer sehr außergewöhnlichen Manie ließ er mich das besudeln, woraus er seine stärksten Motive zum Stolz bezog: Er forderte, daß ich auf seinen Orden vom Heiligen Geist schiß, und mit dem blauen Band wischte er mir den Hintern ab.« (*ibid.*, S. 227)
Für den Sadeschen Helden handelt es sich darum, zu einer totalen Aufhebung der Grenzen zu gelangen, die die Veränderung der Schöpfungsordnung beinhaltet, ihre Organisation, Struktur und Einteilung aufzuheben, die Natur zu bezwingen, ihr Gewalt anzutun, die Essenzen verschwinden zu lassen und so *die absolute Mischung* herbeizuführen.

Wenn der Sadist seinen Haß auf seine Mutter manifest äußert, wenn er nur genießen kann, indem er sein Objekt erniedrigt und ihm Leiden zufügt, und zwar absichtlich, während der (nicht manifest sadistische) Perverse seine Feindseligkeit gegen seine Mutter oft verdrängt und in gewissen Fällen ihr gegenüber sogar nur liebevolle Affekte verspürt – erst die Analyse bringt die Affekte des Hasses an den Tag –, so liegt das, wie uns scheint, an der persönlichen Geschichte, die ihn veranlaßt hat, seinen Groll in den Vordergrund zu stellen. Vergessen wir aber nicht, daß die *Hundertzwanzig Tage* ... als »Katalog der Perversionen« betrachtet werden und daß diese eng verbunden sind mit dem eigentlichen Sadismus, denn die Notwendigkeit, das (genitale) Universum des Unterschiedes aufzuheben und so die Realität umzustürzen, bewirkt, daß die Perversion zwangsläufig sadistisch ist.[6] Dies impliziert auch, daß der Wunsch, die Realität umzustürzen, beim Mann immer gegenwärtig ist, denn jeder Mensch will seine alte narzißtische Verwundung vernarben lassen, entstanden aus einer primären Ohnmacht und der sexuellen Unzulänglichkeit in der Beziehung zum ödipalen Objekt. Auch gibt dieser Wunsch, wenn er sublimiert ist, Anlaß zu den größten menschlichen Schöpfungen und Entdeckungen und ist ein unvergleichlicher Faktor des Fortschritts.

Wir möchten unsere Ausführungen durch die Wiedergabe eines Fragments aus einer Analyse illustrieren.

Der Patient ist außerordentlich anziehend und interessant. Als Toxikomane an der Grenze zur Perversion und Psychose, aber mit festen Verankerungspunkten in der Realität, brachte er unter anderem folgendes Material:

Er wurde von größter Erregung bis zum Orgasmus ergriffen, wenn er Berichte über Enthauptungen las. Sein wirkliches Sexualleben war sehr dürftig und unbefriedigend. Er führte seine Vorliebe für Berichte über Enthauptungen auf die Erinnerung an etwas zurück, das seine Mutter den versammelten Kindern vorgelesen hatte, als er sieben oder acht Jahre alt gewesen war – er stammte aus einer kinderreichen Familie –, und zwar aus der Novelle *Die Letzte am Schafott* von Gertrud von le Fort, die von Bernanos zu *Le Dialogue des carmélites* (Die begnadete Angst) dramatisiert wurde. Er betete seine Mutter an, eine sensible, kultivierte, musikalische Frau, die ihrerseits ihren kleinen Sohn vergötterte. Er träumte zu Beginn seiner Analyse – es war sein zweiter Versuch – von dem, was der bevorzugte Gegenstand seiner erotischen Phantasien war, d. h. von einer

Hinrichtung durch Enthauptung. Im Morgengrauen mußte ein weiß gekleidetes junges Mädchen guillotiniert werden. Am Anfang wußte der Träumer nicht genau, was sich anbahnte. Er hörte Vorbereitungen und Flüstern; es war noch dunkel. Alles spielte sich sehr langsam ab, und seine Erregung erreichte ihren Gipfel, als er begriff, was stattfinden würde: Wachen ergriffen die weiße Kreatur, deren Kopf vom Henker abgetrennt wurde; ein Strom von Blut sprang aus der Kopfschlagader, begleitet von einem seltsamen Murmeln. Anhand der umständlichen Beschreibung seines Traumes konnten wir sehen, daß es sich tatsächlich um eine Urszene handelte: das Flüstern, die geheimnisvollen Vorbereitungen, das eigenartige Murmeln, der spektakuläre Charakter der Hinrichtung, alles fügte sich zusammen und machte aus Opfer und Henker Repräsentanten der Eltern beim Koitus.

Dies erklärte allerdings den spezifischen Charakter der Szene nicht. Hätte es sich um eine banale sadomasochistische Vorstellung gehandelt, wäre dies gewiß schon problematisch gewesen, doch die Wiederholung einer Szene, in der der Kopf des Opfers rituell abgetrennt wurde, blieb unerklärt. Die Hypothese eines gegen die Mutter bestehenden Hasses, verborgen hinter der Anbetung, war nicht zurückzuweisen, erklärte aber nicht die besondere Natur seiner Manifestationen. Dann teilte der Patient mit, sein Vater sei Hals-Nasen-Ohren-Arzt, und sprach von Eingriffen, die dieser am Hals von Patienten und am Hals seines Sohnes vorgenommen hatte: Entfernung der Mandeln, Öffnung eines Abszesses. Es wurde klar, daß es für den kleinen Jungen leichter war, sich vorzustellen, daß sein Vater seiner Mutter bei den sexuellen Beziehungen die Kehle durchschnitt, als den Gedanken zu akzeptieren, daß er mit seinem Penis in sie eindrang. Außerdem hatte er selbst mit einem kleinen Mädchen Doktorspiele gespielt, als sein Vater ihn eines Tages zu den Nachbarn geführt hatte. Bei seiner Rückkehr hatte er zu Hause einen kleinen Bruder vorgefunden. Man wird sagen, daß das Doktorspiel eine Variante des »Papa-und-Mama-Spiels« ist und daß ein kleiner Junge dieses Spiel tatsächlich leicht spielen kann, aber nichts gestattet uns die Aussage, es falle einem kleinen Jungen leicht, seiner Mutter den Kopf abzuschneiden. So sind Henker beschaffen, die wegen ihrer Stärke und Kraft rekrutiert werden.

Ein anderer Traum präzisierte die Gegebenheiten des Problems. Der Patient befand sich in einem Zug. Man fuhr vor dem Bahnhof einer Stadt vorbei, wo in der Realität eine Hinrichtung durch Enthauptung stattge-

funden hatte, für die sich der Patient leidenschaftlich interessiert hatte. Im Traum wußte der Patient, daß er eine Verfahrensweise zur Herstellung von Trüffeln aus Schokolade erfunden hatte. Dieses Verfahren sollte ihm ein Vermögen einbringen; es handelt sich um einen kleinen Metallring, dessen Verengung das Formen der Schokolade ermöglichte. Er fürchtete, man könne ihm sein kostbares und herrliches Geheimnis stehlen.
Anders ausgedrückt, das Verfahren zur Herstellung von Schokoladentrüffeln, in dem man leicht die Aktivität des analen Schließmuskels erkennt, wird vermischt mit der Axt des Henkers oder der Guillotine des Schafotts, die den Kopf vom Hals abtrennt. Die mit der Urszene identifizierte Schafottszene ist nur eine Verschiebung der Zerlegung der Fäzes durch den Schließmuskel. Der Vater tut also mit der Mutter nichts, was der kleine Junge der Analphase nicht auch tun könnte. Man kann anmerken, daß sich in dem Enthauptungstraum ein Strom von Blut aus der Kopfschlagader des Opfers ergoß wie eine Ejakulation. In einem anderen Traum rauchte die Mutter eine dicke Zigarre. Der der Mutter verliehene Phallus ermöglicht dem Kind die Aufrechterhaltung der Illusion, es bestünden keine eigentlich genitalen Aktionen zwischen den Eltern. Man sieht hier also erneut die Aufhebung des Unterschiedes zwischen den Geschlechtern, die Hand in Hand geht mit der Aufhebung des Unterschiedes zwischen den Generationen. Man kann bemerken, daß das »Geheimnis«, welches der Patient besitzt, das der Herstellung von Schokoladentrüffeln nämlich, den Keim einer auf die Technologie gerichteten geistigen Aktivität in sich trägt. In der Realität übte der Patient einen Beruf aus, der ihm gestattete, gleichzeitig seinen Sadismus und seine Freude an der Forschung zu praktizieren. Unglücklicherweise führte seine unzulängliche Sublimierung zu häufigen beruflichen Fehlschlägen. Das »Geheimnis« seines Traumes, das ihm ein Vermögen einbringen soll, ist das der Umwandlung der genitalen Aktivität der Eltern in anale Aktivität, die Reduktion des Koitus auf die Defäkation. Die Aura, die die Vorstellungen von den Enthauptungen umgab, sowie der kostbare und herrliche Charakter des Geheimnisses implizieren, daß diese defäkatorischen Aktivitäten einem Idealisierungsvorgang unterlagen. So nimmt die Analität den Platz der Genitalität ein und wird dieser überlegen. Der Patient kann Gold in Exkremente verwandeln (schwarze Magie) und umgekehrt Exkremente in Gold (weiße Magie). Das Geheimnis, das er besitzt, ist so etwas wie der Stein der Weisen.
Auf gewisse Weise ist der Sadesche Held, wie wir gesehen haben, ein

Alchimist wie der Perverse im allgemeinen. Die Herstellung der *Vermischung*, geboren aus der Abschaffung der Unterschiede, läßt eine neue Welt entstehen. So wird er Gott: »Ja, wir sind Götter«, sagt Saint-Fond (*Histoire de Juliette, op. cit.*, Band 8, S. 233). Wenn Sade zum »göttlichen Marquis« geworden ist und Pietro Aretino ebenfalls als »göttlich« bezeichnet wird, so nicht nur durch Idealisierung ihrer erotischen Schöpfungen, sondern weil die Umwandlung der Realität, die gewisse erotische Werke erreichen – und sie sind sämtlich »pervers«, da der genitale Koitus niemals ihr Gegenstand ist –, ihre Schöpfer zu Göttern macht.
Die Welt der Perversion scheint uns die der *Hybris* zu sein; gleichzeitig bringt die Abschaffung der Unterschiede, zu der sie führt, auch die Abschaffung des Gesetzes oder dessen völligen Umsturz mit sich. Es sind die Verbindungen zwischen Perversion, Hybris und Gesetz, die uns jetzt beschäftigen werden.

Sechstes Kapitel

Hybris, Gesetz, Perversion

Schau, Liebste, schau, was ich alles zugleich begehe: Ärgernis, Verführung, schlechtes Beispiel, Inzest, Ehebruch, Sodomie! ... O Luzifer! Einer und einziger Gott meiner Seele, gib mir noch mehr ein, biete meinem Herzen neue Ausschweifungen, und du wirst sehen, wie ich mich hineinstürzen werde!

Mme de Saint-Ange in Sade,
La Philosophie dans le boudoir

Ihr werdet sein wie Gott.

1. Moses 3,5

Wir haben zu zeigen versucht, daß die Perversionen, welches ihre Inhalte auch sein mögen, sich auf einem identischen Hintergrund abspielen, den die analsadistische Regression bildet. Man hat gesehen, daß das angestrebte Ziel die Zerstörung der Realität ist, die aus Unterschieden besteht, um an deren Stelle die Herrschaft der Analität zu setzen, bei der alle Unterschiede abgeschafft sind. Es handelt sich darum, sich an die Stelle Gottes zu setzen, um zum Schöpfer einer neuen Realität, um *Der Schöpfer* zu werden.

Diesen letzten Punkt müssen wir jetzt eingehender erörtern. Jede Perversion tendiert also zur *Hybris*, zum Umsturz der göttlichen Gesetze. Wenn die Zwangsneurose eine »Privatreligion«[1] ist, dann ist die Perversion das Äquivalent einer »Teufelsreligion«. Freud selbst nimmt das an: »Ich bin einer Idee nahe, als hätte man in den Perversionen, deren Negativ die Hysterie ist, einen Rest eines uralten Sexualkultus vor sich, der einmal vielleicht noch im semitischen Orient (Moloch, Astarte) Religion war ... Die perversen Handlungen sind übrigens stets die nämlichen, sinnvoll und nach irgendeinem Muster gemacht, das sich wird erfassen lassen. Ich träume also von einer urältesten Teufelsreligion, deren Ritus sich im geheimen fortsetzt und begreife die strenge Therapie der Hexenrichter.« (Brief an Fließ vom 24. 1. 97, in *op. cit.*, S. 163)

Wir werden versuchen, diese erste Ahnung Freuds bezüglich der Perversionen weiterzuverfolgen, wie wir zuvor versucht haben, die Assoziation »Narzißmus-Analität« wiederzubeleben, die er zu Beginn seines Werkes dargelegt hat, um sie später mehr oder weniger aufzugeben.

Wenn man sie als »Teufelsreligion« versteht, läßt die Perversion zwei Auffassungen vom Teufel hervortreten: die, von der in dem oben zitierten Brief vom 24. Januar 1897 die Rede ist, d. h. der Bezug zur Analität, und die »luziferische« Auffassung des Teufels, des »Lichtträgers«, der ein Bruchstück des göttlichen Feuers geraubt hat, des Engels, der gegen den Schöpfer revoltiert. Vom 4. Jahrhundert an (nach Rosette Dubal, *La psychanalyse du diable*, 1953, S. 39) erscheint in der christlichen Tradition die Gestalt Luzifers. Die *Vulgata* nimmt seinen Namen in die Prophezeiung Jesaias auf (XIV – 12, 13, 14), deren traditioneller Text hier angeführt wird:

»Wie bist du vom Himmel gefallen, du schöner Morgenstern! ... Gedachtest du doch in deinem Herzen: Ich will in den Himmel steigen und meinen Stuhl über die Sterne Gottes erhöhen. Ich will mich setzen auf den Berg der Versammlung in der fernsten Mitternacht; ich will über die hohen Wolken fahren und gleich sein dem Allerhöchsten.« In der Vulgata heißt es: »Wie bist du vom Himmel gefallen, Luzifer, du schöner Morgenstern ...«

Von nun an wird Luzifer ein Teil der verschiedenen gnostischen Häresien oder mystischer Theorien wie der von Jakob Böhme sein (A. Koyré, *La philosophie de Jacob Boehme,* 1929). Er repräsentiert den Meister und das Vorbild derer, die sich gegen den Schöpfer auflehnen.

Wenn im *Alten Testament* auch nur Satan der Feind, der Ankläger, der Verleumder[2] vorkommt, so ist dennoch die Idee der Auflehnung gegen Gott, des maßlosen Stolzes, dem Schöpfer seine Macht zu rauben, von Anfang an gegenwärtig – nach dem Sündenfall – und erscheint insbesondere beim Bau des Turms von Babel wieder. Was das *Neue Testament* angeht, so erscheint eine Vorausdarstellung Luzifers in der *Apokalypse* (NT, Offenbarung des Johannes 13). Das Tier, Erbe des Drachens und Repräsentation Satans (»Und es ward ausgeworfen der große Drache, die alte Schlange, die da heißt der Teufel und Satanas, der die ganze Welt verführt ...«, Offenbarung 12,9) hat wirklich »luziferische« Kräfte: »Und es tat seinen Mund auf zur Lästerung gegen Gott, zu lästern seinen Namen und seine Hütte und die im Himmel wohnen. Und ihm ward gegeben zu streiten mit den Heiligen und sie zu überwinden; und ihm ward gegeben Macht über alle Geschlechter und Sprachen und Heiden« (Offenbarung 13,6–7), denn der Hochmut ist Luzifers erste Eigenschaft.

Tatsächlich scheint dieser doppelte Charakter Satans (der Teufel, der mit der Analität verbunden ist, und Luzifer als Repräsentant des menschlichen Hochmuts, der sich gegen Gott auflehnt) wesentlich zu sein für das Verständnis des Gegensatzes zwischen Gesetz und Perversion und der Verbindung, die die Perversion zu Hybris, Hochmut und Maßlosigkeit unterhält.

Die verbotene Vermischung: Hybris und Hybride

Wir werden zunächst an einige wohlbekannte Passagen der Bibel erinnern, die in einem *Manuel d'instruction religieuse israélite* des Großrabbiners A. Deutsch (1977) als Angaben über »verbotene Vermischungen« bezeichnet werden (S. 91f.). Es handelt sich in erster Linie um das berühmte Gebot: »Und sollst das Böcklein nicht kochen in seiner Mutter Milch.« (2. Moses 23,19) Dieses Verbot wird in der Thora mehrmals wiederholt (Exodus XXIII, 18, Exodus XXIV, 26, Deuteronomium XIX, 21). Analytiker sind gewohnt, darin eine Formulierung des Inzestverbots zu sehen (Mutter und Kind sind durch eine Substanz vereint, die Milch).

Doch über diese erste Annäherung hinaus schlägt die Schrift von M. Woolf[3] überzeugende Hypothesen vor. Woolf wehrt sich gegen die seiner Meinung nach unzureichende Deutung dieses Verbots als Symbol für das Inzestverbot, eine Deutung, die F. Fromm-Reichmann in einem Artikel von 1927 gab.[4] Er bezieht sich auf ein Werk von H. Bialik (1916)[5], der sagte, das Kochen des Jungen in der Milch der Mutter stelle *einen Bestandteil des Astarte-Kultes* dar (man wird sich erinnern, daß die Perversion von Freud mit dem Kult von Moloch und Astarte verglichen wird, ehe er in dem Brief an Fließ vom 24. 1. 1897, der oben zitiert ist, eine Teufelsreligion daraus macht). Astarte ist die Göttin der Liebe und der Fruchtbarkeit. »... Das Junge in der Milch der Mutter zu kochen bedeutet, das Kind wieder in den Bauch der Mutter zu versetzen, es in den vollen und ausschließlichen Besitz der Mutter zu setzen. Der Sohn gehört der Mutter.« (*op. cit.*, S. 175) Die These Woolfs ist, daß *das biblische Verbot einen Versuch der Zerstörung des Mutterrechts repräsentiere* (Astarte, Göttin der Fruchtbarkeit und der Ernten). Der Charakter der *Isolation,* von da an im Nahrungsritual offenkundig (er soll übrigens bei bestimmten Urvölkern in noch betonterer Form existieren) resultiere aus dem Kampf des jüdischen Monotheismus gegen das umgebende Heidentum, einem nicht nur äußeren, sondern auch intrapsychischen Kampf. Im Tiefsten ist das Verbot eine Widerspiegelung des Konflikts zwischen den matriarchalischen und patriarchalischen Gesellschaftsformen.

Diese sehr interessante Hypothese stellt uns gleich vor die Tatsache, daß die »Vermischung« (hier von Fleisch und Milch) die *Ausschließung des Vaters* zugunsten der Verschmelzung von Mutter und Kind beinhaltet. Im *Leviticus* sagt der Herr (3. Moses 19,19): »Meine Satzungen sollt ihr halten, daß du dein Vieh nicht lassest mit anderlei Tier zu schaffen haben und dein Feld nicht besäest mit mancherlei Samen und kein Kleid an dich komme, das mit Wolle und Leinen gemengt ist.«

Kurz davor (3. Moses 18,6–18) zählt der Herr die direkten mit dem Inzest verbundenen Verbote auf. Wir möchten allerdings betonen, daß alle diese Verbote sich auf das Verbot berufen, die Grenzen zu sprengen, die die Aufrechterhaltung der *Essenz* der Objekte dienen:

»6. Niemand soll sich zu seiner nächsten Blutsfreundin tun, ihre Blöße aufzudecken; denn ich bin der Herr.

7. Du sollst deines Vaters und deiner Mutter Blöße nicht aufdecken; es ist deine Mutter, darum sollst du ihre Blöße nicht aufdecken.

8. Du sollst deines Vaters Weibes Blöße nicht aufdecken; denn es ist deines Vaters Blöße.

9. Du sollst deiner Schwester Blöße, die deines Vaters oder deiner Mutter Tochter ist ..., nicht aufdecken.

10. Du sollst die Blöße der Tochter deines Sohnes oder deiner Tochter nicht aufdecken; denn es ist deine Blöße.

11. Du sollst die Blöße der Tochter deines Vaters Weibes, die deinem Vater geboren ist und deine Schwester ist, nicht aufdecken.

12. Du sollst die Blöße der Schwester deines Vaters nicht aufdecken; denn es ist deines Vaters nächste Blutsfreundin.

13. Du sollst deiner Mutter Schwester Blöße nicht aufdecken; denn es ist deiner Mutter nächste Blutsfreundin.

14. Du sollst deines Vaters Bruders Blöße nicht aufdecken, daß du sein Weib nehmest; denn sie ist deine Base.

15. Du sollst deiner Schwiegertochter Blöße nicht aufdecken; denn es ist deines Sohnes Weib, darum sollst du ihre Blöße nicht aufdecken.

16. Du sollst deines Bruders Weibes Blöße nicht aufdecken; denn sie ist deines Bruders Blöße.

17. Du sollst eines Weibes samt ihrer Tochter Blöße nicht aufdecken noch ihres Sohnes Tochter oder ihrer Tochter Tochter nehmen, ihre Blöße aufzudecken, denn sie sind ihre nächsten Blutsfreundinnen, und es ist ein Frevel.

18. Du sollst auch deines Weibes Schwester nicht nehmen neben ihr, ihre Blöße aufzudecken, ihr zuwider, solange sie noch lebt ...«

Die Verse 20, 21, 22 und 23 verbieten den Ehebruch, die Opferung von Kindern an Moloch, die Homosexualität und die Paarung von Mann oder Frau mit einem Tier. Man kann anmerken, daß diese Verbote auf einem

Prinzip von Teilung und Trennung begründet sind. Dies tritt in der Pathologie im Kern der Zwangsneurose als *Isolierungs*mechanismus auf. Wir wissen, daß bei dieser Neurose die analsadistische Regression den Platz der Genitalität eingenommen hat, daß aber die analen Triebregungen Abwehrmechanismen unterworfen sind. Freud (*Hemmung, Symptom und Angst,* 1926) stellt die Isolation in einen Zusammenhang mit dem Berührungstabu, mit dem aggressiven oder zärtlichen Körperkontakt mit dem Objekt. Wir möchten die Hypothese aufstellen, daß die Isolierung bei der Zwangsneurose ein noch allgemeinerer Mechanismus ist, der darauf abzielt, den analsadistischen Vermischungs- und Verschmelzungswunsch zu bekämpfen. In diesem Sinne nähme sie die Stellung einer Reaktionsbildung gegen typisch perverse Vorstellungen von Ungeteiltheit und Amalgam an (Reduktion der Objekte auf Fäzes).
Wir wollen noch einen Vers aus dem *Deuteronomium* zitieren (5. Moses 22,5): »Ein Weib soll nicht Mannesgewand tragen, und ein Mann soll nicht Weiberkleider antun; denn wer solches tut, der ist dem Herrn, deinem Gott, ein Greuel.« Und wenn man sich jetzt der *Genesis* zuwendet, so stellt man fest, daß sie ganz auf das Prinzip der Unterscheidung, Trennung und Differenzierung gestützt ist (1. Moses 1–12): »Am Anfang schuf Gott Himmel und Erde. Und die Erde war wüst und leer ...«
Dies ist das Urchaos, das Gott organisieren und teilen wird: »... Da schied Gott das Licht von der Finsternis ... Und Gott sprach: Es werde eine Feste zwischen den Wassern, und die sei ein Unterschied zwischen den Wassern. Da machte Gott die Feste und schied das Wasser unter der Feste von dem Wasser über der Feste.« Und Gott sprach: »Es lasse die Erde aufgehen Gras und Kraut, das sich besame, und fruchtbare Bäume, da ein jeglicher nach seiner Art Frucht trage und habe seinen eigenen Samen bei sich selbst auf Erden. Und es geschah also. Und die Erde ließ aufgehen Gras und Kraut, das sich besamte, ein jegliches nach seiner Art, und Bäume, die da Frucht trugen und ihren eigenen Samen bei sich selbst hatten, ein jeglicher nach seiner Art.«
Die Verse 14 bis 20 handeln von der Unterscheidung zwischen Tag und Nacht:
»Und Gott sprach: Es werden Lichter an der Feste des Himmels, die da scheiden Tag und Nacht und geben Zeichen, Zeiten, Tage und Jahre. Und seien Lichter an der Feste des Himmels, daß sie scheinen auf Erden. Und es geschah also. Und Gott machte zwei große Lichter: ein großes Licht, das den Tag regiere, und ein kleines Licht, das die Nacht regiere, dazu auch

Sterne. Und Gott setzte sie an die Feste des Himmels, daß sie schienen auf die Erde. Und der Tag und die Nacht regierten und schieden Licht und Finsternis. Und Gott sah, daß es gut war. Da ward aus Abend und Morgen der vierte Tag.«

Die Verse 20 bis 26 handeln von der Erschaffung der Tiere:

»Und Gott sprach: Es errege sich das Wasser mit webenden und lebendigen Tieren, und Gevögel fliege auf Erden unter der Feste des Himmels. Und Gott schuf große Walfische und allerlei Getier, das da lebt und webt, wovon das Wasser sich erregte, ein jegliches nach seiner Art, und allerlei gefiedertes Gevögel, ein jegliches nach seiner Art ... Und Gott sprach: Die Erde bringe hervor lebendige Tiere, ein jegliches nach seiner Art: Vieh, Gewürm und Tiere auf Erden, ein jegliches nach seiner Art. Und es geschah also. Und Gott machte die Tiere auf Erden, ein jegliches nach seiner Art, und das Vieh nach seiner Art und allerlei Gewürm auf Erden nach seiner Art. Und Gott sah, daß es gut war.«

In diesem Teil des Textes fällt auf, daß die Wendung »ein jegliches nach seiner Art« wiederkehrt wie ein Leitmotiv. In dieser Unterscheidung zwischen den Arten nun finden wir die Abwesenheit des Vermischten wieder, genauer, das Fehlen von *Hybridbildungen.* Das Verbot, einen Weinberg mit »fremdem« Samen zu besäen, wird auch mit »hybridem Samen« übersetzt. Der Mensch, der das Gesetz der Unterscheidung nicht achtet, fordert Gott heraus. Er schafft neue Kombinationen, neue Formen, neue Arten. Er nimmt den Platz des Schöpfers ein und wird ein Demiurg. Wir wollen anmerken, daß das Wort *Hybride* vom griechischen Wort *Hybris* abstammt, das Gewalt, Exzeß, Übertreibung, Maßlosigkeit bedeutet. Die *Hybris* ist bei den Griechen die Sünde schlechthin.

»Insgesamt«, schreibt Mircea Eliade[6], »schlagen die Götter die Menschen nicht ohne Grund, solange die Sterblichen nicht die durch ihre eigene Seinsweise vorgeschriebenen Grenzen überschreiten. Doch es ist schwierig, die aufgezwungenen Grenzen nicht zu überschreiten, da das Ideal des Menschen die ›Tüchtigkeit‹ *(Arete)* ist. Eine übergroße Tüchtigkeit aber läuft Gefahr, maßlosen Stolz und Anmaßung *(Hybris)* hervorzurufen.«

»Die Helden stellen sich den Göttern«, schreibt Mircea Eliade auch, »als seien sie ihnen ebenbürtig, doch ihre *Hybris* wird von den Olympiern immer und grausam bestraft.«

Die griechischen Helden erinnern in gewisser Weise an Sades Helden. Daß ihre *Hybris* sie zu Mischwesen, *Hybriden* und sexuell Abweichenden macht, wird in anderen Passagen Eliades ganz deutlich:

»Das klassische Griechenland, vor allem die hellenistische Epoche, hat uns ein ›erhabenes Heldenbild‹ überliefert. In Wirklichkeit ist die Natur der Helden außergewöhnlich und ambivalent, nämlich abweichend ...; sie unterscheiden sich durch ihre Kraft und ihre Schönheit, aber auch durch monströse Merkmale (riesige Körpergröße – Herakles, Achilles, Orest, Pelops –, aber auch ungewöhnlich geringe Körpergröße), sind tiergestaltig (z. B. Lykaon, der »Wolf«) oder fähig, sich in Tiere zu verwandeln. Sie sind androgyn (Kekrops), wechseln das Geschlecht (Teiresias) oder verkleiden sich als Frau (Herakles). Außerdem sind die Helden durch zahlreiche Anomalien gekennzeichnet (Azephalie oder Polyzephalie; Herakles hat drei Zahnreihen); vor allem hinken sie, sind einäugig oder blind. Sehr häufig fallen die Helden dem Wahnsinn zum Opfer (Orest, Bellerophon, selbst der außergewöhnliche Herakles, als er die Söhne mordet, die ihm Megara geschenkt hat). Was ihr sexuelles Verhalten betrifft, so ist es exzessiv oder abweichend: Herakles befruchtet in einer Nacht die fünfzig Töchter von Thespios; Theseus ist berühmt für seine zahlreichen Vergewaltigungen (Helena, Ariane etc.), Achilles entführt Stratonike. Die Helden begehen Inzest mit ihren Töchtern oder Müttern und töten aus Mutwillen, aus Wut und häufig auch aus gar keinem Grund; sie bringen sogar ihre Väter und Mütter oder Verwandten um ... Die Überspanntheit der Helden kennt keine Grenzen mehr. Sie wagen sogar, Göttinnen zu vergewaltigen (Orion und Aktäon überfallen Artemis, Ixion greift Hera an etc.), und haben keine Hemmungen vor dem Sakrileg (Ajax greift Kassandra in der Nähe des Altars der Athene an, Achilles macht Troilos im Tempel Apollos nieder). Diese Verstöße und Sakrilegien bezeichnen eine maßlose *Hybris,* ein spezifisches Merkmal der Heldennatur.« (*ibid.,* S. 301 f.)

Daß die Hybridbildung bei Samenkörnern, Stoffen oder Tieren von der Bibel im Namen des Prinzips der Teilung und Trennung verboten wird und daß Anlaß besteht, dieses Verbot mit dem Verbot in Verbindung zu bringen, das Inzest und Perversion untersagt, die auf die Rückkehr zum Ungeteilten, Undifferenzierten abzielen, scheint uns aus folgender Passage hervorzugehen, die einem anderen Werk von Mircea Eliade entnommen ist (*Forgerons et alchimistes,* 1977):

»Maimonides erklärt das Verbot der Juden, Zitronen von gepfropften Bäumen zu verwenden, mit der Besorgnis, die orgiastischen Praktiken der Nachbarvölker zu vermeiden, die notwendig mit den Pfropfungen einhergingen. Ibn Washya – er ist nicht der einzige orientalische Autor, der sich von solchen Vorstellungen mitreißen läßt – sprach sogar von phantastischen und ›widernatürlichen‹ Pfropfmethoden zwischen verschiedenen Pflanzenarten (er sagte beispielsweise, wenn man den Zweig eines Zitronenbaumes auf einen Lorbeer- oder Olivenbaum pfropfe, bringe dieser Zitronen hervor, die klein seien wie Oliven). Doch er präzisiert, daß das Pfropfen nur dann Erfolg hat, wenn es rituell durchgeführt wird, und zwar bei einer bestimmten Konjunktion von Mond und Sonne. Den Ritus erklärt er so: ›Der zu pfropfende Zweig muß sich in der Hand eines sehr schönen jungen Mädchens befinden, während ein Mann mit diesem Mädchen *schändliche und widernatürliche sexuelle Beziehungen hat* *; während des Koitus pfropft das junge Mädchen dem Baum das Reis auf‹. Der Sinn ist deutlich: Um eine widernatürliche Vereinigung im Pflanzenreich zu sichern, war eine widernatürliche sexuelle Vereinigung erforderlich.« (*op. cit.*, S. 28)

Was uns vor allem deutlich erscheint, ist, daß die *Hybris*, der Hochmut, die Maßlosigkeit, der Wunsch, Gott seine Macht zu rauben, und die *Hybridisierung* sich in der Vermischung äußern, dem Wunsch, zum Urchaos zurückzukehren, aus dem eine neue Realität hervorgehen wird, wie wir es bei Sade gesehen haben, und daß dieses Vorgehen der Perversion selbst angehört.

Daß das *Gesetz* in der jüdischen Religion Unterscheidung, Trennung und Ordnung ist und daß die *Hybris* sich dem widersetzt, wird in der Geschichte des Turmbaus zu Babel ganz deutlich. Als die stolzen Menschen den Turm bauen wollen, der bis zum Himmel reichen soll, führt Gott die Sprachverwirrung ein und schafft so eine neue *Trennung*. »Wohlauf, lasset uns herniederfahren und ihre Sprache daselbst verwirren, daß keiner des anderen Sprache verstehe!« (1. Moses 11,7).

Das Beispiel der ägyptischen Religion zeigt, daß die Versuchung, die Ordnung des Universums umzustürzen, ständig vorhanden ist (im Polytheismus wie im Monotheismus) und zweifellos eine Konstante des menschlichen Geistes darstellt (der »perverse Kern« wäre in diesem Falle universal, selbst wenn die perverse Organisation umschrieben bleibt), daß es aber dennoch die Beachtung eines Gesetzes gibt, welches verbietet, die Ordnung des Universums, wie sie geschaffen wurde, anzugreifen, und zwar auch außerhalb der ersten monotheistischen Religion (ganz wie das Verbot der Vermischung von Milch und Fleisch in bestimmten primitiven Kulten besteht). Der Mittelpunkt der ägyptischen Moral ist die »Maat«. Von S. Morenz (*La religion égyptienne*, 1962) wird sie so definiert:

»Die Maat ist der rechte Zustand der Natur und der Gesellschaft, wie er durch den Schöpfungsakt festgelegt wurde, und von da aus in einem Fall das, was korrekt und richtig ist, im anderen Fall, was Recht, Ordnung, Gerechtigkeit und Wahrheit ist ... Die Maat ist ein Teil der Schöpfung ..., sie ist vom Urgott eingesetzt und wird dann vom König ständig wiederhergestellt und garantiert. *Die Maat tritt ›an die Stelle der Unordnung‹* *. ›Die Unordnung (ist) *die Antithese der Maat* *‹. Diese wird ›in Verbindung gesetzt mit den Ursprüngen‹, d. h. mit dem Schöpfungsakt.«

Im Griechischen ist der erste Sinn von »nomos«, Gesetz, »das, was zugeteilt wird«. Wir finden also wieder das Prinzip der Trennung als Grundlage des Gesetzes. Das führt zu abgeleiteten Bedeutungen, die augenscheinlich weit davon entfernt sind, wie »musikalischer Modus«, »Gesang«. Man versteht diese Ableitung besser, wenn man den Sinn von »anomos«, »ohne Gesetz« verfolgt, der zu »ohne Rhythmus« und »Melodie, die keine ist« führt. Ein zweiter Sinn von »nomos« (der Akzent liegt auf der zweiten Silbe) ist »Teilung des Territoriums«, »Provinz«, »Region«, »Weide«. Es handelt sich also um direkte Anwendungen des Trennungsprinzips.

Die Anomie impliziert die Verwirrung, die Nichtunterschiedenheit der Werte. Sie wird von Kierkegaard als das Übel schlechthin verstanden.

Der »Name« ist verwandt mit dem als Trennung und Teilung begriffenen Gesetz. Er ist ein Teil der Rede, die ein Wesen oder ein Ding bezeichnet, d. h. es aus dem Magma, der Verwirrung heraushebt, es begrenzt. Und tatsächlich berichtet die *Genesis* die Schöpfungsgeschichte nicht nur wie die Geschichte einer Teilung, einer Trennung, sondern – was für uns auf dasselbe hinausläuft – wie die einer Namensgebung.

Im 5. Vers heißt es: »Und nannte das Licht Tag und die Finsternis Nacht ...« (1. Moses 1,5)

Als Gott den Raum schuf, heißt es: »Und Gott nannte die Feste Himmel.« (1. Moses 1,8)

In Vers 10 steht: »Und Gott nannte das Trockene Erde, und die Sammlung der Wasser nannte er Meer.« (1. Moses 1,10) Man gewinnt also einen gewissen Blick auf die fundamentalen Gründe, die Gesetz und Perversion gegensätzlich machen und gleichzeitig die Ordnung (väterlich) der analsadistischen Verschmelzung gegenüberstellen, der Rückkehr zum Undifferenzierten, zum Urchaos.

In der Tat haben wir mit Woolf hinsichtlich des jüdischen Speiseverbots, das Böckchen in der Milch seiner Mutter zu kochen, angenommen, daß es sich darum handelt, das Kind durch die Einführung des väterlichen Prinzips, des *Vatergesetzes,* daran zu hindern, in den Schoß der Mutter zurückzukehren.

Wir möchten den Standpunkt vertreten, daß jedes auf der Trennung begründete Gesetz seinem Wesen nach väterlich ist, was sicherlich kein neuer Gedanke ist, aber den Gegensatz zwischen dem Vatergesetz und der auf der Ungeteiltheit begründeten Perversion berücksichtigt.

Im vorigen Kapitel haben wir eine Reihe von Auszügen aus dem Werk Sades zitiert, in denen es so aussah, als bedeute Zerstörung, daß man der Natur gehorcht. Es handelt sich darum, »Teile zersetzter Materie in den Schmelztiegel ihrer Werke zu werfen und ihr das Vergnügen zu geben, in neuen Formen wiederzuerschaffen.« (Rodin in *La nouvelle Justine, op. cit.,* Band 6, S. 263) Am deutlichsten äußert Sade das Thema, das ihn heftig beschäftigt, vielleicht in *La Philosophie dans le boudoir* in dem Pamphlet »Français, encore un effort si vous voulez être républicains« (»Franzosen, noch ein Schritt, wenn ihr Republikaner sein wollt«, in *Œuvres complètes du Marquis de Sade, op. cit.,* 1795, Band 3, deutsch: *Die Philosophie im Boudoir,* Herrsching 1980): Zerstört, und ihr gehorcht der Natur. Zerstören ist nicht vernichten. Der Tod existiert nicht. Er ist nur eine *Verwandlung.*

Dank der Zerstörung, der Vernichtung der Grenzen zwischen Wesen, Dingen, Molekülen kann das Werk der Neuschöpfung der Natur stattfinden. Aus dem Mord werden neue Formen hervorgehen! (Wir würden sagen: eine neue Welt, eine Neo-Realität.)

Geben wir also noch einmal dem Autor das Wort zu diesem Thema:

»Sobald also diese Vernichtung ihr[7] so notwendig ist, daß sie nicht darauf verzichten kann und sie ihre Schöpfungen nicht hervorzubringen vermag, ohne auf die *Trümmer*[8] * zurückzugreifen, die der Tod ihr verschafft, wird die Idee von der Vernichtung, die wir mit dem Tod verbinden, aller Realität entkleidet; es gibt keine endgültige Vernichtung mehr; was wir als das Ende des Lebewesens bezeichnen, wird in Wahrheit kein Ende mehr sein, sondern einfach ein Gestaltwandel ...« (*op. cit.,* S. 278) Und auch: »Nach diesen unwiderleglichen Prinzipien ist der Tod also nichts weiter als eine Veränderung der Form, der unmerkliche Übergang von einer Existenz in eine andere ... Im gleichen Augenblick, in dem das große Tier seinen letzten Atemzug tut, bilden sich bereits kleine Tiere ... Wer würde jetzt zu sagen wagen, das eine gefiele der Natur besser als das

andere? Dazu müßte das Unmögliche bewiesen werden: zum Beispiel, daß die hohe oder viereckige Form der Natur nützlicher, angenehmer sei als die flache oder dreieckige; ... (man) muß wohl oder übel zugeben, daß wir außerstande sind, die Werke der Natur zunichte zu machen, indem wir, wenn wir etwas zu zerstören suchen, nur eine Wandlung der Form bewirken, die jedoch das Leben nicht auslöschen kann.« (*ibid.*, S. 278 f.) »Wer würde ... mir weismachen wollen, daß Veränderung[9] gleich Vernichtung sei?« (*ibid.*) Die Natur ist ganz offenkundig die Mutter (Dolmancé spricht zu Eugénie von der Natur als »unser aller Mutter«), aber eine schreckliche Mutterimago, mit der der Held Sades sich identifiziert, um gegen Gott (den Vater) und sein Gesetz zu kämpfen (aber auch, um seinen Haß gegen die Mutter durch den Angriff gegen die Brust, die Zerstörung ihrer Kinder und den Muttermord zu äußern, wie wir es im vorhergehenden Kapitel beschrieben haben).
Ein anderes wiederkehrendes Thema bei Sade, das wir nur streifen wollen, ist die Unbrauchbarkeit der Gottesidee. Gott ist ein »lächerliches Phantom« (*La nouvelle Justine,* Band 7, S. 195), ein »trügerischer Gott«, ein »Spielzeug« (*Die Philosophie im Boudoir, op. cit.*), ein »unwürdiges Phantom« (*ibid.*), ein »ohnmächtiges und steriles Trugbild«, ein »bizarres und abstoßendes Idol«, ein »Hundsfott«, ein »vergötterter Lump«, ein »geschickter Betrüger«, ein »Einfaltspinsel«, ein »Schuft« ... (letztere Beschimpfungen stammen aus dem Gedicht »La Vérité«, Die Wahrheit, 1787, in *Œuvres Complètes, op. cit.,* Band 14, S. 81–84). Gott ist ein überflüssiges Trugbild im Hinblick auf die Natur, die *sich selbst genügt.* So schreibt Sade in »La Vérité« in sehr bösen Versen:

»Ai-je besoin du Dieu que ma sagesse abjure
Pour me rendre raison des lois de la nature?
En elle tout se meut, et son sein créateur
git à tout instant sans l'aide d'une moteur.

(Brauche ich Gott, dem meine Vernunft abschwört
Um mir über die Gesetze der Natur Rechenschaft zu geben?
In ihr bewegt sich alles, und ihr schöpferischer Schoß
Bewegt sich in jedem Augenblick ohne Hilfe eines Anstifters.)

Hier fügt Sade eine Fußnote an (*ibid.*, S. 85 f.): »Die flüchtigste Untersuchung der Natur überzeugt uns davon, daß bei ihr in Ewigkeit Bewegung herrscht, und die aufmerksame Prüfung ihrer Gesetze läßt uns erkennen, daß in ihr nichts verdirbt und daß sie sich ohne Unterlaß regeneriert, allein durch die Wirkung dessen, von dem wir annehmen, es verletze sie, oder dessen, was ihre Werke zu zerstören scheint. Wenn nun aber die Zerstörungen ihr notwendig sind, dann wird der Tod zu einem Wort ohne Sinn: Es gibt nur noch Verwandlungen und kein Erlöschen. Die Unaufhörlichkeit der Bewegung in ihr vernichtet jeden Gedanken an einen Anstifter.«

Dieser Gedanke, der, wie wir schon sagten, bei Sade mehrfach vorkommt, erscheint in präzisester Form in *Die Philosophie im Boudoir* (*op. cit.*) wieder: »Mit zunehmendem Wissen haben wir begriffen, daß die Bewegung der Materie inhärent ist und folglich die Notwendigkeit einer Wirkkraft, welche diese Bewegung mitteilte, illusorisch ist; daß alles Bestehende seinem Wesen nach in Bewegung sein muß und daher eine treibende Kraft überflüssig ist; wir haben begriffen, daß diese Schimäre eines Gottes, die von den ersten Gesetzgebern mit voller Überlegung erfunden wurde, in deren Händen nur ein weiteres Mittel bildete, um uns an die Kandare zu legen; und da sie allein sich das Recht gesichert hatten, dieses Phantom sprechen zu lassen, ließen sie es wohlweislich nur solche Dinge sagen, die den zu unserer Versklavung aufgestellten Gesetzen Nachdruck verleihen mußten.« (*op. cit.*, S. 235)

Man sieht also den Sadeschen Helden vereint mit seiner Mutter-Natur, einer grausamen, unerbittlichen, blutrünstigen Natur, mit der er sich unter Ausschluß Gottvaters identifiziert und die er gleichzeitig haßt. Wenn dieser Ausschluß des Vaters, der in der Perversion allgemein ist, oft die Gestalt der Jungfrau mit dem Kind annimmt, so ist sie bei Sade eher die der Bande aus *Bloody Mama* (Film von Roger Corman, 1950) und ihrer inzestuösen Söhne, die sie am Ende töten. Doch wir sagten bereits, die Feindseligkeit des Perversen gegen seine Mutter besteht immer, auch wenn sie oft versteckt ist. Das Gesetz, von dem Sade hier spricht, ist die Gesamtheit der von der Gesellschaft und ihren Gesetzgebern aufgestellten Regeln, ein schwacher Reflex des inneren Gesetzes (Überich) und ein schwaches Echo des Gotteswortes. Sade und der Perverse im allgemeinen bemühen sich, Gesetz und Moral lächerlich zu machen, zu karikieren und umzukehren, manchmal bewußt, manchmal unbewußt.

So werden die Erzieher, die beauftragt sind, das Kind zu »bilden«, zu Initiatoren seiner Ausschweifung. Wir möchten betonen, daß dies eine der häufigsten perversen Phantasien ist: Lehrer oder Lehrerin werden als an dem Kind erotisierende Mißhandlungen vornehmend (»Ein Kind wird geschlagen«, *op. cit.*) oder als alle Arten sexueller Spiele befehlend und regelnd vorgestellt. Es handelt sich wohl um eine Verschiebung des Vater- oder Mutterbildes oder des Bildes des Elternpaares auf den Lehrer oder die Lehrerin, aber es handelt sich vor allem darum, ihre Funktion als Erzieher und Gesetzgeber zu benutzen, nicht um die Triebe durch Aufrechterhaltung der Verbote und der Angst vor Strafe zu beherrschen, sondern um die Angst *umzustürzen*. Sie steht nicht mehr im Dienst der Kastrationsangst, sondern im Dienst des Genusses.

So wird das Gesetz verhöhnt. Im ganzen Werk Sades wird diese Vorgehensweise der Verbiegung des Gesetzes benutzt: Wir finden nur Priester, die Libertins sind, ausschweifende Mönche, verdorbene Herbergsvorsteher. Sogar der Papst ist nicht ausgenommen. Doch die Umkehrung der Funktion von Erziehung wird kulminieren in *Die Philosophie im Boudoir (op. cit.)*, die 1805 den Untertitel erhielt: »Oder die unmoralischen Lehrer – Dialoge zur Erziehung junger Damen.« Die kleine Schrift trägt das Motto: »Mütter, macht euren Töchtern die Lektüre zur Pflicht!«. Man kennt den Inhalt des Werkes: Es handelt sich um die erotische Einführung einer Jungfrau, eine Einführung, die begleitet wird von einer Feier des Atheismus, des Inzests, der Blasphemie und des Verbrechens. In den fünften Dialog ist das Pamphlet »Franzosen, noch ein Schritt ...« eingeschoben, das nicht mehr nur auf die Erziehung von Eugénie abzielt, sondern auf die eines ganzen Volkes (man schreibt das Jahr 1795).

Im ersten Dialog enthüllt Madame de Saint-Ange ihrem Bruder, dem Chevalier de Mirvel, die Pläne, die sie mit Eugénie hat und bei denen Eugénies Vater mit im Komplott ist:

Madame de Saint-Ange: »Es handelt sich um eine Unterweisung ... Dolmancé und ich werden diesem hübschen Köpfchen alle Grundsätze der zügellosesten Libertinage einpflanzen, es mit unserem Feuer entzünden, mit unserer Philosophie nähren, ihm unsere Begierden einflößen, und da ich der Theorie ein wenig Praxis beifügen will, da ich meine, man soll nicht nur vortragen, sondern auch vorführen, habe ich dich, lieber Bruder, dazu bestimmt, die Myrten Kytheras zu ernten, und Dolmancé die Rosen Sodoms ...«

Chevalier: »Ah! Du Schurkin, wie wirst du die Lust genießen, dieses Kind zu erziehen! Welche Wonnen für dich, die Kleine zu verderben, in diesem jungen Herzen alle Samenkörner der Tugend und der Religion zu erstikken, die seine Lehrmeisterinnen hineingesenkt haben ...«

Madame de Saint-Ange: »Sei gewiß, daß ich nichts unversucht lassen werde, um sie zu verführen, um alle die falschen Moralgrundsätze, mit denen man ihren Sinn bereits verwirrt haben mag, ins Wanken, *zu Fall zu bringen*; ich will sie in zwei Lektionen ebenso ruchlos machen, wie ich es bin ...«

Chevalier: »Man hätte für dieses Vorhaben keinen Besseren finden können: Unglaube, Gottlosigkeit, Unmenschlichkeit, Libertinage fließen von Dolmancés Lippen, wie dereinst das mystische Salbadern von denen des Erzbischofs von Cambrai; er ist der gründlichste Verführer, der verderbteste Mensch, der gefährlichste ... Ah! Teuere Freundin, wenn deine Schülerin empfänglich ist für die Bemühungen des Lehrmeisters, so garantiere ich dir, daß sie bald verloren sein wird.« (*op. cit.*, S. 94–96)

Als Dolmancé im Boudoir ankommt (»Dritter Dialog«), sagt er, man habe ihm mitgeteilt, »daß hier der Schulraum ist, in dem die Lektionen stattfinden« (*ibid.*, S. 101). Eugénie wird als »unsere Schülerin« oder »unsere Elevin« bezeichnet; sie wird »Lektionen« erhalten. Es geht darum, sie zu »unterweisen«. Inmitten der Ausschweifung stammelt Madame de Saint-Ange: »Setzen wir unsere Unterweisung fort ...« Eugénie ruft aus: »Oh, meine lieben Lehrmeister!«, und Dolmancé faßt zu Beginn des »Vierten Dialogs« die Situation so zusammen:

»Hören Sie, Chevalier, wir erziehen dieses hübsche Mädchen, wir lehren es alles, was eine junge Dame ihres Alters wissen muß, und um den Stoff anschaulich zu machen, fügen wir der Theorie stets ein paar praktische Übungen bei.«

Man könnte sich in einem Pensionat glauben, wenn er nicht hinzufügen würde: »Nun wäre der Anblick eines Gliedes während der Entladung fällig; dieses Kapitel nehmen wir gerade durch.« (*ibid.*, S. 183)

Es handelt sich insgesamt darum, die Erziehung zu parodieren, die »Erhebung« ist, und deren Ziel umzustürzen, indem das Subjekt, die »Schülerin«, in die Welt des Ungeteilten zurückgeführt wird: die der sexuellen Gruppenpraktiken, der Sodomie, des homo- und heterosexuellen Inzests. Das Gesetz, das Grenze, Trennung ist, wie wir gesehen haben, wird hier vom rechten Wege abgebracht, um die Herrschaft des Ununterschiedenen herzustellen.

Dieser Umsturz des Gesetzes ist noch augenfälliger, wenn man die biblischen Verbote, die wir weiter oben angeführt haben – *Leviticus* (3. Moses 18, 6–18; negativer Katalog) –, mit dem Katalog der Verstöße vergleicht (positiver Katalog), der im Werk des Marquis de Sade enthalten ist, insbesondere in den *Hundertzwanzig Tagen ...* (*op. cit.*). Nehmen wir beispielsweise die Passion 20 aus dem Dritten Teil – denn die Passionen sind numeriert wie die Verse der Bibel. Dort findet man die Verbindung mehrerer biblischer Gebote: »Um die Blutschande, den Ehebruch, die Sodomie und die Religionsschändung zu vereinigen, fickt er seine verheiratete Tochter mit einer Hostie in den Arsch.« (*op. cit.*, S. 215) Die »Statuten der Gesellschaft der Freunde des Verbrechens« und ihre 45 Artikel basieren auf dem gleichen Prinzip des Umsturzes des Gesetzes.

Nach dem ersten Teil der Ausschweifungen, bei denen Inzest und Sodomie praktiziert wurde, wendet sich Verneuil an seine Partner: »Meine Freunde ..., wir haben eben das Los über unsere Vergnügungen befragt: Jetzt bin ich dafür, daß wir das Ewige Wesen nach dem gleichen Gegenstand fragen. Da habt ihr ihn also vor Augen, diesen höchsten Gott, der die Zukunft kennt; ich befehle jedem, sich aufrecht vor ihn hinzustellen ... und ihn mit der Formel zu befragen, die ihr am Fuße seines Thrones finden werdet. Das Große Wesen, dessen Minister ich hier bin, wird euch durch ein Billett antworten; ihr werdet den Inhalt ausführen. Fangt an, Gernande, konsultiert Gott.« Gernande spricht in der vorgeschriebenen Haltung laut die Worte aus, die er vorfindet und die wir wörtlich wiedergeben:

»Verachtenswertes Bild des lächerlichsten Phantoms, du, der du nur in einem Bordell am richtigen Ort bist, *du, der du nur dazu gut bist, die Freuden des Hinterns zu regeln* *, was muß ich tun, um hart zu werden? Laß es mich wissen; ich werde ausführen, was du mir vorschreibst; doch dabei versichere ich dir, daß dies die einzige Sache ist, in der ich dir gehorchen werde: Meine Verachtung und mein Haß sind zu ausgeprägt und zu gewiß, als daß ich mich dir in anderen Dingen unterwerfen müßte.«

Diese Episode erinnert an die schwarzen Messen, und, aus einer bestimmten Perspektive betrachtet, können viele Szenen Sades damit verglichen werden. Doch bevor wir auf die »Teufelsreligionen« im eigentlichen Sinne zu sprechen kommen, möchten wir daran erinnern, daß die Karikatur Gottes und der Religion ein Thema ist, das in der *Apokalypse* vorkommt: »Und ich trat an den Sand des Meers und sah ein Tier aus dem Meer steigen, das hatte sieben Häupter und zehn Hörner und auf seinen Hörnern zehn Kronen und auf seinen Häuptern Namen der Lästerung. Und das Tier, das ich sah, war gleich einem Parder, und seine Füße wie

Bärenfüße und sein Mund wie eines Löwen Mund.[10] Und der Drache gab ihm seine Kraft und seinen Stuhl und große Macht. Und ich sah seiner Häupter eines, als wäre es tödlich wund.« Hier schreibt der Kommentator unserer Ausgabe, der *Bible de Jérusalem* (Paris, Editions du Cerf, 1961): »Das wiederauferstandene Tier ist eine Karikatur des wiederauferstandenen Christus.« Das Tier, in dem man luziferische Merkmale wiederfindet, die weiter oben erwähnt wurden, parodiert also gleichzeitig Christus.

»Und ihm ward gegeben zu streiten mit den Heiligen und sie zu überwinden; und ihm ward gegeben Macht über alle Geschlechter und Sprachen und Heiden. Und alle, die auf Erden wohnen, beten es an, deren Namen nicht geschrieben sind in dem Lebensbuch des Lammes, das erwürgt ist, vom Anfang der Welt. Hat jemand Ohren, der höre. So jemand in das Gefängnis führt, der wird in das Gefängnis gehen; so jemand mit dem Schwert tötet, der muß mit dem Schwert getötet werden ... Und ich sah ein anderes Tier aufsteigen aus der Erde, das hatte zwei Hörner, gleichwie ein Lamm, und redete wie ein Drache. Und es übt alle Macht des ersten Tiers vor ihm; und es macht, daß die Erde und die darauf wohnen, anbeten das erste Tier, dessen Wunde heil geworden war. Und es tut große Zeichen, daß es auch macht Feuer vom Himmel fallen vor den Menschen; und verführt, die auf Erden wohnen, um der Zeichen willen, die ihm gegeben sind zu tun vor dem Tier; und sagt denen, die auf Erden wohnen, daß sie ein Bild machen sollen dem Tier, das die Wunde vom Schwert hatte und lebendig geworden war. Und es ward ihm gegeben, daß es dem Bilde des Tiers den Geist gab, daß des Tiers Bild redete und machte, daß alle, welche nicht des Tiers Bild anbeteten, getötet würden« (Offenbarung 13,1–3,7–15). Das zweite Tier wird als »falscher Prophet« bezeichnet. Im Kommentar unserer Ausgabe heißt es: »In der Kirche ist es der Geist, der Wunder wirkt, um den Glauben an Christus zu erwecken; das zweite Tier ahmt den Geist nach, wie das erste und das zweite Tier Karikaturen der Dreieinigkeit sind.«

Der Umsturz des Gesetzes (wie in den *Hundertzwanzig Tagen ...*), die Parodie eines Gott geweihten Kultes, die Ersetzung Gottes oder der Dreieinigkeit (wie in der *Apokalypse*) durch falsche Götter, die satanische Gestalten sind, all das hat die Tendenz, den Weg umzukehren, der von der Ungeteiltheit zur Teilung, zur Definition führt. Wir sind hier den Satansanbetern, den Teufelsreligionen sehr nahe. Denn in allen Fällen handelt es sich um eine Metanoia, um eine Umkehrung der Werte, die die Rückkehr ins Chaos zum Ziel hat. Es genügt nicht festzustellen, daß das Gesetz »auf den Kopf gestellt« ist; man muß auch begreifen, daß diese Umkehrung in voller Absicht geschieht. Ein umgekehrtes Gesetzbuch bleibt noch immer ein Gesetzbuch. Wir denken allerdings, daß die Umkehrung des Wertesystems nur die erste Stufe einer Operation ist, die die Zerstörung aller Werte zum Ziel hat. Es handelt sich um eine magische Operation: Das Gesetz wird zuerst umgekehrt; das ist die erste Etappe der Rückkehr zum Chaos – wie in den Filmen, die man rückwärts laufen läßt und beschleunigt, um an den Anfang zurückzukommen. Die Blume faltet ihre Blütenblätter wieder ein und wird Samenkorn. Der perverse Ritus hat das Ziel, das Chaos wiederherzustellen, aus dem eine neue Realität entspringen wird. Daß das Fehlen des Gesetzes Bestandteil des Chaos ist, wird in einem »Midrash Rabbah«[11] festgestellt: »Ohne Thora würde die ganze Welt wieder ›ungeformt‹ und leer werden.«

Die »Teufelsreligionen«

Wir wollen hier nur einige Anhaltspunkte erwähnen. Bevor wir von den luziferischen Sekten sprechen, möchten wir darauf hinweisen, daß die *Alchimie* und die Umwandlung der Realität, die sie anstrebt, in gewisser Hinsicht unser Thema zu berühren scheint.

Zunächst einmal ist die Alchimie an die aristotelische Idee gebunden, der zufolge es eine uranfängliche Materie gibt, aus der alle anderen stammen. Die verschiedenen Metalle wären demzufolge nur eine einzige Materie, die in verschiedenen Stadien der »Reife« angelangt ist. Es würde ausreichen, das Mittel zu finden, mit dem man diese Reifung künstlich beschleunigen kann, um die Verwandlung eines Metalls in ein anderes zu bewerkstelligen und schließlich die jedes beliebigen Metalls in Gold. Wir sehen, daß bei dieser Auffassung das Prinzip der Teilung vollständig verschwunden ist. Mircea Eliade (1956–1977, in *Forgerons et alchimistes*) zeigt, daß die alchimistische Ideologie gebunden ist an »eine allgemeine Auffassung von der *kosmischen Realität*, die als *Leben* wahrgenommen und infolgedessen sexualisiert wird, da die Sexualität ein besonderes Merkmal jeder *lebenden Realität* ist« (*op. cit.*, S. 29). Ebenso kann man Metalle »töten«, »leiden lassen« und »verheiraten« und erhält so »Geburten«. »Der Mensch beschleunigt den Rhythmus der langsamen chthonischen Reifungen; in gewisser Weise *setzt er sich an die Stelle der Zeit«* (*ibid.*, S. 38.) (Vgl. den »kurzen Weg« des Perversen.)

Der Alchimist wird von Mircea Eliade ausdrücklich mit einem Demiurgen verglichen. Es handelt sich für ihn nicht nur darum, schneller zu wirken als die Natur, sondern, wie Eliade sagt, darum, »anderes zu machen als das, was in der Natur existierte: Er war also die Manifestation einer magisch-religiösen Kraft, die die Welt verändern konnte« (*ibid.*, S. 65).

Bei den chinesischen Alchimisten machte das Trinken des Zinnobers (trinkbares Gold) »den Göttern ähnlich« (*ibid.*, S. 92). In allen Kulturen muß die Alchimie auch zur Unsterblichkeit führen (Lebenselixier). In Indien »träumt der Alchimist davon, die Welt zu erobern und deren ontologische Ordnung zu verändern« (*ibid.*, S. 110). »In den Augen der Inder waren die Substanzen nicht träge, sondern repräsentierten Stadien der unerschöpflichen Manifestation der uranfänglichen Materie ... Pflanzen, Steine und Metalle ebenso wie die Körper der Menschen, ihre Physiologie und ihr geistig-seelisches Leben waren nur verschiedene

Augenblicke desselben kosmischen Vorgangs. Es war also möglich, von einem Stadium in ein anderes überzugehen, eine Form in eine andere umzuwandeln.« (*ibid.*, S. 117)

Man sieht also, daß der alchimistische Mensch eine Auffassung von der Welt hat, die es ihm gestattet, die Essenzen zu zerbrechen oder vielmehr sogar die Existenz der Essenzen zu leugnen (und folglich der »Arten«, um die Sprache der *Genesis* wieder aufzunehmen). Die wiederzufindende Existenz einer uranfänglichen Materie (»materia prima«, »materia confusa«, *ibid.*, S. 101) entspricht dem Gedanken einer möglichen Rückkehr in einen Zustand der Homogenität und Undifferenziertheit der Substanz, von dem aus die Erschaffung einer neuen Realität, neuer Formen möglich wird (der Autor spricht sogar von einer Rückkehr zum »chaotischen« Zustand, *ibid.*, S. 101). Die Verwandtschaft zwischen der alchimistischen Ideologie, den gnostischen Lehren, diversen mystischen Theorien und Praktiken sowie den luziferischen Kulten ist in gewisser Hinsicht augenfällig. In einem kurzen Essay über »Méphistophélès et l'androgyne ou le mystère de la totalité«[12] stellt Mircea Eliade (1962) eine Reihe von traditionellen Riten, Mythen und Theorien vor, »die die Vereinigung der Gegensätze und das Mysterium in der Totalität« beinhalten (*op. cit.*, S. 98). Er sagt, sie ließen sich erfassen »in den Kosmogonien, die die Schöpfung durch die Fragmentierung einer uranfänglichen Einheit erklären, in den orgiastischen Ritualen, die die Umkehrung des menschlichen Verhaltens und die Verwirrung der Werte verfolgen, in den mystischen Techniken der Vereinigung von Gegensätzen, in den Mythen des Androgynen und den Riten der Androgynisierung, etc.« (*ibid.*, S. 100)

Das Evangelium des Thomas, beliebt unter den ersten Gnostikern, läßt Jesus sagen: »Wenn ihr die zwei (Wesen) zu einem macht und das Innen wie das Außen und das Außen wie das Innen und das Hohe wie das Niedrige; und wenn ihr den Mann und das Weib zu einem einzigen macht, damit der Mann nicht mehr männlich und das Weib nicht mehr weiblich ist, dann werdet ihr in das Reich eingehen.« (*ibid.*, S. 130f.)

Bei diesem Zitat scheint es, als ziele die Unterschiedslosigkeit zwischen Mann und Weib auf eine fundamentale und totale Unterschiedslosigkeit ab. »Dionysos ist der zweigeschlechtliche Gott *par excellence*« (und auch der der Trunkenheit und der Orgie, möchten wir hinzufügen, die beide zur Verwirrung des Denkens und der der Geschlechter und Generationen treiben).

Man findet sogar bei Paulus und im Evangelium des Johannes »die Androgynie unter den Merkmalen der spirituellen Vollkommenheit« (*ibid.*, S. 132), ein Gedanke, der sich bei Platon findet und die Zeitalter und Zivilisationen, Zeit und Raum zu durchqueren scheint. Mircea Eliade betont, daß sowohl bei Platon wie bei den Neuplatonikern, den Neupythagoreern und zahlreichen christlichen Gnostikern *»die menschliche Vollkommenheit wie eine Einheit ohne Risse vorgestellt wurde«* (*ibid.*, S. 133). »Eine derartige Verbreitung«, schreibt Eliade, »ist nur dadurch zu erklären, daß diese Mythen eine befriedigende Vorstellung von der Gottheit boten, also von der höchsten Realität als ungeteilter Realität, und gleichzeitig den Menschen dazu anreizten, sich dieser Fülle durch Riten oder mystische Techniken der Reintegration anzunähern.« (*ibid.*, S. 134) Um ein Beispiel für diese religiösen Phänomene zu geben, beschreibt Eliade die von Hesiod überlieferte Theogonie: »Es sind mythische Formeln von uranfänglicher Totalität, die alle Mächte, also alle Gegensatzpaare umschließen: Chaos und Form, Finsternis und Licht, Virtualität und Manifestation, Mann und Weib etc.« (*ibid.*, S. 134) »Auf der Ebene der archaischen Kulturen kann die ›Totalität‹ durch jedes beliebige Gegensatzpaar ausgedrückt werden: männlich-weiblich, sichtbar-unsichtbar, Himmel-Erde, Licht-Dunkelheit.« (*ibid.*, S. 136, Fußnote)

Die rituelle Androgynisierung, die also zur Totalität des Seins führen soll, dazu, »eine ursprüngliche, transhumane und transhistorische Situation wiederzufinden, da diese der Bildung der menschlichen Gesellschaft voranging« (*ibid.*, S. 140), manifestiert sich in Griechenland durch Verkleidungen bei Initiationen und andersgeschlechtliche Kostümierung bei gewissen dionysischen Zeremonien.

Wir werden nochmals Mircea Eliade zitieren, so sehr scheint uns das, was er uns sagt, mit unserer These über die Perversion als magische Operation übereinzustimmen, die auf eine Rückkehr zum Undifferenzierten abzielt, eine Manifestation der *Hybris*, die die Kräfte des Schöpfervaters ausschließen und, ausgehend vom (analen) Chaos, eine neue Realität schaffen will: »Insgesamt ist das eine Aufhebung der Gesetze und der Sitten, da das Verhalten der Geschlechter dem normalerweise vorgeschriebenen genau entgegengesetzt ist. Die Umkehrung der Verhaltensweisen beinhaltet die totale Verwirrung der Werte, eine spezifische Note jedes orgiastischen Rituals. Morphologisch sind die intersexuellen Verkleidungen und die symbolische Androgynie zeremoniellen Orgien homolog. In jedem dieser Fälle stellt man eine rituelle ›Totalisierung‹ fest, eine Reintegration der Gegensätze, eine Regression zur uranfänglichen Ununterschiedenheit. *Insgesamt handelt es sich um die symbolische Wiederherstellung des ›Chaos‹, der undifferenzierten Einheit, die der Schöpfung voranging, und diese Rückkehr zum Ununterschiedenen drückt sich in einer außerordentlichen Regeneration aus* *, in einem gewaltigen Zuwachs von Macht.«

In einem Buch mit dem Titel *Les sociétés du mal ou le diable hier et aujourd'hui* (Die Gesellschaften des Bösen oder der Teufel gestern und heute) läßt Jean-Claude Frère (1972) die luziferischen Gesellschaften vom Mittelalter bis heute Revue passieren. Der Autor betont, »wie wichtig die Rolle des Geschlechts im oft ungeordneten Ausdruck der erotischen Passionen bei magischen Riten ist ... Der Sabbat wie die Schwarzen Messen und viele luziferischen Initiationen sind nur dann ganz vollständig und erhalten ihren ganzen Sinn, wenn eine sexuelle Magie praktiziert wird ...« (*op. cit.*, S. 20) In einer der ersten luziferischen Gesellschaften in Orléans um das Jahr 1000 praktizierten die geheimen Versammlungen »Riten sexueller Magie«, bei denen sich der Sohn mit der Mutter vereinigte, der Bruder mit der Schwester, der Vater mit der Tochter, vor allem, wenn sie geweihte Nonne war (*ibid.*, S. 26). Jean Claude Frère zeigt, daß der »Anhänger Luzifers« sich weigert, einer universalen Natur zu gehorchen, die der göttlichen Harmonie untersteht, und daß er dem Werk des Schöpfers einen endlosen Krieg erklärt hat.

Uns scheint, daß man Unrecht hätte, wollte man in den sexuellen Orgien (und besonders im Inzest) bei diesen Zeremonien einen Selbstzweck sehen. Sie repräsentieren nur das Mittel[13] zur Umkehrung der göttlichen Ordnung, die auf der Trennung begründet ist, und sollen zur Umwandlung der Realität führen. Perversion bedeutet etymologisch »Umkehrung« oder »Abkehrung«. Die luziferischen Zeremonien enthalten oft die Verlesung des umgekehrten göttlichen Tetragramms, ebenso wie die schwarzen Messen, von ihren sexuellen Aspekten abgesehen, darin bestehen, die Messe von hinten nach vorne zu lesen.

Es liegt auf der Hand, daß wir mit dem Anführen der Alchimie und ihrer Ideologie und gewisser orgiastischer Rituale, die Mircea Eliade zusammengetragen hat, sowie einiger permanenter Merkmale »luziferischer« Zeremonien ein sehr umfassendes Thema nur gestreift haben. Wir wollten vor allem die *ständige Versuchung* betonen, die *die Perversion für den menschlichen Geist darstellt*. Es sieht so aus, als habe der Mensch durch

Zeit und Raum immer versucht, sich dem Gesetz, dem väterlichen Universum zu entziehen, dessen gänzliche Zerstörung er mit den verschiedensten Mitteln sucht. Man errät, daß dieser Kampf auf einer gewissen Ebene mit einem Kampf gegen die Realität verschmilzt. Allerdings hat eine parallele Strömung die Tendenz, sich einen Weg zu bahnen, um das Gesetz und die väterlichen Werte zu fördern. An dieser Stelle möchten wir ein mögliches Mißverständnis ausräumen: Es geht nicht darum, die väterlichen Werte den mütterlichen gegenüberzustellen. Von dem Augenblick an, in dem ein System von »Werten« auftaucht, befindet man sich im Universum der Unterschiede, das unserer Meinung nach nicht zu trennen ist von der Anerkennung des Vaters und seiner Kräfte. Der einzige Gegensatz, der unfruchtbar erscheint, ist der zwischen Gesetz und Chaos, zwischen Trennung und Verschmelzung. Tatsächlich steht die patriarchalische Gesellschaft nicht im Gegensatz zur matriarchalischen (die historisch nie existiert haben soll). Was man in den sogenannten patriarchalischen Gesellschaften zu kritisieren gewohnt ist – Autorität der Männer, Beherrschung der Frauen und Kinder, Verachtung der Frau, Bestätigung der sogenannten »männlichen« Werte etc. –, scheint uns eine Kombination zu sein aus Reaktionsbildungen gegen die Versuchung des Chaos und Elementen, die der »Rückkehr des Verdrängten« (dem analsadistischen Stadium) angehören. Eine Gesellschaft, in der die »väterlichen«, genitalen Werte voll bestätigt wären, würde alle Spuren des Kampfes zwischen dem Gesetz und dem Chaos verlieren und die Gesamtheit der »mütterlichen« Werte einbeziehen.

Das Chaos wird also beim Perversen durch die analsadistische Regression wiederhergestellt, in der die Essenzen der Wesen und Dinge sich auflösen. Der Bruch der »Schranken« und der »Hemmnisse« (Sade) provoziert den Genuß des Perversen, da er ihn in das Universum des Ununterschiedenen einführt.

Diese »Schranken« und »Hemmnisse« sind nicht nur die Gesetze, sondern, wie man gesehen hat, die Grenzen zwischen den Wesen, den Dingen, den Molekülen; das heißt, daß Gesetze und Grenzen nur verschiedene Arten sind, das Prinzip der Trennung zu betrachten und zu benennen.

Daß die Ununterschiedenheit, dem Chaos und der Perversion eigen, sich auf das geistig-seelische Funktionieren erstreckt und Beziehungen zur Analität hat, ist in der englischen Sprache evident. Wenn wir *Webster's Dictionary* (1951–68) konsultieren, finden wir bei dem Verb »to *muddle*« (verwirren, vermengen, verderben) folgende Definitionen (S. 964):

» – To mix up in a confused manner; jumble, bungle.

– To mix or stir (a drink).

– To confuse mentally; befuddle as with alcoholic liquor.

– To confuse (the brain, mind etc.); befog.«

In seiner intransitiven Form bedeutet »to muddle«:

» – To act or think in a confused way.«

Das Verb »to muddle« kommt von »mud« = Schlamm, Morast, Kot, Schmutz.

Die gnostischen Lehren und die mystischen Erfahrungen ihrerseits stellen eine Abschaffung der Trennung zwischen Gott und Mensch dar. Die Verschmelzung mit Gott beinhaltet die Rückkehr zur Mutter und das Verschwinden des väterlichen Prinzips, d. h. der Trennung und des Gesetzes. Wir werden das Paradox nicht so weit treiben, die mystischen Erfahrungen den Teufelsreligionen zuzurechnen oder die großen Mystiker mit den Perversen zu vergleichen. Dennoch ist der Übergang von einer Form (dem Mystizismus) zur anderen (der Perversion) keine Ausnahme. Die Geschichte des Abbé Boullan ist dafür ein Beispiel. Boullan, Gründer eines neuen Ordens, heilte kranke Nonnen, indem er ihnen eine Mischung aus geweihten Hostien und Fäkalstoffen auflegte. In der Kapelle wurden Messen gefeiert, bei denen die Nonnen nackt waren und der Abbé die Mitbegründerin des Ordens auf dem Altar besaß. Am Ende opferte er ein Neugeborenes. Drei Jahre lang wird er wegen Betruges eingesperrt. Dann folgen drei weitere Jahre in Meditation und Gebet, an deren Ende er wieder voll in sein geistliches Amt eingesetzt wird! Er wird Mitarbeiter und schließlich Leiter der *Annales de la Sainteté* (Annalen der Heiligkeit) *(sic)*, in denen er seine Doktrin darlegt. Die Kirche verurteilt ihn jedoch. Seine häretischen Thesen waren an eine Theorie der Sünde und Wiedergutmachung gebunden. Huysmans war ein glühender Verteidiger des Abbé Boullan (in J.-C. Frère, *Les sociétés du mal, op. cit.*, S. 119–133). Der karikaturistische Aspekt der »Karriere« des Abbé Boullan macht jeden Kommentar überflüssig.

Beim Mystiker ist die *Hybris* in latenter Form vorhanden. Das Gesetz neigt zum Verschwinden, um dem »ozeanischen Gefühl« Raum zu geben. Die spirituellen Übungen zielen darauf ab, die Grenzen zwischen Gott und Mensch verschwinden zu lassen, und so wird der Mensch zum Gott.

Die Mystiker haben die etablierten Religionen immer erschreckt. Das scheint uns auf seiten der letzteren nicht nur Konservatismus zu sein, sondern auch die Besorgnis, das Gesetz könne zugunsten des Glaubens verschwinden und die Trennung durch die Verschmelzung ersetzt werden.

Auch hier scheint uns die jüdische Religion an einem der äußersten Pole zu stehen, an dem nämlich, an dem die Trennung – zwischen Gott und seiner Schöpfung – am absolutesten ist. Als Gott Moses auf dem Berg Sinai erscheint, fordert dieser: »So laß mich deine Herrlichkeit sehen.« Gott antwortet: »Ich will vor deinem Angesicht all meine Güte vorübergehen lassen und will ausrufen des Herrn Namen vor dir ...« Er fügt hinzu: »Siehe, es ist ein Raum bei mir; da sollst du auf dem Fels stehen. Wenn denn nun meine Herrlichkeit vorübergeht, will ich dich in der Felskluft lassen stehen und meine Hand ob dir halten, bis ich vorübergehe. Und wenn ich meine Hand von dir tue, wirst du mir hintennach sehen; aber mein Angesicht kann man nicht sehen.« (2. Moses 33,18–23)

Das *Manuel d'instruction israélite* (1976, *op. cit.*) kommentiert: »Wir können die Essenz Gottes, die reiner Geist ist, nicht durchdringen; von Seinen Attributen können wir nur die kennen, die im Werk Seiner Hände offenbar werden, und die, die Er uns durch Seine Thora bekanntgemacht hat.« (*op. cit.*, S. 132)

Schon in der Bibel finden wir eine Ausnahme von diesem Verbot, das Angesicht Gottes zu sehen, und zwar im Kampf Jakobs mit dem Engel. Jakob, der gesiegt hat und von da an Israel heißt, was er mit einer verrenkten Hüfte bezahlt, nennt den Ort des Kampfes »Pniel«, das heißt »Antlitz Gottes«, denn er hat Gott – oder vielmehr den Engel – gesehen (1. Moses 32,31).[14]

Paulus behauptete, die Ausübung von Mildtätigkeit lasse die Menschen Gott von Angesicht sehen. Im Galaterbrief (2,20) ruft er aus: »Ich lebe aber; doch nun nicht ich, sondern Christus lebt in mir«, und beseitigt damit den Graben, der im Alten Testament den Schöpfer von seinem Geschöpf trennt. Der ganze Galaterbrief stellt übrigens einen Versuch dar, das Gesetz dem Glauben unterzuordnen. Man kann darin den Keim der Ersetzung der Trennung durch die Verschmelzung, des moralischen Verbots durch das ozeanische Gefühl sehen.

Wie man weiß, ist es die Gnosis, die diese Tendenz oder, wie man zweifellos richtiger sagen sollte, diese Versuchung entwickeln wird.

Mittels des doppelten Schicksals der Gnostiker – Askese und Ausschweifung – kann man zeigen, daß derjenige, der von *Hybris* ergriffen ist, der vorgibt, Gott zu kennen oder sich an seine Stelle setzt, schicksalhaft zu perversen Praktiken getrieben ist, die eine Technik, ein Ritual darstellen, welche durch die Rückkehr zum Ununterschiedenen und zum ursprünglichen Chaos das Verschwinden des väterlichen Prinzips beinhalten und eine neue Welt hervortreten lassen, eine Neo-Realität. Hier sehen wir deutlich die Verbindung von Narzißmus und Analität am Werk. Der Haß auf das Fleisch, auf die Materie, die dem Menschen Grenzen setzen, ihn in seine »Umfriedung aus Eingeweiden« (Céline, *Voyage au bout de la nuit*) sperren, hindert ihn daran, sich zum Licht aufzuschwingen und Gott zu sein und führt ihn schließlich zu dem Versuch, die Realität zu zerstören, indem er das Universum auf Urschlamm und Chaos zurückführt. »Wer zum Engel werden will, wird zum Tier ...«

Dieser Überblick über so unterschiedliche Lehren wie Alchimie und Gnosis oder auf den ersten Blick so verschiedene Praktiken wie die mystischen spirituellen Übungen und die Rituale der luziferischen Sekten erhebt weder Anspruch auf absolute historische Genauigkeit (wir haben nur eine begrenzte Anzahl von Werken konsultiert) noch vor allem auf Vollständigkeit.

Wir wollten lediglich zur Unterstützung unserer Hypothese einige Begegnungen zwischen dem menschlichen Bedürfnis – das Zeit und Raum zu transzendieren scheint –, sich vom Gesetz sowie von den Unterschieden und Grenzen freizumachen, die mit diesem einhergehen, dem Stolz des Menschen, der ihn zur *Hybris* treibt – dazu, sich die Kräfte des Schöpfers anzueignen –, und der Perversion anführen. Letztere stellt jenseits der sexuellen Befriedigung, die sie verleiht, für uns ihrem Wesen nach ein religiöses Ritual dar (oder vielmehr die Parodie eines religiösen Rituals), das dazu bestimmt ist, eine Neo-Realität herbeizuführen, die aus der Zerstörung des väterlichen Universums hervorgeht.

Wir glauben, die Existenz von Verbindungen zwischen Realität und Gesetz, Wahrheit und Moral gezeigt zu haben. Der Kern letzterer wäre in keiner Weise zufällig.

Wir möchten nun diese Hypothese anschaulich machen, und zwar nicht mehr, indem wir uns an Doktrinen oder mystisch-religiöse Glaubensrichtungen halten, sondern anhand der Untersuchung dreier luziferischer Charaktere; es handelt sich um einen Tyrannen, um einen Science-fiction-Helden und um einen Künstler. Wir möchten dadurch zum Verständnis einiger der Gründe dafür gelangen, daß die Perversion eine Faszination ausübt und Angst erregt.

Anmerkung vom Februar 1984:
Anläßlich eines Vortrags vor der Wiener Psychoanalytischen Gesellschaft haben wir einige der in diesem Kapitel enthaltenen Auffassungen dargelegt. Einer der Anwesenden machte uns auf die Existenz eines Werkes von W. Stekel mit dem Titel *Fetischismus* aufmerksam (das leider schon lange vergriffen ist), in dem die Beobachtung eines Fetischisten mitgeteilt wurde, der eine umgekehrte Bibel zusammengestellt hatte.
Man kann hier nicht umhin, an das letzte Werk von Pierre Guyotat zu erinnern, *Le Livre* (Paris, Gallimard, 1984). Bernard Pivot befragte ihn in seiner Sendung »Apostrophes« über den möglicherweise »blasphemischen« Charakter dieses Buches. Noch zahlreiche andere Merkmale dieses »Buches« und seiner »verwandelten«, »durcheinandergeworfenen« (diese Ausdrücke stammen vom Autor), »gewaltsamen«, »zerbrochenen«, »gemeißelten« (Dominique Rollin), »zerschnittenen« (B. Pivot) Sprache mit Apostrophen, die die Worte nach der Absicht des Autors willkürlich trennen, ließen sich unseren eigenen Ausführungen an die Seite stellen, ganz zu schweigen vom Thema – Prostitution, Sklaverei, Deportation, Leibesstrafen – und der Vorgehensweise: eine »umgekehrte chronologische Ordnung«, ein »Zurückgehen in der Zeit« (S. 10) etc. Zitieren wir auch noch den Autor mit seiner Aussage, er habe schon früher »und« sowie bestimmte Artikel weggelassen (Zerstörung der Syntax, Rückkehr zum Undifferenzierten, Erschaffung einer Neo-Sprache, ausgehend von zersplitterten Worten). Außerdem sagt der Autor, er habe Wörte wie »Nacht«, »Himmel« und »Sonne« durch andere Wörter oder Umschreibungen ersetzt. Sind das nicht recht eigentlich *die* Worte des Schöpfungsberichts?

Siebtes Kapitel

Drei luziferische Charaktere

Dies ist der Mensch ohne Ekel, dies ist Zarathustra selber, der Überwinder des großen Ekels ...
... was wäre denn zu schaffen, wenn Götter – da wären?
Nun wütet mein Hammer grausam gegen das Gefängnis.
Vom Steine stäuben Stücke: was schiert mich das?
Des Übermenschen Schönheit kam zu mir als Schatten. ...
Was gehen mich noch – die Götter an! –

Friedrich Nietzsche,
Also sprach Zarathustra

Drum hab ich mich der Magie ergeben ... Ich Ebenbild der Gottheit, das sich schon ganz nah gedünkt dem Spiegel ewger Wahrheit ... und, schaffend, Götterleben zu genießen ... Nicht darf ich dir zu gleichen mich vermessen! ... Ihr Instrumente freilich spottet mein ... Ich stand am Tor, ihr solltet Schlüssel sein ..., doch hebt ihr nicht den Riegel ... Du alt Geräte, das ich nicht gebraucht, du stehst nun hier, weil dich mein Vater brauchte.

Goethe, *Faust I*

Als Gaius Cäsar noch ein Kind war, gaben ihm die Soldaten seines Vaters Germanicus den Spitznamen Caligula (»Halbstiefel«). Er wurde inmitten der Truppen aufgezogen und trug das Gewand des Soldaten. Von Jugend an konnte er nach Sueton (in *Die zwölf Cäsaren*) »seine grausame und lasterhafte Natur nicht in Schranken halten; so wohnte er mit größtem Vergnügen den Hinrichtungen und Folterungen der zum Tode Verurteilten bei, suchte nachts, durch Perücke und lange Kleider unkenntlich gemacht, Kneipen und übelberüchtigte Häuser auf und war begeistert für Theater, Tanz und Gesang.« (*op. cit.*) Es heißt, er habe Tiberius vergiften lassen. Als dieser noch atmete, habe er ihm mit eigener Hand die Kehle zugedrückt. Nachdem er Herrscher des Reiches geworden war, wurde er vom Volk als der »heißersehnte Fürst« angesehen und von der Menge als »ihr Stern, ihr Hühnchen, ihr Püppchen und ihr Kindchen« bezeichnet (*ibid.*).

Beim Tod des Tiberius vergoß er Ströme von Tränen, hielt dessen Totenrede, bereitete ihm ein prachtvolles Begräbnis und befahl, die Asche seiner Mutter und seines Bruders mit großem Pomp nach Rom zurückzuführen. Er proklamierte eine Generalamnestie und gab denen, die zuvor enteignet worden waren, ihre Güter zurück. Kurz, er machte sich beim Volk beliebt.

Bald »dachte er sich ein Schauspiel ganz neuer, unerhörter Art aus: er ließ zwischen Baiae und der Mole von Puteoli über eine Strecke von ungefähr fünf Kilometern eine Brücke schlagen, indem man von überallher Lastschiffe zusammenzog, sie in zwei Reihen vor Anker legte, darüber eine Erdschicht breitete und dem Ganzen das Aussehen der Appischen Straße gab. Über diese Brücke zog er während zweier Tage hin und zurück.« (*ibid.*)

In Lyon »veranstaltete er auch einen Wettkampf in griechischer und lateinischer Beredsamkeit, bei dem angeblich die Besiegten den Siegern die Preise stiften und Lobreden auf sie verfassen mußten. Denjenigen, die am wenigsten gefallen hätten, sei befohlen worden, mit einem Schwamm oder mit der Zunge ihre Schriften auszulöschen, wenn sie es nicht vorzogen, mit Ruten geschlagen oder im nächsten Fluß untergetaucht zu werden.« (*ibid.*) Er leitete alle möglichen Arbeiten in die Wege und plante, hoch oben in den Alpen eine Stadt zu gründen und den Isthmus von Korinth zu durchstechen.

»Soviel vom Kaiser Caligula, im folgenden haben wir vom Scheusal zu sprechen«, schreibt Sueton (*ibid.*).

Der Leser, der uns bis hierher gefolgt ist, hat gewiß verstanden, daß die Zeichen von Caligulas ungeheurer Anmaßung, seiner *Hybris,* schon darin zutage treten, daß er eine Brücke aus Schiffen bauen läßt, die befahren werden kann (Umwandlung der Bestimmung der Objekte), sowie in der Aufstellung ebenso willkürlicher wie unerbittlicher Regeln, indem er den Sieger und den Besiegten in eine unerhörte und ungeheuerliche Beziehung zueinander setzt.

Die Umkehrung der Werte tritt in der folgenden Passage klar zutage: »Um zwischen Rittern und Volk Zwistigkeiten zu schaffen, pflegte er bei Theatervorstellungen die Vergünstigungen früher als gewöhnlich auszuteilen, so daß die Plätze der Ritter durch die untersten Volksklassen besetzt wurden. Bei den Gladiatorenspielen ließ er bisweilen, wenn die Sonne am heißesten herabbrannte, die Sonnendächer zurückziehen und untersagte jedermann das Verlassen der Plätze. Darauf wurde der übliche Gang der Spiele unterbrochen, und es kamen ausgemergelte Tiere, die billigsten und ältesten Gladiatoren und als besonderer ›Spaß‹ ehrenwerte Familienväter, die aber irgendein körperliches Gebrechen hatten, in die Arena.« (*ibid.*) Und weiter: »Viele geachtete Männer ließ er zuerst brandmarken und verurteilte sie dann zu Zwangsarbeit in den Bergwerken, zum Straßenbau oder zum Kampf mit wilden Tieren; er sperrte sie auch wie Tiere in Käfige, worin sie sich nur auf allen vieren bewegen konnten, oder ließ sie mitten durchsägen.« (*ibid.*, S. 181) So werden unerhörte Kombinationen erfunden: »In Rom übergab er einen Sklaven, der während eines öffentlichen Gastmahls eine silberne Platte von einem Sofa entwendet hatte, sofort dem Henker mit dem Befehl, ihm die Hände abzuhauen und sie ihm um den Hals gebunden auf die Brust herunterhängen zu lassen. So wurde er zwischen den Tischen der Speisenden herumgeführt, und eine Tafel wurde vorangetragen, auf der der Grund der Strafe angegeben war.« (*ibid.*)

Es sieht so aus, als habe Caligula danach gestrebt, die Wirklichkeit zu verändern, sie nach seinem Willen umzuwandeln, wie der Verdauungstrakt und dann der Anus die differenzierten Teilchen zerstört, um sie in der Fäkalmasse zu amalgamieren. So werden Landschaften, Regeln und Körper zerstört, um sie anschließend neu zu formen.

Dies ist nach unserer Meinung noch augenfälliger in anderen Taten, die Sueton berichtet: »Als einmal zur gleichen Zeit mehrere Gallier und Griechen verurteilt wurden, rühmte er sich, er habe Gallo-Gräzien unterworfen.« (*ibid.*) Er amalgamierte also zwei voneinander getrennte Länder

und schuf allein durch sein Wort einen neuen, illusorischen Landstrich.
»Seine Verschwendungssucht«, berichtet Sueton weiter, »übertraf alles bisher Dagewesene. Er erfand eine neue Art Bäder, die verrücktesten Gerichte und Speisen. So badete er zum Beispiel in warmem und kaltem Parfum, trank die wertvollsten Perlen in Essig aufgelöst, ließ seinen Gästen vergoldete Brote und Speisen vorsetzen.« (*ibid.*)
Man kennt auch den Bericht seiner militärischen Expedition (Germanicus, sein Vater, war ein berühmter Krieger): »Zuletzt ließ er, um diesem Scheinkrieg ein rasches Ende zu setzen, das Heer an der Küste des Ozeans aufmarschieren und Schleuder- und Kriegsmaschinen auffahren, während niemand eine Ahnung hatte, was er nun beginnen werde. Plötzlich befahl er, Muscheln zusammenzulesen und Helme und Kleider damit zu füllen, indem er ausrief: ›Das ist die Kriegsbeute aus dem Ozean, die wir dem Kapitol und Palatin schulden!‹ Zur Erinnerung an diesen ›Sieg‹ wurde ein sehr hoher Turm errichtet.« (*ibid.*)
Für unsere Zwecke ist es von geringer Bedeutung, ob es wahr oder unwahr ist, daß er sein Pferd zum Konsul machen wollte, wie Sueton schreibt. Daß Caligula diese Handlung zugeschrieben wird, verrät eine tiefe Intuition für den demiurgischen Aspekt seiner Persönlichkeit.
Er suchte die Großen zu erniedrigen und zu demütigen. Er ließ Senatoren, die die höchsten Ämter innegehabt hatten, »in der Toga einige Meilen neben seinem Wagen einherrennen oder, während er aß, hinter seinem Divan oder zu dessen Füßen, wie Sklaven mit einem Leinenschurz bekleidet, stehen. Andere, die von ihm heimlich umgebracht worden waren, ließ er dennoch weiterhin im Senat namentlich aufrufen, als ob sie noch am Leben wären, und verbreitete dann nach einigen Tagen die Lüge, sie hätten Selbstmord begangen.« (*ibid.*) »Die Standbilder der berühmten Männer, die Augustus aus Raumgründen vom Kapitol auf das Marsfeld versetzt hatte, stürzte er um und verstümmelte sie derart, daß sie mit ihren Inschriften nicht wiederhergestellt werden konnten.« (*ibid.*)
Doch die Großen zu hassen bedeutet, einer gewissen Logik und damit einer gewissen Ordnung zu gehorchen. Dem Geist der »Vermischung« und des »Amalgams« entspricht es mehr, den Handlungen jede Ordnung zu nehmen und sie der absoluten Willkür zu unterwerfen. »Oft wurden während des Essens oder eines fröhlichen Gelages peinliche Verhöre unter Anwendung der Folter angestellt, und ein Soldat, der als Meister im Köpfen galt, enthauptete Gefangene.« (*ibid.*) Der Geist der »Hybris« und der »Hybridisierung« kann, wie wir gesehen haben, auch dazu treiben,

die Rollen umzukehren: »Einmal erschien er bei einem Altar, wo schon das Opfertier bereitstand, in der Kleidung eines Opferschlächters, mit hochgeschürzter Toga, hob die Opferaxt hoch in die Luft und schlug (statt des Opfertieres) den Opferstecher tot.« (*ibid.*)
In folgender Überlegung Suetons jedoch enthüllt sich der wirklich »luziferische« Charakter Caligulas am besten, sein Wunsch, Gott (den Göttern) die Schöpferkräfte zu nehmen:
»Beim Bau von Palästen und Landhäusern war ihm das Wichtigste, ohne Rücksicht auf den gesunden Menschenverstand, etwas zu erstellen, was man für *unmöglich* * hielt. So wurden Dämme angelegt, wo das Meer besonders tief und wild war, Felsen an den härtesten Stellen behauen, *Ebenen durch Aufschüttungen zu Bergen, Berge durch Abtragungen zu Ebenen gemacht* *.« (*ibid.*)
Das Unrealisierbare zu verwirklichen, eine neue Realität zu schaffen, alle Elemente gleichwertig zu machen, nie dagewesene Beziehungen zwischen den Menschen zu schaffen, Objekte zu verbinden, die nicht dazu geschaffen sind, die Bestimmung der Materie, der Ideen, der Dinge umzuwandeln, das ist das Ziel und die Leidenschaft des Tyrannen.
Die *Hybris* Caligulas bricht in seiner Beziehung zu den Göttern durch: »Aber darauf aufmerksam gemacht, daß er bereits weit über allen Fürsten und Königen stehe, begann er, sich göttliche Majestät anzumaßen. So gab er den Auftrag, alle durch ihren besonderen religiösen und künstlerischen Wert hervorragenden Götterbilder, unter anderen den Olympischen Iuppiter, aus Griechenland nach Rom zu bringen und ihre Köpfe gegen den seinen auszutauschen. Auch verlängerte er einen Teil das Palatiums bis zum Forum, ließ den Kastor-und-Pollux-Tempel zur Eingangshalle seines Palastes umwandeln und stellte sich oft zwischen die göttlichen Brüder, um sich von den Besuchern anbeten zu lassen. Gewisse Leute begrüßten ihn sogar als ›Iuppiter Latiaris‹. Auch seiner eigenen Gottheit stiftete er einen Tempel, Priester und ausgesuchte Opfertiere. Im Tempel stand sein Bild aus Gold, porträtähnlich und lebensgroß ... In den Vollmondnächten lud er regelmäßig Luna, die Mondgöttin, zu Umarmung und Beilager ein.« (*ibid.*)
Flavius Josephus schreibt in *Der Jüdische Krieg*, Kaiser Gaius (es handelt sich um Caligula) habe sein Glück derart mißbraucht und seinen Stolz derart übertrieben, daß er sich einbildete, ein Gott zu sein, und als solcher angeredet werden wollte. Den Petronius habe er mit einer Armee nach Jerusalem geschickt und ihm den ausdrücklichen Befehl gegeben, seine

Statuen in den Tempel zu stellen und alle Juden zu töten, die dagegen Einspruch erhoben, und das restliche Volk zu versklaven. Die Juden, die sehr bestürzt waren, flehten Petronius um Hilfe an. Dieser antwortete ihnen, der Kaiser sei mächtig und sehr zu fürchten und würde wegen dieser Bitten höchst beleidigt sein. Von allen Nationen, die ihm unterworfen seien, weigerten allein sie sich, seine Statuen in den Rang von Göttern zu erheben. Die Juden antworteten ihm, ihre Gesetze untersagten ihnen ausdrücklich, dergleichen zu tun, und sie könnten, ohne gegen diese Gesetze zu verstoßen, weder eine Abbildung Gottes noch eines Menschen in einen Tempel oder an einen profanen Ort stellen. Sie sagten dem Petronius, wenn er die Statuen aufstellen wolle, müsse er zuerst sie selbst, ihre Frauen und ihre Kinder töten. Petronius, den schließlich die Liebe dieses Volkes zu seiner Religion bewegte, beschloß, sich bei Caligula für die Juden einzusetzen. Er wollte sie retten oder, wenn er Caligulas Zorn erregen sollte, sein Leben dafür hingeben, ein so großes Volk vor dem Tod zu bewahren. Caligula schickte Petronius wütend eine Eilbotschaft, in der er drohte, ihn töten zu lassen. Doch er wurde ermordet, ehe das Sendschreiben seinen Adressaten erreichte.

Das ausschweifende Leben Caligulas ist wohlbekannt. Erinnern wir uns jedoch an einige Merkmale, die von Sueton berichtet werden, da wir darin die gleiche Vermischung, die gleiche Umkehrung, den gleichen Wunsch wiederfinden, der Wirklichkeit Gewalt anzutun, die wir auch in seinen sonstigen, auf den ersten Blick nicht direkt mit der Sexualität verbundenen Akten erkennen.

»Mit all seinen Schwestern trieb Caligula Unzucht und ließ sie vor aller Welt beim Essen eine nach der anderen neben sich sitzen, während seine Gattin auf der anderen Seite ihren Platz hatte.« (*op. cit.*)

Er deflorierte seine Schwester Drusilla; dann, nachdem diese sich verheiratet hatte, entführte er sie und behandelte sie öffentlich als seine legitime Ehefrau. Als sie starb, erhob er sie in den Rang einer Gottheit.

Was seine anderen Schwestern angeht, so »verkuppelte er sie sogar öfters an seine Lustknaben« (*ibid.*). Er hat eine Geliebte, Caesonia, die er seinen Freunden nackt vorstellt.

Er nährt eine Leidenschaft für einen Schauspieler und für etliche Geiseln und soll mit ihnen »schändlichen Verkehr gehabt haben« (*ibid.*).

Er lud Frauen mit ihren Ehemännern zum Gastmahl ein und »betrachtete sie lange aufmerksam, wie das die Händler tun« (*ibid.*, S. 186). Er entfernte sich mit der Frau, die er begehrte, und kam dann zurück und lobte oder tadelte öffentlich die betreffende Person und die Beziehungen, die er zu ihr gehabt hatte.

Er trug extravagante Gewänder, »sein Äußeres war weder das übliche bürgerliche, noch das eines Mannes oder immer das eines Menschen« (*ibid.*). Er kleidete sich in Seide, in goldbestickte Gewänder, in Frauenstiefel; »meist sah man ihn aber mit goldenem Bart, den Blitz, Dreizack oder Schlangenstab in Händen – alles Abzeichen der Götter; ja sogar als Venus kostümiert trat er auf.« (*ibid.*) (Wir sehen hier deutlich, daß die Verwandlung in einen Gott und die Umwandlung des Geschlechts die gleiche Manifestation der *Hybris* darstellen.)

Die kurze Regierungszeit des Caligula (von 37 bis 41) war also gekennzeichnet durch Grausamkeit, Erpressung, Verderbtheit, Inzest, Verwandtenmord, Inversion, Transvestismus, Mord. Sie endete mit der Ermordung Caligulas. Die Verschwörung wurde von Cherea geleitet, »da Gaius (Caligula) diesen schon älteren Offizier als schlaffen Weichling zu bezeichnen und ihm allen möglichen Schimpf anzutun pflegte; so gab er ihm zum Beispiel als Losungsworte ›Priapus‹ oder ›Venus‹, oder er reichte dem Tribun, wenn dieser ihm aus irgendeinem Grunde dankte, in unzüchtiger Form und Bewegung die Hand zum Kuß« (*ibid.*). Fügen wir, ohne jedoch dabei zu verweilen, noch hinzu, daß Caligula ein leidenschaftlicher Liebhaber der Künste, der Beredsamkeit, des Gesanges und des Tanzes war (*ibid.*), was uns wieder zum Ästhetizismus des Perversen zurückbringt.

Albert Camus hat Caligula ein kurzes Theaterstück gewidmet. Es wurde 1945 aufgeführt, aber schon 1938 geschrieben. In Albert Camus, *Théâtre, récits, nouvelles* (1967) zitiert Roger Caillot, der Autor des kritischen Apparats, ein Fragment aus den Tagebüchern Camus' vom November 1939, in dem dieser unter dem Titel »Absurde Persönlichkeiten, das Schwert und der Dolch« schreibt: »Ich glaube, man hat mich vorgestern nicht richtig verstanden, als ich den Opferpriester mit einer Keule erschlagen habe, mit der er die Färse töten wollte. Dabei war es ganz einfach. Ich wollte einmal *die Ordnung der Dinge* verändern, um in etwa das zu sehen, was ich gesehen habe, daß sich nämlich nichts ändert. Ein bißchen Erstaunen und Erschrecken bei den Zuschauern. Ansonsten ist die Sonne zur selben Stunde untergegangen. Ich habe daraus geschlossen, daß es gleichgültig ist, ob man die Ordnung der Dinge verändert. *Doch warum sollte die Sonne nicht eines Tages im Westen aufgehen?*« (*op. cit.*, S. 1737)

Indem er dieselben Worte von Camus wieder aufnimmt, macht R. Gay-Crosier (1967) (in *Les Envers d'un échec, étude sur le théâtre d'Albert Camus*) daraus eine Studie der »Leidenschaft für das Unmögliche« (*op. cit.,* S. 57). Der Traum des Caligula von Camus ist es, »den Mond« zu haben:

Caligula: »... Jedenfalls bin ich nicht verrückt, ich war sogar noch nie so vernünftig. Nur hatte ich plötzlich ein Bedürfnis nach dem Unmöglichen. *Pause.* So wie die Dinge sind, scheinen sie mir nicht befriedigend.« (Albert Camus, *Dramen,* Reinbek 1982, S. 21)

»Darum habe ich den Mond nötig oder das Glück oder die Unsterblichkeit, etwas, das vielleicht unsinnig ist, aber nicht von dieser Welt.«

»... Es handelt sich um das, was nicht möglich ist, oder vielmehr geht es darum, möglich zu machen, was nicht möglich ist.« (*ibid.,* S. 25)

»... Wozu dient mir diese so erstaunliche Macht, wenn ich *die Ordnung der Dinge* * nicht zu ändern vermag, wenn ich nicht erreichen kann, daß die Sonne im Osten untergeht ... es macht keinen Unterschied, ob ich schlafe oder wache, wenn ich nicht auf die Ordnung der Welt wirken kann.«

Caesonia, seine alte Geliebte, antwortet:

»Aber du willst dich ja *den Göttern gleichsetzen* *! Ich kenne keinen schlimmeren Wahnwitz.« (*ibid.,* S. 27 f.)

Caligula: »*Ich will den Himmel dem Meer vermischen, Häßlichkeit und Schönheit vermengen, dem Leiden Gelächter entlocken!* *«

Caesonia: »*Es gibt Gut und Böse, Erhaben und Niedrig, Gerecht und Ungerecht.* * Ich schwöre dir, daß dies alles sich nicht ändern wird.«

Caligula: »Es ist mein Wille, es zu ändern. *Ich werde unserem Jahrhundert die Gleichheit schenken, und wenn alles eingeebnet ist, das Unmögliche endlich im irdischen Bereich* *, der Mond in meiner Hand, dann werde vielleicht ich selber verwandelt und die Welt mit mir ...« (*ibid.,* S. 28)

Um diese Einebnung der Welt zu erreichen, die es ihm gestatten wird, das »Unmögliche« zu erlangen, also die Umwandlung der Realität, wird Caligula in der Tat Vermischung und Verwirrung bewerkstelligen. Er ruft die alten Patrizier »kleine Frau« oder »meine Liebste«, nimmt ihnen die Ehefrau, die Kinder, das Geld, läßt sie jeden Abend um sein Lager laufen, zwingt sie, Testamente zugunsten des Staates abzufassen: »Je nach unseren Bedürfnissen werden wir diese Leute einer willkürlich aufgestellten Liste folgend ins Jenseits befördern.« (*ibid.,* S. 24) Er tötet den Vater des jungen Scipio und verführt diesen homosexuell. Er verkleidet sich als groteske Venus und stellt sich auf ein Piedestal, um angebetet zu werden. Er färbt sich die Fußnägel rot. Er ruft einem alten Patrizier zu: »Nun, Herzblättchen, du willst wohl Venus nochmals sehen!« (*ibid.*, S. 52) Er verkleidet sich auch als Tänzerin. Dem Cherea, der zu ihm sagt: »Ich glaube, daß es Taten gibt, die edler sind als andere«, antwortet er: »*Ich glaube, daß alle gleichwertig sind* *.« (*ibid.*, S. 56) Der Haß auf die Realität, das heftige Bemühen, ein neues Universum an ihre Stelle zu setzen, veranlaßt den Demiurgen zur Zerstörung der Welt, »wie sie ist«, um sie durch das »Unmögliche« zu ersetzen.

»Ich lebe, ich töte, ich übe die sinnverwirrende Macht des Zerstörers, mit der verglichen die Macht des Schöpfers als billiger Abklatsch erscheint.« (*ibid.*, S. 71)

Und einen Augenblick, ehe ihn Cherea und die Patrizier töten:

»Das Unmögliche! Ich habe es an den Horizonten der Welt gesucht, an den Grenzen meiner selbst.« (*ibid.*, S. 72)

Das Stück wurde, wie wir sagten, im Jahre 1945 geschaffen. Es spiegelt gleichzeitig die Faszination wider, die Nietzsche auf Camus ausübte, und den Widerstand, den er ihm entgegensetzte.

Der *Hybris* Caligulas widersetzt sich die Vernunft. Cherea erläutert dem Tyrannen die Gründe, warum er ihn töten will: »Ich will mit deiner Logik nichts zu schaffen haben.« (*ibid.*, S. 55) Als Caligula Scipio erklärt, ein Krieg wäre kostspieliger gewesen als seine Extravaganzen, antwortet Scipio ihm: »Aber das wäre wenigstens vernünftig! Und die Hauptsache ist doch, den Sinn zu begreifen.« (*ibid.*, S. 51) Dem entnehmen wir – wir hatten bereits darauf angespielt –, daß es keine Perversion ohne Denkstörung gibt. Die Gesetze, die das analsadistische Universum des Undifferenzierten regieren, stimmen nicht mit denen überein, die die genitale Dimension der mit dem väterlichen Universum vermischten Psychosexualität regieren.

»Einer seltsamen Eidechse, welche der Winzer von Belvedere fand, machte er Flügel aus der abgezogenen Haut anderer Eidechsen, welche er mit Quecksilber füllte, so daß sie sich bewegten und zitterten, wenn sie ging; sodann machte er ihr Augen, Bart und Hörner, zähmte sie, tat sie in eine Schachtel und jagte alle seine Freunde damit in Furcht.«

Vasari, zitiert von Freud in
Eine Kindheitserinnerung des Leonardo da Vinci

Die Szene Sades spielt sich, wie zuvor gezeigt wurde, beim Durchgang durch den Verdauungstrakt ab und endet im Rektum des Henkers; das Opfer, das vom Schließmuskel festgehalten wird, wird dort unbeweglich gemacht, manipuliert und schließlich zerstört und ausgeschieden. *Die Insel des Doktor Moreau,* der Roman von H. G. Wells (Wien, Hamburg 1976), geschrieben im Jahre 1896, erscheint uns ebenfalls als Figuration des Anus. Eine Insel ist an sich ein abgeschlossener Ort ohne Ausgang. Die des berühmten Romans wird außerdem so beschrieben: »Sie war vulkanischen Ursprungs und auf drei Seiten von Korallenriffen umsäumt. Einige Fumarolen im Norden und eine heiße Quelle waren die einzigen Spuren der Kräfte, die sie vor langer Zeit geschaffen hatten. Hin und wieder war das leichte Zittern eines Erdbebens zu merken, und zuweilen wurde die Rauchsäule durch Dampfstrahlen in drehende Bewegung versetzt.« (*op. cit.*, S. 130)

Der Ort, an dem die von Moreau hergestellten Geschöpfe untergebracht werden und wo sie das Gesetz erlernen (das von Moreau), wird vom Helden so beschrieben: »Der Gang wirkte nach dem blendenden Sonnenlicht und dem Widerschein vom schwefligen Boden außerordentlich dunkel. Die Wände ragten steil empor, der Pfad wurde immer enger ... Ich stand auf dem Boden eines Schlundes, der mir erst absolut finster erschien ... Ich wurde mir eines üblen Geruchs bewußt, der an einen schlecht gereinigten Affenkäfig erinnerte.« (*ibid.*, S. 89) »Ich befand mich in einem Gang zwischen hohen Lavamauern; auf beiden Seiten bildeten geflochtene Seegrasmatten, Palmenfächer und Rohre, die gegen den Felsen lehnten, rohe und undurchdringliche, höhlenartige Verschläge. Der Weg, der sich dazwischen die Schlucht hinaufwand, war kaum drei Ellen breit und mit Haufen von faulendem Fruchtmark und anderem Abfall bestreut. Daher stammte also der unangenehme Gestank.« (*ibid.*, S. 91)

Was geschieht nun, nachdem solchermaßen der Hintergrund festgelegt ist? Man erinnert sich an die schrecklichen Aktivitäten des Doktor Moreau.

Er erklärt: »Sie vergessen, was ein geschickter Vivisektor mit lebendigen Wesen alles vermag ... Es gibt sowohl ein Aufbauen wie ein Niederreißen und Verändern ... Man schneidet ein Stück Haut aus der Stirn, klappt es auf die Nase herunter, und es verheilt in der neuen Lage. Dabei handelt es sich um eine Verpflanzung an ein und demselben Tier. Transplantation frisch gewonnenen Materials von einem anderen Tier ist gleichfalls möglich ... Hunters Hahnensporn – vielleicht haben Sie davon gehört – wuchs am Nacken eines Stiers an. Denken Sie auch an die Rhinozerosratten der Algierzuaven – Monstra, die man erzeugte, indem man ein Stück vom Schwanz einer gewöhnlichen Ratte auf ihre Schnauze verpflanzte und es dort anheilen ließ ... Diese Geschöpfe, die Sie gesehen haben, sind neu gestaltete und geformte Tiere. Dem – dem Studium der Bildung lebendiger Formen – ist mein Leben gewidmet gewesen.« (*ibid.*, S. 113 f.) »Sie beginnen einzusehen, daß es möglich ist, Gewebe von einem Teil eines Tieres auf einen anderen, oder von einem Tier auf ein anderes zu übertragen, seine chemischen Reaktionen und Wachstumsmethoden zu ändern, die Gelenke seiner Gliedmaßen zu modifizieren und es sogar in seiner innersten Struktur zu verwandeln.« (*ibid.*, S. 114 f.) »Ich wollte – das war das einzige, was ich wollte – die äußerste Grenze der Gestaltungsmöglichkeit in einer lebenden Form finden« (*ibid.*, S. 120).

Wir möchten diese Neu-Schöpfung betonen, die Schaffung *neuer Formen,* die so auf dieser Anus-Insel stattfindet. Der Held erzählt dann: »... hatte Moreau ein oder mehrere Tiere miteinander *verschmolzen* *; eins war vielleicht hauptsächlich bärenartig, ein anderes katzenartig, ein drittes stierartig, aber jedes war mit anderen Geschöpfen vermischt – eine Art *allgemeinen Tiertums* * drang aber durch die spezifischen Anlagen hindurch.« (*ibid.*, S. 199 f.) Ganz offenkundig will Moreau dem Schöpfer seine Macht rauben und sich an seine Stelle setzen.

Auf dem Grunde der Schlucht wohnt der Held einer seltsamen Zeremonie bei: »... Und dann begann eine wahnsinnige Zeremonie. Die Stimme im Dunkel intonierte Zeile für Zeile eine tolle Litanei, und ich und die anderen mußten sie nachsagen. Dabei wiegten sie sich hin und her und schlugen mit den Händen auf die Knie, und ich folgte ihrem Beispiel. Mir war, als sei ich tot und befände mich in einer anderen Welt. Die Dunkelheit, nur hie und da ein Lichtfleck, diese grotesken, undeutlichen Gestal-

ten, und alle wiegten sich im Chor und sangen: *Nicht auf allen vieren gehen; das ist das Gesetz. Sind wir nicht Menschen? Nicht das Wasser schlürfen; das ist das Gesetz. Sind wir nicht Menschen?* Eine lange Liste von Verboten wurde vorgetragen, und dann änderte sich die Litanei: *Sein ist das Haus des Schmerzes. Sein ist die Hand, die schafft. Sein ist die Hand, die verwundet. Sein ist die Hand, die heilt* ... Mir kam der furchtbare Gedanke, Moreau könne, nachdem er diese Menschen in Tiere verwandelt hatte, in ihre verkümmerten Gehirne das Gebot der *Vergötterung* seiner Person eingepflanzt haben.« (*ibid.*, S. 93–95)
»Es ist sein Wille, sagte der Affenmensch. Er ist groß. Er ist gut.« (*ibid.*, S. 96) »Sobald sie bis auf eine gewisse Entfernung – vielleicht dreißig Meter – herangekommen waren, machten sie halt, beugten sich auf Knie und Ellbogen und streuten sich den heißen Staub über die Köpfe. Man stelle sich die Szene vor, wenn man kann! Wir drei blaugekleideten Männer standen mit unserem ungestalten, schwarzgesichtigen Begleiter auf einer weiten Fläche sonnenbeleuchteten, gelben Staubes unter blendend blauem Himmel, und um uns dieser Kreis kauernder und gestikulierender Monstrositäten, einige fast menschlich, einige wie Krüppel, einige so seltsam verrenkt, daß sie Gestalten aus unseren wildesten Träumen glichen.« (*ibid.*, S. 144f.)
Als Moreau stirbt, will der Held eine Revolte der Monster verhindern, des »Affenmenschen«, des »Hyänenschweins«, des »Leopardenmenschen«, des »Bernhardinerhundmenschen«, der »Schweinemänner«, der »Schweinefrau«, des »Rhinozerosstutengeschöpfes«, des »Bär-Bullen«, des »Stiermenschen« und auch einer »besonders abscheuliche(n) (und übelriechenden) Frau, die aus Füchsin und Bärin gemacht war« (*ibid.*, S. 132–33), und erklärt: »Kinder des Gesetzes ..., er ist nicht tot! ... Er hat seine Gestalt gewechselt – er hat den Leib gewechselt ... Eine Zeitlang werdet ihr ihn nicht sehen. Er ist ... dort – ich zeigte nach oben – wo er euch beobachten kann.« (*ibid.*, S. 167)
»Vielleicht bilde ich mir ein, mehr von den Wegen des Schöpfers gesehen zu haben als Sie – denn ich habe auf *meine* Weise mein ganzes Leben lang nach seinen Gesetzen gesucht«, sagt Moreau zum Helden (*ibid.*, S. 119).

Wie Scipio und Cherea vor Caligula, so appelliert der Held an die Vernunft, eine Vernunft, die versagt vor etwas, das »ein blindes Schicksal, ein ungeheurer, erbarmungsloser Mechanismus« ist, der »dieses Dasein zu formen« schien (*ibid.*, S. 155). »Ich muß gestehen, daß ich den

Glauben an die Gesundheit der Welt verlor, als ich sah, daß diese Welt die schmerzhafte Unordnung dieser Insel duldete.« (*ibid.*, S. 155)[1]

Wenn die *Hybris* Caligulas offen mit der perversen Sexualität verbunden ist – Inzest, Homosexualität, Transvestismus –, so ist die Moreaus nicht manifest sexualisiert. Ohne in eine erschöpfende Diskussion dieses Problems einzutreten, kann man jedenfalls sagen, daß der *Bemächtigungstrieb*, der beim Demiurgen am Werk ist (um nicht vom Sadismus zu sprechen, der von der Annahme ausging, das Problem der Erotisierung sei gelöst), an der Wurzel einer sexuellen Erregung steht, und zwar aufgrund der Intensität der *Hybris*, des Exzesses, der Maßlosigkeit, die er beinhaltet, und daß bei der *Hybris* notwendig ein Phänomen libidinöser Miterregung bestehen muß, die den Bemächtigungstrieb erotisiert, um ihn in Sadismus umzuwandeln. Im übrigen liegt es auf der Hand, daß das Etikett »pervers« zur Bezeichnung der Pathologie Moreaus nicht ausreichen würde, da diese zu kriminellen Aktivitäten im realen Bereich führt, obwohl es sich unserer Meinung nach weniger um eine artbezogene als um eine graduelle Unterscheidung handelt, denn der Haß auf die Realität kann zu destruktivem Verhalten führen. Wichtig ist die Phantasie von der analen Erschaffung eines neuen Universums, *neuer Formen* durch Vermischung, Verwirrung und Hybridbildung, die die Essenz der Wesen und der Dinge zerstört, eines Universums, das an die Stelle des vom Schöpfer – dem Vater – geschaffenen tritt, dessen genitale Vorrechte so verleugnet werden: Der Perverse bewegt sich in einer Dimension, in der die kindliche Unzulänglichkeit oder »Hilflosigkeit« abgeschafft ist. Es ist nicht länger nötig, zu warten und zu reifen, um die Kräfte des Vaters zu besitzen und adäquater Partner der Mutter zu sein. Es genügt, das genitale Universum, das der Realität, durch die Magie des analsadistischen Universums zu ersetzen.

Hat nicht ein anderer anatomischer Satan mich einmal zu seiner Lust, wie eine Gliederpuppe, auseinandergenommen, und nun allerlei teuflische Versuche angestellt? – Z. B. wie es wohl aussehen würde, wenn mir aus dem Nacken ein Fuß wüchse, oder der rechte Arm sich zum linken Bein gesellte?

E. T. A. Hoffmann, »Der Magnetiseur«, in *Fantasiestücke in Callots Manier*

Wir haben gesagt, daß das anale Universum eine Vorausdarstellung des genitalen Universums ist (der anale Penis, die infantile Sexualtheorie der analen Geburt).

Im nachhinein aber stellt die Analität eine *Imitation,* ein *Trugbild* der Genitalität dar. Die Analität und das *Falsche* vermischen sich dabei. Der Fetisch ist ein falscher Penis. Die Puppe ist gleichzeitig das Trugbild eines Kindes (eines hergestellten und nicht gezeugten Kindes) und ein Fetisch (ein simulierter Penis). Judith Kestenberg[2] stellt im Zusammenhang mit den Studien eines Linguisten die Hypothese auf, das »Idol« (der falsche Gott) und das englische Wort »doll« (Puppe) hätten eine gemeinsame etymologische Wurzel (*Children and Parents,* S. 56). Im Jahre 1933 schafft Hans Bellmer in Deutschland »Die Puppe«. Constantin Jelenski[3] sagt von der Puppe, sie sei »ein Fetisch, ein Idol« (Zeichnungen von Hans Bellmer, S. 3), und bezeichnet den Hersteller der Puppe als »Schöpfer«: »Zerlegt, in einen Türrahmen gestellt, die Glieder über das Bett verstreut oder lediglich auf zwei mit einem Spitzenband geschmückte Beine reduziert, scheint sich die Puppe, diese fleischgewordene Wunschvorstellung, genauso wie Olympia dem Willen ihres Schöpfers zu entziehen ...« (*ibid.,* S. 7)

Constantin Jelenski spricht von der Beziehung Bellmers zu seinen Eltern: »Die Kindheit des im Jahre 1902 in Kattowitz geborenen Bellmer wurde einerseits von der tiefen Angst vor seinem Vater bestimmt, einem Ingenieur (der also in unmittelbarer Beziehung zur Realität stand), einem Haustyrannen und Vertreter bürgerlicher Moral, und andererseits von der Zärtlichkeit, die er seiner Mutter, diesem Opfer eines Gesetz und Ordnung diktierenden Ungeheuers, entgegenbrachte.« (*ibid.,* S. 4)

»›Wie jeder Mensch‹, so schrieb mir Bellmer, ›bin ich auch mit dem sehr ausgeprägten Wunsch nach *Wohlbehagen* *, nach einem *grenzenlosen, paradiesischen Sichgehenlassen* * geboren.

Die Grenzen zeichneten sich für mich in Gestalt des ›Vaters‹ und (etwas später) in der des ›Polizisten‹ ab. Jenseits der warmen und empfindsamen

Gegenwart meiner Mutter existierte die feindliche Autorität des Mannes: des *Feindes,* des willkürlichen Machthabers in der Außenwelt‹.« (*ibid.,* S. 4)
Jelenski zitiert Jean Brun, den Autor, der die Eingebung hatte, die Puppe sei eine *Herstellung,* die darauf abzielt, den Vater und seine (genitalen) Zeugungsfähigkeiten zu entthronen:
»Mit dem bis zum Brechreiz vertrauten Werkzeug des Ingenieurs wird plötzlich ein Mißbrauch getrieben, der es unwiderruflich kompromittiert. Der Vater ist besiegt. Er sieht, wie sein Sohn, mit einem Bohrer bewaffnet, den Kopf eines kleinen Mädchens zwischen die Knie seines Bruders zwängt und sagt: ›Halt sie fest, ich muß ihr die Nasenlöcher durchbohren.‹ Blaß geworden geht der Vater hinaus, während der Sohn seine Tochter betrachtet, die jetzt atmet – als sei es verboten, das zu tun.« (*ibid.,* S. 6)
»Gelenk an Gelenk fügen«, schreibt Hans Bellmer in *Die Puppe* (1934), »den Kugeln ihren größten Drehbereich für kindliche Pose abprobieren, den Mulden sacht folgen, das Vergnügen der Wölbungen kosten, sich in die Muschel des Ohres verirren, Hübsches machen und ein wenig *rachsüchtig auch das Salz der Deformationen* * verteilen. Obendrein vor dem Innern beileibe nicht stehenbleiben, die verhaltenen Mädchengedanken entblättern, damit ihre Untergründe sichtbar werden, durch den Nabel am besten, tief im Bauch als Panorama bunt elektrisch beleuchtet. – *Sollte das nicht die Lösung sein* * ?«[4]
In einem Artikel mit dem Titel »Désir et réalité dans l'œuvre de Hans Bellmer« (Wunsch und Realität im Werk Hans Bellmers), veröffentlicht in *Obliques* schreibt Jean Brun: »Das Leben hat sich ... freigemacht von dem Fleisch, dessen Gefangener es war, um in einer anderen Materie als der des Körpers zu vagabundieren, um *andere Möglichkeiten* * zu äußern, die bisher unbekannt waren, aber dunkel gewollt wurden ... Die *kommunizierenden Röhren* sichern hier den Durchgang des Lebens durch das Fleisch und die Materie. Nun *verwandelt* und heulend, verschiebt sich die Existenz, nicht mehr im Raum, sondern in Körpern, in denen sie sich einrichtet, wie Wasser es in einem *Rohr von ständig wechselnder Form* * tun würde.« (*ibid.,* S. 8)
(Man könnte das Fleisch, im Verdauungstrakt zu durch Kneten weicher Materie geworden, kaum besser repräsentieren.) Es geht darum, »das Reale auf die Ebene des Wunsches zu heben« (*ibid.,* S. 9); »... und hier tauschen alle diese Objekte Räder, Teile und Formen aus, um ein mon-

ströses Über-Objekt zu schaffen ... die Wirklichkeit wird also in den Dienst des Wunsches gestellt, der sie nicht zerstört, sondern umbildet nach den Rhythmen neuer Organismen.« (*ibid.*, S. 9)

Jean Brun erzählt dann, wie Bellmer 1944 ein Buch mit Kochrezepten benutzte: »*Die Beschreibung der notwendigen Handgriffe läßt an sadistische Manipulationen, an die Verwendung in einem Labor à la Frankenstein denken* *.«

Hier der Text, der Bellmer inspirierte: »Das Mehl auf ein Backbrett oder eine Marmorplatte geben ..., dann mit den Händen einen sehr festen Teig formen (man nennt das: *durcharbeiten*), die Butter stückchenweise mit einem Messer in die Mitte geben; die Teigränder über der Butter zusammenschlagen, den Teig mit einer Teigrolle auf eine Dicke von einem halben Zentimeter ausrollen; dann den Teig dreifach falten wie eine Serviette, zehn bis fünfzehn Minuten ruhen lassen, erneut in der den Falten entgegengesetzten Richtung ausrollen, dreifach falten, fünfzehn Minuten ruhen lassen, ausrollen, nochmals falten, ruhen lassen und diesen Vorgang fünf- bis sechsmal wiederholen; dabei darauf achten, daß das Backbrett stets bemehlt ist, damit der Teig nicht daran festklebt.«

Bellmer hat den Text umgearbeitet und das Wort Teig durch das Wort Fuß ersetzt, das ihm bei der Assoziation des französischen Wortes für Teig, »pâte«, mit dem Wort »patte« (Pfote) einfiel: »Man drücke einen Fuß leicht zusammen, ohne ihn zu rollen, um ihn zu einem einzigen Klumpen zu verbinden; wenn er schon zu weich ist, um von Hand aufgenommen zu werden, schieben Sie ihn mit einer Messerklinge zusammen und streichen ihn jeweils auf ein Stück Spitze ab, damit er dort kleben bleibt. Sobald sie ihn so aufgenommen haben, stellen Sie das Ganze auf einen Ständer, überpudern es mit gemahlenem Stroh und stellen es an einen warmen Ort, damit es ungestört gehen kann, wenn möglich zwei Stunden.«

»Das Ende des Textes erhielt er, indem er Ratschläge für Schneiderinnen an die Stelle von Hinweisen für Chirurgen setzte.« (*ibid.*, S. 9 f.)

Ein Zwischenstück war dem Telephon gewidmet und enthielt das Gedicht eines Fräuleins von der Post zu Ehren eines soeben dekorierten Postvorstehers:

Ah! quelle joie et quel bonheur
La main sur le manipulateur
D'unir le Pôle et l'Equateur!
(*ibid.*, S. 10).

(Ah! Welche Freude, welches Glück
Die Hand auf dem Schalter
Pol und Äquator zu vereinen!)

Man merkt, daß dieses Gedicht nicht wiedergegeben ist, um das Postwesen zu ehren, sondern weil es die analogen Phantasien eines Caligulas in »Gallo-Gräzien« ausdrückt.

»Das Werk von Hans Bellmer«, schreibt Jean Brun weiter, »bildet eine ganz außerordentliche Illustration der Erbitterung gegen die Realität ... Sein Schöpfer weiß durchaus, daß die Wirklichkeit schließlich über den Wunsch triumphiert, und sei es im Tode. Doch eines bleibt: Das Werk, das die schmerzhafte Zeugenschaft des Menschen darstellt, der sich seiner selbst entledigen will, um sich *in neue Schmelztiegel*[5] *zu ergießen.* *« (*ibid.*, S. 12)[6]

1937 baut Bellmer eine zweite Puppe, »wobei er sich ... völlig über die Natur hinwegsetzt: um diese zentrale Kugel vermögen sich nun zwei Schöße, zwei Paar Beine zu bewegen, während das ebenfalls schwenkbare Becken die Oberschenkel oder die Brüste darstellen kann. ›In diesem Augenblick‹, schrieb Bellmer mir vor kurzem, ›hatte ich das Unmögliche möglich gemacht‹« (Constantin Jelenski, *op. cit.*, S. 7f.). Jean Brun (in *op. cit.*) bezeichnet Bellmer als »Pygmalion«. Tatsächlich ist es nicht nur die Schaffung der Puppen, die Bellmer zu einem Demiurgen, einem Pygmalion, macht. »In den Zeichnungen Bellmers geht ein Bein in ein anderes über«, schreibt Constantin Jelenski (*op. cit.*, S. 13), »die Brüste fließen zu einer einzigen Kugel zusammen, die dadurch gleichzeitig die Vorstellung von Brust, Schoß und Nabel erweckt.«

1957 schreibt Bellmer *Die Anatomie des Bildes*. Der vollständige Titel der Arbeit lautet: »Kleine Anatomie des körperlichen Unbewußten oder die Anatomie des Bildes.«

Er erklärt in einem Brief an eine Freundin, er habe »bei meinen Kombinationen von Puppenteilen oder meinen Kombinationen mehr oder weniger vollständiger Teile der ›Puppe‹ einen Ausbruch von ›unvergleichlichem Vergnügen‹[7] empfunden, höchstens vergleichbar mit dem, das man verspüren muß, wenn man einen Schatz findet, nach dem man 20 oder 30 Jahre gesucht hat.« (*op. cit.*, S. 118)

In *Die Anatomie des Bildes* schreibt Hans Bellmer: »Wenn die Frau einmal das Niveau ihrer experimentellen Berufung erreicht haben wird, Permutationen, algebraischen Versprechungen zugänglich und geneigt sein wird, transsubstantiellen Launen nachzugeben, sobald sie dehnbar, schrumpfbar sein wird, mit einer Epidermis und mit Gelenken, die den natürlichen Ungelegenheiten der verzögerten Montage oder Demontage gewachsen sind – dann erst werden wir uns über die Anatomie des Begehrens endgültig klarwerden können, besser als wir es durch die praktische Übung der Liebe vermögen.« Und dann fügt er diesen oft zitierten Satz hinzu: »Nach der unverblaßten Erinnerung, die uns von einem gewissen photographischen Bild bleibt, hatte ein Mann, um sein Opfer umzuformen, Schenkel, Schulter, Brust, Rücken und Bauch mit einem stark angezogenen Eisendraht blindlings und überkreuz umschnürt und aufgequollene Fleischpolster, unregelmäßige, sphärische Dreiecke hervorgebracht, lange Falten und unreine Lippen eingeschnitten, hatte nie gesehene Brüste vervielfacht an unsagbaren Stellen.« (zitiert von C. Jelenski in *op. cit.*, S. 17) René de Solier spricht von der »großen Liebe des Künstlers für das, was zerstoßen und aus den Gelenken gelöst ist« und auch vom »Geschmack an der perversen oder ungewöhnlichen Anatomie, den diese Geographie des umgestürzten Körpers verrät«, von den »menschlichen Verzerrungen ..., Geflechten, Verschlingungen oder Verdrehungen (vom Kopf zum Fuß)« und auch von der »Vielfalt der hybriden Zustände« (1957, *Anatomie ...*, S. 167–71).

»Bellmer«, schreibt Sarane Alexandrian in *Hans Bellmer* (1971), »macht aus dem Blick eine Verlängerung der Berührung: Das Ziel, das er ihm zuweist, ist, die Formen zu betasten, zu kneten, sie zu permutieren, bis aus ihnen eine neue Wirklichkeit hervorgeht.« (*op. cit.*, S. 22)

Und weiter: »... Der Künstler ist ein Erbauer von Anatomien, wie der Architekt ein Erbauer von Gebäuden ist. Das Fleisch ist das Material des Begehrens. Der Schöpfer träumt davon, diese *geschmeidige* * Substanz in kleine Teile zu zerlegen, wie man aus *Tonerde* * Ziegelsteine *herstellt* *.« (*ibid.*, S. 43)

André Pieyre de Mandiargues spricht in *Le trésor cruel de Hans Bellmer* (1979) von der offenkundigen Inspirationsquelle, die für Hans Bellmer bei der Niederschrift von *Die Anatomie des Bildes* »das Begehren oder die Anziehung der Zerlegung-Zerstörung« ist (*op. cit.*, S. 24). Dieser Autor erwähnt die »Verdoppelungen«, »Permutationen« und »Widersprüche« der sexuellen Figuration in den Zeichnungen des Künstlers: »Anderswo erinnert ein Spieß aus fetten Mädchen an den Pfahl oder den Pfosten der zukünftigen *Tours de menthe poivré*. Ein Monster, zusammengesetzt aus den hinteren Partien eines ähnlich fetten Mädchens, aber verdoppelt und mit einer fünften Gesäßbacke versehen, die ein enormes Auge ist, posiert vor einem kleinen Stuhl, einem Möbel, das, noch kleiner, in einer sadistischen Zeichnung unter den Resten eines zerstückelten Mädchens erscheint.« (*ibid.*, S. 37)

A. Pieyre de Mandiargues spricht auch von »verformten weiblichen Körpern«, von »auseinandergenommen und wieder zusammengesetzten Körpern«, von »fleischlichen Anagrammen« (*ibid.*, S. 37).

Bellmer selbst hat ebenfalls von *»plastischen Anagrammen«* * gesprochen. »Sie ziehen aus einem einzigen Wesen tausend verschiedene Wesen, nur indem sie sein Gesicht, seinem Rumpf und seine Glieder in einer anderen Ordnung zusammensetzen. Bellmer geht mittels Verschiebung, Analogie, Übereinandersetzen oder Verdichtung vor. Die Frau hat Beine anstelle der Arme, ihr Auge ist gleichzeitig ein Geschlecht oder ihr Körper eine Zusammenstellung von Brüsten, die von einem Kopf dominiert werden«, schreibt Sarane Alexandrian (in *op. cit.*, 1971). Man bedient sich tatsächlich sämtlicher Körperteile, um einen *»neuen Körper«* * zu erfinden. (*ibid.*)

Selbst in der Schrift von Hans Bellmer findet sich diese Metamorphose des Körpers wieder, dieses Zusammenwachsen der erogenen Zonen. Die Verzerrungen ähneln den Sadeschen Phantasien, auf die wir in Kapitel V hingewiesen haben (Bellmer hat übrigens Sade illustriert).

Hier Auszüge aus »Modellen« für »Liebesbriefe«, die Hans Bellmer vorschlägt und in denen sich »inner-anatomische Träume« äußern, wie er sie selbst nennt:

»Wie soll ich Dich nennen, wenn das Innere Deines Mundes keinem Worte mehr gleicht, wenn Deine Brüste hinter den Fingern oder vor den sich öffnenden Füßen die Achsel verbergen wollen, Dein brennendes, schönes Gesicht ...?« (*Deux lettres d'amour*, S. 137).

»Willst Du, daß wir morgen den Hut mit den fast schwarzen Tulpen Deines Schoßes schmücken und daß wir diesmal versuchen, Deine Haut von den Hüften ab zärtlich den Rücken lang emporzuziehen, bis sie das Gesicht, aber nicht Dein Lächeln verschleiert?« (*ibid.*, S. 137)

In einem Postscriptum zu *Oracles et spectacles,* 1965 von Unica Zürn veröffentlicht, schreibt Hans Bellmer diesen berühmten Satz: »Auch der Satz ist wie ein Körper, der uns einzuladen scheint, ihn zu zergliedern, damit sich in einer endlosen Reihe von Anagrammen aufs neue fügt, was er in Wahrheit enthält.«[8] (*op. cit.*, S. 108). Über den Körper als Anagramm sagt Bellmer zu C. Jelenski: »Der von ›unwahrscheinlichen‹ Übertragungen, Metamorphosen und Permutationen ausgelöste Schock, die Überraschung bilden zumindest einen geringen Ausgleich gegenüber der Bitterkeit des Lebens. Daß man, von dem Satz ROSE AU C'ŒUR VIOLET (Rose mit violettem Herzen) durch eine einfache Permutation schließlich zu den Worten O, RIRE SOUS LE COUTEAU (O, Lachen unter dem Messer) gelangt, das ist ein Wunder!« (In *Die Zeichnungen von Hans Bellmer,* S. 14.) Hans Bellmer bildet folgendes Anagramm: »Beil wird Lieb' und Leib, wenn die eilige Steinhand darüber hingleitet; ihr Wunder erfaßt uns und reitet auf dem Besen mit uns davon.« (1957, *Anatomie ...*, S. 110).

Die Anagrammbeispiele, die wir angeführt haben, sind auffallend sadistisch. Die Rosen mit dem violetten Herzen verbergen das Messer, den Körper und die Liebe, die Axt. Doch es handelt sich auch um Zeichen, Wunder und Hexerei. Bellmers Exaltation ist die eines Menschen, der endlich eine magische Technik gefunden hat, um der hartnäckigen Wirklichkeit Gewalt anzutun, der, wie er selbst in bezug auf die Puppe sagt, »die Lösung« gefunden hat. C. Jelenski (in *op. cit.*, S. 16) zieht den Weg nach, der Bellmer zur Konstruktion der Puppe geführt hat, und erinnert an den Text des Künstlers selbst, der die Photos der ersten Puppe begleitet:

»Hier ruft er die Erinnerung an jenes Reich seiner frühen Kindheit wach, in dem er für kurze Zeit unumschränkter Herrscher war; es war die Zeit, in der er sich der Magie und der Zauberei hingab ...«

Wie uns scheint, ist es die Eroberung dieser übernatürlichen Kräfte, an die dieses Werk – ein anderes Beispiel der *Hybris* – gebunden ist, das versucht hat, dem Schöpfer-Vater seine Zeugungsfähigkeit zu rauben durch die Zerstörung der Essenz der Substanzen (die erogenen Zonen und die Körperteile), die ineinander verschmelzen und austauschbar werden. Ein neuer, geschmeidiger, plastischer Körper wird so von den Händen des Demiurgen geknetet.

In *Le trésor cruel de Hans Bellmer* preist André Pieyre de Mandiargues den Sadismus und die Perversität des Künstlers, der zu einer »paradiesischen Unschuld« zurückkehre. Er sagt auch, er sei als Held und Heiliger betrachtet worden. Nach dem Vergleich zwischen H. Bellmer und Sade beendet er seine Studie so: »Die meisterhaften Zeichnungen und die makellosen Stiche von Hans Bellmer gehören zu jenen wunderbaren Erscheinungen, die man zwischen Himmel und Erde hängen sieht und die den braven Leuten Angst machen, es sei denn, man betrachte sie mit

Liebe.« (*op. cit.*, S. 39) Wir würden statt »Liebe« »Faszination« sagen. Doch soll man die Angst der braven Leute mit Verachtung strafen? Muß sie nicht gerade deshalb berücksichtigt werden, weil sie etwas über dieses Werk aussagt, genau wie die Gegenübertragungsaffekte des Analytikers wertvolle Hinweise für die Herstellung einer Kommunikation mit dem Analysanden sein können?
Vor allem aber gestatten sie uns ein besseres Verständnis dafür, warum im allgemeinen *bestimmte Menschen sich rigide an die Ordnung klammern und ›Ordnung um jeden Preis‹ wollen,* was manchmal durch die Rückkehr des Verdrängten zu Terror und Chaos führt. Das Mißtrauen gegenüber Technik, Wissenschaft, dem, was neu ist, geht manchmal aus einer *Vermischung der Magie,* die die Realität zu umgehen und eine neue Wirklichkeit zu schaffen sucht, *und des Wissens* hervor, das es erlaubt, die Geheimnisse der »Schöpfung« wirklich zu durchdringen, ohne deshalb ihre Ordnung zerstören zu wollen. Die soziale Intoleranz gegenüber der abweichenden Sexualität kommt aus derselben Quelle; einerseits wissen wir, daß eine perverse Praktik nicht genügt, um eine Organisation zu definieren, andererseits ist das, was möglicherweise hinter diesen Praktiken steht, das Problem, und dieses Problem kann auch ohne die entsprechenden Praktiken bestehen. Die Ausübung der abweichenden Sexualität gehört, solange sie keinen anderen Menschen schädigt, zu den individuellen Grundfreiheiten. Die von der Perversion geweckten Affekte können uns ebenfalls verstehen helfen, *warum manche Menschen das Neue in den Himmel heben, ohne sich damit zu befassen, ob es gut, schön oder wahr ist, warum sie »die Unordnung um der Unordnung willen« und die Anomie herstellen wollen, aus denen magisch eine neue Wirklichkeit hervorgehen wird.*
Es scheint uns wichtig, daß eine unserer »luziferischen« Persönlichkeiten ein Wissenschaftler ist, der sich dem Helden widersetzt, einem anderen Wissenschaftler und Sprachrohr von Wells, der selbst Schüler von Thomas Henry Huxley war (dem berühmten Biologen, Freund Darwins und Großvater von Aldous Huxley), ehe er an der Universität London sein naturwissenschaftliches Diplom erhielt.
Als Freud in *Formulierungen über zwei Prinzipien des psychischen Geschehens* (1911) die Ersetzung des Lustprinzips durch das Realitätsprinzip untersucht, betrachtet er diesen Vorgang im Rahmen der Religion, der Wissenschaft, der Erziehung und der Kunst. Seiner Meinung nach steht die Wissenschaft dem Sieg des Realitätsprinzips über das

Lustprinzip am nächsten, obwohl intellektuelle Lust die wissenschaftliche Arbeit begleitet und bei deren Beendigung praktischer Nutzen zu erwarten ist (GW, Band 8, S. 229–36). Der von *Hybris* besessene Wissenschaftler hätte nicht das Endziel, die Wahrheit zu erreichen (entsprechend dem Realitätsprinzip), sondern wollte seine Entdeckungen (und mithin die Wahrheit und die Realität) in den Dienst des Lustprinzips stellen.
Als der Held mit Moreau diskutiert, sagt er zu ihm: »Wo bleibt ihre Rechtfertigung dafür, daß Sie all diese Schmerzen verursachen? Das einzige, was in meinen Augen die Vivisektion entschuldigen könnte, wäre eine Anwendung.« (*op. cit.,* S. 117) Da antwortet ihm Moreau, er sei besser informiert über die Methoden des Schöpfers dieser Welt, denn »ich habe auf *meine* Weise mein ganzes Leben lang nach seinen Gesetzen gesucht ... Sie sehen, ich bin mit diesen Forschungen genau den Weg gegangen, den sie mich führten. Ich stellte eine Frage, ersann eine Methode, eine Antwort zu bekommen, und stieß auf – eine neue Frage. War dies oder das möglich? Sie können sich vorstellen, was das für einen Forscher heißt, was für eine intellektuelle Leidenschaft ihn überkommt. Sie können sich jedoch nicht vorstellen, was für einen seltsamen, farblosen Genuß diese geistigen Wünsche schaffen. Das Wesen da vor Ihnen ist kein Tier mehr, kein Mitgeschöpf, sondern ein Problem.« (*ibid.,* S. 119 f.) Wir sind der Ansicht, daß der Bemächtigungstrieb hier nicht in den Dienst des Wunsches nach Wissen gestellt ist, sondern daß das Wissen der *Hybris* untergeordnet wird. Es geht nicht darum, die Geheimnisse der Natur als Ziel an sich zu durchdringen (und schließlich daraus Anwendungen zu beziehen, die zur Wiederherstellung der Ordnung bestimmt sind: die »Wiedergutmachung«, die beispielsweise die Vivisektion rechtfertigen würde). Es geht darum, die Ordnung der Natur umzustürzen, um, wie wir wiederholt betont haben, eine *neue Realität* zu schaffen. Die Betätigung des Aneignungstriebes wird hier von einer libidinösen Miterregung begleitet, die »seltsame Wonnen« auslöst. Insgesamt haben wir es mit einer Ablenkung des wissenschaftlichen Vorgehens von seinen Zielen zu tun, wie sie von Freud in *Formulierungen über die zwei Prinzipien des psychischen Geschehens* (1911) beschrieben wurden. Offen bleibt, ob diese Ablenkung wirksam sein kann. Man darf es bezweifeln. Die fehlende Identifikation mit dem Vater (es geht nicht darum, die Attribute des Vaters zu introjizieren, sondern darum, sich außerhalb jeder Ahnenreihe zu stellen und Gott zu werden) führt dazu, daß der Sublimierungsvorgang mangelhaft ist, was wir in Kapitel IV erörterten.[9] Das ist ganz offenkun-

dig bei den Experimenten der Nazi-Ärzte an Deportierten: Sie führten nur zu geringfügigen wissenschaftlichen Ergebnissen.

Die Wissenschaft wird immer verdächtigt, sie würde von ihren Zielen abgelenkt (dabei ist das bei der Grundlagenforschung nicht möglich, sondern nur bei deren Anwendungen). Im Augenblick gilt der Argwohn ganz besonders den genetischen Manipulationen, die dem Menschen *wirklich* die Macht des Schöpfers geben können. Man möge uns die Hypothese gestatten, daß es jenseits der unleugbaren Gefahren, die mit diesen neuen Forschungsgebieten verbunden sind, gerade der Gedanke ist, der Mensch könne so die natürliche (göttliche?) Ordnung verändern, der Schrecken erregt. Man weiß, daß bestimmte religiöse Sekten ihren Mitgliedern die Anwendung bestimmter Heilmittel verbieten, da diese gegen den Willen Gottes verstießen. Eine Untersuchung dessen, was bei einem gegebenen wissenschaftlichen Schritt im Spiel ist, erlaubt eine Unterscheidung zwischen *Hybris* und Wahrheitssuche, zwischen der Neigung des Denkens und der schöpferischen Kühnheit. Der Held der *Insel des Doktor Moreau,* ins zivilisierte Leben zurückgekehrt, spürt, daß sein Verstand noch immer schwankt. Er versucht, sich an die »ungeheuren und ewigen Gesetze des Stoffs« zu klammern, die der Schöpfung, würden wir sagen, und an die Wissenschaft, die erlaubt, sich der Kräfte des Vaters zu bemächtigen, indem man sich mit ihm zu identifizieren sucht, so langsam dieser Vorgang auch sein mag, statt seine Vorrechte zu umgehen und an die Stelle seiner Wirklichkeit eine neue Wirklichkeit zu setzen.

»Meine Tage widme ich der Lektüre und chemischen Experimenten, und ich verbringe manche der klaren Nächte mit dem Studium der Astronomie. Bei der Betrachtung der glitzernden Scharen des Himmels habe ich das Gefühl – freilich weiß ich nicht wie und warum – unendlichen Friedens und Schutzes.« (*ibid.,* S. 212) Jede wissenschaftliche Entdekkung, aber auch jede künstlerische Schöpfung braucht neue Ideenassoziationen, Kombinationen neuer Formen. Doch das verfolgte Ziel geht über die Suche nach unerhörten Amalgamen hinaus, die auf die Verleugnung der (genitalen) Kräfte des Vaters abzielen. Die Kunst ist auf ihre Weise ebenfalls Wahrheitssuche. Als Freud in *Formulierungen über die zwei Prinzipien des psychischen Geschehens* (1911) über den Platz der Kunst in der Eroberung des Realitätsprinzips spricht, sagt er: »Die Kunst bringt auf eigentümlichem Weg eine Versöhnung der beiden Prinzipien zustande. Der Künstler ist ursprünglich ein Mensch, welcher sich von der

Realität abwendet, weil er sich mit dem von ihr zunächst geforderten Verzicht auf Triebbefriedigung nicht befreunden kann, und seine erotischen und ehrgeizigen Wünsche im Phantasieleben gewähren läßt. *Er findet aber den Rückweg* * aus dieser Phantasiewelt zur Realität, indem er dank besonderer Begabungen seine Phantasien zu einer *neuen Art von Wirklichkeiten* * gestaltet, die von den Menschen als *wertvolle Abbilder der Realität* * zur Geltung zugelassen werden.« (GW, Band 8, S. 236f.)

Wir möchten dieses Kapitel mit einer Frage schließen, auf die wir im folgenden Kapitel eine Antwort, zumindest eine Teilantwort, zu geben versuchen werden: Die Schöpfung einer der »luziferischen« Gestalten, die wir erwähnten, »Die Puppe«, stellt allem Anschein nach einen Fetisch dar. Wir haben gesehen, daß Jelenski diesbezüglich von »Fetisch« und »Idol« sprach. Ebenso schreibt J.-F. Rabain[10]: »Die Puppe wird im Zentrum des Werkes diesen Platz des Fetischobjekts einnehmen.« Die Zeichnungen Bellmers weisen ebenfalls einen fetischistischen Charakter auf: geschweifte Schuhe, Schnürstiefel mit geschwungenen Absätzen, gestreifte Strümpfe, Körper mit Streifen, Köpfe, die riesige Schaubenhüte oder monströse und fließende Anhäufungen von Fleisch oder Ansammlungen winziger Personen tragen.

Sollte es eine Verbindung zwischen der demiurgischen Schöpfung und dem Fetisch geben?

Achtes Kapitel

Überlegungen zum Fetischismus und zum Realitätsverlust in der Perversion

So spricht der Herr:
Ihr sollt nicht der Heiden Weise lernen und sollt euch nicht fürchten vor den Zeichen des Himmels, wenn die Heiden sich fürchten. Denn der Heiden Satzungen sind lauter nichts. Denn sie hauen im Walde einen Baum, und der Werkmeister macht Götter mit dem Beil. Und schmückt sie mit Silber und Gold und heftet sie mit Nägeln und Hämmern, daß sie nicht umfallen. Es sind ja nichts als überzogene Säulen.[1] Sie können nicht reden: so muß man sie auch tragen, denn sie können nicht gehen. Darum sollt ihr euch nicht vor ihnen fürchten, denn sie können weder helfen noch Schaden tun.
Aber dir, Herr, ist niemand gleich; du bist groß, und dein Name ist groß, und du kannst es mit der Tat beweisen. Wer sollte dich nicht fürchten, du König der Heiden? Dir sollte man gehorchen; denn es ist unter allen Weisen der Heiden und in allen Königreichen deinesgleichen nicht. Sie sind allzumal Narren und Toren; denn ein Holz muß ja ein nichtiger Gottesdienst sein. Silbernes Blech bringt man aus Tharsis, Gold aus Uphas, durch den Meister und Goldschmied zugerichtet; blauen und roten Purpur zieht man ihm an, und ist alles der Weisen Werk. Aber der Herr ist ein rechter Gott, ein lebendiger Gott, ein ewiger König. Vor seinem Zorn bebt die Erde, und die Heiden können sein Drohen nicht ertragen.

Jeremias 10, 2–10.

In den vorhergehenden Kapiteln wurden die Verbindungen zwischen Perversion und analsadistischer Regression, Anomie und *Hybris* dargelegt. Ziel des Perversen ist, die (genitalen) Kräfte des Vaters zu verneinen und durch das Eintauchen in die analsadistische Dimension der Undifferenziertheit eine (magische) Verwandlung der Realität herbeizuführen. Aufgrund der Idealisierung dieser Dimension erklärt der Perverse sie für dem genitalen Universum des Vaters überlegen.

Nun geht es darum, unsere Hypothesen zu prüfen, indem wir sie auf den Fetisch anwenden.

Ein Auszug aus der Schrift Abrahams *Zur narzißtischen Bewertung der Exkretionsvorgänge in Traum und Neurose* (1920)[2] ermöglicht uns den Übergang. Der Kranke wird von Abraham als »Neurotiker« bezeichnet, und uns fehlen die Anhaltspunkte, um seine Diagnose in Zweifel zu ziehen. Er stellt jedoch eine Familienkonstellation vor, die geeignet wäre, den Patienten zum Perversen zu machen: Die Mutter verachtete den Vater und praktizierte »einen förmlichen Kultus« um die Ausscheidungen ihres kleinen Sohnes. Daher kann das Kind die Illusion aufrechterhalten, es sei für die Mutter ein angemessenerer Partner als der Vater, und seine Prägenitalität – von der Mutter idealisiert – sei der Genitalität des Vaters überlegen. Außerdem hat der Patient Phantasie über den analen Koitus mit seiner Mutter und, ausgehend von der Beobachtung der sexuellen Beziehungen zwischen seinen Eltern, mit dem Vater. Abrahams Text läßt vermuten, daß es sich um *bewußte* Phantasien handelt, die mehr mit der Perversion zu tun haben als mit der Neurose. Schließlich ist, wie Abraham hervorhebt, auch das fetischistische Element vorhanden.

Hier der Text:

»Ein Neurotiker, der sich während seiner frühen Kindheitsjahre stets als ›Prinz‹ vorkam, ›Kaiser‹ spielte und während der späteren Kindheitsjahre in Weltbeherrschungsphantasien schwelgte, machte mit elf Jahren eine eigentümliche Wandlung durch. Er war bis zu jenem Alter ganz an seine Mutter gebunden, die ihn systematisch gegen den Vater eingenommen hatte. Sie kam der Analerotik des Knaben in höchstem Maße entgegen, indem sie mit seinen Entleerungen einen förmlichen Kultus trieb. Qualität und Menge seines Stuhlgangs waren ihre ständige Sorge. Fast täglich verabreichte sie ihm Klysmen. Der Sohn produzierte seinerseits einen neurotischen Magenschmerz, durch den er die Mutter zur Fortsetzung der Klysmen zwang. In dem erwähnten Alter machte er nun eine größere Reise mit den Eltern. Im Hotel belauschte er eines Nachts den sexuellen

Verkehr der Eltern. Dieses Ereignis war für ihn um so eindrucksvoller, als die Eltern daheim seit Jahren getrennte Schlafzimmer benutzten. Der Patient erinnert sich nun, wie ihm dieses Vorkommnis ganz unerträglich erschien und wie er sich ganz bewußt entschloß, seine Wiederholung zu verhindern. Auf der Weiterreise wußte er es einzurichten, daß er selbst mit dem Vater das Zimmer teilte. Seit der Beobachtung des elterlichen Verkehrs identifizierte er sich mit der Mutter und übertrug die Phantasie vom analen Koitus auf den Vater. Bislang hatte er *der Mutter einen Penis angedichtet, der durch das Klistierrohr vertreten wurde* *. Jetzt dagegen stellte er sich weiblich-passiv auf den Vater ein.« (*op. cit.*, S. 237f.) Hier fügt Abraham eine Fußnote an: »Auch in späterer Zeit hielt der Patient in seinen Phantasien an der Vorstellung vom Weib mit männlichem Genitale fest; an seinem eigenen Körper versuchte er dagegen die Genitalien zwischen den Schenkeln zu verstecken, um sich selbst als Weib betrachten zu können.« Dann setzt Abraham seinen Bericht so fort: »Bald darauf war er einige Zeit bettlägerig. Als er einmal ein paar Tage lang ohne Darmentleerung blieb, nahm er einen Druck im Leibe wahr. In der Nacht *träumte er, aus seinem Anus das Weltall herauspressen zu müssen.*« (*ibid.*, S. 238) Abraham vergleicht diesen Traum mit dem Mythos von der Erschaffung des Menschen.

Wir können vermuten, daß die bis dahin geleugnete Urszene sich dem kleinen Jungen tragisch aufgedrängt hat. Er ist nicht das einzige und angemessene Sexualobjekt seiner Mutter. Sie will den genitalen Penis des Vaters, einen Penis, der also die Tugenden besitzt, die den von dem kleinen Jungen so geschätzten Exkrementen in der Tat fehlen. Es hat den Anschein, als habe das Kind eine Zeitlang versucht, diese schreckliche Realität, die es zuvor aufgrund der Haltung seiner Mutter zurückweisen konnte, anzuerkennen und zu akzeptieren. Die Anerkennung der genitalen Kräfte des Vaters ist für den Jungen mit der Notwendigkeit verbunden, sie zu introjizieren. Die homosexuelle Unterwerfung unter den Vater stellt das Mittel dar, diesen Vorgang, der zur Vateridentifizierung führt, zu vollziehen. So haben wir die Schlosserphantasie des Kleinen Hans gedeutet (Kapitel I).

Die Phantasie des Kleinen Hans und die Phantasien des Patienten sind jedoch ihrer Natur nach sehr unterschiedlich: die des Kleinen Hans ist das Ergebnis einer intensiven symbolischen Aktivität, und das Symbolisierte bleibt ihm unbewußt. Seine Bedeutung muß entziffert werden. Nichts dergleichen ist bei dem Patienten Abrahams der Fall. Hier fehlt die Symbolbildung auf der Ebene seines passiven homosexuellen Wunsches, und die Phantasie ist vollkommen bewußt, wie es die Phantasie der analen Penetration durch die Mutter war. Ohne unsere Überlegungen hier weiter voranzutreiben, können wir vermuten, daß das Überich nicht die Rolle spielt, die ihm beim Neurotiker als Inzestschranke zukommt. Wir sagten bereits, daß Freud in *Ein Kind wird geschlagen* (1919, GW, Band 12) über einen seiner männlichen Fälle in bezug auf die Vorstellung, von der Mutter geschlagen zu werden, schrieb: »Es ist nicht zu vergessen, daß bei der Verwandlung der inzestuösen Phantasie des Knaben in die entsprechende masochistische eine Umkehrung mehr vor sich geht als im Falle des Mädchens, nämlich die Ersetzung von Aktivität durch Passivität, und dies ... mag die Phantasie vor dem Unbewußtbleiben als Erfolg der Verdrängung schützen.« Er fügt hinzu: »Dem Schuldbewußtsein hätte so die *Regression* * an Stelle der Verdrängung genügt; in den weiblichen Fällen wäre das, vielleicht an sich anspruchsvollere, Schuldbewußtsein erst durch *das Zusammenwirken beider* * begütigt worden.« (*op. cit.*, S. 210) Das veranlaßte uns, über das weibliche Überich nachzudenken, das Freud in der Folge (1919 trug die moralische Instanz noch nicht diesen Namen) hartnäckig als weniger streng als das des Mannes beschrieb. Man wird feststellen, daß Freud gleichzeitig, wie wir gezeigt haben, mehrfach betont, Frauen seien häufiger neurotisch als »pervers«, und dies einer schwächeren Libido zuschreibt (und nicht größerer Strenge des Überich).

Unser Patient Jean-Jacques träumte ohne irgendwelche Ängste in der ersten Woche seiner Analyse: »Ich stehe aufrecht Körper an Körper mit meiner Mutter. Ich berühre ihr straffes Gesäß und ejakuliere.« Die analsadistische Regression bewirkt, daß das inzestuöse Objekt zunächst auf Partialobjekte reduziert ist (im Beispiel von Jean-Jacques das Gesäß) und dann, verschlungen von der riesigen Mühle der Eingeweide, zu Exkremententeilchen unter anderen Teilchen wird. Der inzestuöse Akt *verliert so seinen Sinn,* und insbesondere das Schuldgefühl, das normalerweise mit ihm verbunden ist, verschwindet. Jean-Jacques erzählte ohne die geringste Scham, daß er etwa im Alter von zwölf Jahren vor seiner gelähmten und etwas dementen Großmutter exhibierte, weil er wußte, daß sie nicht in der Lage war, ihn daran zu hindern und ihn zu verraten.

Bei dem Patienten Abrahams ist der Inzestwunsch also im Hinblick auf die beiden Elternobjekte bewußt, wenn er auch einer passiven analen Regression unterliegt. Die Anmerkung Abrahams läßt vermuten, daß die

Anerkennung des genitalen väterlichen Penis und der genitalen sexuellen Komplementarität der Eltern in der Urszene nicht aufrechterhalten wurde, da das Subjekt seine Phantasie von der Mutter mit dem Penis wieder aufnahm, dessen Prototyp der Klistierrohr-Fetisch ist, während es gleichzeitig die Verwandlung in eine Frau spielte und den Penis verbarg (also behielt).

Wir schlagen folgende Hypothese vor: Das Trauma der »Entdeckung« der Urszene nach einem Ausarbeitungsversuch, den die Phantasie des analen Koitus mit dem Vater vermuten läßt, konnte nur um den Preis einer massiven Verneinung der Realität überwunden werden, was der Traum von der *analen Erschaffung der Welt* bezeugt. So kommt der kleine Junge zur Verneinung der schmerzhaften sexuellen Wahrheit – der der genitalen Urszene, des genitalen Penis des Vaters und der Zeugungsfähigkeit, die damit verbunden sind –, indem er sich eine Lösung ausdenkt, die sein Verlassenheitsgefühl beendet. Wenn unsere Hypothesen begründet sind, muß der Fetischismus eng mit dieser Problematik verbunden sein. Er muß ein – zweifellos wichtiges – Stück dieser Erschaffung einer neuen Realität darstellen, in der der genitale Vater und seine Attribute beseitigt werden, während gleichzeitig die genitale Dimension der Sexualität geleugnet wird.

Es erscheint uns notwendig, daß eine Konzeption des Fetischismus *alle Gestalten* berücksichtigt, in denen diese Perversion auftritt. Wir bemerken im Anhang, daß die klinische Erfahrung Freuds Versicherung in seiner Schrift *Fetischismus* (1927, GW, Band 14, S. 313) nicht bestätigt, der Fetisch erspare »dem Fetischisten ..., ein Homosexueller zu werden«. Und wenn der Fetisch tatsächlich nichts anderes wäre als der Ersatz des der Mutter fehlenden Penis, da das Subjekt den Anblick der »kastrierten« weiblichen Genitalorgane nicht ertragen kann, weil diese in ihm die Kastrationsangst wecken (»Es war also wahr!«), dann müßte diese Angst bei denjenigen fehlen, deren Sexualpartner ein Mann ist.

In der *Psychopathia sexualis* von Krafft-Ebing (1887–1912) findet man zahlreiche Beobachtungen, bei denen mit Fetischismus verbundene Homosexualität keine Seltenheit ist. Beobachtung 93 beispielsweise (in der Ausgabe Stuttgart 1912 auf S. 180f.) teilt den Fall eines Mannes mit, der durch eine »weiße, schön geformte Hand« erregt wurde. Bis zum Alter von zwanzigeinhalb Jahren praktizierte er mit männlichen Partnern die Masturbation. Von diesem Zeitpunkt an verschob er sein Interesse an weißen Händen auf Frauen. Von einem anderen Fall heißt es, der

Beobachtete habe *eine Neigung zu beiden Geschlechtern, doch der Handfetischismus bestehe nur in Verbindung mit Männern. Bemerkenswert daran sei, daß er sich besonders auf einen Teil der Hand beziehe, nämlich den Daumen.* (Das ist eine völlige Umkehrung von Freuds Hypothese bezüglich des Fetischs als Penisersatz für das der Frau, der Mutter fehlende Glied.) Der in Beobachtung 115 (*ibid.*, S. 202) zitierte Fall ist ein homosexueller Taschentuchfetischist: »Seine höchste Wollust besteht darin, daß er in die Taschentücher von Männern masturbiert.« Wir könnten die Beispiele vervielfachen. Halten wir noch fest, daß Freuds Theorie des Fetischismus Fälle nicht zu berücksichtigen scheint, in denen der Fetisch vom männlichen Subjekt selbst getragen wird oder in denen ein Kleidungsstück des Subjekts, losgelöst vom Körper, zum Fetisch erhoben wird. Die Schrift von 1927 führt zwar einen Mann an, dessen Fetisch ein Schamgürtel war, den man auch als Schwimmhose tragen konnte, doch Freud erklärt diese Wahl als Wahl eines Kleidungsstückes, das die Genitalorgane völlig verbirgt und damit auch »den Unterschied der Genitalien« (GW, Band 14, S. 316). Der Ansatz dieses Fetischs war das Feigenblatt einer Statue, das der Mann in seiner Kindheit gesehen hatte. Doch wie soll man in dieses Schema die von Krafft-Ebing angeführte Geschichte des Edelmannes einordnen, der seine eigenen, halbverfaulten Strümpfe sammelte? Was soll man von jenem Homosexuellen halten, der sich selbst an seinen Finger- und Fußnägeln erregte? Deshalb hatte er oft besonders lange Fingernägel bei sich, die er sammelte; außerdem dachte er viel über die Nägel seiner eigenen Hände nach.
Anhand der von Krafft-Ebing angeführten Fälle können wir also feststellen, daß Fetischismus nicht vor Homosexualität bewahrt, sondern dieser oft beigesellt ist, und daß außerdem der Fetisch vom Subjekt selbst getragen werden kann. E. Glover spricht in seiner Schrift über *The Relation of Perversion-Formation to the Development of the Reality-Sense* (Die Beziehung der Perversionsbildung zur Entwicklung des Realitätssinnes, 1932) diesbezüglich von »narzißtischen Fetischen«. Der Fetisch wird nicht immer auf den Körper einer Frau plaziert, er ist auch nicht immer jenes letzte Wäschestück, das den weiblichen Körper noch verhüllt, ehe sich das Fehlen des Phallus zeigt (Freud, 1927, *op. cit.*). (Wir haben einen Mann gekannt, dessen Arbeitgeber ihn aufforderte, Reitstiefel zu tragen, die er liebevoll reinigte, makellos blank polierte, küßte und dabei – wie man vermuten kann – sexuellen Genuß empfand.)
Laut Freud wird die weibliche »Kastration« aufgrund der Ichspaltung

durch die Errichtung des Fetischs gleichzeitig verneint und bestätigt. Joyce McDougall (1972, in »Scène primitive et scénario pervers«) hat unserer Meinung nach zur weiteren Aufklärung des Rätsels beigetragen, indem sie die Tatsache betonte, daß die Errichtung des Fetischs nicht nur an das Bedürfnis gebunden ist, die Penislosigkeit zu verneinen, die die Kastrationsängste als begründet bestätigt, sondern auch an das Bedürfnis, die Geschlechtsöffnung der Mutter zu verneinen, den Beweis eines Sexualverkehrs zwischen den Eltern und folglich der Urszene. Béla Grunberger hat die Auffassung vertreten, der Fetisch sei das Denkmal der Erinnerung an den intensiven analen Austausch zwischen Mutter und Sohn (1976 in *Essai sur le fétichisme*). Beide Sichtweisen haben in unseren Augen den großen Vorzug, daß sie die Erschaffung des Fetischs mit *der Verneinung der Kräfte des genitalen Penis des Vaters* verbinden, wobei eben die Existenz des Fetischs den Ausschluß des Vaters und des Penis kennzeichnet und aufrechterhält.

Jean-Jacques, der perverse Patient, dessen Prüfungstraum wir wiedergaben, hatte mindestens zwei Fetische: der eine war von seiner Schwiegermutter getragen worden und von ihr losgelöst – der Pyjama, in den er masturbierte –, der andere war die Prothese des Einbeinigen.

Die Wahl der Prothese scheint uns nicht schwer zu verstehen. Früher gab es in jedem gut ausgestatteten Bordell »die Frau mit dem Holzbein«. Wir haben bemerkt, daß der anale Penis der Vorläufer des genitalen Penis ist; im nachhinein ist er dessen Imitation. Auf der Ebene der Primärvorgänge sind die orthopädischen Geräte, die Prothesen, die ein fehlendes Glied oder eine unzulängliche Funktion ausgleichen und imitieren, anale Phalli, die den genitalen Penis ersetzen und oft zum Fetisch erhoben werden. Jean-Jacques erinnert sich auch, daß ihn im Alter von vier Jahren der Anblick eines Mannes in einer Lederjacke bewegte. Im Anschluß daran hatte er Tagträume, in denen er auf den Rücken eines Mannes in einer Lederjacke sprang; er legte dem Mann seine Beine um den Hals, und der Mann trug ihn in die Ferne.

Dies bringt uns zurück zur fundamentalen Problematik des Perversen: der Aufrechterhaltung der Illusion, er habe seinen Vater um nichts zu beneiden, er brauche den genitalen Penis überhaupt nicht und könne daher den Konflikten der Introjektion der männlichen Attribute entgehen und sich nicht mit seinem Erzeuger identifizieren.

Es gelingt ihm so, den Ödipuskomplex zu vermeiden und auch die damit verbundene Kastrationsdrohung: Sein Vater ist nicht sein Rivale, er will ihm nicht sein Objekt rauben (die Mutter), das er bereits besitzt und das ihn – zumindest glaubt er das – als privilegierter Partner inthronisiert. Er versucht nicht, den Penis des Vaters zu erschleichen und zu introjizieren, und daher wird sein Vater an ihm keine Vergeltung üben. Außerdem – und das ist ein in unseren Augen höchst wesentlicher Punkt – *versucht er, den analen Penis, den Vorläufer des genitalen Penis, als dem väterlichen Penis gleichwertig und überlegen auszugeben, dessen genitale und Zeugungsfunktionen verächtlich gemacht oder verneint werden.* Dies bringt uns zurück zum Fetischismus, und wir möchten hier provisorisch folgende Hypothese aufstellen: *Der Fetisch repräsentiert den analen Phallus* insofern, als er den Platz des genitalen Penis einnimmt und ihn aus der sexuellen Szene und der Psyche im allgemeinen ausschließt. Er ist also nicht nur der fehlende Phallus der Mutter. Die Erregung, die der Fetischist von ihm bezieht (oder die ihm der Fetisch vielmehr gestattet) ist notwendig zur Aufrechterhaltung der Täuschung, auf der seine Psychosexualität aufgebaut ist.

Die Tatsache, daß ein Mann, daß eine Frau, daß das Subjekt selbst Träger des Fetischs ist oder aber, daß er sich auf ein unbelebtes Objekt reduziert – Kleidungsstück, Schuh, Wäsche oder Haare –, das von jeder realen Stütze losgelöst ist, wird sekundär (wenn auch natürlich nicht gleichgültig) im Hinblick auf die Notwendigkeit, daß der *Fetisch* irgendwo existiert, und zwar auf unfehlbar und vollkommen erregende Weise.

Tatsächlich haben zahlreiche Autoren versucht, den überdeterminierten Charakter des Fetischs zu zeigen. Wir werden einige Arbeiten zitieren, die uns besonders bedeutsam erschienen und geeignet sind, zur Entwicklung unseres Themas beizutragen. Wir werden nicht den Versuch einer erschöpfenden Darstellung unternehmen.

Wenn man versucht, die Genealogie der vielfältigen Bedeutungen zurückzuverfolgen, die etliche Autoren dem Fetisch gegeben haben, so fällt zweifellos deren Tendenz auf, die Betonung auf die prägenitalen Konflikte zu legen, die der Fetischismus lösen soll, und nicht mehr nur auf die Kastrationsangst.

Das gilt für den inzwischen klassischen Artikel von Sylvia Paine, *Some Observations on the Ego Development of the Fetishist* (Beobachtungen über die Ich-Entwicklung des Fetischisten, 1939), der den Schutz vor den sadistischen Trieben gegenüber dem Objekt betont, den der Fetisch repräsentiert. Diese Autorin sagt, der Fetisch belebe »die prägenitalen Substitute der genitalen Sexualität wieder« und liefere gleichzeitig »Abwehrmechanismen gegen die mit der prägenitalen Sexualität verbundene Aggressivität«. Der Regenmantel, der Fetisch ihres Patienten, ersetzte den Penis des Vaters, die Brustwarze, die weiblichen Genitalorgane, die Fäzes der Eltern, alle mit den Fäzes identifizierten Teilobjekte. Im darauffolgenden Jahr betont Gillespie in *A Contribution to the Study of Fetishism* (Ein Beitrag zur Untersuchung des Fetischismus, 1940) die latenten prägenitalen Faktoren und die damit verbundene Angst, die beim Fetischisten beim Anblick der weiblichen Genitalorgane reaktiviert werden. Wie Sylvia Payne legt er den Akzent auf die Ängste vor der Zerstörung des Objekts, die der Fetisch beruhigt. Der Fetisch, ein unbelebtes Objekt, bleibt unveränderlich und dauerhaft, und der Sadismus, dessen Opfer er ist, bleibt unbeantwortet. Dieser Gedanke wird vom Autor in seiner Schrift *The Psycho-Analytical Theory of Sexual Deviations with Special Reference to Fetishism* (Psychoanalytische Theorie sexueller Abweichungen, speziell in Bezug auf den Fetischismus) (1964) wieder aufgenommen. Doch man muß bemerken, daß Gillespie im Unterschied zu Sylvia Payne die Prävalenz des Kastrationskomplexes vor den prägenitalen Faktoren beim Fetischismus eher aufrechterhält. Phyllis Greenacre versucht in ihrer bekannten Schrift *Certain Relationships Between Fetishism and the Faulty Development of the Body Image* (1954) (Einige Beziehungen zwischen dem Fetischismus und der unzulänglichen Entwicklung der Körpervorstellung) die störenden Auswirkungen von Phänomenen zu erörtern, die im Laufe von zwei für die Bildung des Fetischismus entscheidenden Phasen auftreten: die eine frühzeitig, während der ersten achtzehn Lebensmonate, die andere zwischen zwei und vier Jahren gleichzeitig mit der phallischen Phase. Die ersten führen zu Lücken in der Entwicklung der Körpervorstellung, die zweiten zu einem »übertriebenen« Kastrationskomplex. Es sind jedoch die archaischen prägenitalen Verzerrungen der Körpervorstellung, die den Kastrationskomplex ohne die Hilfe des Fetischs unüberwindbar machen. Tatsächlich reaktiviert der Anblick der weiblichen Genitalorgane, die keinen Penis aufweisen, eine Tendenz zur *primären Identifizierung* (mit der weiblichen Partnerin, dem Mutterersatz), verbunden mit der Pathologie der frühen Entwicklung. Der Fetisch repräsentiert zwar den Phallus der Mutter und verneint den Unterschied zwischen den Geschlechtern, doch gleichzeitig stellt er den Phallus des Subjekts selbst mittels visueller und olfaktiver Identifikation wieder her. In ihrer Schrift *Perversions: General Considerations regarding their genetic an dynamic background* (1968; Perversionen: Allge-

meine Überlegungen zu ihrem genetischen und dynamischen Hintergrund) bestätigt Phyllis Greenacre diesen Gedanken erneut, indem sie die Tatsache betont, daß es beim Fetischismus und vermutlich bei der Mehrzahl der Perversionen eine Verlängerung des Stadiums der Introjektion-Projektion gibt, während derer man eine unvollständige Trennung zwischen dem Ich und dem Objekt feststellt, begleitet von einer ungewöhnlich ausgeprägten Neigung zu primärer Identifikation.
Der Gedanke, daß es unmöglich ist, die primäre Identifikation mit der Mutter aufzugeben, oder, anders formuliert, die Trennungsangst steht für zahlreiche Autoren im Kern des Fetischismusproblems; sie geben manchmal mehr oder weniger total die Theorie, der Fetisch repräsentiere den mütterlichen Phallus, sowie die zentrale Stellung auf, die Freud beim Fetischismus dem Kastrationskomplex einräumte. Für Philip Weissman in *Some Aspects of Sexual Activity in a Fetishist* (1957) hat der Fetischismus das Ziel, die Trennungsangst durch ein Gefühl völliger Vereinigung mit der Mutter zu ersetzen, die mittels der Introjektion des guten Objekts (der guten Brust) erreicht wird. Das letzte Ziel des Fetischisten sei ein mit dieser Vereinigung mit dem guten Objekt verbundener Zustand der Gehobenheit und nicht die genitale Befriedigung. Die fetischistische Aktivität tendiere dazu, eine Identifikation mit der schlechten Brust rückgängig zu machen, um eine Identifikation mit der guten Brust herzustellen; »das fetischistische Objekt ist nicht nur ein Objekt, sondern eine Identifikation.« Der Fetischist agiere seinen Fetischismus in seinem Charakter und behandele seine realen Objekte wie unbelebte Fetische.
Das ist auch die Meinung von Melitta Sperling in *Fetishism in Children* (1963; Fetischismus bei Kindern); sie betont die allmächtige Kontrolle, die gewisse Fetischisten gern über ihre Objekte ausüben, die durch den Gebrauch des Fetischs, eines unbelebten Objekts, möglich wird und erlaubt, den Verlust der präödipalen Mutter zu verneinen. Das trete zumindest, wie die Autorin meint, bei fetischistischen Kindern zutage. Die Trennungsangst dominiere bei weitem die Kastrationsangst, und dies bleibe letztendlich auch beim Erwachsenen so, dessen Fetischismus den ursprünglichen Wunsch nach Vereinigung mit der Mutter befriedige.
Socarides hebt in *The Development of a Fetishistic Perversion* (1960) (Entwicklung einer fetischistischen Perversion) die »Kind«-Bedeutung des Fetischs und den Schwangerschaftswunsch des Fetischisten hervor und führt den Fetischismus auf die Lösung des gleichen Problems zurück: Die schwangere Mutter zu sein, das Kind in der Mutter zu sein heißt, die

Trennung vom Primärobjekt zu vermeiden. Für den Patienten, den er beschreibt, ist der Fetisch nicht nur der Phallus der Mutter, sondern die Brust, der Bauch der schwangeren Mutter, wobei das Subjekt selbst Träger eines Kindes oder eines Fötus in der Gebärmutter ist.
Schon Balint hatte in *Ein Beitrag zum Fetischismus* (1937) den Fetisch mit den Fäzes, einem bisexuellen Objekt und dem Fötus verglichen.
In seiner Schrift *Fetishism* (1954) betont R. Bak die im wesentlichen anale prägenitale Fixierung des Fetischisten, die dazu dient, die Mutter-Kind-Einheit aufrechtzuerhalten. Der Fetisch symbolisiere, sei es auf isolierte, sei es auf verdichtete Art, die Brust, die Haut, das Gesäß, die Fäkalstoffe, den Geruch der Mutter, den weiblichen Phallus. Er schütze sowohl vor der Trennung als auch vor der Kastration. Der Wunsch des Fetischisten sei es, mit der Mutter eins zu sein.
Die schöne Beobachtung von A. Parkin *On Fetishism* (1963; Zum Fetischismus) macht uns mit einem Regenmantel-Fetischisten bekannt. Der fetischistische Akt und der Fetisch haben vielfältige Bedeutungen. Der Patient identifiziert sich mit dem analen Phallus der Mutter, wenn er in den Fetisch eingehüllt ist, während die mit dem Regenmantel bekleidete Frau *sein* Penis wird. Auf einer anderen Ebene kann er sich auch mit dem analen Phallus seines Vaters identifizieren, einem strengen Militär, der die Testikel seines Sohnes manipulierte und, da er an Dysenterie litt, ausführlich über seine Darmfunktionen sprach. Seine Mutter war an einer hämorrhagischen Kolitis gestorben. Der Autor meint, daß der Fetisch »die präödipalen Objektwahlen rekapituliert und verdichtet«. Die Betonung wird auf die anale Regression, die Identifizierung des ganzen Körpers mit den Fäzes der Mutter, die primäre Identifizierung mit der Mutter und den Teilobjekten gelegt.
Wulff führt in seiner Schrift *Fetishism and Object Choice in Early Childhood* (1946; Fetischismus und Objektwahl in früher Kindheit), in der er Übergangsobjekt und Fetisch als Teile einer ununterbrochenen Kette ansieht, den Fetisch, den Phallus der Mutter, auf seinen angeblichen Ursprung zurück, die Brust. Auch nach Meinung von Melitta Sperling (in *op. cit.*, 1963) ist das eine der Bedeutungen des Fetischs; er könne außerdem auch den ganzen Körper der Mutter repräsentieren.
Während der Abfassung des vorliegenden Kapitels haben wir von einer Arbeit von James Glover Kenntnis genommen, die 1924 beim VIII. Internationalen Kongreß für Psychoanalyse in Salzburg vorgetragen wurde und den Titel trägt: *Notes on an Unusual Form of Perversion*

(1927). Es handelt sich um eine recht bemerkenswerte Schrift, die zu Unrecht vergessen ist und von Freud 1927 nicht erwähnt wurde.

Wir werden nicht detailliert auf diese Arbeit eingehen, sondern nur die Punkte erwähnen, die mit unserem Thema zu tun haben, nämlich daß die Bedeutung des Fetischs nicht auf den fehlenden Phallus der Mutter beschränkt ist. Was für unser Anliegen in dieser Schrift besonders interessant ist – die vor Freuds Artikel über den Fetischismus abgefaßt wurde –, ist, daß sie in gewisser Weise die Kritiken, Ergänzungen oder Nuancen vorwegnimmt, die später zu Freuds Theorie des Fetischs hinzukamen und von denen wir einige Beispiele angeführt haben.

Der Patient von James Glover vollzieht ein ziemlich komplexes Ritual: Er wählt eine Frau, die Schuhe mit hohen Absätzen trägt und, ohne Alkoholikerin zu sein, bestimmte Merkmale aufweist – eine leichte Rötung des Gesichts und der Nase beispielsweise –, die er als Anzeichen einer gewissen Neigung zum Trinken ansieht. Er lädt sie zum Essen ein und bietet ihr zu trinken an. Wenn sie akzeptiert, wird er erregt, füllt ihr Glas und empfindet dabei eine Angst, die er nur meistern kann, wenn er selbst trinkt. Er wird euphorisch und findet große Befriedigung darin, die Beweise für die Alkoholintoxikation seiner Partnerin zu untersuchen: die zunehmende Röte der Nase, die Unordnung der Frisur, die *Erschlaffung des Mundes* *, die ihr ein *verfallenes Aussehen* * geben. Er führt sie zu einem Spaziergang, wobei er hofft, daß ihr unsicherer Gang, ihr Harndrang etc. ihm weitere Beweise für ihren Trunkenheitszustand liefern; und er versucht, sie gehen zu lassen, bis sie beinahe zusammenbricht. Die folgende Etappe des Rituals besteht darin, sich der Schuhe der Frau zu bemächtigen, die durch die Tatsache erregend geworden sind, daß die Frau getrunken hat und daß die Schuhe auf dem Spaziergang *schmutzig und abgetragen* * geworden sind. Eine rituelle Anordnung der Schuhe ist notwendig (er muß die Spitze des einen Schuhs und die Sohle des anderen sehen etc.). Er ruft sich die sinnlichen Einzelheiten des Essens in Erinnerung und masturbiert. Danach wirft er die Schuhe wütend von sich: »Jetzt geht zum Teufel!« Die Masturbation ist nicht unbedingt von Genuß begleitet. Sie stellt das »Fallen des Vorhangs« (der Ausdruck stammt vom Patienten) nach einem komplexen erotischen Drama dar. Der »korrekte« Ablauf der verschiedenen Szenen ist eine notwendige Bedingung der Befriedigung.

Die Mutter des Patienten war Alkoholikerin und starb, als er sieben Jahre alt war. Sie bewies ihm manchmal eine exzessive Zuneigung, liebkoste ihn etc., zu anderen Zeiten vernachlässigte sie ihn völlig. Daher wurde das Kind einer Amme anvertraut. Wenn seine Mutter unter der Wirkung von Alkohol stand, *defäzierte sie in seiner Gegenwart* * und stellte sich zur Schau. Manchmal war sie lange abwesend; er grollte deswegen und spielte dann mit ihren Schuhen, die er *zum Mund führte* * (wir sprachen früher von einem Patienten, der anläßlich einer Abwesenheit seiner Frau und der Analytikerin den Stiefel-Fetisch zum Mund führte). Sein Interesse an den Schuhen verschwand, kehrte dann aber wieder, wenn sein Vater ihn aufforderte, seiner Mutter die Schuhe auszuziehen und ihr Pantoffeln zu bringen, die sich in einer Schachtel befanden, als seien sie versteckt, was dem Kind intensives Vergnügen machte. Im Alter von fünf Jahren bekam er von seinem Vater zum Abendessen ein wenig Wein, was seine Mutter sehr wütend machte. Mehrmals zerbiß er vor Zorn das Glas zwischen seinen Zähnen. *So wurde sein Interesse für Schuhe und für Alkohol von seinem Vater bestätigt.* * Nach dem Tod seiner Mutter teilte der Patient das Bett seines Vaters. Man gab ihm ein Paar Schuhe von seiner Mutter zu tragen. Doch er bevorzugte Knabenschuhe und war sehr erregt, als man ihm ein Paar schenkte – die er schnellstens beschmutzte und verschliß. Mit sechzehn Jahren, nachdem er besonders erfreuliche Schuhe bekommen hatte, beschloß er, in das Geheimnis der Anziehungskraft des Alkohols auf die Erwachsenen einzudringen.

Der Autor spricht hier von der sexuellen Aktivität, die in der Alkoholintoxikation des Selbst oder des Objekts repräsentiert ist, sowie von dem Fetisch als Genitalorgan des Subjekts und des Objekts. Die Oralität ist hier an die Homosexualität (Fellatio), die Homosexualität selbst aber an die Mutter gebunden. Alkohol wurde immer widerstrebend getrunken, und zwar aufgrund seiner unbewußten Gleichsetzung mit den Fäzes und einer Reaktion gegen seine koprophagen Wünsche. *Die Schuhe selbst repräsentierten Fäzes* * wegen ihres Geruchs und der Tatsache, daß sie vom Körper losgelöst sind. Ursprünglich hatte der Patient ein lebhaftes Interesse an den Exkretionen seiner Mutter gezeigt, wenn diese das Zimmer verlassen hatte; ebenso war es mit ihren Schuhen: Teile von ihr, die sie zurückließ und die er in ihrer Abwesenheit untersuchen konnte. Die Farbe der Schuhe war wichtig. *Schwarze Schuhe waren abstoßend* * wie die Kohle, die er sich gern in den Mund steckte. Braune Schuhe waren interessant, evozierten aber das Verbotene. *Weiße Schuhe waren ideal* * und immer mit der Idee, sie zu beschmutzen, und den analsadistischen Trieben assoziiert. Der Schuhfetisch repräsentierte Glover zufolge einen letzten Versuch, ein verdrängtes Interesse mittels der *Idealisierung* *[3] zu integrieren. Seine starken skoptophilen Wünsche waren auf die Idee eines im Inneren der Frau versteckten Penis konzentriert, der wieder erscheinen würde. »Ein Teil dieses Vergnügens war zweifellos eine Versicherung gegen die Kastrationsangst, wie es der Schuhfetischismus an sich ist; doch der Prototyp dieses versteckten und wieder erscheinenden weiblichen Penis war ohne jeden Zweifel die Lustquelle, auf die er so stark fixiert war, d. h. die Brustwarze der Mutter, die ihm geboten wurde (erschien) und wieder entzogen wurde (verschwand).« In seiner »Technik«, die Frauen zum Trinken zu bringen, handelte es sich darum, ihren phallischen Charakter zu betonen (sie gerötet zu machen und ihre Nase anschwellen zu lassen), aber auch darum, sie zu kastrieren. Seine Ambivalenz gegenüber der Brustwarze kam deutlich zum Ausdruck, wenn er Gläser zerbiß und zerbrach. Ein Teil seines oralen Sadismus war auf Urinieraktivitäten verschoben. Als Kind urinierte er auf schlafende Katzen. Als Erwachsener hatte er die Phantasie, in die Frauen zu urinieren und sie so zu verbrennen; »die Verwirklichung seiner sadistischen Phantasien wurde auf eine quasi magische Art durch die Allmacht des Denkens erlangt« (S. 17 der frz. Ausgabe). »Der gemeinsame Faktor in diesem sadomasochistischen, mit Füßen und Schuhen verbundenen Phantasien war der Gedanke eines festen Objekts in einem hohlen Objekt – wobei beide einander Schmerzen verursachten –, und dies schloß die Äquivalente des Kindes im Uterus, der Brustwarze im Mund, der Fäzes im Rektum und des Penis in der Vagina ein.« Nach Meinung des Autor handelte es sich vor allem um einen sadistischen Koitus mit der Mutter und deren Kastration. Wir können jetzt die Motive seiner sexuellen Technik zusammenfassen, einer Frau Alkohol zu geben. Die Rachemotive waren die folgenden: 1. die (entzogene) Brustwarze wieder erscheinen lassen und bestrafen; 2. sich für eine besonders strenge Sauberkeitserziehung rächen, indem aus der Frau ein schmutziges und vernachlässigtes Wesen gemacht wird; 3. sich für ihre Heuchelei rächen, wenn sie ihn mit dem Vater betrog, und ihre Sexualität enthüllen, indem sie wie eine Prostituierte dargeboten wird. Wir finden hier einen Vorläufer der Gedanken von R. Stoller über die Perversion, wie er sie in seinem diesem Thema gewidmeten Buch oder in seinem Artikel *Hostility and Mystery in Perversion* (1979; Feindseligkeit und Geheimnis in der Perversion) erläutert, wo er die Betonung auf »die Feindseligkeit und die Rache in der perversen Formation« legt.

»Indem er all das tat, befriedigte er seine skoptophilen Triebe auf andere Weise, aber vor allem rekonstituierte er *eine Koitusszene zwischen seinen Eltern.*« *

Der Autor zeigt, wie alle Triebebenen, nach der Einteilung Abrahams, befriedigt werden (immer auf sadistische Weise), ebenso wie der Ödipuskomplex in seinen beiden Neigungen (homosexuelle Beziehung zum Vater und Kastration des Vaters). Der Schuhfetischismus erwies sich auch als Alternative zu infantilen *kleptomanen* * Tendenzen (*op. cit.*, S. 21).

Hinter der ödipalen Enttäuschung findet man den analen Konflikt, hinter diesem ein Entwöhnungstrauma und hinter diesem wiederum das Geburtstrauma. (Man schreibt das Jahr 1924, in dem Otto Rank sein Buch veröffentlichte.)

James Glover glaubt, daß eine starke Fixierung an das ambivalente orale Stadium, vermischt mit einer starken analen Ambivalenz, hier eine entscheidende Rolle spielt.

Im Gegensatz zu diesen Theorien, die auf die eine oder andere Weise die prägenitalen Faktoren und die Trennungsangst mehr als die Kastrationsangst betonen, steht die Theorie Lacans und der ihm folgenden Autoren, die die infantile Theorie vom phallischen sexuellen Monismus bis zu den äußersten Konsequenzen treiben.

»Das ganze Problem der Perversionen besteht darin, auf welche Weise das Kind in seiner Beziehung zu seiner Mutter – wie sich in der Analyse zeigt, macht nicht seine vitale Abhängigkeit, sondern die Abhängigkeit von ihrer Liebe diese Beziehung aus, d. h. der Wunsch, von ihr gewollt zu sein – sich mit dem imaginären Objekt dieses Wunsches identifiziert insoweit, als die Mutter es selbst im Phallus symbolisiert.«

»Der durch diese Dialektik hervorgerufene Phallozentrismus ist alles, was wir hier festzuhalten haben« (in »Une question préliminaire à tout traitement possible de la psychose«, 1958, Vorbereitende Frage vor jeder möglichen Behandlung der Psychose) in *Ecrits,* S. 554f.).

Jacques Lacan bezieht sich auf den Streit über den primären oder sekundären Charakter der phallischen Phase. Der imaginäre Effekt des Phallus »kann nur aufgrund des Vorurteils von einer Normativität des Instinkts als Nichtübereinstimmung empfunden werden«. (Wir glauben, in Kapitel I hinreichend erklärt zu haben, warum wir die Existenz eines nicht defensiven phallischen Monismus ablehnen, so daß wir nicht darauf zurückkommen müssen.)

Geistreich fügt der Autor der *Ecrits* hinzu: »Auch ohne die extreme Bedeutung dieser Frage würde der Streit unser Interesse verdienen, und zwar wegen der dialektischen Heldentaten, zu denen er Dr. Ernest Jones gezwungen hat, als dieser mit der Behauptung seiner vollkommenen Übereinstimmung mit Freud eine diametral entgegengesetzte Position untermauerte, eine Position, die ihn, zweifellos nicht ohne Nuancen, zum Helden der englischen Feministinnen gemacht hat; diese waren auf das Prinzip ›Jedem das Seine‹ erpicht – den ›Boys den Phallus‹, den ›Girls die M ...‹.« (*ibid.*, S. 555)

Die Ablehnung der Theorie des phallischen sexuellen Monismus und der phallischen Phase hat entscheidende Folgen für die Theorie der Perversionen – die des Fetischismus ergibt sich unmittelbar daraus; deshalb haben wir die Diskussion dieser Theorie allen unseren Erörterungen vorangestellt.

Uns erscheint die klassische Theorie zwar unzulänglich zur Erklärung des Fetischismus, den sie als gleichwesentlich mit der Kastrationsproblematik im engen Sinne betrachtet, angewandt auf den Anblick der weiblichen Genitalorgane (zweite Zeit des Kastrationskomplexes); die Auffassungen aber, die den Nachdruck auf die Trennungsangst und weniger auf die Kastrationsangst legen, berücksichtigen zwar wichtige Elemente der Klinik, verkennen aber unserer Meinung nach die Verbindungen, die organisch zwischen diesen beiden Angstformen bestehen. Wir möchten die Hypothese vortragen, daß *das eigentliche Kastrationskonzept erweitert werden muß*. Wir haben die Tatsache betont, daß die ödipale Tragödie demjenigen ungeheuer erleichtert wird, der nicht zur Kenntnis nimmt, daß der Wunsch der Mutter den befruchtenden Penis des Vaters zum Objekt hat und daß die Mutter genital befriedigt werden will, d. h. anders als durch die vagen Berührungen, die der kleine Junge ihr nach Freuds Meinung erweisen will und die zufällig genau seinen Fähigkeiten entsprechen. (Liegt die »Normativität« nicht eher auf dieser Ebene, wo der »Instinkt« vollkommen mit der »Fähigkeit« zusammentrifft, und nicht in dem behaupteten schmerzlichen chronologischen Mißverhältnis zwischen diesen beiden Elementen?)

So erspart sich das Subjekt, das die Theorie des phallischen sexuellen Monismus »übernimmt«, Kastrationsängste auf zwei Ebenen:

– Zunächst hat es den Vater um nichts zu beneiden und braucht daher mit seinem Penis nichts zu tun. Es will ihm diesen weder rauben noch ihn aus dem Körperinneren der Mutter vertreiben. Das Desinteresse am großen, befruchtenden Penis des Vaters schützt das Subjekt vor der Vergeltung.

– Außerdem haben wir gesehen, daß dies dem Subjekt erhebliches Leid aufgrund seines Unzulänglichkeitsgefühls erspart, wie Freud es in *Jenseits des Lustprinzips* (1920) und *Der Untergang des Ödipuskomplexes* (1924) so großartig beschrieben hat – vgl. Kapitel I. *Wir schlagen also vor, daß dem Kastrationskomplex als innerer Bestandteil das schmerzliche Gefühl der Unzulänglichkeit zugerechnet wird, das das prägenitale Kind empfindet, weil es unfähig ist, seine Mutter sexuell zu befriedigen und ihr ein Kind zu machen.*

Der so erweiterte Kastrationskomplex läßt sich mit dem verbinden, was ihm vorangeht: der Trennungsangst. Der Ödipuskomplex, der Vater, der Wunsch der Mutter nach dem Penis des Vaters, die genitale Ordnung sind dann Faktoren, die die ursprüngliche Einheit zwischen Mutter und Kind sprengen.

Paradoxerweise findet dieser Gedanke einer organischen Beziehung zwischen Trennungsangst und Kastrationsangst Unterstützung bei Freud selbst in seiner letzten Theorie der Angst (*Hemmung, Symptom und Angst*, 1926, *op. cit.*).

Tatsächlich schreibt Freud der an das phallische Stadium gebundenen Kastrationsangst (eine Vermischung, auf der er besteht und die er nicht mehr in Frage stellt) zwei Vorläufer zu: zunächst die *»Urangst«* der Geburt, die eine automatische Angst ist, hervorgerufen durch die Überschwemmung des Organismus mit Erregungen. Es handele sich dabei um eine rein ökonomische Gefahrensituation. Doch sehr bald macht das Kind die Erfahrung, daß die Mutter, ein äußeres Objekt, alle nicht zu bewältigenden Gefahrensituationen beseitigt, die geeignet sind, die Urangst hervorzurufen, und im allgemeinen mit dem *Anwachsen der Bedürfnisspannung* in Verbindung stehen. Darum wird die Abwesenheit der Mutter – der Verlust des Objekts –, die den Säugling in die Ursituation zurückzubringen droht, ihrerseits zu einer Angstquelle, diesmal von Signal-Angst, die absichtlich vor der Herstellung der gefürchteten ökonomischen Situation eintritt. Die beiden Vorläufer der Kastrationsangst sind an die Trennung von der Mutter gebunden.

Was die Kastrationsangst der phallischen Phase angeht, so ist diese, wie Freud sagt, ebenfalls Trennungsangst: Angst vor der Trennung vom Genitalorgan und letztlich auch von der Mutter; »ein vollberechtigt scheinender Gedankengang von Ferenczi läßt uns hier die Linie des

Zusammenhanges mit den früheren Inhalten der Gefahrsituation deutlich erkennen. Die hohe narzißtische Einschätzung des Penis kann sich darauf berufen, daß der Besitz dieses Organs die Gewähr für eine Wiedervereinigung mit der Mutter (dem Muttterersatz) im Akt des Koitus enthält. Die Beraubung dieses Gliedes ist soviel wie eine neuerliche Trennung von der Mutter ...« (GW, Band 14, S. 169).

Wir wollen anmerken, daß Freud sich hier zu widersprechen scheint, da er die Kastrationsangst des phallischen Stadiums zur Angst in Beziehung setzt, das Organ zu verlieren, das die Rückkehr in den Körper der Mutter mittels des *genitalen Koitus* ermöglicht (er nimmt Bezug auf *Thalassa,* 1924). Man muß also annehmen, daß die genitale Unzulänglichkeit des kleinen Mannes im Alter des Ödipuskomplexes ihm ein Kastrationsgefühl gibt, da er durch seine physiologische Unzulänglichkeit von der Mutter getrennt ist und Zeit braucht, um diese zu besiegen und sich mit dem Besitzer des genitalen Penis, dem Vater, zu identifizieren.

Unterschlagen wir aber nicht einen entscheidenden Aspekt des ödipalen Konflikts, wenn wir so Trennungsangst und Kastrationsangst einander annähern – und uns dabei auf Freud selbst stützen?

Wenn die Trennungsangst es verdient, der Kastrationsangst gegenübergestellt zu werden, wenn sie die Prototypen der Kastrationsangst enthält, dann stellt das Aufkommen des Ödipuskomplexes einen Bruch dar, eine *Unterbrechung der Kontinuität* zwischen den mit der Trennung verbundenen Faktoren und jenen, die der Kastration angehören. Tatsächlich werden wir im Zusammenhang mit Freuds Schrift *Die Ichspaltung im Abwehrvorgang* (1938–1940) daran erinnert, daß die Einsetzung des Überichs, die beim Untergang des Ödipuskomplexes erfolgt, das Resultat eines Kampfes zwischen dem Wunsch nach der Mutter und der narzißtischen Befürchtung ist, den Penis zu verlieren, wobei letzterer Faktor über den ersteren triumphiert. Der wenn nicht »normale«, so doch wenigstens »ideale« Ödipuskomplex führt schließlich dazu, daß das Organ gerettet, doch seine Funktion aufgeschoben wird. Der Untergang des Ödipuskomplexes führt also zur Umwandlung der libidinösen Besetzungen, deren Objekt die Mutter ist: Das sexuelle Interesse des Kindes an ihr schwächt sich ab, verschwindet. Die Zärtlichkeit, die an die erste Art seiner liebevollen Beziehung zum Objekt gebunden war, verstärkt sich. Also geht aus dem Kastrationskomplex eine Ablösung von der Mutter als Objekt der sexuellen Strömung hervor.

In den »normalen« Fällen besteht ein qualitativer »Sprung« zwischen den aufeinanderfolgenden *Prototypen* des Kastrationskomplexes und dem Komplex im eigentlichen Sinne. Die ersteren sind an *reale* Ereignisse im Leben des Kindes gebunden: Geburt, Entwöhnung, Trennung von den Stuhlgängen, während die Kastrationsangst auf die *psychische Realität* zurückzuführen ist (wenn auch die Hypothese der Kastration des Sohnes durch den Vater in der Urhorde – in *Totem und Tabu,* 1913 – und die phylogenetische Weitergabe dieses Ereignisses der Kastrationsangst ein reales Gewicht geben). Doch als Freud 1926 in *Hemmung, Symptom und Angst* von der Kastrationsangst als einer Angst vor einer realen Gefahr spricht *(Realangst),* fügt er hinzu, es handele sich um »Angst vor einer wirklich drohenden oder als *real beurteilten* * Gefahr« (GW, Band 14, S. 137).

Selbst wenn man, wie wir vorschlagen, den Kastrationskomplex um das Unzulänglichkeitsgefühl des kleinen Ödipus erweitert (das seinerseits an die materielle, physiologische Realität gebunden ist), ist die Rolle der Phantasie hier entscheidend. Sie ist es im ödipalen Wunsch und in den damit einhergehenden Elementen: Identifizierung mit dem Vater – dem Objekt der Mutter –, Wunsch, sich der sexuellen Attribute des Vaters zu bemächtigen (des großen, befruchtenden Penis), Vergeltungsängste. Die Kastration wäre laut Freud außerdem eine der Urphantasien.

Der Höhepunkt des Kastrationskomplexes, der die Errichtung der Inzestschranke, des postödipalen Überichs und die Latenzperiode mit sich bringt, mündet in eine gewisse *Trennung* von der Mutter. Es handelt sich also dort um eine wirkliche Mutation, verglichen mit den Vorläufern des Kastrationskomplexes. Letztere lösen zwar eine Art von Bindung an die Mutter, implizieren jedoch nicht den definitiven Verzicht auf ihren Besitz. In den »normalen« Fällen treiben sie das Subjekt zu neuen Arten der Objektbeziehung und schließlich zum Ödipuskomplex und zur Genitalität. Das ödipale Drama dagegen endet im Prinzip mit dem Rückzug der auf die Mutter gerichteten sexuellen Besetzungen.

Gäbe es diese Unterbrechung der Kontinuität nicht, so bestünde kein Unterschied zwischen dem Übergangsobjekt und dem Fetisch, ein Unterschied, über den sich Winnicott als Antwort auf Wulff in seiner Schrift *Transitional Objects and Transitional Phenomena* (1953) geäußert hat.

Dem Fetischisten gelingt das Kunststück, dem universalen Gesetz des Ödipuskomplexes zu entgehen, doch er bezahlt mit einem Riß in seinem Ich dafür, daß er seinen Penis behält, ohne dessen Funktion aufzuschieben. Er entgeht so der *conditio humana.*

Weder die klassische Theorie des Fetischs – fehlender Phallus der Mutter – noch die Beiträge verschiedener Autoren, die die Trennungsangst und die prägenitalen Faktoren betonten, sind daher völlig zufriedenstellend. Dennoch erscheinen etliche klinische Beobachtungen, wie etwa die von James Glover, überzeugend. Insbesondere der Gedanke, daß der enge Schuh und der Fuß sich gegenseitig wund reiben, deckt sich mit der Repräsentation des Kindes im Uterus, der Brustwarze im Mund, der Fäzes im Rektum, des Penis in der Vagina. So werden *alle möglichen Trennungsarten aufgehoben,* die Vorläufer des Kastrationskomplexes sind (Geburt, Entwöhnung, Trennung von den Stuhlgängen). Was den Penis in der Vagina angeht, der vom Autor einem sadistischen Koitus mit der Mutter gleichgesetzt wird, so neigen wir eher dazu, ihn als eine analsadistische Urszene zu betrachten, die auf die Teilobjekte reduziert ist. Man wird bemerkt haben, daß der Kranke von J. Glover Abscheu vor schwarzen Schuhen hatte (die an die Kohlen erinnerten, die er in den Mund steckte) und die *idealisierten* weißen Schuhe (deren Analität maskiert ist) in den Himmel hob.

Wir wollen also hier unsere weiter oben provisorisch vorgetragene Hypothese vervollständigen, nämlich daß der Fetisch ein analer Phallus mit der Tendenz ist, den genitalen Penis aus der sexuellen Szene auszuschließen. Wir schlagen die Betrachtungsweise vor, daß der Fetischist *versucht, den Kastrationskomplex zu umgehen, indem er ihn seinen früheren Trennungserfahrungen angleicht, die ihn nicht gezwungen haben, auf seine Mutter zu verzichten.*

Wir kommen so zu der Annahme, daß die Aufdeckung der überdeterminierten Bedeutungen des Fetischs, eines wahren Sammellagers für alle im Laufe der Entwicklung verlorenen und oft in ihren Verbindungen mit den erogenen Zonen des Subjekts wiederhergestellten Teilobjekte (der Fetisch ist, wie es insbesondere die Fesselungsaktivitäten zeigen, zu denen er oft Anlaß gibt, gleichzeitig Behältnis und Inhalt), in dieselbe Richtung geht wie der Wunsch des Fetischisten: die Kastration ihrer spezifischen Bedeutung zu entkleiden, sie ganz an die früheren Verluste anzugleichen, die, so schmerzhaft sie auch gewesen sein mögen, dennoch schließlich überwunden wurden.

Auch da versucht der Fetischist, alle Objekte, alle erogenen Zonen untereinander gleichwertig zu machen. Die Inhalte sind kaum von Bedeutung: Brust, Penis, Fäzes und Baby werden dem gleichen Homogenisierungsvorgang analer Art unterzogen, da dieser, wie wir gesehen haben, der Verdauung nachgebildet ist, die in der »Herstellung« identischer Partikel endet. Doch der wesentliche Motor dieser Verwandlung der Realität ist die Reduktion der Genitalität – der genitalen Urszene, der Vagina der Mutter und des genitalen Penis des Vaters – auf eine prägenitale Aktivität und prägenitale Elemente. Das genitale Universum, das nur dem Vater zugänglich ist, wird zugunsten der analen psychosexuellen Dimension entthront.

Der Fetisch ist also nicht nur der Phallus der Mutter; *er ist eine Verdichtung aller Elemente, die den Sohn von der Mutter trennen.* Die Genitalität, in der sich der doppelte Unterschied zwischen den Geschlechtern und den Generationen ausdrückt, d. h. die *Wirklichkeit selbst,* die das Haupthindernis für den Besitz der Mutter darstellt, der die Einheit Mutter–Sohn zerstörende Faktor, wird so von der Bühne gefegt.

Der Fetisch ist wie ein Zauberstab. Seine Gegenwart genügt, um die Realität zu verändern. Die Bühne, auf der sich das menschliche Drama mit seiner Trauer, seinen Verlusten, seinen Wunden und seinem Verzicht abspielt, wird so zu einem Feenland, wo es weder Verlust noch Unzulänglichkeitsgefühl noch Tod mehr gibt.

Der Patient von A. Parkin, den wir oben erwähnten, der Regenmantelfetischist, sieht von Zeit zu Zeit die in den Fetisch gehüllte Frau wie »in strahlender, makelloser Schönheit« (»in radiant, unspoiled beauty«). Dies muß unserer Meinung nach mit dem letzten Anblick der sterbenden Mutter des Patienten in Verbindung gebracht werden (sie hatte unmittelbar nach dem fünften Geburtstag ihres kleinen Sohnes einen schweren Anfall von Colitis ulcerosa): Sie streckte die Arme nach ihm aus, »übergossen von einem spirituellen Strahlen, und die Aura ihrer zarten Anmut umgab ihn mit einem himmlischen Gefühl« (»she seemed suffused with a spiritual radiance and the aura of her delicate loveliness encompassed him with a heavenly feeling«). Der Patient von Alan Parkin, der in der mit dem Regenmantel bekleideten Frau die himmlische Aura wiederfindet, die seine sterbende Mutter umgab, könnte in dem Fetisch – dessen im wesentlichen exkrementellen Charakter der Autor selbst hervorhebt – durchaus die Einbalsamierung des mütterlichen Leichnams sehen, das Aufhalten des Zerfalls des Fleisches. Wenn wir diese Hypothese aufstellen, so deshalb, weil die Praxis der Einbalsamierung – insbesondere die der Ägypter – exakt der Herstellung eines Fetischs entspricht. Sie schminkt einen verfaulenden Körper, verziert ihn mit Schmuckstücken, bekleidet ihn mit einer Maske aus Gold und macht einen Gott aus ihm.

Dies führt uns zurück zur Idealisierung, von der bereits ausführlich die Rede war, vor allem in den Kapiteln I, III und IV. Es scheint allerdings notwendig, hier darauf zurückzukommen, da die *Idealisierung* von der Erschaffung des Fetischs nicht zu trennen ist. Man hat daran erinnert, daß »schminken« gleichzeitig »färben« und »verkleiden«, »maskieren« bedeutet. Der französische Ausdruck für »schminken«, »maquiller«, hat die gleiche Etymologie wie das englische »to make«: machen, herstellen. Der Vorgang des »Schminkens« ist also verbunden mit der Errichtung eines künstlichen Objekts. Man hat auch darauf hingewiesen, daß das, was idealisiert wird, häufig glänzend, leuchtend, strahlend ist.

Man weiß, wie häufig diese Merkmale Teil des Fetischs sind (glänzende Stiefel, Wachstuch, Unterwäsche aus Satin etc.), der so seine Analität maskiert. Fast alle Autoren, die den Fetischismus untersucht haben, haben den doppelten Charakter des Fetischs, anal und glänzend, hervorgehoben.

So spricht Phyllis Greenacre (in *op. cit.*, 1954) von »shiny and smelly objects« und Socarides (in *op. cit.*, 1960) von »shiny or odorous objects«. Selbst wenn die Autoren nicht den doppelten Charakter des Fetischs betonen, spielen ihre klinischen Beschreibungen stets darauf an. So sprechen beispielsweise Kronengold und Sterba in *Two Cases of Fetishism* (1936) von einem Patienten und heben die »analen Determinanten seines Fetischs« hervor, »Geruch von Kautschuk, in schmutzigem Zustand eingewickelt werden«. Ein zweiter Patient, den sie beschreiben, fesselte sich mit einer Kordel und masturbierte vor einem Spiegel, vollkommen nackt, wobei er aber seine »sorgfältig polierten« Schuhe anbehielt.

In seinem Artikel über »The Relation of Perversion-Formation to the Development of the Reality Sense« führt E. Glover im Zusammenhang mit »narzißtischen Fetischen« den Fall eines Klavierfetischisten an, der sich am Anblick eines neuen und glänzenden Klaviers erregte. Ein verschrammtes Klavier, das seinen Glanz verloren hatte oder wurmstichig war, war *tabu*. Der Fetisch eines anderen war ein nagelneues Motorrad, das seine Anziehungskraft verlor, sobald es mit Schmutz oder Schmieröl bespritzt war. Er erregte sich auch an seinen eigenen neuen Schuhen, solange diese ihren ursprünglichen Glanz bewahrten.

Bei dem berühmten »Glanz auf der Nase«, den Freud auf das Wort »glance« (Blick) zurückführt (in *Fetischismus*, GW, Band 14, S. 311), sind wir mit Béla Grunberger der Meinung, daß die Bedeutung von »Glanz« – eben das Glänzende – nicht unterschätzt werden sollte.

Die Idealisierung des Fetischs ist nicht immer eine Maske, hinter der sich die Analität verbirgt. Manchmal ist diese mehr oder weniger freimütig zur Schau gestellt – wie zahlreiche klinische Beobachtungen zeigen –, insbesondere in den Fällen von Fußfetischismus. Doch der Fetisch wird auf jeden Fall verehrt und in den Himmel gehoben (man denke beispielsweise an den Fall, den wir bezüglich des auf ein Samtkissen gebetteten Fußes der Gouvernante anführten; in *Vorlesungen zur Einführung in die Psychoanalyse, op. cit.*, 1917).
Der Fetisch ist sinnbildlich für die Perversion. Er repräsentiert nicht – jedenfalls nicht nur – eine Veränderung in einem umschriebenen Sektor des Ichs, sondern verdichtet die Elemente der Realitätsumwandlung, die die Perversion herbeiführen möchte: die Herrschaft der Analität und die damit einhergehende Idealisierung unter Ausschluß der Genitalität.
Der Fetisch bedeutet daher den Eintritt des Subjekts in eine neue Dimension. Dies zeugt unserer Meinung nach vom oft erwähnten Bestehen von Fetischismus bei der Mehrzahl der Perversionen (selbst wenn diese nicht vom Fetischismus dominiert werden) und von der gleichfalls häufig erwähnten Tatsache, daß der Fetischismus das Modell der Perversionen ist. Sein Bestehen bildet die sexuelle Szene magisch um. Diese läßt alle Elemente wiederaufleben, die den Sohn von der Mutter trennen – primäres Objekt und ödipales Objekt – und die sich dank des Fetischs in einer Kontinuitätsbeziehung befinden: Bei unseren eigenen klinischen Beobachtungen erfährt die fetischistische Aktivität immer eine Verschlimmerung, wenn die Analyse unterbrochen wird, und bis dahin im Unbewußten begrabene Bedeutungen kommen an die Oberfläche, wie im Falle des Patienten, der zur Zeit der Abwesenheit der Analytikerin und seiner Frau impulsiv den Stiefel-Fetisch zum Mund führte (der Patient hatte gleichzeitig eine Neigung zum Trinken)[4]. Wie wir gesehen haben, heben zahlreiche Autoren die allmächtige Kontrolle hervor, die das Subjekt über den Fetisch ausübt, den es ganz nach seinem Belieben manipuliert, zeitweilig angreift oder verehrt. Die Fetischisten haben eine Neigung, die gleiche Kontrolle auch über ihre Objekte im allgemeinen auszuüben. Diese Besitzergreifung am Fetisch, besonders evident, wenn es sich um ein unbelebtes Objekt handelt, das von jedem körperlichen Halt losgelöst ist, ermöglicht dem Subjekt, die Einheit mit seiner Mutter wieder herzustellen, aber auch, sich nach seinem eigenen Willen daraus zu lösen und so jeden Verlust zu bewältigen. Marionetten, Kleiderpuppen, Wachsfiguren, Automaten, Puppen, Golems, Androiden, gemalte Dekors, Gipsfigu-

ren, Trugbilder, geheime Maschinerien, versteckte Fäden, maskierte Räder, Farcen und Attrappen, Nachahmung und Illusion gehen aus dem magischen und trügerischen Universum des Fetischisten hervor. In dem Zwischenraum zwischen Leben und Tod, Lebendigem und Maschine, hybriden Schöpfungen und Schöpfungen der *Hybris*, den Götzenbildern des 18. Jahrhunderts und der deutschen Romantik erscheinen großartige Fetische (doch der Fetisch ist immer großartig, da er eine neue Realität herbeiführt). Als Casanova noch jung ist, wird jede seiner perversen sexuellen Großtaten vom Flügelschlagen des seltsamen Automaten begleitet, eines goldenen Vogels, dessen Bewegung er auslöst, um seine Orgasmen anzuzeigen. Als er alt und arm geworden ist, vollzieht er seine letzten amourösen Zeitvertreibe mit einem Automaten, einer ausgestopften und gehorsamen Puppe, Symbol der Illusion, auf der er sein Leben aufgebaut hat.[5]

Ausgehend vom fetischisten Akt können wir versuchen, den perversen Akt im allgemeinen zu verstehen.

Dazu wollen wir uns zunächst mit der klassischen Schrift Freuds befassen, *Formulierungen über die zwei Prinzipien des psychischen Geschehens* (1911), und insbesondere mit dem, was sich auf die *halluzinatorische Wunscherfüllung* bezieht. Wir möchten hier die Fußnote zitieren, die Freud zu diesem Thema anfügt:

»Es wird mit Recht eingewendet werden, daß eine solche Organisation, die dem Lustprinzip frönt und die Realität der Außenwelt vernachlässigt, sich nicht die kürzeste Zeit am Leben erhalten könnte, so daß sie überhaupt nicht hätte entstehen können. Die Verwendung einer derartigen Fiktion rechtfertigt sich aber durch die Bemerkung, daß der Säugling, wenn man nur die Mutterbrust hinzunimmt, ein solches psychisches System nahezu realisiert. Er halluziniert wahrscheinlich die Erfüllung seiner inneren Bedürfnisse, verrät seine Unlust bei steigendem Reiz und ausbleibender Befriedigung durch die motorische Abfuhr des Schreiens und Zappelns und erlebt darauf die halluzinatorische Befriedigung.« (GW, Band 8, S. 232) Das ständige Ausbleiben der erwarteten Befriedigung und die Enttäuschung bringen das Aufgeben der Versuche halluzinatorischer Realisierung mit sich: »Anstatt seiner mußte sich der psychische Apparat entschließen, die realen Verhältnisse der Außenwelt vorzustellen und die reale Veränderung anzustreben. Damit wurde ein neues Prinzip der seelischen Tätigkeit eingeführt; es wurde nicht mehr vorgestellt, was angenehm, sondern was real war, auch wenn es unangenehm sein sollte.« (*ibid.,* S. 231 f.) Das Denken tritt gleichzeitig mit der Einsetzung des Realitätsprinzips ein: »Die motorische Abfuhr, die während der Herrschaft des Lustprinzips zur Entlastung des seelischen Apparats von Reizzuwächsen gedient hatte und dieser Aufgabe durch ins Innere des Körpers gesandte Innervationen (Mimik, Affektäußerungen) nachgekommen war, erhielt jetzt eine neue Funktion, indem sie zur zweckmäßigen Veränderung der Realität verwendet wurde. Sie wandelte sich zum *Handeln.*«

»Die notwendig gewordene Aufhaltung der motorischen Abfuhr (des Handelns) wurde durch den *Denkprozeß* besorgt, welcher sich aus dem Vorstellen herausbildete.« (*ibid.,* S. 233)

Könnte man nicht annehmen, daß die perverse Sexualität eine Befriedigung verwirklicht, die der halluzinatorischen Wunschbefriedigung nahekommt? Man kann die beiden einander allerdings nicht völlig angleichen, da der Perverse nicht phantasiert. Wir beziehen uns hier auf einen Vergleich, den Freud (in *Totem und Tabu,* 1913)[6] zwischen der halluzinatorischen Wunschbefriedigung (des kleinen Kindes), bei der die Befriedigungserfahrung durch motorische Agitation herbeigeführt wird, und der *magischen Handlung* des Primitiven zieht, der durch magische Mittel die Verwirklichung seiner Wünsche zu erzielen sucht: »Mit der Zeit verschiebt sich der psychische Akzent von den *Motiven*[7] der magischen Handlung auf deren *Mittel,* auf die Handlung selbst.« (GW, Band 9, S. 104)

Bion[8] nimmt an, daß das Denken aus der Abwesenheit der Brust entsteht, unter der Bedingung, daß das Subjekt in der Lage ist, die Frustration zu ertragen; man schließt daraus, daß das sofortige Zusammentreffen des Wunsches und des Objekts der Befriedigung (der »Präkonzeption« und der »positiven Realisation«) gleichfalls ein Hindernis für die Bildung des Denkens sein muß. Man kann sogar vermuten, wenn man sich auf die Familienkonstellation des zukünftigen Perversen und die *Idolatrie* bezieht, die seine Mutter im allgemeinen mit ihm treibt (wir berufen uns hier auf die Auffassung von Masud Khan[9], der *Idolisierung* von *Idealisierung* insofern unterscheidet, als er die Betonung auf die Tatsache legt, daß das Kind für die Mutter mehr eine »Sache« als eine Person ist, die aus eigenem Recht wachsen soll. »In der Idolatrie – ›*Idolisierung*‹ – wird das Objekt wie ein geheiligter Fetisch behandelt«), daß die Schaffung des Denkens (und der symbolischen Aktivität) dadurch genauso behindert wird wie im Falle einer zu großen Frustration (Winnicott zeigt in *Vom Spiel zur*

Kreativität, 1971, daß die Reaktion der Mutter auf die Bedürfnisse des Kindes weder zu unmittelbar noch zu absolut sein darf. Das Kind muß die Illusion haben können, es habe das Objekt seines Bedürfnisses geschaffen.) Die Frustration ist, wenn sie in diesem Kontext auftritt, auch nicht erträglich. Sie stellt das Zusammenbrechen der Illusion dar, um die herum sich die Psychosexualität des Kindes gebildet hat. Wir haben gesehen, daß ein wesentliches Stück dieser Illusion darin besteht, ein adäquates Sexualobjekt für die Mutter zu sein. Man kann sich vorstellen, daß die Psyche, wenn die Enttäuschung eintritt, nicht die Fähigkeit hat, sie *durch Denken zu verändern,* sondern sich veranlaßt sieht, mittels magischer Handlungen *die Illusion wiederherzustellen.*

Vielleicht könnten wir versuchen, einen genaueren infantilen Prototyp der magischen Technik des Perversen zu finden, der diese unmittelbar nach dem Stadium der halluzinatorischen Wunschbefriedigung ansiedelt, aber vor der Errichtung des Denkens. Das, was der Säugling sucht, ist zunächst einmal die an die Befriedigungserfahrung gebundene *Identität der Wahrnehmung,* also ohne den Umweg über das Denken, d. h. mittels Halluzination[10]. Die motorische Agitation, die das Erscheinen des Bedürfnisses begleitet (Schreien, Strampeln mit Armen und Beinen) und für die Mutter ein *Signal* für den Spannungszustand ihres Säuglings ist, führt die Befriedigungserfahrung herbei. Bald ist diese motorische Aktivität für den Säugling mit der Veränderung der Situation verbunden. Ferenczi[11] beschreibt diese Phase so: »Schon das halluzinatorische Stadium war durch das Auftreten *unkoordinierter* * motorischer Entladungen bei Unlustaffekten charakterisiert (Schreien, Zappeln). Diese benützt nun das Kind als *magische Signale* *, auf deren Ruf dann die Wahrnehmung der Befriedigung (natürlich mit äußerer Hilfe, von der aber das Kind keine Ahnung hat) prompt eintrifft. Das subjektive Empfinden des Kindes bei diesen Vorgängen ist *dem eines wirklichen Zauberers zu vergleichen, der nur eine bestimmte Geste vorzunehmen hat, damit in der Außenwelt die kompliziertesten Ereignisse nach seinem Willen vor sich gehen.* *« (*op. cit.,* S. 70f.).

Man kann jedoch annehmen, daß es die folgende Entwicklungsphase des Ichs ist, die dem perversen Akt als »Modell« dient insofern, als sich das Ritual der unkoordinierten Motorik des hier beschriebenen Stadiums widersetzt.

Ferenczi unterscheidet tatsächlich einen späteren Grad, in dem die Befriedigung mittels einer *»entsprechende(n) Kombination der Gesten«* * erlangt wird. Der Säugling kann, so meint Ferenczi, sich »immer noch allmächtig vorkommen ...: *Periode der Allmacht mit Hilfe magischer Gebärden*« (1913, S. 72).

»Im Seelenleben Normaler ist die Unzahl abergläubischer oder sonst für wirkungsvoll gehaltener Gebärden ... ein Rest jener Entwicklungsperiode des Realitätssinnes, in der man sich noch mächtig genug fühlte, *mit Hilfe solcher harmloser Gesten die ... Gesetzmäßigkeit des Weltgeschehens durchbrechen zu können* *. Zauberer, Wahrsager und Magnetiseure finden mit der Behauptung solcher Machtvollkommenheit ihrer Gebärden immer noch Glauben ...« (1913, S. 72).

Die rituelle Abwicklung des perversen Akts stellt also eine magische Technik dar, die die Realität verändern und das Subjekt in eine andere Dimension versetzen soll – die der Undifferenziertheit –, eine Technik, die wir mit den schwarzen Messen und den Teufelsreligionen in einen Zusammenhang gebracht haben.[12] Das *Acting-out,* das für die Perversionen (im Vergleich zu den Neurosen) charakteristisch ist, ist unserer Meinung nach verbunden mit der Vermeidung des *psychischen Durcharbeitens* der Probleme (Depression, Schmerz, Unzulänglichkeitsgefühl) und dem Versuch, an dessen Stelle eine *magische Lösung* zu setzen, die eine *Aktualisierung,* ein Einbringen in die äußere Realität erfordert und einen den Gesten oder Worten des Zauberers analogen Wert hat, welche dazu bestimmt sind, eine neue Realität herbeizuführen, die »Gesetzmäßigkeit des Weltgeschehens zu durchbrechen«, wie Ferenczi sagt.

Man kann hier anmerken, daß dieselbe Wahl des kurzen Weges, die in Kapitel II anläßlich des Ichideals des Perversen beschrieben wurde, sich auf der Ebene des perversen Aktes selbst wiederfindet: die Vermeidung des psychischen Durcharbeitens (der Gefühle, Konflikte und Affekte) entspricht auf der Ebene des Ichideals dem »Kurzschließen« der Notwendigkeit, groß zu werden und sich mit dem Vater zu identifizieren in der Hoffnung, eines Tages seinen Platz bei der Mutter einzunehmen.

In beiden Fällen haben wir es mit einem Problem der *narzißtischen Allmacht* zu tun, einer Allmacht, die wir auch gefunden haben, als wir beim Perversen den Ehrgeiz zu erkennen glaubten, den Platz des Schöpfers einzunehmen.

Wir erwähnten bereits, daß Glover uns derjenige Autor zu sein scheint, der dem Vorgang der Idealisierung bei den Perversionen die größte Bedeutung eingeräumt hat. Bei der Beschreibung des Exkretionsrituals eines seiner Patienten hebt er die Tatsache hervor, daß diese Vorgänge

»eine hohes Maß an Idealisierung einschlossen, insbesondere des rektalen Schließmuskels«, und er fügt in einer Fußnote hinzu: »Ich war außerordentlich beeindruckt von der Kombination aus Rückversicherungs- und Leinwandfunktion, die die Idealisierung in diesem und in zahlreichen anderen Fällen aufwies.«

Es scheint, als sei die Schutzfunktion der Perversion (gegen die Psychose) eben gerade an die Ankunft des Universums des Undifferenzierten, des Analen, und an die Idealisierung dieses Universums gebunden, insofern die Umwandlung der Realität, die so bewirkt wird, ermöglicht, dem psychischen Leiden auszuweichen. *Dies wiederum ist an die Existenz der Unterschiede gebunden:* zwischen der Ohnmacht des Kindes und der Macht des Erwachsenen, zwischen dem infantilen, unfruchtbaren Penis und dem genitalen Penis, zwischen dem Mann und der Frau (Erzeugerin der Urszene), zwischen der Anwesenheit und der Abwesenheit, dem Lebendigen und dem Unbelebten etc., Unterschiede, die wir bereits aufgezählt haben. Man kann verstehen, daß derjenige, dem es gelingt, die Dimension des Undifferenzierten zu errichten, sich den Fall in die Trostlosigkeit der Depression, in die Welt des Wahnsinns erspart.

Könnte man nicht annehmen, daß der Perverse zwar nicht deliriert, daß es aber trotzdem um *seinen gesamten Realitätsbezug* geht und nicht um einen umschriebenen Aspekt seines Ichs? Wir glauben, wir haben dies im Laufe unserer Erörterungen implizit zu verstehen gegeben.

Muß man nicht annehmen, daß es im wesentlichen dieser besondere Realitätsbezug ist, der die perverse Organisation definiert? Es trifft zu, daß die perverse Organisation, wenn sie relativ stabil ist (was der Definition nach bei den Patienten, die zu uns kommen, nicht der Fall ist; wir können sie also nur durch Deduktion kennenzulernen hoffen), einen Schutz gegen die Psychose darstellt, indem sie die Beibehaltung von Bindungen, so verzerrt diese auch sein mögen, an Objekte ermöglicht. Eine *Illusion,* selbst wenn sie generalisiert ist, ist kein *Wahn.* Unsere Auffassung vom perversen Akt räumt diesem eine Funktion ein, die beträchtlich über die einer sexuellen Befriedigung hinausgeht: Wir haben sie als magische Technik betrachtet, die dazu bestimmt ist, die Ankunft einer neuen Realität zu begünstigen.

Wir haben angenommen, daß der perverse Akt dem primitiven Vorbild der Befriedigungserfahrung nachgebildet ist, die dem Säugling seine motorischen Abfuhren verschaffen. Diese lassen in der Realität die Mutter eingreifen und werden vom Säugling als *magische* Handlungen erlebt. Die Grenze, die diese Form der motorischen Magie von der halluzinatorischen Befriedigung im eigentlichen Sinne trennt, ist sehr schmal. Sie ist so schmal, daß Freud in *Totem und Tabu (op. cit.)* und mehr noch in *Formulierungen über die zwei Prinzipien ... (op. cit.)* dazu neigt, die beiden Grade der Ichentwicklung völlig zu vermischen: »Für das Kind, welches sich unter analogen psychischen Bedingungen befindet, aber motorisch noch nicht leistungsfähig ist, haben wir an anderer Stelle die Annahme vertreten, daß es seine Wünsche zunächst halluzinatorisch befriedigt, indem es die befriedigende Situation durch die zentrifugalen Erregungen seiner Sinnesorgane herstellen läßt.« (GW, Band 9, S. 103 f.). Wie wir gesehen haben, ist Ferenczi derjenige, der wirklich zwischen der halluzinatorischen Befriedigung im eigentlichen Sinne und dem Einwirken des Kindes auf die Welt unterscheidet, das mittels Signalen die Befriedigungserfahrung auslöst. Die Handlung selbst ist in zwei Stadien unterteilt: das eines unkoordinierten Gestikulierens, das magisch das Objekt des Bedürfnisses erscheinen läßt und auf das dann eine angemessene Gestik folgt. Die wahrscheinlich unsichere Abgrenzung dieser verschiedenen Entwicklungsgrade des Ichs berücksichtigt, wie uns scheint, mögliche Übergänge in beiden Richtungen, Überschreitungen der schmalen Grenze nach beiden Seiten, wenn wir die Vorgänge vom Standpunkt der Regression des Ichs aus betrachten. Die Psychose ist in der Tat in ihren halluzinatorischen Aspekten, wie Freud anhand der halluzinatorischen Verwirrung und der schizophrenen Halluzinationen gezeigt hat, durch eine Rückkehr auf die Phase der halluzinatorischen Wunscherfüllung gekennzeichnet.[13] Die Neurose richtet sich im Bereich des Denkens ein, bewahrt dabei aber eine Enklave, die vor der Realitätsprüfung geschützt und nur dem Lustprinzip unterworfen ist: die Phantasietätigkeit. Der perverse Akt steht neben dem magischen Akt, zwischen Halluzination und Phantasie. Man muß allerdings feststellen, daß der Übergang zum Handeln in der Perversion dennoch mit unbewußten Phantasien unterlegt ist. Der Perverse weiß unter anderem auch nichts von dem magischen Ziel seines Handelns.

Er ist wie der von Freud in *Totem und Tabu* beschriebene Primitive: Die *Mittel* haben für ihn die *Motive* in den Hintergrund geschoben, in das Unbewußte (die Bewußtwerdung der Motive würde den ganzen Mechanismus zusammenbrechen lassen).

Es liegt auf der Hand, daß die Untersuchung des Universums des Perversen, das Studium seines Realitätsbezugs, sich nicht auf die Untersuchung des perversen Aktes beschränken darf, soweit dieser in der Außenwelt in Erscheinung tritt und soweit er sich von der Halluzination einerseits und vom Denken andererseits unterscheidet.

Uns erscheint jetzt der Versuch notwendig, die verschiedenen Elemente, die wir darzulegen versucht haben, wieder miteinander zu vereinen, um die Natur des *Realitätsverlusts in der Perversion* zu präzisieren.

Wollt ihr mich nicht fürchten, spricht der Herr, und vor mir nicht erschrecken? Der ich dem Meer den Sand zum Ufer setze, darin es allezeit bleiben muß, darüber es nicht gehen darf ...

Jeremias 5,22

Herr, deine Augen sehen nach dem Glauben.

Jeremias 5,3

Alle Menschen sind Narren mit ihrer Kunst, und alle Goldschmiede bestehen mit Schanden mit ihren Bildern; denn ihre Götzen sind Trügerei und haben kein Leben.

Jeremias 10,14

Unsere Hypothese ist, daß die mütterliche Verführung den Perversen zur Wahl von Lösungen getrieben hat, die die langsame und schmerzhafte menschliche Reifung vermeiden und sich in einer *»verflachten« Zeit* abspielen.

Als wir zu zeigen versuchten, daß der Perverse so veranlaßt wird, sich in das analsadistische Universum zu begeben, in dem alle Unterschiede aufgehoben sind und mithin alle Verluste, Trennungen und Unzulänglichkeiten, wurden wir angeregt, uns für die ersten Texte Freuds über die Perversion zu interessieren, Texte, die die Elemente betonen, die uns die perverse Lösung zu beherrschen schienen: *Narzißmus und Analität*. Diese Texte werden sehr selten erwähnt und eher als Kuriositäten betrachtet. Es sieht so aus, als habe die Schrift von 1927 die ersten Annahmen Freuds vollkommen hinfällig gemacht. Wir neigen zu der Ansicht, daß sie, da sie ganz auf der Theorie des phallischen sexuellen Monismus beruht, vor allem den Geist befriedigt, da sie die Abwehrmechanismen verstärkt, die an das Unzulänglichkeitsgefühl des kleinen Jungen in bezug auf seine Mutter gebunden sind, ein Unzulänglichkeitsgefühl, von dem er sich nie erholt und dessen Verdrängung ständig wiederhergestellt werden muß. Insgesamt wirkt die Theorie, die im Fetisch den fehlenden Penis der Mutter sieht – und nichts anderes –, selbst genau wie ein Fetisch, indem sie den Graben zuschüttet, der das Kind für immer von seiner Mutter trennt. Sie bestätigt die Angst des Jungen angesichts der weiblichen Genitalorgane, die keinen Penis aufweisen, um, wie wir meinen, sich dem nicht stellen zu müssen, was sich hinter dieser Angst versteckt: die Feststellung, daß er, der kleine Junge, keinen adäquaten Penis hat, um die Mutter zu befriedigen. Der phallische Kult, der seit etwa zwanzig Jahren in die französischen psychoanalytischen Schriften eingedrungen ist, hat sich mit glühender Freude der Theorie von 1927 bemächtigt. Wir hoffen, daß der Leser, der uns bis hierher gefolgt ist, uns nicht verdächtigen wird, die Bedeutung des Kastrationskomplexes zu verkennen. Wir wollen im Gegenteil seine Wichtigkeit betonen und, wie wir es in Kapitel VII getan haben, ihm das Gefühl der Unzulänglichkeit hinzufügen, das aus der mangelnden chronologischen Koinzidenz von ödipalem Wunsch und genitaler Fähigkeit herrührt.

Hier müssen wir auf den Begriff der *Idealisierung* zurückkommen; wir konnten feststellen, daß er durch das ganze Werk Freuds hindurch nie eine gewisse »Unschärfe« verliert. Diese Unschärfe betrifft:

1. seine Anwendung:

Es handelt sich um eine Übertreibung, eine Überbewertung der Qualitäten des Objekts, um seine »Überschätzung« (das ist einer der von Freud am häufigsten verwendeten Begriffe).

Wir haben jedoch gesehen, daß Freud in den *Drei Abhandlungen* (1905) von einer *Idealisierung des Triebes* sprach, und zwar gerade im Hinblick auf die Perversionen: »Vielleicht gerade bei den abscheulichsten Perversionen muß man die ausgiebigste psychische Beteiligung zur *Umwandlung des Sexualtriebes anerkennen. Es ist hier ein Stück seelischer Arbeit geleistet, dem man trotz seines greulichen Erfolgs den Wert einer Idealisierung des Triebes nicht absprechen kann.«* * (GW, Band 5, S. 61) Wir haben daran erinnert, daß von *Zur Einführung des Narzißmus* (1914, *op. cit.*) an der Begriff der Idealisierung nur auf das Objekt angewendet wurde. Der Trieb konnte lediglich sublimiert werden. Anzumerken ist, daß Freud von diesem Zeitpunkt an den Begriff Idealisierung nicht mehr verwendet. Der Gedanke einer Projektion des Ichideals auf das Objekt (im Zustand der Verliebtheit, in der Unterwerfung unter den Stammesführer oder den Hypnotiseur) schiebt sich an die Stelle des Begriffs der Idealisierung. Auch werden die Vorgänge der Identifizierung mit den Eltern, Träger des primären Narzißmus des Kindes, nicht als Identifikation mit den »idealisierten« Eltern beschrieben.

2. den psychischen Vorgang, um den es geht:

Wenn man, wie wir es getan haben, den Begriff einer *Idealisierung des Triebes* übernimmt, welcher Art ist dann die *Umwandlung des Triebes,* die daraus hervorgeht?

Wir haben versucht, diese Frage in Kapitel IV teilweise zu beantworten, indem wir uns bemüht haben, Idealisierung eines Triebes und Sublimierung zu unterscheiden. An dieser Stelle sahen wir uns zur Einführung des Mechanismus der Verneinung veranlaßt. Die Idealisierung wäre das »Nein«, das das Subjekt angesichts der partiellen Aufhebung der Verdrängung (oder der Repression, da es sich um Gefühle handelt) in bezug auf Vorstellungen oder Affekte ausspricht, die mit den analsadistischen Trieben zusammenhängen. Wir werden unsere Ausführungen dazu noch vervollständigen.

3. *die Verbindung zwischen Idealisierung und »partieller Verdrängung«:* Wir erinnern hier an zwei Texte von Freud (zitiert im Anhang), die uns besonders aufgefallen sind. Es handelt sich beide Male um einen Mechanismus, der der Genese des Fetischs eigen sein soll. Wir haben in der Tat hervorgehoben, daß Freud in einem Brief an Abraham vom 18. 2. 1909 schrieb, der Fetisch resultiere aus einer *partiellen Verdrängung,* bei der »ein Stück des Komplexes verdrängt, ein anderes, zugehöriges zur Entschädigung *idealisiert* wird.« (*op. cit.,* S. 81)
Der verdrängte Teil ist eine »ursprüngliche Riechlust ... Diese Riechlust wird vertrieben, dafür der Fuß, der einstige Spender des Genusses, zum Fetisch erhoben. Von seinem Geruch ist dann nicht mehr die Rede.« *(ibid.)*
Wir haben diesen Brief in einen Zusammenhang gestellt mit einem Auszug aus der metapsychologischen Schrift über *Die Verdrängung:* Als Freud die *ganz individuelle* Art und Weise betont, in der die Verdrängung arbeitet, schreibt er, daß die »bevorzugten Objekte der Menschen, ihre Ideale, aus denselben Wahrnehmungen und Erlebnissen stammen wie die von ihnen am meisten verabscheuten, und sich ursprünglich nur durch geringe Modifikationen voneinander unterscheiden. Ja, es kann, wie wir's bei der Entstehung des Fetisch gefunden haben, die ursprüngliche Triebrepräsentanz in zwei Stücke zerlegt worden sein, von denen das eine der Verdrängung verfiel, während der Rest, gerade wegen dieser innigen Verknüpftheit, das Schicksal der Idealisierung erfuhr.« (GW, Band 10, S. 252f.)
Um besser zu umreißen, worum es hier geht, müssen wir zu den Gedanken zurückkehren, die Freud in den Briefen an Fließ über das Thema der *aufgelassenen erogenen Zonen* äußert. Die Idee erscheint, wie wir gesehen haben, in dem Brief vom 6. Dezember 1896; dieses Aufgeben erfolge bei der Perversion nicht. In dem Brief vom 14. November 1897, in dem

Freud Fließ die Entdeckung der Libidoentwicklung ankündigt, spricht er davon, bei der Verdrängung sei ein *organisches* Element im Spiel, das nichts anderes wäre als die Aufgabe ehemals sexueller Zonen. Die menschliche Zivilisation sei an den Erwerb des aufrechten Ganges gebunden, an die Desaffektion der olfaktorischen Befriedigungen. Die Erinnerungen an die Reizung der aufgegebenen sexuellen Zonen erzeuge die Entbindung »einer Unlust, einer Binnensensation, die analog ist dem Ekel im Objektfalle. Grob gesagt, die Erinnerung stinkt aktuell, wie in der Gegenwart das Objekt stinkt und wie wir das Sinnesorgan (Kopf und Nase) im Ekel abwenden, so wendet sich Vorbewußtes und der bewußte Sinn von der Erinnerung ab.« (*op. cit.*, S. 200) Wenn die Desaffektion der sexuellen Zonen nicht stattfindet, wird das Kind pervers.

Es erscheint uns auffallend, daß Freud in seinen allerersten Annahmen die Perversion so stark an die Analität gebunden hat (was wir auch in zahlreichen Texten hervorgehoben haben, die der Schrift von 1927 über den Fetischismus vorangingen). Was wir jedoch jetzt unterstreichen möchten, ist der (augenscheinliche) Antagonismus zwischen Analität und Idealisierung.

Wir finden in diesen Texten in der Tat den Gedanken (wie in einem Auszug aus *Das Unbehagen in der Kultur*), daß die ontogenetische Entwicklung genau wie die phylogenetische darin besteht, sich von den Exkretionen und den olfaktiven und koprophilen Genüssen zu entfernen, um sich vom Boden zu *erheben*. Die Identität zwischen dem, was man *hinter sich lassen* muß (aufgeben muß), was schlecht und anal ist, ist von Freud sehr deutlich formuliert worden, als er die Erinnerung an die Erregung einer aufgelassenen sexuellen Zone mit der an ein »stinkendes Objekt« verglich. Eine große Zahl von Ausdrücken der Alltagssprache hat ihren Ursprung in dem Gegensatz zwischen niedrig (anal) und hoch (am entgegengesetzten Pol gelegen). Ein Kind ist gut (oder schlecht) erzogen (der französische Begriff für »erzogen« heißt »élevé«, was gleichbedeutend ist mit »erhoben«, »gehoben«, A. d. Ü.). Auch ein Geist kann »élevé« sein (d. h. fern von der Materie und vom Stofflichen). Unsere Werteskala geht vom Niedrigen aus und erstreckt sich in die Höhe. Himmel und Hölle sind die Repräsentationen der Idealisierung bzw. der Analität. Als Freud in den *Drei Abhandlungen* (1905) von den abscheulichsten (analen) Trieben spricht, die durch die Idealisierung umgewandelt werden, fügt er hinzu: »Das *Höchste* * und das *Niedrigste* * hängen in der Sexualität überall am innigsten aneinander«, und er zitiert aus

Goethes *Faust:* »*Vom Himmel durch die Welt zur Hölle* *« (GW, Band 5, S. 61).
Der augenscheinliche Gegensatz zwischen Analität und Idealisierung beschränkt sich unserer Meinung nach nicht auf einen Gegensatz zwischen Trieb und Reaktionsbildung. Als wir dies weiter oben (Kapitel IV) erörterten, erschien es uns in der Tat so, als stelle die Idealisierung einen Mechanismus dar, der bei weitem nicht dieselbe Rigidität und Kraft aufweist wie die Reaktionsbildung. Wir haben den zerbrechlichen und oberflächlichen Charakter der Idealisierung hervorgehoben, die nicht gegen die Analität kämpft, sondern sie nur mit einer dünnen Hautschicht bedeckt. Außerdem ist die Reaktionsbildung eng mit dem Überich verbunden und trägt zur Errichtung unserer Tugenden bei (*Drei Abhandlungen,* 1905, S. 78 f.).
Es sieht so aus, als sei das bei der Idealisierung nicht der Fall. Diese ist unserer Meinung nach im wesentlichen an die Vorstellung gebunden, die das Subjekt von sich selbst haben muß, um sein *Selbstwertgefühl* zu regulieren.
Das Subjekt, das die Identifizierungen mit dem genitalen Vater scheut und die Werte, Objekte und Lustquellen homogenisiert, indem es daraus exkrementelle Partikel macht, kann nur die vernichtende Ahnung vom analen Charakter seines Ichs haben. *Die Idealisierung muß vor allen Dingen das Ich selbst und die Objekte verbergen, in denen das Ich sich widerspiegelt* (siehe Kapitel III: »Das verkleidete Ich«).
Dies führt uns zu der Annahme, daß die *Verneinung* in der Perversion eine sehr viel umfassendere psychosexuelle Dimension umschließt als nur die Wahrnehmung der weiblichen Genitalorgane und des diese charakterisierenden Penismangels. Die Verneinung bezieht sich auf die Genitalität in ihrer Gesamtheit, die genitale Urszene (vgl. McDougall, *Scéne primitive et scénario pervers,* 1972)[14], den genitalen Penis des Vaters und seine Zeugungsfähigkeit, die Vagina der Mutter und die Komplementarität der Geschlechter untereinander sowie die genitalen Werte im allgemeinen. Diese Verneinung ist den Perversionen gemeinsam. Um sie herum organisiert sich die Perversion.
Wie wir immer wieder betont haben, treten das analsadistische Universum und die damit einhergehende Aufhebung der Unterschiede an die Stelle der genitalen Ordnung. Die Idealisierung maskiert die Analität. Gleichzeitig aber enthüllt sie diese: Wenn die Analität nämlich Gegenstand einer erfolgreichen Verdrängung und Gegenbesetzung wäre, wenn

sie vollkommen sublimiert oder aber die analsadistische Regression völlig *ichkonform* wäre, dann wäre die Idealisierung ein nutzloser Mechanismus. Wir vertreten also die Auffassung, daß in der Perversion die Analität weder wirklich vom Ich akzeptiert noch wirklich verdrängt ist. (Sie ist je nach Subjekt in verschiedenem Maße verdrängt oder akzeptiert.) Dies bringt uns auf den Gedanken zurück, daß die Idealisierung die Rolle einer Art Verneinung spielt, deren Ausarbeitung sie wäre, und zwar hinsichtlich der Vorstellung, die das Subjekt von sich und seinen Objekten hat. Die Idealisierung bestünde darin, zum analen Charakter der Vorstellungen, die im Aufsteigen begriffen sind, »Nein« zu sagen und gewissermaßen hinzuzufügen: »Es ist nicht das, es ist das Gegenteil« (siehe in Kapitel IV unsere Diskussion der Beziehung zwischen der Analität und den spezifischen Merkmalen der idealisierten Repräsentationen: glänzend, farbig, leuchtend etc.).

Wenn die Verneinung an die partielle Aufhebung der Verdrängung gebunden ist, wie Freud in seiner Schrift von 1925 sagt, dann wäre die Idealisierung ihrerseits an die partielle Verdrängung gebunden, die Freud in bezug auf den Fetisch Abraham gegenüber erwähnt (Brief vom 18. Februar 1909). Es wäre der anale Charakter des schlecht riechenden Fußes, der Gegenstand der Verdrängung wäre (zusammen mit der olfaktorischen Lust, die daran gebunden ist), während der Fuß (seiner analen Charakteristika entkleidet) *idealisiert* und zum Fetisch gemacht würde.

Obwohl Freud diese besondere Art der Verdrängung, die man, wie er sagt, als partiell bezeichnen könnte, auf die Spaltung derselben »ursprünglichen Triebrepräsentanz« anzuwenden scheint (diese wäre, wie Freud in *Die Verdrängung* schreibt, in zwei Stücke geteilt), sieht es so aus, als könne diese »partielle Verdrängung« mit der partiellen Aufhebung des Verdrängten zusammentreffen, die der Verneinung eigen ist. Wir bleiben hier im Bereich der horizontalen Spaltung zwischen dem Es und dem Ich (die den Neurosen angehört). Doch hier, bei der Perversion also, würde die verdrängende Instanz im Ich gewisse verdrängte Inhalte, die von der Analität herrühren, zulassen, nachdem sie sie »verkleidet« hat, d. h. idealisiert (wir wollen damit sagen, daß diese Inhalte nicht abgespalten wurden, wie Freud in seiner Schrift *Die Verdrängung* anzunehmen scheint, indem ein Teil verdrängt und der andere idealisiert wird; vielmehr überschreitet eine gewisse Menge dieser Inhalte die Verdrängungsschranke und tritt dank der Maske der Idealisierung in das Ich ein).

Doch die Idealisierung hat noch eine andere Funktion, diesmal im Hinblick auf die Verneinung. Wenn nämlich irgendwo im Geist des Perversen nicht doch der Gedanke fortbestünde, daß das Universum des Vaters *dennoch* das Eichmaß ist, an dem alle Werte zu messen sind, dann hätte er es nicht nötig, das anale Universum (mit seinem analen Ich, seinen analen Penis etc.) zu verkleiden, das er an die Stelle der genitalen Dimension der Psychosexualität zu setzen versucht hat. Die Analität würde ohne irgendwelche Umwandlungen wieder erscheinen. Wenn Freud in den *Drei Abhandlungen* davon ausgeht, daß die perverse Sexualität nichts anderes ist als das Fortbestehen oder Wiederauftauchen einer partiellen Komponente der Libido oder – nachdem er die Stadien der Libidoorganisation erkannt hat – die Regression auf einen Fixierungspunkt ohne Einsatz von Abwehrmechanismen, dann muß man an diese Art von Wiedererscheinen denken. Im Rahmen dieser Hypothese sprach Freud von negativen Perversionen (den Neurosen) und positiven Perversionen (den Perversionen).

Unserer Meinung nach nimmt die Idealisierung in den Perversionen eine ganz fundamentale Stellung ein. Sie bezeichnet die Existenz einer besonderen Art der Verdrängung, die sich auf die Analität erstreckt. Die an sie gebundenen Vorstellungen werden von den verdrängenden Tendenzen zugelassen unter der Bedingung, daß sie *idealisiert* wurden. Die Idealisierung neigt dazu, die analen Werte als den genitalen Werten, dem *Gegenstand der Verneinung,* überlegen auszugeben. Sie ist also *gleichzeitig* Anzeichen einer *Ichspaltung,* da sie eine Überlegenheit bezeugt, *die nicht bestünde, wenn sie nicht gleichzeitig grundlegend angezweifelt würde.*

Die Idealisierung in der Perversion, die von der Projektion des Ichideals, des Erben des primären Narzißmus, auf die Prägenitalität herrührt (der kurze Weg), enthält die ganze Dimension der Illusion, auf der der Perverse seine Psychosexualität errichtet hat. Weil ein ebensolches Ichideal darauf abzielt, die Realität der Geschlechts- und Generationsunterschiede zu umgehen, kann es auf einer bestimmten Ebene nur als Täuschung erlebt werden. Die Mutter, die zu seiner Errichtung beigetragen hat, ist Objekt eines Haßgefühls (doch dieses Gefühl unterliegt in den meisten Fällen zahlreichen Umwandlungen). Die Idealisierung ist also in der Perversion der Verfolgung immer sehr nahe. Wenn Freud in *Die Verdrängung* (1915) sagt, daß die »bevorzugten Objekte der Menschen, ihre Ideale, aus denselben Wahrnehmungen und Erlebnissen stammen wie die von ihnen am meisten verabscheuten« (GW, Band 10, S. 252 f.), so gilt das, wie uns scheint, auch für die vom Perversen idealisierten Triebe und Objekte insofern, als diese Idealisierung aus einer fundamentalen Täuschung hervorgegangen ist, die das Subjekt nur noch verzweifelt aufrechterhalten kann.

Wenn wir das Schicksal der Analität beim Perversen verfolgen, sehen wir, daß sie, nachdem sie positiv besetzt wurde, wie sie es in jeder normalen Entwicklung wird und werden muß, in einer zweiten Phase nicht den üblichen Umwandlungen unterzogen wurde (Verdrängung, Sublimierungen, Charakterveränderungen, Integration unter dem Primat der Genitalität ...). Die alten Götter sind nicht zu Dämonen geworden, haben wir Freud folgend gesagt. Doch die Umwandlung dessen, was gewöhnlich dazu bestimmt ist, »dämonisch« zu werden, in etwas »Göttliches« ist kein einfaches Fortbestehen des den alten Göttern dargebrachten Kults, sondern eine Verstärkung dieses Kults in eben dem Maße, in dem der Glaube erschüttert ist, ebenso wie die barocke religiöse Statue die Gesten verstärkte und die Posen und Blicke dramatisierte, weil sie keinen einfachen und direkten Ausdruck für die Seele fand, die im Begriff war, den Glauben zu verlieren. So kann der Weihrauch, der von den Altären aufsteigt, die den alten Göttern errichtet wurden, deren Schwefelgeruch kaum verbergen.

Diese Projektion des Ichideals auf die Prägenitalität (die Analität) und die prägenitalen Modelle muß zwanghaft aufrechterhalten werden, weil sie auf der Verneinung der Genitalität und der genitalen Fähigkeiten des Vaters errichtet ist, von denen alle narzißtische Libido abgezogen wurde; wir haben gesagt, daß diese Verneinung auf fatale Art Hand in Hand geht mit der Anerkennung dieser Dimension der Psychosexualität und der Vorrechte des Vaters. Uns scheint, daß die Projektion des Narzißmus auf die prägenitalen Triebe und Objekte, die die Verneinung der genitalen Werte unterstützt, eben das »Stück seelischer Arbeit« ist, von dem Freud in den *Drei Abhandlungen* (1905, GW, Band 5, S. 61) in bezug auf die Idealisierung der Triebe spricht. Man kann darin eine erzwungene Art und Weise sehen, die Triebe, die Werte und die Objektliebe der analen Phase ichkonform zu machen. Wenn diese Konformität erschüttert wird, können sie verfolgend werden: Sade ist »Deuter« geworden, und Sacher-Masoch hat im Wahn seine geliebten Katzen erwürgt, die Prototypen der Venus im Pelz.

Die Perversion ist eng verbunden mit der Einsetzung eines Systems zur Verfälschung der Wahrheit, in dem die Unfähigkeit des Kindes, seine Erzeugerin (sexuell) zu befriedigen, aufgehoben wird.

Die Tatsache, daß die Verneinung der genitalen Werte nicht immer aufrechterhalten werden kann, scheint uns die Tatsache zu bezeugen, daß perverse Patienten manchmal in Analyse kommen (wir lassen dabei die erwähnten Fälle von Subjekten beiseite, die in der Analyse eine narzißtische Bestätigung ihrer Perversion suchen). Was dann zutage tritt, ist von depressiver Art – gebunden an den Zusammenbruch der Selbstvorstellung – und gleichzeitig verfolgend; das anale Universum, dem der Narzißmus die Besetzung entzogen hat, kommt wieder an die Oberfläche wie der Leichnam eines Ertrunkenen mit seinem grausigen Aussehen und seinem Gestank.

Man kann sogar annehmen, daß in gewissen Fällen die neurotischen Aspekte des perversen Ichs die Idealisierungsmechanismen umzudrehen suchten und es ihnen gelang, die die Analität verbergende Farbschicht anzukratzen und schließlich abzuschmelzen.

Wir haben gesehen, wie sehr das Werk von Oscar Wilde ein Versuch war, sein Ich zu verkleiden. »Kunst offenbaren und den Künstler verheimlichen ist das Ziel der Kunst«, schrieb er in der Vorrede zu *Das Bildnis des Dorian Gray (op. cit.)*.

Es ist kein Zufall, daß der Roman mit dem Satz beginnt: »Das Atelier war erfüllt vom üppigen Wohlgeruch der Rosen, und wenn sich der leichte Sommerwind in den Bäumen des Gartens regte, wehte durch die offene Tür der schwere Duft des Flieders und der zartere der Heckenrosen.« Wir haben gesehen, daß die sadistische Analität des Dorian Gray schließlich wieder an den Tag kommt.[15]

Könnte man nicht die Hypothese vertreten, daß eine ebensolche *Notwendigkeit* (die im Gegensatz zur Idealisierung stand), das reale Ich und das scheinbare Ich zur Übereinstimmung zu bringen, Oscar Wilde in das Gefängnis von Reading geführt hat? Seine Antwort an den Vater von Lord Alfred Douglas mußte ihn in der Tat schicksalhaft in dieses Gefängnis mit all seinem materiellen Elend bringen: Nach seiner Inhaftierung schrieb er zwei Briefe an den Chefredakteur des *Daily Chronicle,* um diesen auf die Schrecken des Strafvollzuges aufmerksam zu machen, Briefe, in denen die Unzulänglichkeit der sanitären Einrichtung mit einer Genauigkeit beschrieben ist, die dem Leser in die Nase steigt.

Nun müssen wir zu verstehen versuchen, in welchem Maße und wie die analsadistische Regression (und das so geschaffene neue Universum) von der Realität abweicht und wie und in welchem Maße sie den Bezug zur Realität aufrechterhält.

Von seinen ersten Arbeiten an hat Freud versucht, die psychotischen von den neurotischen Mechanismen (im wesentlichen der Verdrängung) zu unterscheiden. Von Anfang an wird eine Auffassung von der Psychose dargelegt, die die Abwehr nicht gegenüber der Sexualität, sondern gegenüber der Außenwelt ansiedelt, wobei *in der Außenwelt* die unerträgliche Vorstellung zurückgewiesen und die Vorstellung von der Realität aufrechterhalten wird, die die Realität in Frage gestellt hat (halluzinatorische Vermischung) oder, im Falle der Paranoia, Vorwürfe der Außenwelt zurückgewiesen werden.

Es sieht so aus, als würden die Elemente der Realität, von denen das Ich sich in der Psychose losreißt, im wesentlichen durch Objektverluste oder narzißtische Verluste gebildet.

Der Begriff der Verleugnung, den Freud explizit auf die Psychose anwendet[16], scheint sich ebenfalls auf Objektverluste zu beziehen: »Die psychotische Reaktion wäre gewesen, die Tatsache des Todes der Schwester zu verleugnen«, schreibt Freud (GW, Band 13, S. 364).

Die psychotische Verleugnung erweitert sich, wie es scheint, sogar über das Problem des Objektverlusts hinaus; in der gleichen Schrift sagt Freud in der Tat: »Die Neurose verleugnet die Realität nicht, sie will nur nichts von ihr wissen; die Psychose verleugnet sie und sucht sie zu ersetzen.« (*ibid.*, S. 365)

Wenn man *Das Vokabular der Psychoanalyse* zu Rate zieht (*op. cit.*, S. 595 ff.), findet man folgende Definition: »Von Freud in einem spezifischen Sinne verwendeter Ausdruck: Abwehrform, die in einer Weigerung des Subjekts besteht, die Realität einer traumatisierenden Wahrnehmung anzuerkennen, insbesondere die Penislosigkeit der Frau. Dieser Mechanismus wird von Freud besonders dazu angeführt, um den Fetischismus und die Psychosen zu erkären.« Wie uns scheint, legen die Autoren sowohl in dieser Definition als auch im weiteren Text etwas zu großes Gewicht auf die Verleugnung der Wahrnehmung, die sich auf die Penislosigkeit der Frau bezieht.

Wenn sich die so verleugnete Realität nämlich auf die Wahrnehmung der Sexualorgane der Frau beschränkte, könnten wir uns fragen, warum Frauen psychotisch werden. Es trifft zu, daß Freud von seinen Schriften über die weibliche Sexualität und vor allem von der Studie von 1927 an, die dem Fetischismus galt, die Verleugnung im Hinblick auf die Wahrnehmung der weiblichen Genitalorgane eingehend untersucht hat (wenn auch die Schrift von 1927 einen Bezug auf die Verleugnung eines Objektverlusts enthält: den Tod des Vaters der beiden Jungen). Wo aber die Autoren des *Vokabulars* schreiben: »Wenn die Verleugnung der Kastration das Vorbild und vielleicht sogar der Ursprung der anderen Realitätsverleugnungen ist ...« (*ibid.*, S. 597), gehen sie über Freuds Texte hinaus. Ihr Vorgehen ist von der Besorgnis geleitet, den Begriff der Verwerfung mit dem der Verleugnung in Übereinstimmung zu bringen. Tatsächlich kritisieren sie zu Recht die Auffassung von der Wahrnehmung der Kastration oder der »Realität« der Kastration, da eine Abwesenheit nicht als solche wahrgenommen wird. Die Verleugnung bezöge sich vielmehr auf eine die Tatsachen deutende Theorie. Doch damit stehen wir nicht mehr strikt in der äußeren Realität. Die Autoren schließen: »Danach kann man sich fragen, ob die *Verleugnung*, deren Folgen *in* der Realität so offenkundig sind, sich nicht eher auf ein Grundelement der menschlichen Realität als auf eine hypothetische ›Wahrnehmungstatsache‹ bezieht (*siehe auch:* Verwerfung).« (*ibid.*, S. 598)

Wir sind mit den Autoren des Vokabulars der Meinung, daß die Verleugnung sich »eher auf ein Grundelement der menschlichen Realität« bezieht. Doch wir siedeln sie, wie andere auch, in dem doppelten Unterschied der Geschlechter und der Generationen an, den wir für wesensgleich mit der Genitalität halten.

Was unterscheidet nun die *Verleugnung* beim Perversen von der psychotischen Verleugnung? Uns scheint, daß die Verleugnung der genitalen Ordnung beim Perversen von der analsadistischen *Regression* nicht zu trennen ist. Der (partielle) Rückzug der sexuellen und narzißtischen Besetzung, der Rückzug des »Interesses« des Perversen von der genitalen psychosexuellen Dimension kommt dem analen Universum zugute. Wir haben die Tatsache betont, daß es sich dabei um die Schaffung einer »neuen Welt« handelt.

Sie ist jedoch nicht gleichzusetzen mit der *autokratischen* Schaffung der Realität durch den Psychotiker, wie Freud sie in *Neurose und Psychose* (1924, *op. cit.*, GW, Band 13, S. 387–391) beschreibt, insbesondere in der halluzinatorischen Verwirrung:

»Normalerweise beherrscht ja die Außenwelt das Ich auf zwei Wegen: erstens durch die immer von neuem möglichen aktuellen Wahrnehmungen, zweitens durch den Erinnerungsschatz früherer Wahrnehmungen, die als ›Innenwelt‹ einen Besitz und Bestandteil des Ichs bilden. In der Amentia wird nun nicht nur die Annahme neuer Wahrnehmungen verweigert, es wird auch der Innenwelt, welche die Außenwelt als ihr Abbild bisher vertrat, die Bedeutung (Besetzung) entzogen; das Ich schafft sich selbstherrlich eine neue Außen- und Innenwelt, und es ist kein Zweifel an zwei Tatsachen, daß diese neue Welt im Sinne der Wunschregungen des Es aufgebaut ist, und daß eine schwere, unerträglich erscheinende Wunschversagung der Realität das Motiv dieses Zerfalls mit der Außenwelt ist« (*ibid.*, S. 389).

Der Erfolg des Perversen, sein »kniffiger« Umgang mit der Realität besteht in der Schaffung eines Universums, das sein Material Elementen seiner Innenwelt entnimmt, die in ihm wirklich existieren, wie sie in jedem von uns existieren, denn wir alle haben die anale Phase durchlaufen, selbst wenn sie auf verschiedene Arten integriert wurde.

Nun ist es so, daß man das anale Universum als eine »Skizze« des genitalen Universums ansehen kann, einen ersten Entwurf gewissermaßen, eine Pseudo-Genitalität oder Proto-Genitalität[17], deren Objekte, erogene Quellen und Lüste im Gegensatz zur Genitalität den Möglichkeiten des Kindes angepaßt sind: Die Kotstange geht darin dem genitalen Penis voraus, die Produktion der Fäzes stellt einen Prototyp des Gebärens dar (kindliche Sexualtheorie von der Geburt durch den Anus), die Trennung von den Stuhlgängen ist ein Vorläufer der Kastration, das Exkrement im Rektum ist ein Vorläufer des genitalen Koitus.[18] Wenn das anale Universum so das genitale Universum vorwegnimmt, stellt es, wie wir gesagt haben, im nachhinein dessen Imitation dar. Die perverse anale Welt ist eine *Replik* des genitalen Universums und eine Antwort auf die unerträglichen Prätentionen des Vaters, er besitze bessere Mittel als der Sohn, um die Mutter zu beglücken.

So ist das anale Universum ein versunkener Kontinent, ein sagenhaftes Atlantis, das der Perverse auf magische Weise wieder auftauchen läßt (wir betonten die »magische Technik«, die der perverse Akt darstellt). Diese »neue Welt«, die zwar auf den »Wunschregungen des Es aufgebaut« ist, beruht aber dennoch auf einer gewissen Realität, der einer Phase, die im Laufe der Entwicklung gewöhnlich überwunden wird, deren Sedimente jedoch in jedem von uns überdauern. Es hat ganz den Anschein, als habe der Perverse einen »Trick« gefunden, um dem Leiden des Neurotikers zu entgehen, ohne deshalb seine Verbindung zur Realität im gleichen Maße und auf die gleiche Art zu verlieren wie der Psychotiker. Die Lücke zwischen der genitalen Welt und dem analen Universum wird nicht durch den Wahn oder auf halluzinatorische Art geschlossen, sondern durch die *Idealisierung*. Wir beziehen uns hier auf das, was Freud in *Neurose und*

Psychose (1924, GW, Band 13, S. 389) schreibt: »Über die Genese der Wahnbildungen haben uns einige Analysen gelehrt, daß der Wahn wie ein aufgesetzter Fleck dort gefunden wird, wo ursprünglich ein Einriß in der Beziehung des Ichs zur Außenwelt entstanden war.« Die Idealisierung hat die gleiche Funktion der Wiederherstellung der Bindungen an die Realität wie der Wahn.

Zusammengefaßt können wir folgende Annahmen äußern:

– Auf der Ebene des Ichs existiert eine *Spaltung* zwischen der *Verleugnung* und der *Anerkennung* der Realität.

– Die *Verleugnung* bezieht sich auf ein »Grundelement der menschlichen Realität«: den doppelten Unterschied zwischen den Geschlechtern und den Generationen. Objektlibido und narzißtische Interessen werden zugunsten von Bestandteilen des analsadistischen Universums zurückgezogen.

– Die *Anerkennung* (der Realität, d. h. des doppelten Unterschiedes der Geschlechter und der Generationen, die die der genitalen Vorrechte des Vaters und der genitalen Komplementarität der Eltern einschließt) wird angezeigt durch die Arbeit der *Idealisierung* analer Elemente, die im wesentlichen auf die Vorstellung vom Ich und die Bewahrung des Selbstwertgefühls abzielt. Diese Idealisierung ist die notwendige Vorbedingung dafür, daß verdrängte anale Inhalte Zugang zum Ich erhalten. Die Analität bleibt tatsächlich Gegenstand einer partiellen Verdrängung, soweit sie den analen Charakter des Ichs berührt. Die Verkleidung, die sie durch die Idealisierung erhält, ermöglicht ihr das Überschreiten der Verdrängungsschranke. Die analsadistische Regression wird in der Perversion also nicht vom Ich einfach akzeptiert (wie wir oben bereits sagten).

– Der (an die narzißtische Besetzung gebundene) Affekt wird von einer Seite der Ichspaltung auf die andere verschoben (und nicht verdrängt, wie Freud in der Schrift von 1927 annahm, und zwar im Widerspruch zu seinen früheren theoretischen Erläuterungen, die die Verdrängung als Schicksal des Affekts ausschließen).[19]

– Die *verdrängten Vorstellungen* (wir befinden uns im Es) sind jene, die den analen Charakter des Ichs betreffen, soweit dieser nicht durch Idealisierung verkleidet wurde.

Man kann annehmen, zumindest bei der Perversion, daß, wenn die Verleugnung sich auf ein Element der Realität bezieht (sowohl intern als auch extern: den doppelten Unterschied der Geschlechter und der Generationen), die damit verbundenen Vorstellungen, nämlich die der genitalen Urszene, nicht »verworfen« wurden. Sie sind in das Unbewußte verdrängt, wo sie stark mit den Elementen des primären Verdrängten in Verbindung mit den ersten Erfahrungen der Trennung von der Mutter verschweißt sind.

Hier das Schema, das wir für den Zustand des psychischen Apparats in den Perversionen vorschlagen:[20]

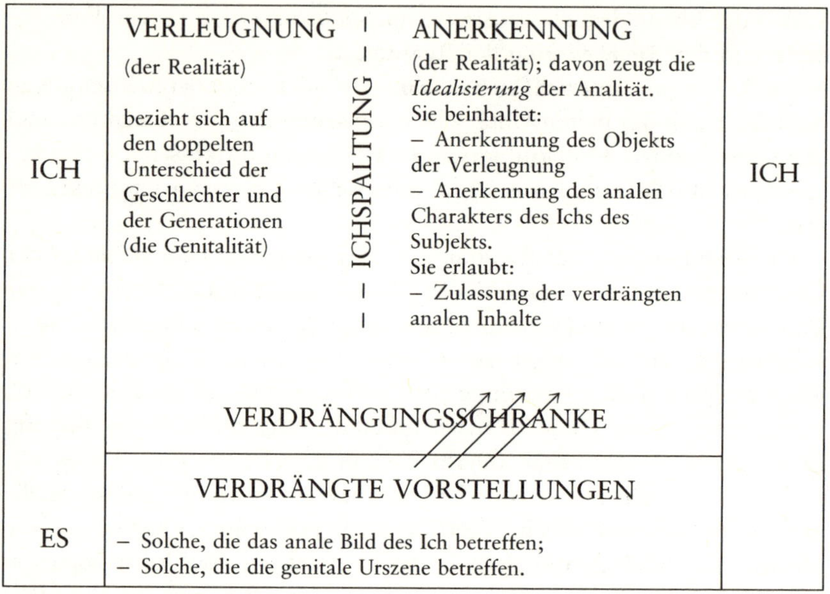

Anmerkung: In diesem Schema zeigen die Pfeile den Druck der abgespaltenen Elemente und der verdrängten Elemente und die dialektische Funktion der Idealisierung am Ort dieser beiden Gruppen von Gegebenheiten an.

Resümee

Der Weg, den wir mit dem Perversen zurückgelegt haben, hat uns veranlaßt, zahlreiche Gebiete anzusprechen, die außerhalb der analytischen Beziehung liegen; diese bezieht sich auf das einzigartige Gespräch, das sich zwischen Patient und Analytiker ergibt.

Wir haben dem Leser von Anfang an mitgeteilt, daß unser Vorhaben darin bestand, die perverse Organisation als Dimension der menschlichen Psyche zu untersuchen. Die Existenz der Perversion wirkt sich nicht nur auf das Sexualleben eines Teils der Menschheit aus, sondern auf die Gesamtheit der soziokulturellen Erscheinungen.

Im Laufe unserer Erörterungen haben wir Abstecher in zahlreiche Gebiete wie Kunst, Religion, Literatur etc. unternommen. Wir wissen, daß wir damit das Risiko eingegangen sind, zu vieles nur flüchtig berührt zu haben. Die Ausdehnung, die wir dem Feld unserer Untersuchungen willentlich gegeben haben, hat uns nicht gestattet, es vertieft durchzuarbeiten. Dazu wäre im übrigen auch ein enzyklopädisches Wissen erforderlich, das zu besitzen wir nicht vorgeben.

Wenn es uns jedoch gelungen ist, dem Leser unsere Überzeugung zu vermitteln, wie wichtig es ist, die Perversion zu begreifen, um unsere Kenntnis von Ideen, Gesetzen, Kunstwerken etc. zu vertiefen, dann haben wir unser Ziel erreicht. Ihr ist in der Tat nichts Menschliches fremd ...

Wir möchten unsere Ausführungen damit beschließen, daß wir in groben Zügen das Bild des erzwungenen Zusammenlebens der »Perversen« mit den anderen Mitgliedern der menschlichen Gesellschaft umreißen.

Zunächst erscheint es uns notwendig, nicht in die Falle zu tappen, die darin bestünde, die einen zu Repräsentanten des »Fortschritts« zu machen und die anderen zu solchen des »Konservatismus«.

Die menschliche Frühreife, der inzestuöse Wunsch, der Ödipuskomplex treiben den Menschen »ungebändigt immer vorwärts«, wie Freud sagte, als er im Zusammenhang mit dem Streben nach Wiederholung der primären Befriedigung aus Goethes *Faust* zitierte. Die permanente Spannung des »ödipalen« Subjekts, das den *langen Weg* gewählt hat, verleiht seinen Leistungen, der Frucht des schließlich eingetretenen Sublimierungsvorganges, eine entscheidende Bedeutung für das Voranschreiten der Wissenschaft und zweifellos auch der Kunst.

Das Gesetz ist nicht nur ein Hindernis; es gibt dem Subjekt die Möglichkeit, sich mit dem Vater zu identifizieren und dessen schöpferische Kräfte zu verinnerlichen, um zu versuchen, ihn in gewisser Weise auf seinem eigenen Gebiet zu schlagen. Dennoch stellt der »Perverse« mit seinem Streben nach dem »Unmöglichen« und einer fundamental »achronologischen« Existenz ein unleugbares Ferment für die Zivilisation dar; und sein Kontakt kann insofern befruchtend sein, als er neue Wege beschreitet.

Sie führen, wie uns scheint, nur dann wirklich zu neuen Kontinenten, wenn ihre Streckenführung vom »ödipalen« Subjekt modifiziert wird. Eine Untersuchung der *utopischen* Systeme beispielsweise zeigt eine gewisse Anzahl von Elementen, die wir als der perversen Organisation eigen erkannt haben.

Wir denken auch und vor allem an Leonardo. Im Vorübergehen sagten wir, sein »wissenschaftliches« Werk könne die »perversen« Aspekte seiner Schöpfung zur Ruhe gebracht haben.

Wir haben die Hypothese aufgestellt, seine Maschinen seien vielleicht Äquivalente von Fetischen gewesen, die die »Erfindung« eines autonomen Phallus repräsentierten, der nichts vom väterlichen Penis hat.

Die Untersuchung der »Prophezeiungen«[1] Leonardos ist für unser Thema aufschlußreich. Es handelt sich um kurze Schilderungen von Schrecken und Katastrophen, die in sadistischen Akten, *Vermischungen* und verschiedenen Permutationen bestehen (Körper, Elemente des Körpers, Kontinent, etc.). Dann folgt jeweils eine Bemerkung, die der Schilderung den schreckenerregenden Charakter nimmt. Hier einige Beispiele dafür[2]:

»Oh, was für eine abscheuliche Sache! Daß man die Zunge eines Tieres in den Eingeweiden eines anderen sehen kann! (Schweine- und Kälberzungen in Wurstdärmen).« (*op. cit.*, S. 356)

»Wir werden sehen, wie die Nahrung der Tiere durch ihre Haut dringt, überall, nur nicht aus dem Maul, und von außen eindringt, um sich auf dem Boden auszubreiten. (Aus Tierhaaren gefertigte Siebe).« (*ibid.*)

»Seine Geburt wird bescheiden sein, und es wird schnell zu ungeheurer Größe anwachsen. Es wird kein Geschöpf respektieren und durch seine

Macht *die Natur jeder Sache zu einer anderen machen* *. (Das Feuer).« (*ibid.*, S. 360)
»Man wird den Osten sehen, der sich nach Westen stürzt, und den Süden, der sich nach Norden stürzt, in einem Zustand der Verwirrung im ganzen Universum und überall, mit großem Getöse und einem Beben oder Toben. (Die Ostwinde, die nach Westen wehen).«
Uns kommt es hier darauf an, die Intensität dieses Sadismus zu zeigen, der sublimiert – was er zweifellos im malerischen Werk Leonardos großenteils war – einen außerordentlichen kulturellen Wert gewinnt, der aber, wenn er nicht oder nicht mehr sublimiert ist, zum Zerstörungsfaktor werden kann.
Man kann nur erstaunt darüber sein, daß nicht nur Sades Werk so eng mit der Zeit der Französischen Revolution verbunden war, sondern auch, daß es ein Gemeinplatz geworden ist, das Aufkommen des Nazismus mit den Transvestitenkabaretts in Verbindung zu bringen, deren Zahl sich damals in Deutschland vervielfachte. Mindestens drei Filme haben sich mit diesem Thema beschäftigt (*Cabaret, Das Schlangenei* und *Die Verdammten*)[3].
In diesem letzten Film läßt Visconti den Helden, der von Helmut Berger gespielt wird, Inzest mit seiner Mutter begehen, sich als Marlene Dietrich verkleiden und ein kleines Mädchen vergewaltigen. So vollzieht sich die Abschaffung des Unterschiedes zwischen den Geschlechtern und den Generationen. Erinnern wir uns daran, daß Stawrogin ein kleines Mädchen vergewaltigt und daß *Die Dämonen*[4] eine Gruppe nihilistischer Revolutionäre sind.[5] Es sieht so aus, als ginge den großen sozialen Umwälzungen ein Aufbrechen der Perversionen voraus oder begleite sie; diese Perversionen bezeichnen den Umsturz des Gesetzes und die Zerstörung der Realität.
Die Koexistenz von »Perversem« und »Ödipalem« ruht also auf einem empfindlichen Gleichgewicht. Doch ist nicht, wenn es zugunsten der Zerstörung der Realität zerbricht, dic Mehrheit der Versuchung erlegen, die von der *conditio humana* auferlegten Grenzen zu überschreiten? Und wird die Perversion nicht vor allem von dem in jedem Menschen bestehenden Wunsch getragen, seinem Schicksal zu entgehen? Dieser kann durch das Versprechen eines Stammeshäuptlings, einer Ideologie oder einer Mystik aktiviert werden: Es sei nicht nötig, auf die Befriedigung des Wunsches zu warten oder auf sein Objekt zu verzichten.
Wir müssen uns der Tatsache beugen, daß wir alle in verschiedenem Grad

den Haß auf die Realität in uns haben. Wir können nur wünschen, daß er in der Befriedigung ein Ventil findet, die die Betrachtung von Kunstwerken, ihre Schöpfung, wenn sie möglich ist, und die Liebe verschafft. Mit Freud sind wir der Meinung, daß die »bei der Ersetzung des Lustprinzips durch das Realitätsprinzip resultierende Unzufriedenheit selbst ein Stück Realität ist«[6].

Man kann auch Lust daraus schöpfen, sich dieser Realität bewußt zu sein und sich ihr mit größtmöglicher Klarheit zu stellen.

Anhang

Freuds Arbeiten über die Perversion: Einige Anhaltspunkte

Die Untersuchung von Freuds Arbeiten über die Perversion läßt tatsächlich *drei wesentliche Phasen* hervortreten. Jede dieser Phasen ist in die folgende integriert, die sie nicht wirklich ersetzt, wenn auch gewisse sehr interessante Elemente der einen oder anderen in den letzten Formulierungen von Freuds Werk nicht mehr vorkommen. Das Ziel ist hier nicht, Freuds Arbeiten erschöpfend Revue passieren zu lassen, sondern Kraftlinien deutlich zu machen. In unseren persönlichen Darlegungen wurden implizit oder explizit Schriften berücksichtigt, die im vorliegenden Kapitel keinen Platz gefunden haben. Die Vorgehensweise ist eine doppelte: Die Chronologie der Texte wird befolgt, doch wir werden sie als Leser betrachten, die über die letzten Entwicklungen von Freuds Denken informiert sind. Wenn wir dabei unterwegs auf dieses oder jenes Konzept stoßen, werden wir es uns nicht versagen, uns auf spätere Formulierungen zu beziehen, die sich damit beschäftigten, wobei wir jedoch jedes Teil dieses faszinierenden Puzzles präzise datieren werden.
Zunächst werden wir das Axiom herausheben: *»Die Neurose ist sozusagen das Negativ der Perversion.«* * Dann werden wir als Ausfluß der freudschen Theorie ein zweites Axiom vortragen: *»Der Ödipuskomplex ist nicht nur der Kernkomplex der Neurosen, sondern auch der Perversionen«* *, und schließlich werden wir Freud bei seiner *Untersuchung der spezifischen Mechanismen der Perversion* folgen.

Die Neurose, Negativ der Perversion

Dem in den *Drei Abhandlungen* formulierten Axiom »Die Neurose ist sozusagen das Negativ der Perversion« (1905, GW, Band 5, S. 65) gingen Formulierungen voraus, in denen die *Hysterie* präziser als Negativ der Perversion bezeichnet wird. In seinem Brief 52 an Fließ vom 2. Dezember 1896 (in: *Aus den Anfängen der Psychoanalyse 1887–1902,* Frankfurt 1975) schreibt Freud, die Hysterie sei »eigentlich also nicht abgelehnte Sexualität, sondern besser *abgelehnte Perversion*« (S. 155). (Es ist das erste Mal, daß Freud die Perversion untersucht.) In Brief 57 vom 24. Januar 1897 spricht er noch expliziter von den »Perversionen, deren Negativ die Hysterie ist« (*ibid.,* S. 163). In »Dora« (*Bruchstück einer Hysterie-Analyse,* 1905, GW, Band 5, S. 210) heißt es: »Die Psychoneurotiker sind sämtlich Personen mit stark ausgebildeten, aber im Laufe der Entwicklung verdrängt und unbewußt gewordenen perversen Neigungen. Ihre unbewußten Phantasien weisen daher genau den nämlichen Inhalt auf wie die aktenmäßig festgestellten Handlungen der Perversen ...« »Die Psychoneurosen sind sozusagen das Negativ der Perversionen.« Dieser Satz geht der Formulierung in den *Drei Abhandlungen* (1905) voraus, da »Dora« 1901 beendet, wenn auch erst gleichzeitig mit den *Drei Abhandlungen* veröffentlicht wurde. Er wird in dieser Schrift noch vor allem auf die Hysterie angewandt. Freud fährt in der Tat fort: »Die Triebkräfte für die Bildung hysterischer Symptome werden nicht nur von der verdrängten normalen Sexualität, sondern auch von den unbewußten perversen Regungen beigestellt.« (*ibid.,* S. 211)

Man kann versuchen, Freuds Weg bezüglich der sexuellen Ätiologie der Neurosen kurz zurückzuverfolgen, um die *Drei Abhandlungen* und die entscheidende Stellung, die darin den Perversionen eingeräumt wird, besser zu lokalisieren. Erinnern wir uns, daß der Band in der Tat mit einem Essay beginnt, der den Titel trägt: »Die sexuellen Abirrungen.« Es liegt schließlich nicht auf der Hand, daß eine psychoanalytische Untersuchung der menschlichen Sexualität unbedingt in erster Linie am Problem der Perversionen ansetzen muß.

Man weiß, daß Freud begann, die Verführungsszenen bei den Hysterikern zu »entdecken«. Die Verführungstheorie schloß die Existenz der kindlichen Sexualität aus. Die Sexualität des Erwachsenen bricht in das Kind ein, das selbst keine sexuellen Vorstellungen besitzt. Es handelt sich um ein völlig von außen veranlaßtes Ereignis.

In *L'Hérédité et l'étiologie des névroses* (1896) stellt er die folgenden Fragen: »Quelle sont les causes spécifiques des névroses? Y en a-t-il une ou y en a-t-il plusieurs? Et peut-on constater une relation étiologique constante entre telle cause et tel effet névrotique de manière que chacune des grandes névroses puisse être ramenée à une étiologie particulière?« Und er antwortet: »Je veux maintenir, appuyé sur un examen laborieux des faits, que cette dernière supposition correspond bien à la réalité, que chacune des grandes névroses énumérées a pour cause immédiate un trouble particulier de l'économie nerveuse et que ces modifications pathologiques fonctionnelles *reconnaissent comme source commune la vie sexuelle de l'individu, soit désordre de la vie actuelle, soit événements importants de la vie passée.*« (GW, Band 1, S. 414) Und Freud fügt hinzu: »Ce n'est pas une proposition nouvelle, inouïe ... Les caractères distinctifs de ma manière de voir sont que j'élève ces influences sexuelles au rang des causes spécifiques, que je reconnais leur action dans tous les cas de névrose, enfin que je trouve un parallélisme régulier, preuve de relation étiobiologique particulière entre la nature de l'influence sexuelle et l'espèce morbide de la névrose. Je suis bien sûr que cette théorie évoquera[1] un orage de contradictions de la part des médecins contemporains.« (*ibid.*, S. 414f.) Man sieht also, daß Freud die Hypothese von einer *sexuellen Ätiologie der Neurosen* mittels der Verführung einführt, also nicht als direkte Folge der kindlichen Sexualität (die noch nicht erkannt wird), sondern als Effekt der Sexualität des Erwachsenen. Und selbst dieses relativ schüchterne Herangehen an das Problem läßt ihn die Verdammung durch seine Standesgenossen fürchten. Noch im gleichen Jahr (1896) veröffentlicht er *Zur Ätiologie der Hysterie*: »Ich stelle also die Behauptung auf, zugrunde jedes Falles von Hysterie befinden sich ... *ein oder mehrere Erlebnisse von vorzeitiger sexueller Erfahrung*, die der frühesten Jugend angehören. Ich halte dies für eine wichtige Enthüllung, für die Auffindung eines *Caput nili* ...« (Im Jahre 1924 fügt Freud eine Fußnote hinzu: »All dies ist richtig, aber es ist zu bedenken, daß ich mich damals von der Überschätzung der Realität und der Geringschätzung der Phantasie noch nicht frei gemacht hatte.« *Ibid.*, S. 440.) Man sieht also, wie Freud in dieser letzten Schrift seine Theorie von der sexuellen Ätiologie der Hysterie auf dem Umweg über die Verführungstheorie vehement bestätigt. In Brief 67 (14. August 1897) schreibt er: »Es gärt in mir, ich bin mit nichts fertig; mit der Psychologie sehr zufrieden, in der Neurotik von schweren Zweifeln gequält.« (*op. cit.*, S. 185) In Brief 69 vom 21. September 1897 gesteht Freud Fließ: »Ich glaube an meine Neurotica nicht mehr.« (es handelt sich um die Verführungstheorie; *op. cit.*, S. 186) Eine Reihe von Gründen, erklärte er, hätten ihn zu diesem Verzicht bewegt: die therapeutischen Enttäuschungen, die Schwierigkeit, sich so viele perverse Väter für eine so große Anzahl von Hysterikerinnen vorzustellen, und die Unmöglichkeit, »die Wahrheit und die mit Affekt besetzte Fiktion« (*ibid.*, S. 187) zu unterscheiden, da es im Unbewußten »ein Realitätszeichen nicht gibt« (*ibid.*). In Klammern fügt Freud hinzu: »Demnach blieb die Lösung übrig, daß die sexuelle Phantasie sich regelmäßig des Themas der Eltern bemächtigt.« (*ibid.*)

Die Lösung soll sich bald einstellen. Tatsächlich schreibt Freud am 15. Oktober 1897 (Brief 71, *op. cit.*) an seinen Freund: »Meine Selbstanalyse ist in der Tat das Wesentlichste, was ich jetzt habe, und verspricht, von höchstem Wert für mich zu werden, wenn sie bis zu Ende geht ... Ich habe die Verliebtheit in die Mutter und die Eifersucht auf den Vater auch bei mir gefunden und halte sie jetzt für ein allgemeines Ereignis früher Kindheit ... Wenn das so ist, versteht man die packende Macht des Königs Ödipus trotz aller Einwendungen, die der Verstand gegen die Fatumsvoraussetzung erhebt ... Die griechische Sage greift einen Zwang auf, den jeder anerkennt, weil er dessen Existenz in sich verspürt hat. Jeder Hörer war einmal im Keime und in der Phantasie ein solcher Ödipus und vor der hier in die Realität gezogenen Traumerfüllung schaudert jeder zurück ...« (*op. cit.*, S. 193) Auf die Aufgabe der Verführungstheorie folgt tatsächlich, wie man unschwer feststellt, die Entdeckung des Ödipuskomplexes, der psychischen Realität und mithin der kindlichen Sexualität.

Als Freud in *Zur Geschichte der psychoanalytischen Bewegung* (1914) auf diesen Moment seines theoretischen Weges zurückkommt, schreibt er: »Wenn die Hysteriker ihre Symptome auf erfundene Traumen zurückführen, so ist eben die neue Tatsache die, daß sie solche Szenen phantasieren, und die psychische Realität verlangt neben der praktischen Realität gewürdigt zu werden. Es folgte bald die Einsicht, daß diese Phantasien dazu bestimmt seien, die autoerotische Betätigung der ersten Kinderjahre zu verdecken, zu beschönigen und auf eine höhere Stufe zu heben, und nun kam hinter diesen Phantasien das Sexualleben des Kindes in seinem ganzen Umfange zum Vorschein.« (GW, Band 10, S. 56)

Doch so weit sind wir noch nicht. Tatsächlich wird Freud zögern, die Verführungstheorie aufzugeben und dem Kind eine autonome Sexualität

zuzuerkennen. Man kann das feststellen, wenn man den Brief vom 6. Dezember 1896 – der zwar vor der Aufgabe der Verführungstheorie geschrieben wurde, aber doch die Idee einer Organisation der kindlichen Sexualität in Phasen vorwegnimmt, und zwar unter dem Primat erogener Zonen, die dazu bestimmt sind, sukzessive abzunehmen – mit dem Brief vom 14. November 1897 vergleicht (also nach der Aufgabe der Verführungstheorie), in dem Freud, während er die Theorie der Stadien der Libido entwickelt (die, erinnern wir uns, erst in den nach 1910 erscheinenden Auflagen der *Drei Abhandlungen* vorkommt), in einer Art merkwürdigem Kompromiß die Verführungstheorie beibehält. Im Brief vom 6. Dezember 1896 fährt Freud, nachdem er gesagt hat, es handele sich bei der Hysterie um eine »abgelehnte Perversion«, fort: »Dahinter dann die Idee von aufgelassenen *erogenen Zonen*. D. h.: im Kindesalter wäre die sexuelle Entbindung von sehr vielen Körperstellen zu erhalten, die dann später nur den Angststoff, nicht auch den anderen zu entbinden vermögen.« (*op. cit.,* S. 155 f.) Der Beginn seines Briefes vom 14. November 1897 ist triumphierend: »Es war also am 12. November 97; die Sonne stand eben im östlichen Winkel, Merkur und Venus in Konjunktion« (es handelt sich um eine Parodie der Biographie Michelangelos von Vasari). Das Triumphgefühl resultiert aus seiner Entdeckung der Libidoentwicklung. Im Fortgang des Textes stellt Freud die Hypothese eines *organischen Elements* auf, das bei der Verdrängung ins Spiel komme: »... daß es sich um eine Auflassung von ehemaligen Sexualzonen handelt, konnte ich dir schon einmal erzählen.« (*op. cit.,* S. 199)
Freud spricht zum ersten Mal vom Erwerb des aufrechten Ganges beim Menschen, der mit der Aufgabe der olfaktiven Befriedigungen verbunden ist (eine Idee, die er in *Das Unbehagen in der Kultur,* 1929, entwickeln wird). »Die Zonen nun, welche beim normalen und reifen Menschen sexuelle Entbindung nicht mehr produzieren, müssen Afterregion und Mund-Rachengegend sein. Das ist zweifach gemeint, erstens daß ihr Anblick und ihre Vorstellung nicht mehr erregend wirkt, zweitens daß die von ihnen ausgehenden Binnensensationen keinen Beitrag zur Libido liefern, wie die von den eigentlichen Sexualorganen. Bei den Tieren bestehen diese Sexualzonen nach beiden Hinsichten in Kraft; wo sich das auch beim Menschen fortsetzt, entsteht Perversion.« (*op. cit.,* S. 199 f.)
Man hat den Eindruck, daß Freud, während er den ersten Entwurf der Theorie einer Libidoentwicklung in Stadien unter dem Primat einer bestimmten erogenen Zone präzisiert, die »aufgegeben« und durch eine

neue Zone verdrängt wird, die Existenz einer »spontanen« Sexualität beim Kinde einräumt und die *Drei Abhandlungen* vorwegnimmt. Dennoch nimmt die Folge seines Briefes die Verführungstheorie und die Theorie von der Zweizeitigkeit des Traumas wieder auf: »Hat man ein Kind an den Genitalien irritiert, so entsteht daran eine weit stärkere Sexualentbindung als damals, weil der ausschlaggebende Apparat und der Sekretionsbetrag inzwischen gewachsen sind ... Solche Nachträglichkeit stellt sich nun auch für die Erinnerungen an die Erregungen der aufgelassenen Sexualzonen her. Aber deren Folge ist nicht Entbindung von Libido, sondern von einer Unlust, einer Binnensensation, die analog ist dem Ekel im Objektfalle.«

»Grob gesagt, die Erinnerung stinkt aktuell, wie in der Gegenwart das Objekt stinkt und wie wir das Sinnesorgan (Kopf und Nase) im Ekel abwenden, so wendet sich Vorbewußtes und der bewußte Sinn von der Erinnerung ab. Dies ist die *Verdrängung.*« (*op. cit.,* S. 200) Weiter unten wird er den Mechanismus der Neurosen beschreiben, indem er die Effekte von Vorfällen der Kindheit, die die genitalen Organe betreffen, von solchen unterscheidet, die die »beiden anderen Sexualzonen« betreffen.

Dieser Kompromiß zwischen der Existenz einer kindlichen Sexualität, die sich in Phasen entwickelt, und der Verführungstheorie kann als Vorläufer des Konzepts von der Fixierung an ein Stadium der Libido angesehen werden. Dennoch spielt auch hier das Eingreifen der Sexualität des Erwachsenen in die des Kindes eine entscheidende Rolle.

Als Freud in *Zur Geschichte der psychoanalytischen Bewegung* (1914) seine Triumphgefühle mitteilt, seine Theorien über die kindliche Sexualität durch die Beobachtung kleiner Kinder bestätigt zu sehen, fügt er scherzend hinzu: »... ein Triumph, der allmählich durch die Überlegung verringert wurde, die Entdeckung sei von solcher Art, daß man sich eigentlich schämen müsse, sie gemacht zu haben.« (GW, Band 10, S. 56f.)

Wir möchten hier eine Hypothese vorschlagen, die darauf abzielt, die den Perversionen in den *Drei Abhandlungen* eingeräumte Priorität (die erste Abhandlung ist ihnen gewidmet) und das Axiom zu berücksichtigen, dem zufolge die Neurose das Negativ der Perversion ist. Diese Hypothese wird nahegelegt durch die Untersuchung von G. Lanteri-Laura, *Lecture des Perversions* (1979). Tatsächlich ist das Vorhaben des Autors der Versuch, »zu verstehen, wann und unter welchen Bedingungen die Medizin zum

Hauptbezug, ja fast zum einzigen Bezug, in der Untersuchung der Perversionen geworden ist, denn es war nicht immer so, und es bestand dazu *a priori* auch keine Notwendigkeit.« (S. 7) Am Ende seiner Darlegungen beschuldigt der Autor die Psychoanalyse, Freud und seine Schüler, einen »Neo-Moralismus« und eine Neo-Normativität aufzustellen mittels des Begriffs des Zugangs zur Genitalität und vor allem mittels des Begriffs der *perversen Struktur* (der Artikel von P. Aulagnier, »La Perversion comme structure«, 1967, wird namentlich erwähnt). Nicht diese These hält uns hier zurück, sondern die geschichtliche Darstellung dieser *Besitzergreifung der Medizin an den Perversionen* durch Lanteri-Laura. Das medizinische Interesse, das den Perversionen entgegengebracht wird, entsteht besonders spät und ist »zweideutig«[2]. Esquirol hat als erster die sexuellen Störungen, nicht aber die als solche abgegrenzten Perversionen in eine psychiatrische Abhandlung aufgenommen, indem er sie in den Rahmen der Monomanien oder partiellen Wahnvorstellungen stellte (in *Des maladies mentales*, 1838). Erst »im letzten Drittel des XIX. Jahrhunderts beginnt die Psychiatrie, die mehr oder weniger einzigartigen Spielarten des sexuellen Verhaltens für sich allein zu untersuchen, die nach und nach zum Thema eines spezifischen Kapitels der Abhandlungen werden.« (S. 19) Es ist Magnan, der in *Des anomalies, des aberrations et des perversions sexuelles* (1885) den Gebrauch des Begriffs »sexuelle Perversionen« einführt.

Die letzten Jahre des Jahrhunderts sind sehr reich an psychiatrischen und sexualkundlichen Schriften über die Perversionen. Freud bemerkt in einer Fußnote zur ersten der *Drei Abhandlungen*: »Die in der ersten Abhandlung enthaltenen Angaben sind aus den bekannten Publikationen von v. Krafft-Ebing, Moll, Moebius, Havelock Ellis, v. Schrenck-Notzing, Löwenfeld, Eulenburg, I. Bloch, M. Hirschfeld und aus den Arbeiten in dem vom letzteren herausgegebenen ›Jahrbuch für sexuelle Zwischenstufen‹ geschöpft. Da an diesen Stellen auch die übrige Literatur des Themas aufgeführt ist, habe ich mir detaillierte Nachweise ersparen können.« (GW, Band 5, S. 33)

Es erscheint nicht gleichgültig für die Struktur und den Inhalt der *Drei Abhandlungen*, daß sie in einem solchen Kontext erschienen sind. Der Baron von Krafft-Ebing war 1892 Meynerts Nachfolger an der Spitze der psychiatrischen Klinik geworden, und obwohl die Beziehungen zwischen Freud und ihm ziemlich distanziert waren, hatte er dennoch eine Rolle bei der Ernennung des Schöpfers der Psychoanalyse zum »außerordentlichen

Professor« gespielt, da er 1897 den ziemlich lobenden Bericht der Fakultät gegenzeichnete, in dem Freud für diesen Titel vorgeschlagen wurde (den Freud trotzdem erst fünf Jahre später erhielt) (in: *Sigmund Freud, sein Leben in Bildern und Texten,* 1976). Die Psychiatrie war also dabei, ein leidenschaftliches Interesse für die Perversionen an den Tag zu legen, ein Interesse, das aus möglicherweise weniger wissenschaftlichen Gründen von der Öffentlichkeit weitgehend geteilt wurde. Die *Psychopathia Sexualis* von Krafft-Ebing erlebte von 1887 – dem Datum ihres ersten Erscheinens – bis 1893 acht Auflagen. Die Masse der Veröffentlichungen über die Perversionen verriet allerdings eine leider müßige und sterile Aufregung: auf der Ebene der klinischen Beschreibung eine Ansammlung von Fakten, auf theoretischer Ebene Spekulationen, die darauf abzielten, die Perversionen mit neurophysiologischen Störungen an ebenso präzisen wie kühnen Lokalisierungen sowie mit »Entartungen« (Magnan) in Verbindung zu bringen, und fruchtlose taxonomische Versuche (Krafft-Ebing). Freuds Fußnote zur Überschrift der ersten der *Drei Abhandlungen* zeugt sowohl von der Fülle von Arbeiten, unter die sich sein kleines Traktat einreihte, als auch von einer gewissen Verachtung, die in der Aufzählung der Autoren durchscheint, indem er sie scheinbar ehrt und sich ihrer gleichzeitig entledigt. (Tatsächlich werden sie im Text der Arbeit selbst kaum zitiert, wenn man die erdrückende Fülle ihrer Veröffentlichungen bedenkt.)

Die Perversionen waren das Gebiet, auf dem sich auf dem Umweg über die Gerichtsmedizin *zum ersten Mal eine unauflösliche Verbindung zwischen psychischer Pathologie und Sexualität hergestellt hatte.* Das war, wie man sich vorstellen kann, ein schüchterner, aber entscheidender Schritt in Richtung auf die Entdeckung der sexuellen Ätiologie der psychischen Störungen im allgemeinen und der Stellung der Sexualität im Seelenleben des Menschen.

Eine der menschlichen Sexualität gewidmete Abhandlung mit der Untersuchung ihrer »Abirrungen« zu beginnen, die Neurosen als Negativ der Perversionen zu begreifen und darzustellen, die damals den Vordergrund der Bühne einnahmen, daß hieß gewissermaßen das Unbekannte mit dem bereits Bekannten verbinden. Oder vielmehr, es war ein Eindringen in die Bresche, die gerade in das Tabu geschlagen worden war, das sich der Untersuchung der Sexualität widersetzte.

Die *Drei Abhandlungen,* deren Text die Hinzufügungen und Fußnoten aufeinanderfolgender Auflagen enthält (1910, 1915, 1920, 1924) und einen Band von bescheidenem Umfang ergibt (in den GW 117 Seiten), haben einen entscheidenden Einfluß auf unsere Auffassung von der Sexualität und vom Menschen im allgemeinen gehabt. Dennoch trägt dieses ganz und gar revolutionäre Werk den Stempel des historischen Kontexts, in den es gehört. Wenn die hier vorgetragene Hypothese richtig ist, wurde es in dem Aufruhr geschrieben, der sich schon seit Jahren um die Perversion erhoben hatte. Und das Problem der Perversion – das keineswegs auf Anhieb auszusondern war – durchzieht es von Anfang bis Ende. Wenn wir den Gedanken konsequent zu Ende führen, könnten wir sagen, daß die *Drei Abhandlungen* eine *Ausdehnung der Perversion auf die gesamte menschliche Sexualität* darstellen, ob sie sich beim Kind, beim Perversen oder beim Neurotiker manifestiert.[3] Sie bildet die ständige Bezugsachse des Autors.

Wird Freud, wenn er Neurosen und Perversionen als zwei Seiten einer Medaille betrachtet, den einen wie den anderen völlig gerecht?

Es scheint möglich, eine Antwort auf diese Frage zu skizzieren, wenn man sich auf den Begriff der zweizeitigen Entwicklung der menschlichen Sexualität bezieht, d. h. auf die Einführung der *Latenzperiode* und ihrer Folgen.

In der ersten Auflage der *Drei Abhandlungen* (1905) führt Freud den Begriff der Latenzperiode ein, einen Ausdruck, von dem er in einer Fußnote (GW, Band 5, S. 79) sagt, er entlehne ihn von Wilhelm Fließ. Spätere Ergänzungen werden seine ersten Formulierungen vervollständigen. Es ist tatsächlich auffallend, daß der Begriff ohne Erwähnung seiner Verbindung mit dem Ödipuskomplex[4] eingeführt wird: »Während dieser Periode totaler oder bloß partieller Latenz werden die seelischen Mächte aufgebaut, die später dem Sexualtrieb als Hemmnisse in den Weg treten und gleichwie Dämme seine Richtung beengen werden (der Ekel, das Schamgefühl, die ästhetischen und moralischen Idealanforderungen). Man gewinnt beim Kulturkinde den Eindruck, daß der Aufbau dieser Dämme ein Werk der Erziehung ist, und sicherlich tut die Erziehung viel dazu. In Wirklichkeit ist diese Entwicklung eine organisch bedingte, hereditär fixierte und kann sich gelegentlich ganz ohne Mithilfe der Erziehung herstellen. Die Erziehung verbleibt durchaus in dem ihr angewiesenen Machtbereich, wenn sie sich darauf einschränkt, das organisch Vorgezeichnete nachzuziehen und es etwas sauberer und tiefer auszuprägen.« (*ibid.*, S. 78) Der Gedanke steht dem einer organischen Verdrängung nahe, gebunden an die Aufgabe alter sexueller Zonen, postuliert von

Freud in dem Brief an Fließ vom 14. November 1897. Als Freud in *Der Untergang des Ödipuskomplexes* (1924) die Latenzperiode mit dem Ödipuskomplex verbindet, schlägt er neben der ontogenetischen eine phylogenetische Konzeption vor. Der Ödipuskomplex muß einem vorher bestehenden, ererbten Schema nach untergehen, weil eine neue Phase ihm »programmgemäß« folgen muß. Gleichzeitig ginge der Ödipuskomplex »so zugrunde an seinem Mißerfolg, dem Ergebnis seiner inneren Unmöglichkeit.« Dem biologischen Faktor wird also eine Rolle zugeschrieben, auch noch, nachdem Freud in *Das Ich und das Es* (1923) die Bildung des Überich, die Identifikationen mit den Eltern und das Schicksal der zum Ödipuskomplex gehörenden libidinösen Strebungen beschrieben hat, die teilweise sublimiert, teilweise zielgehemmt und in zärtliche Regungen umgewandelt werden. In *Der Untergang des Ödipuskomplexes* bringt er den ganzen Vorgang mit dem Kastrationskomplex in Verbindung.
Zwar existieren die meisten dieser Faktoren in der ersten Auflage der *Drei Abhandlungen* noch nicht, doch einige ihrer Wirkungen werden beschrieben. So wird die *Sublimierung* (*ibid.*, S. 79) hier als Abwendung der sexuellen Strebungen von ihrem früheren Ziel und Hinwendung auf ein neues Ziel betrachtet. Durch die Sublimierung werden »mächtige Komponenten für alle kulturellen Leistungen gewonnen ... Wir würden also hinzufügen, daß der nämliche Prozeß in der Entwicklung des einzelnen Individuums spielt und seinen Beginn in die sexuelle Latenzperiode der Kindheit verlegen.« Freud fährt fort: »Auch über den Mechanismus einer solchen Sublimierung kann man eine Vermutung wagen. Die sexuellen Regungen dieser Kinderjahre wären einerseits unverwendbar, da die Fortpflanzungsfunktionen aufgeschoben sind, was den Hauptcharakter der Latenzperiode ausmacht, andererseits wären sie an sich pervers, das heißt von erogenen Zonen ausgehend und von Trieben getragen, welche bei der Entwicklungsrichtung des Individuums nur Unlustempfindungen hervorrufen könnten. Sie rufen daher seelische Gegenkräfte (Reaktionsregungen) wach, die zur wirksamen Unterdrückung solcher Unlust die erwähnten psychischen Dämme: Ekel, Scham und Moral, aufbauen.« (Hier präzisiert eine Fußnote von 1915, daß es möglich ist, zwischen Sublimierung und Reaktionsbildung zu unterscheiden.) In der »Zusammenfassung« sagt Freud über die Sexualität des Kindes: »Die Sexualbetätigung entwickle sich aber nicht im gleichen Schritt wie seine sonstigen Funktionen, sondern trete nach einer kurzen Blüteperiode vom zweiten bis zum fünften Jahre in die sogenannte Latenzperiode ein. In derselben

würde die Produktion sexueller Erregung keineswegs eingestellt, sondern halte an und liefere einen Vorrat von Energie, der großenteils zu anderen als sexuellen Zwecken verwendet werde, nämlich einerseits zur Abgabe der sexuellen Komponenten für soziale Gefühle, andererseits (vermittels Verdrängung und Reaktionsbildung) zum Aufbau der späteren Sexualschranken. Demnach würden die Mächte, die dazu bestimmt sind, den Sexualtrieb in gewissen Bahnen zu erhalten, im Kindesalter auf Kosten der großenteils perversen Sexualregungen und unter Mithilfe der Erziehung aufgebaut.« (GW, Band 5, S. 133–34)

Als Freud die Entdeckung des Objekts untersucht, spricht er von der *Verführung durch die Mutter* (*ibid.*, S. 124): »Der Verkehr des Kindes mit seinen Pflegepersonen ist für dasselbe eine unaufhörlich fließende Quelle sexueller Erregung und Befriedigung von erogenen Zonen aus, zumal da letztere – in der Regel doch die Mutter – das Kind selbst mit Gefühlen bedenkt, die aus ihrem Sexualleben stammen, es streichelt, küßt und wiegt und ganz deutlich zum Ersatz für ein vollgültiges Sexualobjekt nimmt.« Freud ist der Meinung, daß die Mutter »sich alle Selbstvorwürfe ersparen« solle. Er fügt jedoch hinzu: »Ein Zuviel von elterlicher Zärtlichkeit wird freilich schädlich werden, indem es die sexuelle Reifung beschleunigt, auch dadurch, daß es das Kind ›verwöhnt‹, es unfähig macht, im späteren Leben auf Liebe zeitweilig zu verzichten oder sich mit einem geringeren Maß davon zu begnügen.« Freud sieht auch eine Gefahr darin, »die Disposition des Kindes zur neurotischen Erkrankung« zu erwecken. Etwas weiter unten (*ibid.*, S. 126) fährt er fort: »Wenn die Zärtlichkeit der Eltern zum Kinde es glücklich vermieden hat, den Sexualtrieb desselben vorzeitig, das heißt ehe die körperlichen Bedingungen der Pubertät gegeben sind, in solcher Stärke zu wecken, daß die seelische Erregung in unverkennbarer Weise zum Genitalsystem durchbricht, so kann sie ihre Aufgabe erfüllen, dieses Kind im Alter der Reife bei der Wahl des Sexualobjekts zu leiten ... durch den Aufschub der sexuellen Reifung ist die Zeit gewonnen worden, neben anderen Sexualhemmnissen die Inzestschranke aufzurichten.«

In der »Zusammenfassung« (*ibid.*, S. 136) bringt Freud auf entscheidende Art die Verführung mit der Unterbrechung der Latenzperiode und der Perversion in Verbindung. Die Verführung wird dort klar als nicht mehr zur Neurose, sondern zur Perversion prädisponierend bezeichnet: »Wir stellen ferner durch Erfahrungen fest, daß die äußeren Einflüsse der Verführung vorzeitige Durchbrüche der Latenzzeit bis zur Aufhebung derselben hervorrufen können, und daß sich dabei der Geschlechtstrieb des Kindes in der Tat als polymorph pervers bewährt; ferner, daß jede solche frühzeitige Sexualtätigkeit die Erziehbarkeit des Kindes beeinträchtigt.«

Die Verführung durch die Mutter, die Freud in den *Drei Abhandlungen* postuliert, die Mutter, die ihr Kind an die Stelle eines Sexualobjekts setzt, die Verführung, deren ergreifendes Bild er in *Eine Kindheitserinnerung des Leonardo da Vinci* (1910, GW, Band 8, S. 127–211) zeichnet und auf deren Funktion wir noch ausführlich zurückkommen werden, ist offenbar nicht deckungsgleich mit der Verführungstheorie. Was uns hier beschäftigt, ist die fundamentale Rolle, die Freud in den *Drei Abhandlungen* der Latenzperiode gibt, die diesem Axiom einen großen Teil seiner Reichweite nimmt, denn dies ermöglicht die zumindest teilweise Beantwortung der Frage, die wir uns gestellt hatten: Wird Freud, indem er die Neurose als Negativ der Perversion definiert, beiden Kategorien von Störungen gerecht? Die Neurose, die nicht mit einer Unterbrechung, also mit einer Aufhebung der Latenz verbunden ist, zeigt sich reich an Abwehrmechanismen, an Sozialisationsprozessen, an Fähigkeit zur Ablenkung des Triebes auf neue Ziele (zärtliche Regungen, Sublimierungen), an Identifikationen (Inzestschranke), die der Perversion zumindest teilweise fehlen müßten. Es scheint nicht ausreichend, wenn man sagt, daß die Neurose da *verdrängt,* wo die Perversion der Abfuhr freien Lauf läßt. Es handelt sich in der Tat um das Wirken von komplexen und vielfältigen psychischen Prozessen. Was die Symptombildung in der Neurose angeht, so weiß man, wie sehr sie tatsächlich das Resultat einer Reihe komplizierter Operationen ist, die bei jeder der betrachteten unbekannten Grundursachen anders sind. Der Mechanismus der Symptombildung deckt den der Verdrängung nicht ab. Er ist sogar deutlich verschieden davon: »... daß es nicht die Verdrängung selbst ist, welche Ersatzbildungen und Symptome schafft, sondern daß diese letzteren als Anzeichen einer *Wiederkehr des Verdrängten* ganz anderen Vorgängen ihr Entstehen verdanken.« (Freud, *Die Verdrängung,* 1915, GW, Band 10, S. 257) Man kennt in der Angsthysterie die Ersatzbildungen, die mit der *Verschiebung* verbunden sind, die damit einhergehende Phobie mit Fixierung der Angst auf ein Tier, Ersatz für das ursprüngliche Objekt (Vater), gefolgt von Flucht- und Ausweichversuchen. Im Falle der Konversionshysterie, eines neurotischen Modells, das Freud in den *Drei Abhandlungen* benutzt, um ein Axiom vorzutragen, weiß man gleichfalls, daß, wenn es der Verdrängung in gewissen Fällen gelingt, den Affektbetrag zu verringern, dies um den Preis einer Konversion im Soma erfolgt, wo Ersatzbildung und Symptom zusammentreffen. Die Körperstelle, an der sich die Konversion vollzieht, ist »ein Stück der verdrängten Triebrepräsentanz selbst, welches wie durch *Verdichtung* die gesamte Besetzung auf sich gezogen hat« (1915, *ibid.*, S. 259). Diesem Mechanismus, sagt Freud, müsse man denjenigen der *Regression* hinzufügen, der »in anderem Zusammenhang gewürdigt werden soll« (*ibid.*, S. 259). (Strachey zufolge spielte Freud auf eine seiner sieben metapsychologischen Schriften an, die nie veröffentlicht und wahrscheinlich zerstört worden sind.) Handelt es sich hier um eine *formelle* Regression, die der Tatsache Rechnung tragen soll, daß der psychische Konflikt mittels des mysteriösen Sprungs der Psyche in das Soma auf der körperlichen Ebene zu einem symbolischen Ausdruck gelangt? Als Freud *Hysterische Phantasien und ihre Beziehung zur Bisexualität* (1908) untersucht, sagt er: »... ist nun gefunden worden, daß die unbewußten Phantasien der Hysteriker den bewußt durchgeführten Befriedigungssituationen der Perversen inhaltlich völlig entsprechen«, aber er fügt bald hinzu: »... ist das Verhältnis der Phantasien zu den Symptomen kein einfaches, sondern ein mehrfach kompliziertes.« (GW, Band 7, S. 194f.) Man könnte also sagen, daß aus der Existenz der Latenzperiode eine reiche, komplexe, differenzierte, erfindungsreiche psychische Arbeit hervorgeht, die sogar gewisse Merkmale einer ästhetischen Schöpfung hat und sich auf die unbewußten, perversen (verdrängten) Phantasien bezieht, damit diese mittels der Symptombildungen zum Ausdruck gelangen können. Diese Arbeit ist es, die in der Formulierung, die Neurose sei das Negativ der Perversion, keine Berücksichtigung findet. Sie scheint noch mehr verkannt in den Bezeichnungen »positive Perversionen« und »negative Perversionen«, die den Perversionen bzw. den Neurosen gegeben werden (*Drei Abhandlungen*, GW, Band 5, S. 133). Dasselbe gilt für die Feststellung, die Untersuchung der Perversionen liefere uns das genaue Gegenstück der Neurosen. Die Behauptung Freuds schließlich: »Durch den Nachweis der perversen Regungen als Symptombildner bei den Psychoneurosen haben wir die Anzahl der Menschen, die man den Perversen zurechnen könnte, in ganz außerordentlicher Weise gesteigert«, geht auch in die Richtung, die wir weiter oben anführten: Freud hat in diesem Stadium der Entwicklung seines Denkens die Tendenz, die Perversion zu *verallgemeinern*, und wir haben die Hypothese aufgestellt, daß diese Tatsache mit dem historischen Kontext zusammenhängt, in dem die *Drei Abhandlungen* verfaßt wurden. Freud fährt fort: »Nicht nur, daß die Neurotiker selbst eine sehr zahlreiche Menschenklasse darstellen, es ist auch in Betracht zu ziehen, daß die Neurosen von allen ihren Ausbildungen her in lückenlosen Reihen zur Gesundheit abklingen; doch hat *Moebius* mit guter Berechtigung sagen können: wir alle sind ein wenig hysterisch.[5] Somit werden wir durch die außerordentliche Verbreitung der Perversionen zu der Annahme gedrängt, daß auch die Anlage zu den Perversionen keine seltene Besonderheit, sondern ein Stück der für normal geltenden Konstitution sein müsse.« (*ibid.*, S. 71)

Gewiß, wir verstehen, daß Freud diese Behauptungen zu heuristischen Zwecken aufstellt und daß es ihm ansonsten fernliegt, die Komplexität der neurotischen Mechanismen zu verkennen, die freizulegen er sich seit Beginn seines Werkes bemüht hat. Dennoch geht aus der Theorie der »generalisierten Perversion« und dem damit verbundenen Axiom eine Verwirrung hervor, die der psychoanalytischen Forschung jahrzehntelang ihren Stempel aufgedrückt hat. Die Grenzen zwischen Perversion und Neurose haben sich aufgelöst. Die Originalität der perversen Mechanismen ihrerseits ist unterschätzt, ja völlig verkannt worden, denn wenn Freud im letzten Stadium seines Werkes auch versucht hat, sie deutlich zu machen, wie man noch sehen wird, so ist er doch nie offen auf seine ersten Formulierungen zurückgekommen und hat damit das begünstigt, was schließlich fast widersinnig erscheint. Aus der Universalität der *perversen Phantasmen* (die beim Perversen, beim Neurotiker und letzten Endes auch beim Normalen[6] vorhanden sind) geht keine *gemeinsame Natur* von Perversion, Neurose und Normalität hervor. Daß gewisse Phänomene im Kern verschiedener Krankheitserscheinungen identisch sind, bedeutet keine Aufhebung der Trennung zwischen diesen, und es bedeutet auch nicht, daß die betreffende Organisation keine spezifischen Eigenschaften hat.

Freud setzt in den *Drei Abhandlungen* die Perversion mit einem *Entwicklungsstillstand des Sexualtriebes* gleich: »... daß die Anlage zu den Perversionen die ursprüngliche allgemeine Anlage des menschlichen Geschlechtstriebes sei, aus welcher das normale Sexualverhalten infolge organischer Veränderungen und psychischer Hemmungen im Laufe der Reifung entwickelt werde.« (*Drei Abhandlungen*, 1905, »Zusammenfassung«, GW, Band 5, S. 132.) »So mußten wir in jeder fixierten Abirrung vom normalen Geschlechtsleben ein Stück Entwicklungshemmung und

Infantilismus erblicken.« (*ibid.*) Der Sexualtrieb unterteilt sich in der Kindheit in Partialtriebe, die ihre Quelle in einer bestimmten erogenen Zone haben. Bis zur Pubertät funktionieren sie auf anarchische und autoerotische Weise. Der Zusatz von 1915 beschreibt die prägenitalen Organisationen der Libido und die Integration der Partialtriebe unter dem Primat der aufeinanderfolgenden erogenen Zonen (oral, anal, phallisch). Erst in der Pubertät und nach Durchlaufen der Latenzperiode organisiert sich der Sexualtrieb unter dem genitalen Primat. Wenn dieser erreicht ist, verläuft das Schicksal der Partialtriebe folgendermaßen: Sie werden in der *Vorlust* benutzt, sie werden verdrängt, sublimiert, gehen in die Charakterbildung ein. Diese Schicksale schließen einander wechselseitig nicht aus. Zur Perversion kommt es, wenn die Partialtriebe nicht in das Stadium gelangen, in dem sie sich dem genitalen Primat unterordnen. Anders ausgedrückt, es besteht eine Identität zwischen der kindlichen und der perversen Sexualität. Beim Kind liegt eine polymorph perverse Disposition vor, die in Fällen von Verführung leicht feststellbar ist. »Die sexuellen Regungen dieser Kinderjahre ... wären ... an sich pervers.« (*ibid.*, S. 79) Dieser Satz und die Theorie, auf die er sich stützt, haben es J. Laplanche und J.-B. Pontalis in ihrem *Vokabular der Psychoanalyse* (Frankfurt 1972) gestattet, eine verlockende, aber kritisierbare Konzeption vorzutragen. In den *Drei Abhandlungen* zeigt Freud in der Tat die Verbindungen, die ursprünglich zwischen den Sexualtrieben und den Selbsterhaltungstrieben existieren. Der Sexualtrieb stützt sich zu Beginn auf eine lebenswichtige physiologische Funktion wie Ernährung oder Defäkation. Doch er entfernt sich sehr schnell davon, wird unabhängig und sucht Befriedigung für sich selbst in dem »Lustgewinn«, der mit seinen Funktionen verbunden ist, womit er sich von der Bedürfnisbefriedigung entfernt. Erst dann übrigens wird der Trieb autoerotisch und tritt in die Dimension der Phantasie ein. Die Sexualität wird zu Psychosexualität, und diese Feststellung gestattet Laplanche und Pontalis, die These vorzubringen, die menschliche Sexualität sei »im Grunde als ›pervers‹ (zu) definieren«, da sie vor allem Abweichung, »Perversion«, von der biologischen Ordnung sei (*op. cit.*, Stichwort: Perversion, S. 379). Es sieht so aus, als verstärke diese Auffassung das Verwischen der Grenzen zwischen kindlicher Sexualität, Perversion, Neurose und menschlicher Sexualität im allgemeinen noch mehr, als dies bei Freud in den *Drei Abhandlungen* der Fall ist. Wenn die Perversion tatsächlich die gleiche Ausdehnung hat wie die menschliche Sexualität, dann müssen die besonderen Störungen, die unter diesem Namen beim Erwachsenen bestehen, anders bezeichnet werden. Es scheint nicht legitim, außer acht zu lassen, daß Freud in einem Zusatz von 1915 *zeitliche Momente* nennt (*op. cit.*, S. 143 f.). Tatsächlich sind das Interesse des Kindes für die Tätigkeit des Saugens oder der Defäkation und der Lustgewinn, den es daraus bezieht, mit seiner biologischen Anlage verbunden. Es gibt eine zeitliche Koinzidenz zwischen seiner physiologischen Veranlagung und dem Lustgewinn, den ihm seine Aktivität verschafft und den es bald allein suchen wird. Dagegen fehlt diese Synchronizität beim erwachsenen Perversen, der an scheinbar anachronistischen Befriedigungen festhält, die, wie man banal sagen könnte, »nicht mehr seinem Alter entsprechen«. Außerdem berücksichtigt die Identität von kindlicher Sexualität und perverser Sexualität auch die Komplexität der perversen Organisation nicht. Um uns hier an ein einzelnes Element der Perversion zu halten: Das »perverse Szenario« nach dem Ausdruck von Joyce McDougall in »Scène primitive et scénario pervers« (1972; Urszene und perverses Szenario), das das Subjekt schafft und ins Werk setzt, kann man nicht an die Stelle der Betätigung des kindlichen Sexualtriebes setzen.

In seinen *Vorlesungen zur Einführung in die Psychoanalyse* (1917) sagt Freud erneut auf sehr klare Weise: »... daß die perverse Sexualität nichts anderes ist als die vergrößerte, in ihre Einzelregungen zerlegte infantile Sexualität.« (GW, Band 11, S. 321) Und weiter: »Ich habe auch gar nichts dagegen, wenn Ihnen die Verwandtschaft der kindlichen Sexualtätigkeit mit den sexuellen Perversionen recht auffällig wird. Es ist eigentlich selbstverständlich; wenn das Kind überhaupt ein Sexualleben hat, so muß es von perverser Art sein, denn dem Kind fehlt noch bis auf wenige dunkle Andeutungen, was die Sexualität zur Fortpflanzungsfunktion macht.« (*ibid.*, S. 326)

Die Ausdehnung der Sexualität über die Genitalität hinaus, wie Freud sie in seinen *Drei Abhandlungen* vorgetragen hat und die unser Verständnis von der menschlichen Psyche umstürzt, verschmilzt nicht mit der Perversion, genausowenig, wie die Perversion ihr gleichgesetzt werden kann, selbst wenn es zwischen den beiden Arten von Sexualität auffallende Verwandtschaften gibt.

Doch bald wird Freud in bezug auf dieses Problem vorankommen, indem er den Ödipuskomplex in den Kern der Perversionstheorie einführt, und zwar in seiner Schrift *Ein Kind wird geschlagen* (1919), die den Untertitel »Beitrag zur Kenntnis der Entstehung sexueller Perversionen« trägt.

Der Ödipuskomplex, Kernkomplex der Neurosen und Perversionen

Der Text Freuds bezieht sich auf die Untersuchung der Schlagephantasien, die mit großer Häufigkeit und nicht ohne Scham- und Schuldgefühle von Patienten beiderlei Geschlechts berichtet wurden. Der zunächst vorgetragene Inhalt ist der der Phantasievorstellung: »Ein Kind wird geschlagen.« Diese Phantasie ist regelmäßig von Erregung und sexueller Lust begleitet; sie führt zu einem masturbatorischen Akt. Eine solche Phantasie muß, Freud zufolge, wenn sie in der frühen Kindheit auftaucht, als *primärer Zug von Perversion* verstanden werden: »Eine der Komponenten der Sexualfunktion sei den anderen in der Entwicklung vorangeeilt, habe sich vorzeitig selbständig gemacht, sich fixiert und dadurch den späteren Entwicklungsvorgängen entzogen, damit aber ein Zeugnis für eine besondere, anormale Konstitution der Person gegeben.« (GW, Band 12, S. 200)

Freud fügt hinzu, eine solche Perversion könne nur vorübergehend sein und entweder verdrängt oder durch eine Reaktionsbildung ersetzt oder sublimiert werden. Wenn diese Mechanismen nicht auftreten, bleibt die Perversion während des erwachsenen Lebens bestehen. »Die Kinderzeit zwischen zwei und vier oder fünf Jahren (Freud nimmt hier seine in den *Drei Abhandlungen* geäußerten Ansichten wieder auf) ist diejenige, in welcher die mitgebrachten libidinösen Faktoren von den Erlebnissen zuerst geweckt und an gewisse Komplexe gebunden werden.« (*ibid.*, S. 202) Die Schlagephantasien, die von den Patienten berichtet werden, beziehen sich auf das Ende dieser Periode. Freud nimmt also an, daß sie eine *Vorgeschichte* haben, die er erforschen möchte: Die Schlagephantasien sind so, wie sie sich präsentieren, vielleicht nur das Ergebnis eines Prozesses, dessen Stadien bestimmt werden müßten.

Seine Analyse ist im wesentlichen auf sechs Fällen begründet, vier weiblichen und zwei männlichen; hinzu kommt eine sehr viel größere Anzahl von weniger gründlich studierten Fällen (*ibid.*, S. 209 f.). Merkwürdigerweise beschreibt Freud die Semiotik von fünf dieser Fälle, übergeht aber den sechsten mit Schweigen. Wir werden die Hypothese vortragen, daß es sich um den Wolfsmann handelt. In einem Artikel mit dem Titel *Die »borderline«-Kindheit des Wolfsmannes* (1974) sagt Harold Blum, Freud (1919) habe sich in seiner klassischen Schrift *Ein Kind wird geschlagen* auf den Wolfsmann bezogen, ohne allerdings darzulegen, worauf er seine

Behauptung gründet, da Freud in seinem Text den Wolfsmann nicht erwähnt.

Die beim Mädchen bestehende Phantasie zerfällt in drei Phasen:

1. Die erste ist *sadistischer*[7] Natur: Ein Erwachsener, in dem der Vater erkannt wird, schlägt ein Kind. Man kann sie bündig formulieren: *Der Vater schlägt das Kind,* und man kann sie vollständiger so formulieren: Der Vater schlägt das *mir verhaßte* Kind. Sie ist mit einer Geschwisterrivalität verbunden.

2. Die zweite Phase ist die Frucht einer Konstruktion, die zur Analyse erforderlich ist. Sie ist tatsächlich immer unbewußt und gelangt niemals zur Erinnerung. Ihre Formulierung lautet: *Ich werde vom Vater geschlagen.* Viele Dinge haben sich zwischen der ersten und der zweiten Phase abgespielt, und die Phantasie »Ich werde vom Vater geschlagen« ist das Resultat einer Reihe von psychischen Ereignissen. Das erste Phantasma schließt die inzestuöse Liebe zum Vater und den Wunsch ein, von diesem geliebt zu werden. Die Repräsentation des Vaters, der das andere Kind schlägt, heißt: »Der Vater liebt dieses andere Kind nicht, *er liebt nur mich.*« (*ibid.,* S. 204–206)

»In dieser vorzeitigen Objektwahl der inzestuösen Liebe erreicht das Sexualleben des Kindes offenbar die Stufe der genitalen Organisation.« (*ibid.,* S. 207) »Allein es kommt die Zeit, zu der diese frühe Blüte vom Frost geschädigt wird; keine dieser inzestuösen Verliebtheiten kann dem Verhängnis der Verdrängung entgehen.« (*ibid.*) Hier nimmt Freud etwas aus seiner Schrift *Der Untergang des Ödipuskomplexes* (1924) vorweg, indem er versucht, das unvermeidliche Schicksal der inzestuösen Lieben zu erklären, um zu ihrem Eingehen in das Unbewußte zu gelangen. Dieser Moment wird begleitet vom Erscheinen eines *Schuldbewußtseins,* das die Umkehrung des mit dem ersten Phantasma verbundenen Triumphes bringt: »Der Vater schlägt das mir verhaßte Kind, denn er liebt nur mich« wird zu »Nein, der Vater liebt mich nicht, denn er schlägt mich«. Das Schuldbewußtsein hat das sadistische Phantasma in ein masochistisches umgewandelt. (Man kann hier anmerken, daß das Schuldgefühl nicht mit der Aggressivität gegen den Rivalen verbunden scheint, sondern nur mit den inzestuösen Wünschen, deren Objekt der Vater ist.) Während das erste Phantasma: »Der Vater schlägt das Kind« vielleicht nicht wirklich sadistisch ist (im Sinne einer Erotisierung durch die Aggressivität), ist die zweite Phase »Ich werde vom Vater geschlagen« im vollen Sinne des Wortes masochistisch. Das Schuldbewußtsein hat das Phantasma umge-

wandelt, doch die verdrängten inzestuösen Wünsche finden auch dort eine Befriedigung. Die Regression führt das allgemeine Streben herbei, »vom Vater geliebt zu werden«, einen prägenitalen, analsadistischen Ersatz zu finden, »vom Vater geschlagen zu werden«. So ist das Geschlagenwerden »nicht nur die Strafe für die verpönte genitale Beziehung, sondern auch der regressive Ersatz für sie« (*ibid.*, S. 209). Damit die Verdrängung der inzestuösen Liebe vollständig ist, muß diese zweite Etappe des Phantasmas unbewußt bleiben. Das geschieht bei der Frau, die die Verdrängung mit der Regression verbindet. Merkwürdigerweise sagt Freud – der einige Jahre später auf der relativen Schwäche des weiblichen Überichs im Vergleich zum männlichen Überich bestehen wird – hier: »In den weiblichen Fällen wäre das, vielleicht an sich anspruchsvollere, Schuldbewußtsein erst durch das Zusammenwirken beider begütigt worden.« (*ibid.*, S. 210)
Wir sehen, daß bei der Frau die dritte Etappe (definitive Konfiguration des Phantasmas) Analogien zur ersten hat:
3. »Ein Kind wird geschlagen« ist offensichtlich zum Sadismus der ursprünglichen Phantasie zurückgekehrt. Der Schlagende ist im allgemeinen ein Elternsubstitut. Doch wenn die Form des Phantasmas sadistisch ist, so ist die erlangte Befriedigung ihrem Wesen nach *masochistisch*: Die geschlagenen Kinder sind Substitute der eigenen Person. Das Schuldgefühl findet also, ebenso wie das verdrängte libidinöse Element, Befriedigung.
Hinter der Unbestimmtheit der Protagonisten der Szene verbergen sich der Vater und die Tochter, vereinigt in einem als schmerzhafte Bestrafung verkleideten Liebesakt.
Freud sagt, in der Kenntnis der männlichen Schlagephantasien sei er weniger weit gekommen. Er rechnete damit, eine perfekte Symmetrie zwischen den beiden Geschlechtern zu finden und den Vater im Falle des Knaben durch die Mutter ersetzt zu sehen. Doch so war es nicht. Während anfangs das Phantasma »Ich werde vom Vater geschlagen« bei der Frau immer unbewußt ist, kann das Phantasma »Ich werde von der Mutter geschlagen« beim Mann unbewußt werden. Diesem Phantasma (bewußt oder fähig, es zu werden) geht regelmäßig ein *unbewußtes* Phantasma voran – durch die Analyse rekonstruiert –, dessen Inhalt ist: »Ich werde vom Vater geschlagen.« Tatsächlich geht diesem Phantasma wiederum das Phantasma voraus »Ich werde vom Vater geliebt«. Es dürfte sich um ein Phantasma genitalen Typs handeln, das durch Regres-

sion auf das analsadistische Stadium zur Schlagephantasie vom Vater wird und dann umgewandelt wird in die bewußte Phantasie »Ich werde von der Mutter geschlagen«.

»In beiden Fällen leitet sich die Schlagephantasie von der inzestuösen Bindung an den Vater ab.« (*ibid.*, S. 220)

Beim Mädchen rührt das unbewußte masochistische Phantasma von der positiven Neigung seines Ödipuskomplexes her.

Beim Knaben ist es aus dem umgekehrten Ödipuskomplex hergeleitet. Die erste Phase des Phantasmas beim Mädchen, »Der Vater schlägt ein mir verhaßtes Kind«, ein sadistisches, nicht-erotisches (also aggressives) Phantasma, hat keine Entsprechung beim Knaben. Die Verdrängungsarbeit beim Mädchen ist *tiefer* als beim Knaben. Die endgültige Phantasie wird beim Mädchen umgewandelt »in eine sadistische ..., deren sexueller Charakter sehr verwischt ist« (*ibid.*).

»Der Knabe entzieht sich durch die Verdrängung und Umarbeitung der unbewußten Phantasie seiner Homosexualität; das Merkwürdige an seiner späteren bewußten Phantasie ist, daß sie feminine Einstellung ohne homosexuelle Objektwahl zum Inhalt hat.« ... »Der Knabe, der ja der homosexuellen Objektwahl entfliehen wollte und sein Geschlecht nicht gewandelt hat, fühlt sich doch in seinen bewußten Phantasien als Weib und stattet die schlagenden Frauen mit männlichen Attributen und Eigenschaften aus.« (*ibid.*, S. 220f.)

Stehen wir hier nicht vor einem wesentlichen Unterschied im Schicksal dieses Phantasmas beim Erwachsenen, je nachdem, ob es sich um einen Mann oder eine Frau handelt? Die Frauen werden *neurotisch,* die Männer *pervers.* Tatsächlich schreibt Freud: »Mein männliches Material umfaßte nur wenige Fälle mit infantiler Schlagephantasie ohne sonstige grobe Schädigung der Sexualtätigkeit, dagegen eine größere Anzahl von Personen, die als richtige Masochisten im Sinne der sexuellen Perversion bezeichnet werden mußten. Es waren entweder solche, die ihre Sexualbefriedigung ausschließlich in Onanie bei masochistischen Phantasien fanden, oder denen es gelungen war, Masochismus und Genitalbetätigung so zu verkoppeln, daß sie bei masochistischen Veranstaltungen und unter ebensolchen Bedingungen Erektion und Ejakulation erzielten oder zur Ausführung eines normalen Koitus befähigt wurden. Dazu kam der seltenere Fall, daß ein Masochist in seinem perversen Tun durch unerträglich stark auftretende Zwangsvorstellungen gestört wurde. Befriedigte Perverse haben nun selten Grund, die Analyse aufzusuchen.« (*ibid.*,

S. 217 f.) Was Freud in dieser Schrift tatsächlich studiert, ist das, was er fünf Jahre später in *Das ökonomische Problem des Masochismus* (1924) als *femininen Masochismus* bezeichnen wird:
»Die nächste, bequem zu erreichende Deutung ist, daß der Masochist wie ein kleines, hilfloses und abhängiges Kind behandelt werden will ... Hat man aber Gelegenheit Fälle zu studieren, in denen die masochistischen Phantasien eine besonders reiche Verarbeitung erfahren haben, so macht man leicht die Entdeckung, daß sie die Person in eine für die Weiblichkeit charakteristische Situation versetzen, also Kastriertwerden, Koitiertwerden oder Gebären bedeuten. Ich habe darum diese Erscheinungsform des Masochismus den femininen, gleichsam *a potiori*, genannt, obwohl so viele seiner Elemente auf das Infantilleben hinweisen.«[8] (GW, Band 13, S. 374)
Wenn die von Frauen in unserer klinischen Erfahrung berichteten Schlagephantasien im Rahmen einer neurotischen Struktur bleiben und mit inzestuösen Wünschen gegenüber dem Vater in Verbindung gebracht werden können, so hat uns das Beispiel einer *perversen* Frau verstehen lassen, daß das Objekt in der Perversion die Mutter war. Außerdem haben dieser und andere Fälle uns veranlaßt, bei *perversen Patienten* Sadismus und Masochismus nicht sauber zu trennen. Dagegen kann man annehmen, daß diese Unterscheidung bei Neurotikern, Männern wie Frauen, wegen des Schuldgefühls wichtig ist, das *mit dem Sadismus* verbunden ist, während der Masochismus eher Scham auslöst. Wir sind auch nicht sicher, daß in männlichen masochistischen Phantasmen, jedenfalls in den masochistischen Praktiken des Mannes, immer der Vater hinter der Mutter steht.
Im übrigen muß man anmerken, daß Freud perverse Phantasmen und nicht Akte untersucht. Die perversen *Phantasmen* existieren tatsächlich sowohl bei den Neurotikern als auch bei den Perversen, bei ersteren zumindest im Unbewußten. Das Problem ist, was ein bewußtes Phantasma als von der Perversion und nicht von der Neurose ausgehend kenntlich macht. Uns scheint, daß die männliche Schlagephantasie, wie Freud sie berichtet, »Ich werde von der Mutter geschlagen«, aufgrund ihres offen inzestuösen Charakters problematisch ist. Wenn sie den Wunsch verdeckt, dessen Objekt eigentlich der *Vater* wäre, so läßt die einfache Verschiebung von einem Elternteil auf den anderen, selbst wenn die ganze Situation auf die analsadistische Ebene regrediert ist, vermuten, daß die *Inzestschranke* zumindest zerbrechlich ist. Die Verschiebung auf

die Mutter ist möglicherweise nicht an das *Schuldgefühl* gebunden, sondern an Befürchtungen für das Ich.

Was in diesem Text fundamental erscheint und von uns noch nicht genügend herausgestellt wurde, ist die Rolle, die Freud dem Ödipuskomplex zuweist: »Diese Beobachtungen können nach mehreren Richtungen verwertet werden, zur Aufklärung über die Genese der Perversionen überhaupt, im besonderen des Masochismus, und zur Würdigung der Rolle, welche der Geschlechtsunterschied in der Dynamik der Neurose spielt.« (GW, Band 12, S. 212)

Freud lehnt die konstitutionelle Verstärkung oder das vorzeitige Hervortreten eines Triebes bei der Genese der Perversionen nicht ab, doch damit ist nicht alles gesagt. Die Perversion wird zum Ödipuskomplex in Beziehung gesetzt, »tritt auf dem Boden dieses Komplexes zuerst hervor, und nachdem er zusammengebrochen ist, bleibt sie, oft allein, von ihm übrig, als Erbe seiner libidinösen Ladung und belastet mit dem an ihm haftenden Schuldbewußtsein.« (*ibid.*) (Wir bemerkten schon, daß das Schuldgefühl auf der Ebene der männlichen Phantasie problematisch ist.) »Wenn die Ableitung der Perversionen aus dem Ödipuskomplex allgemein durchführbar ist, dann hat unsere Würdigung desselben eine neue Bekräftigung erfahren. Wir meinen ja, der Ödipuskomplex sei der eigentliche Kern der Neurose, die infantile Sexualität, die in ihm gipfelt, die wirkliche Bedingung der Neurose, und was von ihm im Unbewußten erübrigt, stelle die Disposition zur späteren neurotischen Erkrankung des Erwachsenen dar. Die Schlagephantasie und andere analoge perverse Fixierungen wären dann auch nur Niederschläge des Ödipuskomplexes, gleichsam Narben nach dem abgelaufenen Prozeß ...« (*ibid.*, S. 213 f.)

Diese Betonung des Ödipuskomplexes wird Freud dazu veranlassen, in der Auflage der *Drei Abhandlungen* von 1920 eine Fußnote anzufügen, die besagt, der Beginn einer normalen Sexualentwicklung könne die Fixierung vorausgegangen sein. In gewissen Fällen sei die Perversion »der Rückstand einer Entwicklung zum Ödipuskomplex ..., nach dessen Verdrängung die der Anlage nach stärkste Komponente des Sexualtriebes wieder hervorgetreten ist.« (GW, Band 5, Fußnote auf S. 62) (Freud ist in der Tat niemals ganz von der Neigung abgegangen, dem konstitutionellen Faktor in den Perversionen eine mehr oder weniger entscheidende Rolle einzuräumen.)

Die Stellung, die 1919 dem Ödipuskomplex bei der Genese der Perversionen zugewiesen wird, scheint die Perversionen und die Neurosen noch näher zusammenzurücken, und es stimmt, daß dieser Studie – die das Mädchen im Hinblick auf die jeweiligen Beziehungen zu Schlagephantasien mit dem Knaben vergleicht – noch die Parallele zwischen der Rolle des Ödipuskomplexes bei der Neurose und dem jeweiligen Inhalt des »perversen« und »neurotischen« Erbes dieses Komplexes fehlt. *Über die Psychogenese eines Falles von weiblicher Homosexualität* (1920) bringt das Problem hinsichtlich dieser Differenzierung kaum weiter.

Was uns ebenfalls auffallend erscheint, ist das Fehlen der Mutter sowohl als inzestuöses Objekt wie auch als Rivalin in der Deutung, die Freud von diesen Schlage*szenen* gibt. Denn müssen diese Szenarien, in denen zwei Protagonisten, der eine aktiv, der andere passiv, eine »leidenschaftliche« Beziehung durchleben, nicht mit der *Urszene* in Verbindung gebracht werden? Das Kind wäre dann an die Stelle der passiven Person getreten, *sadisiert* von *seiner* Phantasie von der Urszene, die Urszene wäre reduziert auf einen Schlagevorgang. (Erinnern wir uns außerdem daran, daß nach Freud *die sadistische Auffassung des Koitus* eine der »infantilen Sexualtheorien« ist (1908; GW, Band 7, S. 182.)

Das läßt an den Wolfsmann – den »Phantom«-Fall von *Ein Kind wird geschlagen* – und seine Angst davor denken, seinem *femininen,* passiven Wunsch zu erliegen und sich mit der Mutter in der Urszene zu identifizieren. In einem Brief an Ferenczi vom 13. Februar 1910 berichtet Freud, bei der ersten Sitzung habe ihm der Wolfsmann vorgeschlagen, »mit ihm rektal zu verkehren und dann auf seinen Kopf zu defäzieren!« (E. Jones, *Das Leben und Werk von Sigmund Freud,* Bern, Stuttgart 1962, Band 2, S. 327). Der »perverse« Versuch des Wolfsmannes, das zu erotisieren, was Anlaß zum Schrecken ist, hätte also bis zum Erwachsenenalter fortbestanden, da er seine Analyse mit dieser eigenartigen Einladung beginnt.

Dies läßt uns mutmaßen, daß die Perversion einen Versuch darstellen kann, eine Schranke gegen die Psychose zu errichten.

Als Freud sich im letzten Teil seines Werkes bemüht, die der Perversion eigenen Mechanismen einzukreisen, sieht er sich in der Tat veranlaßt, sie in die Nähe der psychotischen Mechanismen zu rücken.

Die perversen Abwehrmechanismen

In seiner Schrift über den *Fetischismus* (1927) versucht Freud zum ersten Mal, die Mechanismen freizulegen, die beim Fetischisten vorliegen, und eröffnet damit eine neue Forschungsära. Der Fetischismus wird so zum *Modell* der Perversionen insofern, als er die Mechanismen enthält, die geeignet sind, uns die Spezifität der Beziehung des Perversen zur Realität begreifen zu lassen. Wir verstehen, daß dieser Ansatz für die Abgrenzung der Perversion von der Neurose unerläßlich ist, ein Punkt, der, wie wir darzulegen versucht haben, in den beiden vorhergehenden Stadien von Freuds Denken ungenügend erforscht schien.
Dennoch halten wir es für notwendig, zunächst die Schriften Freuds über den Fetischismus zu untersuchen, die den Ausführungen von 1927 vorangehen. Zwar gab Freud seinen Auffassungen damals eine metapsychologische Dimension, und es ist üblich, die Schriften, die er zuvor dem gleichen Thema gewidmet hat, als mehr genetisch orientiert zu betrachten, doch seine ersten Beschreibungen enthalten nichtsdestoweniger Bemerkungen, die uns für unsere eigenen späteren Ausführungen bezüglich der Beziehung des Perversen zur Realität wesentlich erscheinen.
In den *Drei Abhandlungen* (1905, GW, Band 5, S. 52–54) faßt Freud den Fetischismus als einen besonderen und sehr auffallenden Fall der Abweichung vom Sexualobjekt ins Auge, verbunden mit einer sexuellen Überschätzung (Idealisierung) des Objekts. Der Ersatz für das Sexualobjekt ist ein »für sexuelle Zwecke sehr wenig geeigneter Körperteil (Fuß, Haar) oder ein unbelebtes Objekt, welches in nachweisbarer Relation mit der Sexualperson, am besten mit der Sexualität derselben, steht. (Stücke der Kleidung, weiße Wäsche.) Dieser Ersatz wird nicht mit Unrecht mit dem Fetisch verglichen, in dem der Wilde *seinen Gott* * verkörpert sieht.«
Man kann bemerken, daß diese Beschreibung für Freud mit dem *normalen* Verlauf des Liebeslebens und der sexuellen Überschätzung des Objekts zusammentrifft. Was uns hier wichtig erscheint, ist, daß *die Überschätzung der Körperteile* oder unbelebten Objekte, die der geliebten Person gehören, von der *Sexualüberschätzung* herrührt, die die Besetzung des *gesamten Objekts* kennzeichnet. Der Teil wird insofern überschätzt, als er mit der ganzen Person *assoziiert* wird. Tatsächlich handelt es sich nur um einen metonymischen Ersatz für das Sexualobjekt. Das Augenmerk bleibt auf der genitalen Beziehung mit dem Vorliegen zielgehemmter Sexualtriebe. Als Freud in *Massenpsychologie und Ich-Analyse* (1921)

den *Zustand der Verliebtheit* untersucht, zeigt er, daß die »schwärmerische Neigung«, die der Mann in gewissen Fällen der Frau entgegenbringt, zu Impotenz führen kann. In der Liebe handelt es sich darum, eine *Synthese* von spiritueller und irdischer Liebe herzustellen, die einmündet in ein »Zusammenwirken von ungehemmten mit zielgehemmten Trieben ... Nach dem Beitrag der zielgehemmten Zärtlichkeitstriebe kann man die Höhe der Verliebtheit im Gegensatz zum bloß sinnlichen Begehren bemessen.« (GW, Band 13, S. 123)

Im Falle von perversem Fetischismus dagegen ersetzen der Körperteil oder das unbelebte Objekt das Objekt wirklich und vollständig. Nur der Fetisch ist Gegenstand einer Überschätzung, er hebt sich von dem Gesamtobjekt ab wie die Figur von ihrem Hintergrund. Das Gesamtobjekt wird keineswegs überschätzt, ganz im Gegenteil, seine Existenz kann als störend für die Befriedigung des Sexualziels empfunden werden. »Der pathologische Fall tritt erst ein, wenn sich das Streben nach dem Fetisch über solche Bedingung hinaus fixiert und sich an die Stelle des normalen Zieles setzt, ferner wenn sich der Fetisch von der bestimmten Person loslöst, zum alleinigen Sexualobjekt wird.« (GW, Band 5, S. 53, in *Drei Abhandlungen*) Das führt zu der Annahme, daß kein Übergang vorliegt, wie Freud sagt, sondern eine *Unterbrechung der Kontinuität* zwischen den in der »normalen« Liebe beschriebenen Phänomenen und dem Fetischismus, und daß die Überschätzung (oder Idealisierung) des Gesamtobjekts von der eines Teilobjekts, das den Platz des Gesamtobjekts einnimmt, unterschieden werden muß.

Freud glaubt mit Binet, daß die Wahl des Fetischs an das Fortbestehen eines kindlichen Eindrucks gebunden sei. In den *Vorlesungen zur Einführung in die Psychoanalyse* (1917, GW, Band 11, S. 361) nimmt Freud den Gedanken von Binet wieder auf und bestätigt ihn durch eine persönliche Beobachtung, die eines Mannes nämlich, »dem heute das Genitale und alle anderen Reize des Weibes nichts bedeuten, der nur durch einen beschuhten Fuß von gewisser Form in unwiderstehliche sexuelle Erregung versetzt werden kann«. Ein kindliches Ereignis hatte seine Libido auf den Fuß seiner Gouvernante fixiert, einer dürren, alten Jungfer. »Er saß auf einem Schemel neben der Gouvernante ... (diese) hatte an diesem Tage einen kranken Fuß und ließ ihn darum, mit einem *Samtpantoffel* * bekleidet, *ausgestreckt auf einem Polster ruhen* *.« »Durch diese Fixierung seiner Libido wurde der Mann aber nicht zum Neurotiker, sondern zum Perversen, zum Fußfetischisten, wie wir sagen.«

In *Ein Kind wird geschlagen* (1919) kommt Freud erneut auf die Auffassung von Binet zurück. Er sagt, den fixierenden Eindrücken der Kindheit »fehlte jede traumatische Kraft«, und sie seien völlig banal. »Man konnte nicht sagen, warum sich das Sexualstreben gerade an sie fixiert hatte. Aber man konnte ihre Bedeutung darin sehen, daß sie eben der voreiligen und sprungbereiten Sexualkomponente den, wenn auch zufälligen, Anlaß zur Anheftung geboten hatten ...« (GW, Band 12, S. 201) 1920 fügt Freud den *Drei Abhandlungen* (1905–1920) eine Anmerkung hinzu (GW, Band 5, S. 54, Fußnote 1), in der er die Position Binets kritisiert: »Alle hieher gehörenden Beobachtungen haben ein erstes Zusammentreffen mit dem Fetisch zum Inhalt, in welchem sich dieser bereits im Besitz des sexuellen Interesses zeigt, ohne daß man aus den Begleitumständen verstehen könnte, wie er zu diesem Besitz gekommen ist.« Andererseits geht das, was Binet als »vorzeitige Eindrücke« bezeichnet, auf das fünfte oder sechste Lebensjahr zurück. Die Psychoanalyse lehrt uns, daß in diesem Alter die Würfel bereits gefallen sind und die pathologischen Fixierungen weit vorher erfolgt sind. Hinter der ersten Erinnerung, die sich auf den Fetisch bezieht, verbirgt sich eine vergessene Phase. Der Fetisch spielt hier die Rolle einer »Deckerinnerung«. 1910 fügt Freud eine wichtige Fußnote hinzu (*ibid.*, S. 54, Fußnote 3), in der er der häufigen Wahl des Fußes (oder der Haare) als Fetisch einen doppelten Ursprung zuschreibt: die verdrängte Liebe zu üblen Gerüchen und das Bedürfnis nach einem Ersatz für den fehlenden Penis der Frau. Es handelt sich also darum, koprophile Triebe zu befriedigen und die Kastrationsdrohung zu beseitigen. Dieser Begriff wird von Freud allerdings nicht gebraucht. 1909–1910 sind die Jahre, in denen Freud in drei oder vier Texten den Fetischismus behandelt und ihn entweder, wie in der Fußnote 3 (*ibid.*, S. 54) zu den *Drei Abhandlungen,* insgesamt mit der Koprophilie und dem Fehlen des Penis bei der Frau in Verbindung bringt (Briefe an Abraham vom 18. Februar 1909 und vom 24. Februar 1910 in *Sigmund Freud – Karl Abraham, Briefwechsel 1907–1926),* oder, wie in *Eine Kindheitserinnerung des Leonardo da Vinci* (1910), die Betonung auf den zweiten Faktor legt und so seine endgültige Haltung zu diesem Phänomen vorwegnimmt, das seinen Ursprung im Kastrationskomplex hätte. Was die Verbindung angeht, die er vorübergehend (aber für unsere Auffassung durchaus grundlegend) zwischen der Genese des Fetischs und der Analogie herstellt, kann man bemerken, daß diese ebenfalls im »Rattenmann« auftaucht (1909, GW, Band 7, S. 462).

Am 14. Februar 1909 (im *Briefwechsel*) bittet Abraham Freud, ihn über den Fußfetischismus aufzuklären, und zwar anläßlich des Falles eines sechsjährigen Mädchens, in dem der Fuß eine wichtige Rolle spiele. Bruder und Schwester spielten sexuelle Spiele, bei denen sie mit den Füßen gegenseitig ihre Genitalien berührten. Freud antwortet sofort (am 18. Februar): »In Betreff des Fußfetischismus kann ich Sie zufällig dank einigen Ermittlungen der letzten Tage orientieren ... Der Fetisch kommt so zu Stande: er resultiert aus einer besonderen Art der Verdrängung, die man als partielle bezeichnen könnte, bei welcher ein Stück des Komplexes verdrängt, ein anderes, zugehöriges zur Entschädigung *idealisiert*[9] wird. (Historische Parallele: Das Mittelalter mit seiner Verachtung des Weibes und Erhöhung der Jungfrau Maria.) In unserem Falle handelt es sich um eine ursprüngliche Riechlust am übelriechenden Fuß (den der Perverse darum stets dem gereinigten vorzieht). Diese Riechlust wird vertrieben, dafür der Fuß, der einstige Spender des Genusses, zum Fetisch erhoben.« (*op. cit.*, S. 80f.)

Was Freud als »besondere Art der Verdrängung, die man als partiell bezeichnen könnte«, mit gleichzeitig bestehender *Idealisierung* bezeichnet, scheint uns der Entwurf eines Versuchs zur Freilegung der speziellen Mechanismen des Fetischismus zu sein.

In *Die Verdrängung* (1915) nimmt Freud den gleichen Gedanken wieder auf, indem er sich auf eine Genese des Fetischismus bezieht, von der er vorher schon gesprochen habe. Der kritische Apparat von James Strachey (*Standard Edition*, 14, 1957, S. 150) verweist auf die *Drei Abhandlungen* (1905) und genauer auf den Absatz mit dem Titel »Ungeeigneter Ersatz des Sexualobjektes – Fetischismus«, der von uns weiter oben zitiert wurde.

Nun enthält dieser Absatz aber keine genaue Beschreibung der Mechanismen, die der Errichtung des Fetischs zugrundeliegen. Dagegen entspricht die Passage aus dem Text von 1915, die wir jetzt wiedergeben werden, dem Brief vom 18. Februar an Abraham: »Die Verdrängung arbeitet also *höchst individuell*; jeder einzelne Abkömmling des Verdrängten kann sein besonderes Schicksal haben; ein wenig mehr oder weniger von Entstellung macht, daß der ganze Erfolg umschlägt. In demselben Zusammenhang ist auch zu begreifen, daß die bevorzugten Objekte der Menschen, ihre Ideale, aus denselben Wahrnehmungen und Erlebnissen kommen wie die von ihnen am meisten verabscheuten, und sich ursprünglich nur durch geringe Modifikationen voneinander unterscheiden. Ja, es kann, wie wir's bei der Entstehung des Fetisch gefunden haben, die ursprüngliche Triebrepräsentanz in zwei Stücke zerlegt worden sein, von denen das eine der Verdrängung verfiel, während der Rest, gerade wegen dieser innigen Verknüpftheit, das Schicksal der Idealisierung erfuhr.« (GW, Band 10, S. 252f.)

Man weiß, daß in dieser Phase von Freuds Werk der Begriff »Idealisierung« oft durch den Begriff »Überschätzung« ersetzt ist. Es handelt sich jedoch um Synonyme, wie man aus dem folgenden Absatz der *Drei Abhandlungen* (1905) entnehmen kann, der den Titel trägt »Überschätzung des Sexualobjektes«: »Die psychische Wertschätzung, deren das Sexualobjekt als Wunschziel des Sexualtriebes teilhaftig wird, beschränkt sich in den seltensten Fällen auf dessen Genitalien, sondern greift auf den ganzen Körper desselben über und hat die Tendenz, alle vom Sexualobjekt ausgehenden Sensationen mit einzubeziehen. Die gleiche Überschätzung strahlt auf das psychische Gebiet aus und zeigt sich als logische Verblendung (Urteilsschwäche) angesichts der seelischen Leistungen und Vollkommenheiten des Sexualobjektes sowie als gläubige Gefügigkeit gegen die von letzterem ausgehenden Urteile. Die Gläubigkeit der Liebe wird so zu einer wichtigen, wenn nicht zur uranfänglichen Quelle der Autorität.« (GW, Band 5, S. 49f.)

Eine Fußnote von 1915 (*ibid.*, S. 50) merkt an: »Ich kann mir nicht versagen, hier an die gläubige Gefügigkeit der Hypnotisierten gegen ihren Hypnotiseur zu erinnern, welche mich vermuten läßt, daß das Wesen der Hypnose in die unbewußte Fixierung der Libido auf die Person des Hypnotiseurs (vermittels der masochistischen Komponente des Sexualtriebes) zu verlegen ist.«

Der Inhalt dieses Absatzes und der begleitenden Fußnote gehen dem Kapitel von *Massenpsychologie und Ich-Analyse* (1921) voraus, das den Titel trägt »Verliebtheit und Hypnose«. Freud zeigt in beiden Fällen, daß das, was das Urteil verfälscht, die *Idealisierung* ist; in beiden Fällen hat *das Objekt die Stelle des Ichideals eingenommen.* »Wir erkennen, daß das Objekt so behandelt wird wie das eigene Ich, daß also in der Verliebtheit ein größeres Maß narzißtischer Libido auf das Objekt überfließt.« (GW, Band 13, S. 124)

Wir sehen also von der Auflage von 1905 der *Drei Abhandlungen* an im Keim und auf dem Umweg über die »Überschätzung« oder »Idealisierung« Elemente einer Theorie der Rolle des *Narzißmus* in der als normal bezeichneten Liebe auftauchen, vor allem aber in den Perversionen, und dies, wie wir gezeigt haben, insbesondere im Hinblick auf den Fetischismus.

Die Idealisierung in der Auflage 1905 der *Drei Abhandlungen* betrifft in der Tat *sowohl den Trieb wie das Objekt:* »Vielleicht gerade bei den abscheulichsten Perversionen muß man die ausgiebigste psychische Beteiligung zur Umwandlung des Sexualtriebes anerkennen. Es ist hier ein Stück seelischer Arbeit geleistet, dem man trotz seines greulichen Erfolges den Wert einer Idealisierung des Triebes nicht absprechen kann. Die Allgewalt der Liebe zeigt sich vielleicht nirgends stärker als in diesen ihren Verirrungen. Das Höchste und das Niedrigste hängen in der Sexualität überall am innigsten aneinander (›vom Himmel durch die Welt zur Hölle‹).«[10] (GW, Band 5, S. 61). 1910 fügt Freud zur Kontingenz des Objekts im Verhältnis zum Trieb (»Als allgemeinstes Ergebnis dieser Erörterungen würden wir aber die Einsicht herausgreifen, daß unter einer großen Anzahl von Bedingungen und bei überraschend viel Individuen die Art und der Wert des Sexualobjektes in den Hintergrund treten. Etwas anderes ist am Sexualtrieb das Wesentliche und Konstante.« [*ibid.*, S. 48]), eine Fußnote hinzu (*ibid.*, S. 48, Fußnote 1), in der er den Gedanken einer möglichen *Idealisierung* des *Triebes* wieder aufnimmt. Er stellt das moderne erotische Leben dem des Altertums gegenüber. Letzteres *glorifizierte* den Trieb. Das Objekt des Triebes wurde durch diesen geadelt. Heutzutage verachtet man die sexuelle Aktivität; erst durch die Qualitäten, die wir in ihrem Objekt finden, wird sie zulässig.

Als Freund in *Zur Einführung des Narzißmus* (1914) die Idealisierung behandelt, geht er davon aus, daß die Idealisierung (von nun an klar auf die Projektion des Ichideals, des Erbes des primären Narzißmus, auf das Objekt bezogen) ein Vorgang ist, der sich nicht nur auf das Objekt bezieht: »Die Idealisierung ist ein Vorgang mit dem Objekt, durch welchen dieses ohne Änderung seiner Natur vergrößert und psychisch erhöht wird. Die Idealisierung ist sowohl auf dem Gebiet der Ichlibido wie auch der Objektlibido möglich. So ist zum Beispiel die Sexualüberschätzung des Objekts eine Idealisierung desselben. Insofern also Sublimierung etwas beschreibt, was mit dem Trieb, Idealisierung etwas, was am Objekt vorgeht, sind beide begrifflich auseinanderzuhalten.« (GW, Band 10, S. 161) So unerläßlich es uns erscheint, die Sublimierung von der Idealisierung zu unterscheiden, so genau und fruchtbar erscheinen uns die ersten Formulierungen Freuds über die auf den Trieb angewandte Idealisierung, insbesondere im Hinblick auf die perverse Sexualität. Wir werden Gelegenheit haben, im Zusammenhang mit unserer eigenen Auffassung von der Perversion darauf zurückzukommen.

Wir wollen nun den zweiten Brief betrachten, den Freud über den Fetischismus an Abraham schrieb, und zwar unter dem Datum des 24. Februar 1910 (*op. cit.*, S. 93 f.). Am 22. Februar schreibt Abraham an Freud, er habe für Nürnberg ein Exposé über den Fetischismus angekündigt (es handelt sich um *Bemerkungen über die Psychoanalyse eines Falles von Fuß- und Korsettfetischismus*, 1912), und bittet um die Überlassung von Notizen über eine Analyse, die Freud ihm versprochen hatte. Freud schickt eine Antwort, die es wert wäre, ungekürzt wiedergegeben zu werden. Er schildert einen Fall, der einen Mann von fünfundzwanzig Jahren betrifft, einen »*hochgebildeten, feinen und geistreichen* * Mann, der, ehe er sich das erste Mal aufs psychoanalytische Sofa niederstreckte, *sorgsam die Hosenfalte spannte* *. Er erwies sich als Kleiderfetischist im besseren Sinne, legte großen Wert auf *Eleganz und Geschmack in der eigenen Kleidung und fand ein weibliches Wesen ›unmöglich‹, wenn ihre Kleidung nicht idealen Ansprüchen entsprach* *. Ein Mädchen, das ihn sehr gereizt hatte, verlor plötzlich alles Interesse für ihn, als sie einmal in *unpassender Gewandung* * zum Rendezvous kam.«

»Er war psychisch impotent und laut Analyse an die Mutter fixiert, die ihn Jahre hindurch zum Zuschauer bei ihrem An- und Auskleiden, bis zum Vorletzten wenigstens, gemacht hatte, *ganz in ihn verliebt ist* * und auch heute noch, wo er abwehrt, einer solchen Intimität nicht abgeneigt wäre ... Er war auch *Stiefelfetischist* *, auch nicht der gröbsten Art. Seine Kindheit war voll von ungewöhnlich intensiver *koprophiler* Betätigung. Er brachte es z. B. im Alter von 8–10 Jahren zu Stande, sich eine harte Wurst aus dem Darm heraushängen zu lassen, von der er im Laufe des Tages immer mehr abbröckelte. Er war noch immer ein überempfindlicher Riecher ...«

»Aus anderen Fällen habe ich gelernt, daß der Stiefelfetischismus auf eine ursprüngliche Lust *(Riechlust) am schmutzigen und stinkenden Fuß geht* *. Wie ja dies Objekt auch in der positiven Perversion wiederkehrt. Die *koprophile Riechlust* sehe ich als den Träger der meisten Fälle von Fuß- und Stiefelfetischismus an. *Überdies ist zu betonen, daß der Weiberfuß wahrscheinlich den schmerzlich vermißten, prähistorisch postulierten Penis der Weiber ersetzt* * ...«

»Ich schreibe jetzt ... am Leonardo ...«

Dieser Text erscheint uns um so interessanter, als er in verdichteter Form

eine gewisse Anzahl von Vorschlägen enthält, auf die zurückzukommen wir noch Gelegenheit haben werden: die Beschreibung des Charakters des Perversen, seine »idealen Ansprüche«, seine Koprophilie, die Verführung durch die Mutter. Außerdem wird hier der Charakter des Fetischs als *Ersatz für den mütterlichen Penis* bestätigt. Es ist in der Tat schwer zu entscheiden, ob die Fußnote 3 in den *Drei Abhandlungen* (1905–1910) (GW, Band 5, S. 54) vor oder nach diesen Briefen verfaßt wurde, da die Korrespondenz enthüllt, daß Freud zur gleichen Zeit an der zweiten Auflage der *Drei Abhandlungen* sowie am *Leonardo* arbeitete.
Wir wollen nur an die Elemente aus dem *Leonardo* erinnern, die einen Bezug zu unserem Versuch haben, die vor 1927 erfolgte Entwicklung von Freuds Denken hinsichtlich des Fetischismus nachzuzeichnen. (Wir werden uns insbesondere nicht mit dem Übersetzungsfehler des »nibbio« beschäftigen, der in dem begrenzten Rahmen unseres Vorhabens keine Rolle spielt, und auch nicht mit der »ägyptischen Diskussion«.) Man kann jedoch die Bedeutung des *Leonardo* für die Untersuchung der Perversionen, ihrer Beziehung zu Sublimierung, Sadismus und Narzißmus sowie für das Verständnis der Rolle, die die Familienkonstellation des zukünftigen Perversen bei der Genese seiner Schwierigkeiten spielt, gar nicht genug betonen. Wir sind ja häufig häufig darauf zurückgekommen, als wir unsere eigenen Hypothesen darlegten.
Die Untersuchung des *Leonardo* führt uns gleich weiter zu der des *Kastrationskomplexes.*
Als Freud am 17. Oktober 1909[11] an C. G. Jung über den *Leonardo* schreibt, nimmt er Bezug auf seine Schrift *Über infantile Sexualtheorien* (1908): »Seitdem ich zurück bin, habe ich erst einen Einfall gehabt. Das Charakterrätsel Leonardos da Vinci ist mir plötzlich durchsichtig geworden. Das gäbe also einen ersten Schritt in die Biographik ...«
»Unterdes will ich Ihnen das Geheimnis verraten. Erinnern Sie sich meiner Bemerkungen in den ›Infantilen Sexualtheorien‹ über das notwendige Fehlschlagen dieser primitiven Forschung der Kinder und der lähmenden Wirkung, die von diesem ersten Mißerfolg ausgehe? Lesen Sie die Worte nach; sie waren damals noch nicht so ernsthaft verstanden, wie ich sie jetzt verstehe. Nun so einer, der so früh seine Sexualität in Wißtrieb umgesetzt hat und an der Vorbildlichkeit des nicht Fertigwerdens hängen geblieben ist, ist auch der große Leonardo, der sexuell inaktiv oder homosexuell war.« (*op. cit.*, S. 280 f.)
Freud bezieht sich hier auf das, was er als Bestandteil der *ersten infantilen*

Sexualtheorie beschrieben hatte, gebunden an die fehlende Geschlechtsunterscheidung. »Sie besteht darin, allen Menschen, auch den weiblichen Personen, einen Penis zuzusprechen.« (GW, Band 7, S. 177)
Freud nimmt unter Vorwegnahme seiner Bestätigung einer »infantilen Genitalorganisation« (1923) unter dem Primat des Phallus an, der Penis sei schon für das Kind die »leitende erogene Zone«, das »hauptsächlichste autoerotische Sexualobjekt« (*ibid.*, S. 178). »Wenn sich diese Vorstellung des Weibes ›fixiert‹, allen Einflüssen des späteren Lebens widersteht, und den Mann unfähig macht, bei seinem Sexualobjekt auf den Penis zu verzichten, so muß ein solches Individuum bei sonst normalem Sexualleben ein Homosexueller werden«, da die Frau »des wesentlichen sexuellen Reizes entbehrt« (*ibid.*, S. 178). Außerdem – und hier formuliert Freud zum ersten Mal seine Theorie von der *Zweizeitigkeit des Kastrationskomplexes* – kann sie für ihn zu einem Objekt des Abscheus werden. Tatsächlich ist das Kind, das bei seinen masturbatorischen Aktivitäten ertappt wird, Gegenstand einer Drohung, die sich auf seinen Penis bezieht. Das erfüllt es mit Schrecken.[12] Darum erweckt das »später wahrgenommene, als verstümmelt aufgefaßte Genitale des Weibes ... Grausen« (*ibid.*, S. 179). Der Stillstand der Denkarbeit (eine intellektuelle Hemmung, würden wir heute sagen) ist direkt damit verbunden, daß es dem Kind unmöglich ist, seine Theorie von der Frau mit dem Penis aufzugeben. Die Kastration des Wissenstriebes ist, wie man sagen könnte, von der Unfähigkeit bestimmt, die »Kastration« der Frau einzuräumen, d. h. sich den eigenen Kastrationsängsten zu stellen. »Wenn das Kind den Andeutungen folgen könnte, die von der Erregung des Penis ausgehen, so würde es der Lösung seines Problems um ein Stück näher rücken. Daß das Kind im Leibe der Mutter wächst, ist offenbar nicht Erklärung genug. Wie kommt es hinein? Was gibt den Stoß zu seiner Entwicklung? Daß der Vater etwas damit zu tun hat, ist wahrscheinlich; er erklärt ja, das Kind sei auch sein Kind. Anderseits hat der Penis gewiß auch seinen Anteil an diesen nicht zu erratenden Vorgängen, er bezeugt es durch seine Miterregung bei all dieser Gedankenarbeit. Mit dieser Erregung sind Antriebe verbunden, die das Kind sich nicht zu deuten weiß, dunkle Impulse zu gewaltsamem Tun, zum Eindringen, Zerschlagen, irgendwo ein Loch aufreißen. Aber wenn das Kind so auf dem besten Wege scheint, die Existenz der Scheide zu postulieren und dem Penis des Vaters ein solches Eindringen bei der Mutter zuzuschreiben als jenen Akt, durch den das Kind im Leibe der Mutter entsteht, so bricht an dieser Stelle doch die

Forschung ratlos ab, denn ihr steht die Theorie im Wege, daß die Mutter einen Penis besitzt wie ein Mann, und die Existenz des Hohlraumes, der den Penis aufnimmt, bleibt für das Kind unentdeckt ... Dieses Grübeln und Zweifeln wird aber vorbildlich für alle spätere Denkarbeit an Problemen und der erste Mißerfolg wirkt für alle Zeiten lähmend fort.« (*ibid.*, S. 180f. – Wir haben in unseren eigenen Überlegungen einige der in diesem Text enthaltenen Annahmen in Zweifel gezogen.)

Es ist also – um dem in seinem Brief an Jung gegebenen Hinweis zu folgen – das *Unvermögen, die Vorstellung der Mutter mit dem Penis aufzugeben,* der Freud die Hemmungen Leonardos in seinem Sexualleben und seiner künstlerischen Aktivität (Leonardo hat nur wenige Gemälde hinterlassen, die meisten davon unvollendet)[13] sowie die intensive Entwicklung seines Wissenstriebes zuschreibt. (Obwohl Freud im eigentlichen Text der Arbeit über Leonardo das Fortbestehen des Glaubens an den Penis als Hindernis für die Entdeckung der Antwort auf die Frage: »Woher kommen die Kinder?« nicht erwähnt; das Kind verwirft die Sexualtheorie, die die Erwachsenen ihm aufzwingen wollen, nämlich die des Storchs: Das ist seine erste Manifestation von *intellektueller Unabhängigkeit.* Doch seine eigene *Zeugungsunfähigkeit* weiht diesen ersten Versuch intellektueller Unabhängigkeit dem Mißerfolg, was *»für alle Zeiten lähmend fort(wirkt)«* (*ibid.*, S. 181. – Wir werden jedoch in der Folge sehen, daß Freud zur Behandlung des Eckpfeilers gelangt, den der Glaube an die universale Existenz des Penis für die infantile Sexualforschung spielt.)

Wir sollten nun mit Freud unsere Überlegungen auf die Geierphantasie konzentrieren, eine »Kindheitserinnerung« des Leonardo, um das Schicksal des Künstlers besser zu verstehen, »als läge der Schlüssel zu all seinen Leistungen und seinem Mißgeschick in der Kindheitsphantasie vom Geier verborgen.« (GW, Band 8, S. 210)

Erinnern wir uns also an diese Phantasie, die Leonardo in seine wissenschaftlichen Schriften aufnimmt: »Es scheint, daß mir schon vorher bestimmt war, mich so gründlich mit dem Geier zu befassen, denn es kommt mir als eine ganz frühe Erinnerung in den Sinn, als ich noch in der Wiege lag, ist ein Geier zu mir herabgekommen, hat mir den Mund mit seinem Schwanz geöffnet und viele Male mit seinem Schwanz gegen meine Lippen gestoßen.«

Freud nimmt an, diese Erinnerung sei in Wirklichkeit eine spätere *Phantasie,* die Leonardo »in seine Kindheit versetzt« habe. Ihr Sinn ist leicht zu entdecken: Der Schwanz des Geiers symbolisiert den Penis, und es handelt sich um eine *passive* Fellatio-Phantasie. Der Penis, der so in den Mund genommen wird, ist die Umarbeitung der Brustwarze und führt zurück zu »unserem ersten Lebensgenuß« (*ibid.*, S. 155).

Die Geierphantasie verdeckt also die Erinnerung an das *Saugen an der Mutterbrust.* Freud stellt sich die Frage, warum der Inhalt der »Erinnerung« in eine *homosexuelle* Situation transponiert wurde (*ibid.*, S. 156). Der Schwanz des Geiers ist ein Penissymbol. Doch wie ist es zu verstehen, daß die *Mutter*[14] mit den Insignien der Männlichkeit versehen ist? Die Antwort ist in den infantilen Sexualtheorien zu finden, in denen alle Menschen einen Phallus besitzen, weil der Genitalapparat des jungen Forschers auf Männer und Frauen projiziert wird. Die direkte Wahrnehmung des Geschlechtsunterschiedes (der Anblick der Genitalorgane des kleinen Mädchens) ändert nichts an der Überzeugung des Kindes. (Freud sagt in diesem Text noch nicht, die Wahrnehmung werde *geleugnet.*) Der kleine Junge bildet sich *ad hoc* eine neue Theorie: Der Penis wird noch wachsen. Erst später, nach den Kastrationsdrohungen, deren Objekt er war, stellt der Junge sich vor, die Mädchen seien kastriert, ein Zeichen dafür, daß die Drohung verwirklicht werden könnte. (Man sieht hier, daß die Theorie von der Zweizeitigkeit der Kastrationsdrohung der sehr nahe steht, die Freud in *Der Untergang des Ödipuskomplexes* [1924] entwikkeln wird.) Und der Knabe beginnt, diese »unglücklichen Geschöpfe« zu *verachten.*

Freud fährt fort: »Ehe das Kind unter die Herrschaft des Kastrationskomplexes geriet, zur Zeit, als ihm das Weib noch als vollwertig galt, begann eine intensive Schaulust als erotische Triebbetätigung sich bei ihm zu äußern ... Die erotische Anziehung, die von der Person der Mutter ausging, gipfelte bald in der Sehnsucht nach ihrem für einen Penis gehaltenen Genitale.« (*ibid.*, S. 165) Das Wissen um das Fehlen des Penis bei der Frau verwandle sich häufig in der Pubertät in *Abscheu, Misogynie* und *dauernde Impotenz.*

Freuds Theorie über den Kastrationskomplex des Mannes haben wir in unseren eigenen Überlegungen kritisch behandelt. Im Augenblick aber wundern wir uns über diese »intensive Schaulust« des kleinen Jungen, gerichtet auf Organe, von denen er annimmt, sie seien analog zu den seinen. Sollte die Intensität der Neugier nicht vielmehr aus einem »Vorwissen« um einen Unterschied herrühren? Wie sollte die Neugier in Bewegung gesetzt werden, woher ihre Energie beziehen, wenn der Trieb

zu schauen und sich zu bemächtigen, der darunter liegt, das »bereits Bekannte«, also das Identische, zum Ziel hätten? Die Überzeugung, die Mutter besitze Sexualorgane, die den eigenen gleich sind, müßte vielmehr zu einer Stockung der Neugier führen, da der »jugendliche Forscher« in der Tat nichts zu entdecken hätte, das er nicht schon kannte. Doch das ist nicht Freuds Auffassung im *Leonardo,* auf die wir jetzt zurückkommen und die uns zum Fetischismus führt: Es ist die Fixierung auf das »heißbegehrte Objekt«, den mütterlichen Penis, die »unauslöschliche Spuren im Seelenleben des Kindes« hinterläßt, »welches jenes Stück infantiler Sexualforschung mit besonderer Vertiefung durchgemacht hat. Die fetischartige Verehrung des weiblichen Fußes und Schuhes scheint den Fuß nur als Ersatzsymbol für das einst verehrte, seither vermißte Glied des Weibes zu nehmen; die ›Zopfabschneider‹ spielen, ohne es zu wissen, die Rolle von Personen, die am weiblichen Genitale den Akt der Kastration ausführen.« (*ibid.,* S. 165 f.)
Wir stehen also jetzt der Hypothese eines doppelten Ursprungs der »Erinnerung« an den Geier gegenüber.
Einerseits wäre der Schwanz des Geiers, der gegen die Lippen des Kindes »stößt«, auf phallischer Ebene also eine neue Repräsentation der ursprünglichen Beziehung zur Mutterbrust; andererseits würde diese aus einer Fixierung auf den mütterlichen »Penis« herrühren, oder, wie wir heute lieber sagen, auf die *Imago der phallischen Mutter.*
Dieser doppelte Ursprung scheint jedoch noch nicht den Schlüssel zu dem gesamten Problem zu liefern. Tatsächlich ist Freud frappiert von dem »aktiven« Aspekt des Geiers in der Phantasie und dem passiven der Lippen, wenn man ihn mit der Aktivität des Saugens vergleicht. »Eine kurze Überlegung mahnt uns jetzt, daß wir uns mit der Aufklärung des Geierschwanzes in Leonardos Kindheitsphantasie nicht begnügen dürfen. Es scheint mehr in ihr enthalten, was wir noch nicht verstehen. Ihr auffälligster Zug war doch, daß sie das Saugen an der Mutterbrust in ein Gesäugtwerden, also in Passivität und damit in eine Situation von unzweifelhaft homosexuellem Charakter verwandelte.« (*ibid.,* S. 167 f.) Freud gibt auf seine Frage erneut eine doppelte Antwort: Die erste ist, wie er gleich andeutet, mit der Homosexualität und der *Identifikation mit der aktiven Mutter* verbunden, die sie impliziert. Das Kind verdränge seine Liebe zur Mutter und identifiziere sich mit ihr: Indem es darauf verzichte, seine Mutter zu *haben, werde* es zur Mutter, entsprechend dem später in *Massenpsychologe und Ich-Analyse* (1921) beschriebenen Modell, wobei

die Identifikation regressiv an die Stelle der Objektwahl trete (GW, Band 13, S. 116–18). Der Knabe nimmt nun »seine eigene Person zum Vorbild ..., in dessen Ähnlichkeit er seine neuen Liebesobjekte auswählt. Er ist so homosexuell geworden; eigentlich ist er in den Autoerotismus zurückgeglitten, da die Knaben, die der Heranwachsende jetzt liebt, doch nur Ersatzpersonen und Erneuerungen seiner eigenen kindlichen Person sind, die er so liebt, wie die Mutter ihn als Kind geliebt hat. Wir sagen, er findet seine Liebesobjekte auf dem Wege des *Narzißmus.*« (GW, Band 8, S. 170)

Zum Thema der Perversion, genauer der Homosexualität, führt Freud also das Konzept des *Narzißmus* ein, das vorher in Form einer ergänzenden Fußnote zu den *Drei Abhandlungen* (GW, Band 5, Fußnote 1, S. 44) auftauchte. Wir haben jedoch anläßlich der »Idealisierung« des Fetischs an die Vorläufer dieser »narzißtischen« Konzeption der Perversion erinnert.

Denken wir daran, daß Freud seine Schrift *Zur Einführung des Narzißmus* (1914) mit der Bemerkung beginnt, er habe den Terminus Narzißmus zur Bezeichnung einer Perversion von Näcke übernommen (in Wirklichkeit war es Havelock Ellis). Dann sagt er, die *Homosexuellen* wiesen ein narzißtisches Verhalten auf, und spricht von der Notwendigkeit, dem Narzißmus einen Platz zuzuweisen »in der regulären Sexualentwicklung des Menschen«. In der gleichen Schrift sagt er, die Perversen und Homosexuellen wählten ihre Objekte nicht nach dem Modell der Mutter, sondern nach dem der eigenen Person aus. Es handele sich um einen *narzißtischen* Typus der Objektwahl. »In dieser Beobachtung ist das stärkste Motiv zu erkennen, welches uns zur Annahme des Narzißmus genötigt hat.« (GW, Band 10, S. 154)

In einer Hinzufügung von 1915 zu Fußnote 1 (GW, Band 5, S. 44) unterstreicht Freud: »Die Geltung *der narzißtischen Objektwahl* und die *Festhaltung* der erotischen Bedeutung der *Analzone* erscheinen als deren wesentlichste Charaktere« (der Inversionstypen). Das erste Motiv des »aktiven« Charakters des Geiers wird also mit der *Identifizierung mit der Mutter* in Verbindung gebracht, die dem Kind Pflege zuteil werden läßt. Sehr viel später hat Ruth Mack Brunswick in einer von Freud mit Anmerkungen versehenen Schrift, deren endgültige Fassung diese Anmerkungen einschloß, *Die präödipale Phase der Libidoentwicklung* (1940) darauf bestanden, die Imago der phallischen Mutter wurzele teilweise in der mütterlichen Aktivität. In seiner Schrift *Über die weibliche Sexualität*

(1931) legt Freud die Betonung auf die Aktivität der Mutter, ohne sie jedoch in Beziehung zur Imago der phallischen Mutter zu setzen. Er nimmt sogar an, eine Stillperiode, die die Passivität des Säuglings mit sich bringe, gehe einer Saugeperiode voran, bei der die Aktivität des Babys ins Spiel komme: »Die ersten sexuellen und sexuell mitbetonten Erlebnisse des Kindes bei der Mutter sind natürlich passiver Natur. Es wird von ihr gesäugt, gefüttert, gereinigt, gekleidet und zu allen Verrichtungen angewiesen. Ein Teil der Libido des Kindes bleibt an diesen Erfahrungen haften und genießt die mit ihnen verbundenen Befriedigungen, ein anderer Teil versucht sich an ihrer Umwendung zur Aktivität. An der Mutterbrust wird zuerst das Gesäugtwerden durch das aktive Saugen abgelöst.« (GW, Band 14, S. 530. – In »Die Weiblichkeit« [1933] in *Neue Folge der Vorlesungen zur Einführung in die Psychoanalyse* schreibt Freud: »Die Mutter ist in jedem Sinn aktiv gegen das Kind, selbst vom Saugakt können Sie ebensowohl sagen, sie säugt das Kind als sie läßt sich vom Kinde säugen.« [GW, Band 15, S. 122])
Freud postuliert dann ein normales Bedürfnis, aktiv Erfahrungen zu wiederholen, die passiv erlebt wurden, sich also *mit der aktiven Mutter zu identifizieren.* Das wird ganz besonderes vom *kleinen Mädchen* im Spiel mit der Puppe realisiert, wobei das Kind die Mutter darstellt und die Puppe es selbst, das Kind. Man kann darin eine Verbindung zur Identifizierung des Homosexuellen mit der Mutter sehen; seine Sexualobjekte nehmen den Platz ein, den er selbst bei der Mutter einnahm. Man möge uns gestatten, die Seite der Überdeterminiertheit der Bedeutungen des Puppenspiels (siehe zu diesem Thema besonders die interessanten Arbeiten von Judith Kestenberg, gesammelt in *Parents et enfants,* 1975) hier nicht zu behandeln. Die Analogie, die wir hier zwischen einer vorzeitigen, typisch weiblichen Aktivität, die Freud zufolge »wahrscheinlich die Ausschließlichkeit der Bindung an die Mutter bei voller Vernachlässigung des Vaterobjekts bezeugt« (GW, Band 14, S. 531)[15], und der Natur der homosexuellen Bindung des Knaben herstellen, veranlaßt uns, die Auswirkungen der *Verführung durch die Mutter* in die Mitte des Rätsels der Geierphantasie zu stellen. Genau das tut Freud, als er dem »aktiven« Charakter des Geiers, der »viele Male mit seinem Schwanz gegen meine Lippen gestoßen«, ein zweites Motiv unterlegt. Die Verbindung, erklärt Freud, zwischen der aktiven Rolle der Mutter und der Betonung des Mundbereiches gestatte es, in der Phantasie eine andere Erinnerung zu erkennen: »Die Mutter hat mir ungezählte leidenschaftliche Küsse auf

den Mund gedrückt.« (GW, Band 8, S. 178) Dies führt direkt zum »rätselhaften Lächeln« der Gioconda, ein »stehendes Lächeln auf langgezogenen, geschwungenen Lippen; es ist für ihn charakteristisch geworden und wird vorzugsweise ›leonardesk‹ genannt.« (*ibid.*, S. 179) Die Kritiker entdeckten »im Mienenspiel der schönen Florentinerin die vollkommenste Darstellung der Gegensätze, die das Liebesleben des Weibes beherrschen, der Reserve und der Verführung, der hingebungsvollen Zärtlichkeit und der rücksichtslos heischenden, den Mann wie etwas Fremdes verzehrenden Sinnlichkeit« (*ibid.*, S. 179f.).

»Wenn es Leonardo gelang, im Angesicht der Mona Lisa den doppelten Sinn wiederzugeben, den dies Lächeln hatte, das Versprechen schrankenloser Zärtlichkeit wie die unheilverkündende Drohung (nach *Paters* Worten), so war er auch darin dem Inhalte seiner frühesten Erinnerung treu geblieben. Denn die Zärtlichkeit der Mutter wurde ihm zum Verhängnis, bestimmte sein Schicksal und die Entbehrungen, die seiner warteten. Die Heftigkeit der Liebkosungen, auf die seine Geierphantasie deutet, war nur allzu natürlich; die arme verlassene Mutter mußte all ihre Erinnerungen an genossene Zärtlichkeiten wie ihre Sehnsucht nach neuen in die Mutterliebe einfließen lassen; sie war dazu gedrängt, nicht nur sich dafür zu entschädigen, daß sie keinen Mann, sondern auch das Kind, daß es keinen Vater hatte, der es liebkosen wollte. So nahm sie nach der Art aller unbefriedigten Mütter den kleinen Sohn an Stelle ihres Mannes an und raubte ihm durch die allzu frühe Reifung seiner Erotik ein Stück seiner Männlichkeit. Die Liebe der Mutter zum Säugling, den sie nährt und pflegt, ist etwas weit tiefgreifenderes als ihre spätere Affektion für das heranwachsende Kind. Sie ist von der Natur eines vollbefriedigenden Liebesverhältnisses, das nicht nur alle seelischen Wünsche, sondern auch alle körperlichen Bedürfnisse erfüllt, und wenn sie eine der Formen des dem Menschen erreichbaren Glücks darstellt, so rührt dies nicht zum mindesten von der Möglichkeit her, auch längst verdrängte und pervers zu nennende Wunschregungen ohne Vorwurf zu befriedigen.« (*ibid.*, S. 186–88)

Wir haben die Zeilen, in denen Freud uns die Ursprünge und die Auswirkungen der Verführung durch die Mutter auf den zukünftigen Perversen gezeigt hat, fast ungekürzt wiedergegeben, so wichtig und beredt erscheinen sie uns. Die Verführung durch die Mutter dürfte entscheidend sein für das gesamte Verständnis der Geierphantasie und vor allem für die aufeinanderfolgenden Deutungen, die Freud dazu gibt.

Wenn wir auf die Identifikation mit der Mutter in der Homosexualität zurückkommen, die erste Deutung des »aktiven« Charakters des Geiers, können wir annehmen, daß die Verführung durch die Mutter *ein für ein noch zu wenig entwickeltes Ich verfrühtes Erwachen der Triebe* hervorgerufen hat, das eine Umkehrung der Rollen erfordert, um jemand anderen die selbst passiv durchlebten Erfahrungen machen zu lassen.
Diese sanfte und heftige Überreizung muß unablässig wiederholt werden, um wiedergefunden und abreagiert werden zu können, denn das Subjekt empfindet ihr gegenüber gleichzeitig *Sehnsucht* und *Haß*. Dieser Haß, der an die Liebe gebunden ist, wird von Freud klar erkannt, als er das Lächeln der Gioconda beschreibt, ein Lächeln der »*Zärtlichkeit und der rücksichtslos heischenden, den Mann wie etwas Fremdes verzehrenden Sinnlichkeit*«.
Die Verführung durch die Mutter macht das Kind sozusagen zur *Beute*. Man kann sich fragen, ob das nicht die Ahnung von den »katastrophalen« Auswirkungen der Verführung durch die Mutter auf den kleinen Jungen ist, die Freud dazu veranlaßt hat, auf dem Übersetzungsirrtum von »nibbio« zu beharren. Der Geier ist ein *Beutevogel* par excellence. Der Milan ist ein Raubvogel, gewiß, aber klein und weniger gefährlich. (Es ist der Haß, der das Subjekt – wie wir es in der klinischen und der alltäglichen Erfahrung oft beobachtet haben – dazu treibt, die Frauen zu kastrieren, ihnen den Penis zu nehmen, den sie besitzen, oder das, was diesen symbolisiert. Es ist dies eine Position, deren Häufigkeit weniger erstaunt als die Hartnäckigkeit, mit der die meisten Analytiker sie leugnen.)[16]
Gleichzeitig – und Freud unterstreicht das – ist diese Verführung an die Abwesenheit des Vaters gebunden: »Bei allen unseren homosexuellen Männern gab es in der ersten, vom Individuum später vergessenen Kindheit eine sehr intensive erotische Bindung an eine weibliche Person, in der Regel an die Mutter, hervorgerufen oder begünstigt durch die Überzärtlichkeit der Mutter selbst, ferner unterstützt durch ein Zurücktreten des Vaters im kindlichen Leben.« (*ibid.*, S. 169) Und Freud schließt, daß die Anwesenheit eines energischen Vaters notwendig für die Entwicklung der heterosexuellen Objektwahl scheine. Die Elternkonstellation des zukünftigen Perversen mit Abwesenheit des Vaters begünstigt aus wahrscheinlich strukturellen Gründen – der Phallus muß einen Platz finden –, daß der Phallus der Mutter zugeschrieben wird. Diese Vorstellung resultiert jedoch nicht aus der Phantasie, der Penis des Vaters werde

von der Mutter besessen, wie es die Auffassung Kleins ist, da der Vater seinen Platz ja gerade nicht zwischen der Mutter und dem Kind hat, nicht einmal in der Phantasie von der Mutter. Sie ist nicht die Verwahrerin des Phallus des abwesenden Vaters. Der Phallus ist ein Teil von ihr selbst, der seine eigenen Triebe in Richtung auf das Kind sowie die Triebe in Gang setzt, die das Kind auf sie projiziert und die dann drohen, zu seinem Ich zurückzukehren. Die Darstellung dieser Verbindung zwischen der phallischen Mutter und ihrem Sohn wäre die einer Trinität, in der die Jungfrau den Platz des Vaters und die Brust/der Phallus den des Heiligen Geistes (der Geier den der Taube) einnähme, während das Jesuskind am Platz Christi bliebe. Die westliche Ikonographie, seit Jahrhunderten vom Bild des Kindes beherrscht, das von der Jungfrau gesäugt wird, ist eine Verdichtung dieser Problematik.
Fügen wir hinzu, daß das Fehlen sexueller Befriedigung der Frau in der ehelichen Beziehung von Freud in *Die ›kulturelle‹ Sexualmoral und die moderne Nervosität* (1908) als Ursprung der Übertragung ihres Liebesbedürfnisses auf das Kind postuliert wird. Die Frau wecke so in dem Kind »die sexuelle Frühreife« (GW, Band 7, S. 165). Die Identifikation mit der Mutter erhält gleichzeitig die Illusion von der Möglichkeit einer Existenz zu zweit (Mutter und Sohn, Homosexueller und Partner) unter Ausschaltung des Vaters aufrecht, ganz wie die Jungfrau auf den Knien ihrer Mutter Anna mit dem Jesuskind unserer Meinung nach weniger die Geschichte Leonardos und seiner beiden Mütter reproduziert (GW, Band 8, S. 186–88) als vielmehr die Phantasie von der Existenz einer Welt ohne Männer (mit Ausnahme des Subjekts selbst, das sich mit Christus identifiziert, wie Freud mehrmals sagt).
Einer unserer Patienten, Jean-Jacques, von dem wir schon sprachen (S. 64 ff.), ein perverser Fetischist, homosexuell und sadomasochistisch, hat so eine Frau geheiratet, die Tochter einer ledigen Mutter war. Er war fasziniert von der Beziehung der beiden Frauen zueinander, und es war leicht, sein Interesse auf den Wunsch zurückzuführen, das Kind einer Frau ohne Mann gewesen zu sein. Während seiner Analyse hatte er mehrere Träume, in denen er mit der Analytikerin, deren Tochter und Enkelin zusammen war und so eine Phantasie von der Puppe in der Puppe realisierte. So viel Haß und Verachtung manche Perverse auch zur Schau tragen, auf einer gewissen Ebene besteht in ihnen die Phantasie einer ausschließlich weiblichen Welt, was paradox erscheinen mag, wenn es sich um männliche Homosexuelle handelt.

Wenn wir in Freuds Deutung der Geierphantasie noch weiter zurückgehen, stehen wir vor der Auffassung, der zufolge das Kind allen menschlichen Wesen ein männliches Organ zuschreibt und sich so vor dem Schrecken der Kastration schützt. Uns scheint, daß es in der Tat wieder *die Verführung ist, die der Mutter diesen Penis verleiht, und nicht der Kastrationskomplex.* Wie wir schon 1965 in einem (nicht veröffentlichten) Vortrag über die »Imago der phallischen Mutter« sagten, *dringt das verfrühte Erwachen der Triebe durch aggressive Reize äußeren oder inneren Ursprungs (durch Krankheit beispielsweise) oder durch Verführung* in das Kind ein und ruft die Repräsentation einer Mutter mit einem Penis hervor.[17] Daß der Mutter ein Penis zugeschrieben wird, muß unserer Meinung nach von der Schaffung eines Fetischs unterschieden werden; im *Leonardo* geht allerdings beides aus dem Kastrationskomplex hervor, und beider Bedeutung wird als analog angesehen.
Was den »Wissensdurst« des Leonardo angeht, so meinen wir, dieser müsse in Beziehung gesetzt werden zu dem Problem der Urszene beim Perversen. Joyce McDougall stellt in *Scène primitive et scénario pervers* (1972) die Unfähigkeit des Perversen in den Mittelpunkt, anzuerkennen, daß der Wunsch des Vaters nach der Mutter und der Wunsch der Mutter nach dem Vater aus dem Geschlechtsunterschied stammt, d. h. aus dem Fehlen des Penis bei der Mutter. Der Akzent wird hier von der Notwendigkeit, der Mutter einen Penis zuzusprechen, um die Kastrationsängste zu vermeiden, auf die Notwendigkeit verschoben, die Anerkennung der Rolle des Vaters in der Urszene zu vermeiden, eine Auffassung, die wir voll und ganz teilen. Die Autorin trägt den Traum eines Patienten vor, der Fetischist und Sadomasochist ist; dieser Traum ist direkt mit der Hemmung des Wissenstriebes verbunden:
»›Ich lag ausgestreckt an der Seite einer nackten Frau, und man befahl mir, ihre nackten Beine zu betrachten, die sie weit gespreizt hatte. Ich fixierte sie eine Weile, doch ich konnte nicht die Antwort geben, die von mir erwartet wurde. Mir kam es vor, als handele es sich dabei um ein logisches Problem. Endlich sagte ich, ich würde nie die richtige Antwort finden, da ich nie gut in Mathematik gewesen sei.‹ Der Patient assoziierte über seinen Mangel an Gefühl, wenn er während seiner Adoleszenz ein Mädchen umarmte.« (*op. cit.*, S. 54) Könnte man nicht annehmen, daß das leidenschaftliche Forschen von Leonardo nicht nur darauf abzielt, das Rätsel der Urszene zu lösen (des sexuellen Begehrens der Eltern), sondern auch und vor allem darauf, an die Stelle des genitalen Penis des Vaters die

von ihm geschaffenen »Maschinen« zu setzen? Könnte nicht der »Wissenstrieb« Leonardos von vornherein von dem Wunsch geprägt sein, *nicht zu wissen und die sexuelle Wahrheit durch ein falsches Wissen zu ersetzen?* Dies würde, zumindest teilweise, die Zweideutigkeit des verfolgten Ziels erklären, die die künstlerische Schöpfung »erstickte«. Diese Zweideutigkeit (suchen, um nicht die Wahrheit, sondern einen illusorischen Ersatz für diese zu finden) greift auf die malerische Aktivität über. »Am Bild interessierte ihn vor allem ein Problem, und hinter diesem einen sah er ungezählte andere Probleme auftauchen ...« (Freud, *op. cit.*, S. 144) Wir werden später auf das Problem des Schaffens beim Perversen zurückkommen.

Am Ende dieser Übersicht über Freuds auf den Fetischismus bezogene Texte vor seiner Schrift von 1927 können wir feststellen, daß wir nun gewissermaßen zwei Theorien des Fetischismus besitzen: Die ersten Texte nehmen eine Verbindung zwischen von der Analität abgeleiteten Trieben und der Idealisierung mit partieller Verdrängung an (die Betonung der Analität stimmt mit den Hypothesen überein, die Freud in den zu Beginn dieses Kapitels erwähnten Fließ-Briefen äußerte). Der *Leonardo* erwähnt die Analität nicht mehr, sondern ordnet das Problem um den Kastrationskomplex herum an. Trotz der Einführung des Narzißmus und der Verführung in seine Untersuchung der Homosexualität bringt Freud diese neuen Gegebenheiten nicht mit den vorher im Hinblick auf den Fetischismus dargelegten Elementen in Verbindung.

Die Hinzufügung von 1915 zu Fußnote 1 (GW, Band 8, S. 44) jedoch verbindet Analität und Narzißmus als entscheidende Faktoren bei der männlichen Homosexualität, ebenso wie zuvor Koprophilie und Idealisierung für wesentlich beim Fetischismus angesehen wurden. Man kann anmerken, daß der Begriff »verleugnen« im *Leonardo* auftaucht (GW, Band 8, S. 189). Er bezieht sich auf »das Unglück seines Liebeslebens«; die Verleugnung sei verwirklicht worden durch die Schaffung von Gestalten, in denen männliche und weibliche Züge verschmelzen, »Wunscherfüllung des von der Mutter betörten Knaben«. Die Kunst hätte Leonardo also die Möglichkeit gegeben, seine Beziehung zur Mutter zu verewigen und so die *Trennung* von seinem Primärobjekt und ödipalen Objekt aufzuheben.

Die Schrift über den *Fetischismus* (1927) benutzt Freud dazu, zwei Mechanismen als mit der Bildung des Fetischs verbunden anzunehmen, die sich von den Abwehrmechanismen im eigentlichen Sinne unterscheiden, welche darauf abzielen, psychische Gruppierungen vom übrigen Seelenleben des Subjekts abzutrennen, und deren Modell die Verdrängung ist. Das Aufrechterhalten oder die Verlegung in das Unbewußte – Domäne der isolierten psychischen Gruppierungen, die aus triebgebundenen Vorstellungen gebildet sind – geschieht *ohne Veränderung des Ich*. Was den Affekt angeht, so wird dieser unterdrückt, konvertiert (Hysterie), von der Vorstellung abgetrennt, verschoben, indem eine »falsche Verbindung« zu einer anderen Vorstellung hergestellt wird (Zwangsneurose) oder in Form von Angst freigesetzt. Freud vermutet vom »Manuskript K« (1. Januar 1896 – 1950) an, der Wahn sei an eine *Veränderung* und eine *Deformation* des Ich gebunden, ein Gedanke, der in *Weitere Bemerkungen über die Abwehr-Neuropsychosen* (1896) (GW, Band 1, S. 402) wieder aufgenommen wird. Schon in *Die Abwehr-Neuropsychosen* (1894) stellt Freud die neurotischen den psychotischen Mechanismen gegenüber. In der Psychose *verwirft* »das Ich die unerträgliche Vorstellung mitsamt ihrem Affekt ...« und benimmt sich so, »*als ob die Vorstellung nie an das Ich herangetreten wäre* *«. »*Allein in dem Moment, in dem dies gelungen ist, befindet sich die Person in einer Psychose ...*« (GW, Band 1, S. 72) »Das Ich reißt sich von der unerträglichen Vorstellung los, diese hängt aber untrennbar mit einem Stück Realität zusammen, und indem das Ich diese Leistung vollbringt, hat es sich auch von der Realität ganz oder teilweise abgelöst.« (*ibid.*, S. 73)[18]

Es ist anzumerken, daß die Beispiele, die Freud von dem gibt, was man als Vorläufer des Verleugnungsmechanismus ansehen könnte, an das Verwerfen von Vorstellungen geknüpft sind, die mit Objektverlusten zu tun haben: die verlassene Verlobte, die, in ihre schönsten Kleider gewandet, seit Jahren ihren Bräutigam erwartet, die Mutter, die nach dem Tod ihres Kindes unablässig ein Stück Holz wiegt. Im *Wolfsmann* (1918) werden Verleugnung und Abspaltung zwar nicht genannt, aber dennoch beschrieben und mit dem Kastrationskomplex in einen Zusammenhang gebracht: »Am Ende bestanden bei ihm zwei gegensätzliche Strömungen nebeneinander, von denen die eine die Kastration verabscheute, die andere bereit war, sie anzunehmen und sich mit der Weiblichkeit als Ersatz zu trösten. Die dritte, älteste und tiefste, welche die Kastration einfach *verworfen* * hatte, wobei das Urteil über ihre Realität noch nicht in Frage kam, war gewiß noch aktivierbar.« (GW, Band 12, S. 117)

Wir wissen, daß der Wolfsmann in der Tat eine psychotische Struktur hatte, und wir haben die Hypothese aufgestellt, er habe in seiner Kindheit

den Versuch einer perversen Lösung skizziert, einer Lösung, die in seinem erwachsenen Leben weiterverfolgt wurde, wie seine bei der ersten Sitzung ausgesprochene Einladung an Freud bezeugt, mit ihm anale Sexualpraktiken zu vollziehen und ihm auf den Kopf zu defäzieren. (Eine derartige Schaustellung seiner Perversion, die in der Übertragung sofort »ausagiert« wird – und deren unvermittelte Intensität als solche beunruhigend ist –, läßt die darunterliegende Psychose ahnen.)
Zwar ist es üblich, den »Wolfsmann« als ersten Text anzusehen, in dem die Verleugnung in einen Zusammenhang mit dem Kastrationskomplex gebracht wird, doch man kann anmerken, daß sich tatsächlich ein sehr deutlicher Vorläufer in der Schrift *Über infantile Sexualtheorien* (1908) finden läßt. Wenn der kleine Junge die Genitalorgane einer kleinen Schwester sieht, ist »sein Vorurteil bereits stark genug ..., um die Wahrnehmung zu beugen« (GW, Band 7, S. 178). Der weitere Text zeigt, daß die Verleugnung sich in Wirklichkeit nicht auf die Wahrnehmung selbst bezieht, sondern auf deren Bedeutung. 1923, in Freuds Schrift *Die infantile Genitalorganisation,* erscheint der Begriff »Verleugnung« in Zusammenhang mit dem Anblick der weiblichen Genitalorgane. Es handelt sich durchaus um eine Verleugnung der Wahrnehmung: »Sie leugnen diesen Mangel, glauben doch ein Glied zu sehen ...« (GW, Band 13, S. 296). In *Das ökonomische Problem des Masochismus* (1924) ist die Verleugnung erneut an die Kastration gebunden: »... als Niederschlag der phallischen Organisationsstufe tritt die Kastration, obwohl später verleugnet, in den Inhalt der masochistischen Phantasien ein.« (GW, Band 13, S. 376) In einem späteren Text, den wir hier aus Gründen der Kohärenz einführen, *Einige psychische Folgen des anatomischen Geschlechtsunterschieds* (1925), kommt Freud erneut auf die weibliche »Kastration« zurück, die er diesmal beiden Geschlechtern zuschreibt. Der kleine Junge, mit den Genitalorganen des kleinen Mädchens konfrontiert, »sieht nichts, oder er verleugnet seine Wahrnehmung ...« (GW, Band 14, S. 23). »Anders das kleine Mädchen. Sie ist im Nu fertig mit ihrem Urteil und ihrem Entschluß. Sie hat es gesehen, weiß, daß sie es nicht hat, und will es haben.« (*ibid.,* S. 24) (Hier sagt Freud in einer Fußnote, seine Theorie, die er früher in den *Infantilen Sexualtheorien* geäußert habe und der zufolge die Kinder nicht am Geschlechtsunterschied, sondern an dem Problem, woher die Kinder kommen, interessiert seien, treffe für das Mädchen nicht zu, für den Knaben nur gelegentlich.) Dann beschreibt er den Männlichkeitskomplex des Mädchens, der dieses dazu veranlaßt, auf

einen Penis zu hoffen. »Oder es tritt der Vorgang ein, den ich als *Verleugnung* bezeichnen möchte, der im kindlichen Seelenleben weder selten noch sehr gefährlich zu sein scheint, der aber beim Erwachsenen eine Psychose einleiten würde. Das Mädchen verweigert es, die Tatsache ihrer Kastration anzunehmen, versteift sich in der Überzeugung, daß sie doch einen Penis besitzt, und ist gezwungen, sich in der Folge so zu benehmen, als ob sie ein Mann wäre.« (*ibid.*, S. 24)

Die Schrift *Neurose und Psychose* (1924), in der Freud die neue strukturelle Theorie des psychischen Apparats (zweite Topik) auf die vergleichende Untersuchung von Neurosen und Psychosen anwendet, endet mit direkten Anspielungen auf die Spaltung einerseits und die Verleugnung andererseits: »... es wird dem Ich möglich sein, den Bruch nach irgendeiner Seite dadurch zu vermeiden, daß es sich selbst deformiert, sich Einbußen an seiner Einheitlichkeit gefallen läßt, eventuell sogar sich zerklüftet oder zerteilt. Damit rückten die Inkonsequenzen, Verschrobenheiten und Narrheiten der Menschen in ein ähnliches Licht wie ihre sexuellen Perversionen, durch deren Annahme sie sich ja Verdrängungen ersparen. Zum Schlusse ist der Frage zu gedenken, welches der einer Verdrängung analoge Mechanismus sein mag, durch den das Ich sich von der Außenwelt ablöst. Ich meine, dies ist ohne neue Untersuchungen nicht zu beantworten, aber er müßte, wie die Verdrängung, eine Abziehung der vom Ich ausgeschickten Besetzung zum Inhalt haben.« (GW, Band 13, S. 391) Wenn wir Freud richtig verstehen, scheint uns, daß in diesem Text die Perversion von ihm als »partieller Wahnsinn« aufgefaßt wird, beschränkt auf einen Sektor des Ich, wobei die Abspaltung dem übrigen Ich gestattet, seine Beziehung zur Realität aufrechtzuerhalten. Von der Angleichung der Perversion an die psychische Gesundheit sind wir weit entfernt!

Der Realitätsverlust bei Neurose und Psychose (1924) läßt uns auf die Verleugnung zurückkommen, die sich auf den Objektverlust bezieht. Freud nimmt den Fall der Elisabeth von R. wieder auf, der in *Studien über Hysterie* (1895) veröffentlicht wurde, und erinnert daran, daß die hysterischen Schmerzen des jungen Mädchens durch die *Verdrängung* des Gedankens (und die darauf folgende Wiederkehr des Verdrängten) ausgelöst wurden, den sie am Totenbett ihrer Schwester hatte: »Nun ist er frei und kann dich heiraten.« (GW, Band 13, S. 364) »Die psychotische Reaktion wäre gewesen, die Tatsache des Todes der Schwester zu verleugnen.« (*ibid.*, S. 364)

Weiter unten im gleichen Text schreibt Freud: »Neurose wie Psychose sind also beide Ausdruck der Rebellion des Es gegen die Außenwelt ... Die Neurose verleugnet die Realität nicht, sie will nur nichts von ihr wissen; die Psychose verleugnet sie und sucht sie zu ersetzen.« (*ibid.*, S. 365)

Freuds Schrift *Fetischismus* (1927) paßt gut zu seinem Versuch, die Realitätsbeziehung in der Psychose von der in der Neurose zu unterscheiden und ein oder mehrere Mechanismen aufzudecken, die für die Psychose das wären, was die Verdrängung für die Neurose ist. Wir konnten im Hinblick auf die *Verleugnung* sehen, daß diese sich teils auf die *Verleugnung eines Objektverlusts* bezieht, der durch eine Wahnbildung ersetzt wird (das ist bei der halluzinatorischen Verwirrung der Fall), teils aber auch auf ausgedehntere Bereiche der Realität (*Der Realitätsverlust bei Neurose und Psychose,* 1924); dies stimmt überein mit den Weiterentwicklungen der Psychosentheorie in *Zur Einführung des Narzißmus* (1914) und *Metapsychologische Ergänzung zur Traumlehre* (1917). In allen Fällen treten befriedigende Halluzinationen nicht einfach an die Stelle der unerträglichen, verleugneten Vorstellungen. Die psychotische Regression und der Versuch der Wiederherstellung bringen einen wesentlich umfassenderen Realitätsverlust mit sich, unabhängig von dem Faktor, der die Krankheit ausgelöst hatte.

Auf anderem Wege, wie wir im Hinblick auf die psychischen Funktionen des Knaben in der phallischen Phase gesehen haben, legt Freud einen quasi normalen Mechanismus der *Verleugnung* frei, der jedenfalls sehr verbreitet ist und sich *auf die Wahrnehmung* der weiblichen Genitalorgane bezieht, d. h. auf das Fehlen des Penis. Nebenbei könnte das Mädchen seinen eigenen Penismangel *verleugnen.* Hier ist anzumerken, daß Freud in dieser Phase seines Werkes gerade den Kastrationskomplex mit der phallischen Phase und dem Ödipuskomplex sowie mit der Anerkennung seiner Rolle im Untergang des Ödipuskomplexes sowie mit seinem Erben, dem Überich, verbindet (*Das Ich und das Es,* 1923; *Der Untergang des Ödipuskomplexes,* 1924; *Einige psychische Folgen des anatomischen Geschlechtsunterschieds,* 1925).

Eines der Probleme, mit denen uns der Text von 1927 konfrontiert, ist also die Frage, ob die Verleugnung der Realität, wie sie sich in der Psychose zeigt, sich mit der Verleugnung der Penislosigkeit der Frau verbinden kann und muß, die wir nicht als »Verleugnung des Geschlechtsunterschiedes« bezeichnen werden, weil uns scheint, daß dies auf eine Vermeidung der Konfrontation mit dem hinauslaufen würde, was der *wirkliche* (wir benutzen dieses Wort mit seinem ganzen Gewicht) Geschlechtsunterschied ist. Wenn wir den Geschlechtsunterschied nur im Fehlen des Penis bei der Frau sehen würden, begäben wir uns genau in die Perspektive des Perversen, nämlich die der *Verleugnung der Vagina,* über die wir noch nachzudenken haben werden.

Sehr schnell sagt Freud, auf die Gefahr hin, seine Leser durch die Monotonie seiner psychoanalytischen Deutungen zu enttäuschen, sei er zu der Annahme gelangt, daß der Fetisch ein Ersatz für den Penis ist. Aber nicht für irgendeinen Penis: Es handelt sich um den der Mutter, auf den das Kind nicht hat verzichten können. Freud sagt: »Der Hergang war also der, daß der Knabe sich geweigert hat, die *Tatsache seiner Wahrnehmung* *, daß das Weib keinen Penis besitzt, zur Kenntnis zu nehmen.« (GW, Band 14, S. 312) Wenn es tatsächlich – und hier nimmt Freud seine früher formulierten Hypothesen wieder auf, von denen wir bereits sprachen – kastrierte Wesen gibt – die Frauen –, dann ist die Kastration möglich, die Drohung kann verwirklicht werden, der eigene Penis des Kindes ist in Gefahr, »und dagegen sträubt sich das Stück Narzißmus, mit dem die Natur vorsorglich gerade dieses Organ ausgestattet hat« (*ibid.*, S. 312). Nicht ohne Überraschung liest man Freuds Beschreibung des Abwehrvorgangs, der in dem Kind abläuft: »Das älteste Stück unserer psychoanalytischen Terminologie, das Wort ›Verdrängung‹, bezieht sich bereits auf diesen pathologischen Vorgang. Will man in ihm das Schicksal der Vorstellung von dem des Affekts schärfer trennen, den Ausdruck ›Verdrängung‹ für den Affekt reservieren, so wäre für das Schicksal der Vorstellung ›Verleugnung‹ die richtige deutsche Bezeichnung.« (*ibid.*, S. 313) Wir wissen in der Tat, daß alle Texte Freuds über die Verdrängung und insbesondere der metapsychologische Text, der ihr gewidmet ist (1915), den beiden Repräsentanten des Triebes verschiedene Schicksale zuordnen, Schicksale, die klar abgegrenzt sind: *nur die Vorstellung wird verdrängt,* der Affekt kann niemals unbewußt werden. Er kann – wir haben daran erinnert – unterdrückt, konvertiert, verschoben oder in Form von Angst freigesetzt werden. Es ist die *Vorstellung* (als Besetzung der Gedächtnisspur), die *verleugnet* wird. Dieser Stellungswechsel zwischen Affekt und Vorstellung scheint uns der Betonung wert. Vielleicht weist er uns auf einen späteren Zugang zur Einkreisung des Problems der Verleugnung hin. Auf jeden Fall läßt er uns Freuds eigene Schwierigkeit hinsichtlich dieser Aufgabe erkennen. Freud fährt fort, indem er präzisiert, daß die Wahrnehmung geblieben ist »und daß eine sehr energische Aktion unternommen wurde, ihre Verleugnung aufrecht zu halten« (*ibid.*, S. 313). Das Kind hat seinen Glauben an den mütterlichen Penis gleichzeitig bewahrt und aufgegeben. Der Penis der Mutter ist nicht mehr das, was er war. »Etwas anderes ist an seine Stelle getreten, ist sozusagen zu seinem Ersatz ernannt worden und ist nun der Erbe des Interesses, das sich dem früheren zugewendet hatte. Dieses Interesse erfährt aber noch eine außerordentliche Steigerung, weil der Abscheu vor der Kastration sich in der Schaffung dieses Ersatzes ein Denkmal gesetzt hat.« (*ibid.*, S. 313) Man versteht, daß der Fetisch selbst zur Verdrängung und Gegenbesetzung dient; sollen wir mit Freud sagen, »des Affekts«, der mit der Wahrnehmung der weiblichen Genitalorgane verbunden ist? Der Fetisch verdichtet also gleichzeitig die Verleugnung der Kastration und den Abscheu vor der Kastration. »Er bleibt das Zeichen des Triumphes über die Kastrationsdrohung und der Schutz gegen sie.« (*ibid.*, S. 313) Auch erlaube er dem Fetischisten, nicht homosexuell zu werden (diese Behauptung ist klinisch unrichtig, und eine Theorie des Fetischismus muß in der Lage sein, das gleichzeitige Bestehen von fetischistischen und homosexuellen Aktivitäten bei einem Subjekt zu berücksichtigen, wobei der Fetisch in gewissen Fällen an die homosexuelle Praxis selbst gebunden ist.)

Der Fetisch, Ersatz für den der Frau fehlenden Phallus, ist nicht immer ein Penissymbol. Wie bei der traumatischen Amnesie bleibt die Erinnerung unterwegs stecken. Der letzte Eindruck vor dem traumatischen Eindruck wird als Fetisch beibehalten. Fuß oder Schuh, bevorzugte Fetische, rühren von der Tatsache her, daß das Sexualorgan »von unten« erspäht wurde (wobei uns die koprophile Hypothese fernliegt); Pelz und Samt stellen eine Fixierung auf den Anblick der Schambehaarung dar, worauf »der des ersehnten Gliedes hätte folgen können« (*ibid.*, S. 314f.); die Unterkleidung kristallisiert den letzten Augenblick der Entkleidung, in dem die Frau noch für phallisch gehalten werden konnte ...

Freud erwähnt hier seine beiden Schriften aus dem Jahre 1924, *Neurose und Psychose* und *Der Realitätsverlust bei Neurose und Psychose*. Er glaubt, er habe sich zu weit vorgewagt, als er vermutete, daß in der Neurose das Ich im Dienst der Realität ein Stück des Es unterdrücke, während in der Psychose das Ich sich vom Es fortreißen lasse und sich von einem Stück der Realität löse. Tatsächlich hatten zwei junge Männer in ihrer Kindheit den Vater verloren und diesen Tod nicht zur Kenntnis genommen. Dennoch war keiner von beiden psychotisch geworden. Der Mechanismus ist eine Verleugnung des Ich, angewandt auf ein Bruchstück der Realität, ganz wie beim Fetischisten »die unliebsame Tatsache der Kastration des Weibes« (*ibid.*, S. 315). (Wir möchten hier anmerken, daß Freud von der Realität der weiblichen Kastration spricht, als handele es sich um eine Tatsache und nicht um eine Phantasie.) An diesem Punkt, so scheint es uns, verbindet Freud zum ersten Mal die Spaltung klar mit der Verleugnung: »Es war nur eine Strömung in ihrem Seelenleben, welche den Tod des Vaters nicht anerkannt hatte; es gab auch eine andere, die dieser Tatsache vollkommen Rechnung trug; die wunschgerechte wie die realitätsgerechte Einstellung bestanden nebeneinander.« (*ibid.*, S. 316)

Es handelt sich um eine Spaltung zwischen zwei psychischen Einstellungen, eine Spaltung, die das Ich zerbricht, aber insoweit, als der an die Realität gebundene Teil des Ich bestehen bleibt, dem Subjekt die Psychose erspart. »Ich kann also die Erwartung festhalten, daß im Fall der Psychose die eine, die realitätsgerechte Strömung, wirklich vermißt werden würde.« (*ibid.*, S. 316)

Die gleiche Verbindung von Spaltung und Leugnung besteht beim Fetischisten. Der Fetisch *bestätigt und verleugnet* gleichzeitig die Kastration der Frau. Diese doppelte Einstellung findet sich in der Art und Weise wieder, wie der Fetischist seinen Fetisch behandelt: Er verehrt ihn und kastriert ihn (in der Verehrung findet man einen Überrest der Idealisierung, auf der Freud ursprünglich beharrte).

Die Schrift über den »Fetischismus« enthält also (trotz ihrer Ungenauigkeiten) die erste Beschreibung der Ichspaltung, eines Mechanismus, der tatsächlich *die Verleugnung* einschließt. Diese Paarung der beiden Mechanismen wird von nun an ein wesentlicher Bestandteil der Perversionstheorie sein.

Die Bedeutung der Entdeckung dieser Abwehr als eines *intrasystematischen* Mechanismus, der sich auf ein und dieselbe Instanz, nämlich das Ich, bezieht, kann gar nicht überschätzt werden. Der Ausdruck *Bewußtseinsspaltung*, von Freud in *Die Abwehr-Neuropsychosen* (1894) auf die Hysterie angewandt, ist an die Existenz eines psychischen Ortes gebunden, der durch die Wirkung der Verdrängung vom Bereich des Bewußtseins getrennt ist. Die Verwendung des Ausdrucks *Bewußtseinsspaltung* durch Freud impliziert den Begriff des *Unbewußten* (im Gegensatz zu Janet, der darin nur eine Schwäche psychologischer Synthese sieht). Freud wird den Gedanken einer *intersystematischen* Spaltung nicht aufgeben, wenn er den Begriff auch kaum noch verwendet. Immerhin kommt er im *Abriß der Psychoanalyse* (1938–1940) darauf zurück. Neu (wenn auch in den Texten schon angedeutet, die wir zitiert haben) ist also *»die Koexistenz zweier psychischer Haltungen im Innern des Ichs gegenüber der äußeren Realität, soweit diese eine Triebforderung durchkreuzt: die eine bejaht die Realität, die andere stellt die Realität in Frage und setzt eine Wunschproduktion an deren Stelle. Diese beiden Haltungen bleiben nebeneinander bestehen, ohne sich gegenseitig zu beeinflussen«* (Definition »Ichspaltung« aus dem *Vokabular der Psychoanalyse* von Laplanche/Pontalis, *op. cit.*, 1967, S. 207). Diese Anerkennung eines möglichen Risses im Ich, der bewirkt, daß ein Teil des Ichs psychotisch funktioniert, dabei aber dem Ich gestattet, mit der Realität in Kontakt zu bleiben, öffnet weit den Zugang zum psychischen Funktionieren im allgemeinen und der möglichen Existenz eines psychotischen Sektors in der neurotisch-normalen Persönlichkeit. Wenn die kleinianische Theorie annimmt, daß die Neurose eine relativ befriedigende Art sei, die in der menschlichen Psyche immer vorhandenen psychotischen Kerne zu »verwalten«, so rückt Freuds Beschreibung der Ichspaltung hier tatsächlich Freudianer und Kleinianer näher zusammen, wenn auch den meisten Freudianern das Einräumen dieses Gesichtspunkts zu widerstreben scheint.

In *Die endliche und die unendliche Analyse* (1937) schreibt Freud jedoch über die »Ichveränderungen«: »Über das dritte Moment, das der Ichveränderung, haben wir noch nichts geäußert. Wenden wir uns ihm zu, so empfangen wir den ersten Eindruck, daß hier viel zu fragen und zu beantworten ist und daß, was wir dazu zu sagen haben, sich als sehr unzureichend erweisen wird. Dieser erste Eindruck hält auch bei weiterer Beschäftigung mit dem Problem stand. Die analytische Situation besteht bekanntlich darin, daß wir uns mit dem Ich der Objektperson verbünden, um unbeherrschte Anteile ihres Es zu unterwerfen, also sie in die Synthese des Ichs einzubeziehen. Die Tatsache, daß ein solches Zusammenarbeiten beim Psychotiker regelmäßig mißlingt, leiht unserem Urteil einen ersten festen Punkt. Das Ich, mit dem wir einen solchen Pakt schließen können, muß ein normales Ich sein. Aber ein solches Normal-Ich ist, wie die Normalität überhaupt, eine Idealfiktion. Das abnorme, für unsere Absichten unbrauchbare Ich ist leider keine. Jeder Normale ist eben nur durchschnittlich normal, *sein Ich nähert sich dem des Psychotikers in* *dem oder jenem Stück.«* * (GW, Band 16, S. 79f.) Wir sehen also den Begriff *Ichveränderung* wieder auftauchen, dessen erste Entwürfe 1896 mit den *Wahn*bildungen in Zusammenhang gebracht wurden. Die Wahnideen veranlassen, um ohne Widerspruch durch das Bewußtsein zugelassen zu werden, da sie selbst per Definition unfähig sind, verändert zu werden, das Ich dazu, sich ihnen anzupassen, was zu seiner Veränderung führt. (*Weitere Bemerkungen über die Abwehr-Neuropsychosen,* 1896). In *Hemmung, Symptom und Angst* (1926) sowie in einer der Vorlesungen in *Neue Folge der Vorlesungen zur Einführung in die Psychoanalyse* (1933) mit dem Titel »Angst und Triebleben« und vor allem in *Die endliche und die unendliche Analyse* selbst erweitert Freud den Begriff der *Ichveränderung,* indem er ihn mit den Auswirkungen der Gegenbesetzung in Zusammenhang bringt (d. h. ihn direkt mit den neurotischen Mechanismen verbindet). Dennoch ist diese Ichveränderung, die das Ich unfähig macht, seine *Synthesearbeit* zu verrichten, vor allem in der Ichspaltung evident. Diese Synthesearbeit des Ichs ist besonders gut beschrieben in *Die Frage der Laienanalyse* (1926): »Das Ich ist eine Organisation, ausgezeichnet durch ein sehr merkwürdiges Streben nach Vereinheitlichung, nach Synthese: dieser Charakter fehlt dem Es, es ist – sozusagen – zerfahren, seine einzelnen Strebungen verfolgen ihre Absichten unabhängig von und ohne Rücksicht aufeinander.« (GW, Band 14, S. 223) Und auch in *Neue Folge der Vorlesungen* heißt es in »Die Zerlegung der psychischen Persönlichkeit«: »Was das Ich zum Unterschied vom Es aber ganz besonders auszeichnet, ist ein Zug zur Synthese seiner Inhalte, zur Zusammenfassung und Vereinheitlichung seiner seelischen Vorgänge.« (GW, Band 15, S. 82) Diese Fähigkeit zur Synthese steht in einer Wechselbeziehung zur Institution des Realitätsprinzips, der Sekundärvorgänge und des gebundenen Zustands der Energie. Es ist übrigens merkwürdig, daß Freud in *Die unendliche und die unendliche Analyse* den Mechanismus der Ichspaltung nicht ausdrücklich erwähnt, wenn er von den Ichveränderungen spricht, die selbst das normale Ich in die Nähe des psychotischen Ichs rücken können. Er äußert die Auffassung: »... wenn die Wahrnehmung der Realität Unlust bringt, muß sie – die Wahrheit also – geopfert werden.« (GW, Band 16, S. 82) Tatsächlich aber handelt es sich im Kontext nicht um die *Verleugnung der Realität einer äußeren Wahrnehmung,* sondern um die einer inneren Wahrnehmung, und die Realität, um die es geht, ist die psychische Realität, auf die das Ich die der Neurose eigenen Abwehrmechanismen anwendet und so

lebenslänglich vergeblich Energie verschwendet, da seine Entwicklung die ursprünglichen Maßnahmen, die zu »Infantilismen« (*ibid.*, S. 83) werden, überholt und unbrauchbar gemacht hat. Wir können hier vielleicht die Hypothese wagen, daß Freud in bewußter oder unbewußter Kontinuität hinsichtlich des Problems der Abwehrmechanismen und deren Beziehungen zur Ichveränderung elf Jahre später in der Schrift *Fetischismus* (1927), aber nur ein Jahr nach *Die endliche und die unendliche Analyse* die Untersuchung der Ichspaltung wieder aufnimmt, des, wie man sagen könnte, fehlenden Steinchens in dieser Arbeit. Tatsächlich hat Freud zwischen *Die endliche und die unendliche Analyse* und *Die Ichspaltung im Abwehrvorgang* (1938–1940)[19] nur seine Schrift über die *Konstruktionen in der Analyse* (1937) verfaßt, die übrigens mit einer Überlegung hinsichtlich der Wahnbildungen endet. (Zur gleichen Zeit beendete er die letzte Abhandlung des *Moses*.)
Freud beginnt diese Schrift mit dem oft hervorgehobenen Satz: »Ich befinde mich einen Moment lang in der interessanten Lage nicht zu wissen, ob das, was ich mitteilen will, als längst bekannt und selbstverständlich oder als völlig neu und befremdend gewertet werden soll. Ich glaube aber eher an das letztere.« (GW, Band 17, S. 59) Freud scheint hier ein Gefühl auszudrücken, das gleichzeitig *déjà vu* und Fremdheit beinhaltet. Man weiß, daß *Das Unheimliche* (1919) »jene Art des Schreckhaften (ist), welche auf das Altbekannte, längstvertraute zurückgeht« (GW, Band 12, S. 231). Gleichzeitig wird das, »was neuartig ist, ... leicht schreckhaft und unheimlich« (*ibid.*). Gewiß, die Ichspaltung war, wie wir gesehen haben, 1927 als besonders mit dem Fetischismus verbunden beschrieben worden. Doch dann hatte Freud sich von diesem Mechanismus abgewandt, und zwar so sehr, daß er ihn »vergessen« zu haben schien, als er 1937 die Ichveränderungen beschrieb. Welche Gründe auch immer dieses Vergessen haben mag, der Anfangssatz dieser Arbeit über die Ichspaltung ruft genau die Gefühle hervor, die die Existenz dieses Mechanismus einem Beobachter einflößt, der sie bei jemand anderem am Werk sieht. Außerdem wird in *Das Unheimliche* das Thema des »Doppelgängers« mit den Störungen des *Ichgefühls* und der *Ichteilung* in Verbindung gebracht (*op. cit.*, S. 246) (das Ich als Instanz ist noch nicht festgelegt; es handelt sich also eher um eine Teilung der Person). Wir sind daher der Meinung, daß etwas von der Art des »Unheimlichen«, das sich mit dieser Teilung des Ichs verbindet, von Anfang an in diesen Text eingeführt wird.

Freud erklärt seine Absicht, »einen scharf umrissenen Einzelfall hervorzuheben« (GW, Band 17, S. 59). Da uns hier jedes Wort sehr wichtig erscheint, wollen wir ihn zitieren: »Das Ich des Kindes befinde sich also im Dienste eines mächtigen Triebanspruchs, den zu befriedigen es gewohnt ist, und wird plötzlich durch ein Erlebnis geschreckt, das ihn lehrt, die Fortsetzung dieser Befriedigung werde eine schwer erträgliche reale Gefahr zur Folge haben. Es soll sich nun entscheiden: entweder die reale Gefahr anerkennen, sich vor ihr beugen und auf die Triebbefriedigung verzichten, oder die Realität verleugnen, sich glauben machen, daß kein Grund zum Fürchten besteht, damit es an der Befriedigung festhalten kann. Es ist also ein Konflikt zwischen dem Anspruch des Triebes und dem Anspruch der Realität. Das Kind tut aber keines von beiden, oder vielmehr, es tut gleichzeitig beides, was auf dasselbe hinauskommt. Es antwortet auf den Konflikt mit zwei entgegengesetzten Reaktionen, beide giltig und wirksam. Einerseits weist es mit Hilfe bestimmter Mechanismen die Realität ab und läßt sich nichts verbieten, anderseits anerkennt es im gleichen Atem die Gefahr der Realität, nimmt die Angst vor ihr als Leidenssymptom auf sich, um sich später ihrer zu erwehren. Man muß zugeben, das ist eine sehr geschickte Lösung der Schwierigkeit. Beide streitende Parteien haben ihr Teil bekommen; der Trieb darf seine Befriedigung behalten, der Realität ist der gebührende Respekt gezollt worden. Aber umsonst ist bekanntlich nur der Tod. Der Erfolg wurde erreicht auf Kosten eines Einrisses im Ich, der nie wieder verheilen, aber sich mit der Zeit vergrößern wird. Die beiden entgegengesetzten Reaktionen auf den Konflikt bleiben als Kern einer Ichspaltung bestehen. Der ganze Vorgang erscheint uns so sonderbar, weil wir die Synthese der Ichvorgänge für etwas Selbstverständliches halten. Aber wir haben offenbar darin Unrecht. Die so außerordentlich wichtige synthetische Funktion des Ichs hat ihre besonderen Bedingungen und unterliegt einer ganzen Reihe von Störungen.« (GW, Band 17, S. 59f.)

Das Beispiel, das Freud anführt, kommt seinen früheren klinischen Fallbeschreibungen nahe: So wird der Wolfsmann, ein Kind von drei oder vier Jahren, von einem älteren Mädchen verführt. In der Folge veranlaßt ihn die Erinnerung an die Stimulierung zur Masturbation. Von seiner Kinderfrau ertappt, wird er mit Kastration bedroht, für deren Vollzieher wie gewöhnlich der Vater gehalten wird. Die Kastrationsdrohung allein hätte keine große Wirkung. Der Anblick der Genitalorgane eines Mädchens wäre auch nicht wirksamer. Das Kind würde denken, der fehlende

Penis werde noch wachsen. Es ist das Zusammentreffen der beiden Faktoren – Drohung und Wahrnehmung –, das den Schrecken hervorruft. Die Drohung weckt die Erinnerung an die Wahrnehmung. Der Junge glaubt zu verstehen, warum dem Geschlecht des Mädchens der Penis fehlt, und kann die *Realität der Kastrationsgefahr* nicht mehr bezweifeln. Normalerweise gibt der Knabe der Drohung nach und verzichtet auf die Masturbation, um seinen Penis zu retten. Der Patient verfuhr anders: Er schuf einen Ersatz für den Penis der Frau, einen *Fetisch*. »Damit hatte er zwar die Realität *verleugnet* *, aber seinen eigenen Penis gerettet. Wenn er nicht anerkennen mußte, daß das Weib ihren Penis verloren hatte, so büßte die ihm erteilte Drohung ihre Glaubwürdigkeit ein, dann brauchte er auch für seinen Penis nicht zu fürchten, konnte ungestört seine Masturbation fortsetzen. Dieser Akt unseres Patienten imponiert uns als eine Abwendung von der Realität, als ein Vorgang, den wir gern der Psychose vorbehalten möchten. Er ist auch nicht viel anders ...« (*ibid.*, S. 61) Das Kind hat aber seiner Wahrnehmung nicht widersprochen und einen Penis halluziniert (was, wie man annehmen kann, bei einem psychotischen Vorgang geschehen wäre). Es hat einfach eine *Wertverschiebung* vollzogen, indem es sein Interesse für den Penis auf einen anderen Körperteil der Frau übertragen hat. Sein eigener Penis ist von dieser Operation nicht betroffen. Diese Art, die Realität zu manipulieren, ist besonders »kniffig« (*ibid.*). Während aber das Kind seine masturbatorischen Aktivitäten fortsetzt, als existiere die Kastrationsgefahr nicht, entwickelt es ein Symptom intensiver Angst vor dem Vater: Da hier die Regression am Werk ist, handelt es sich nicht mehr um die Kastration, sondern um die Furcht, vom Vater verschlungen zu werden. Der Patient entwickelt noch ein anderes Symptom, »eine ängstliche Empfindlichkeit seiner beiden kleinen Zehen gegen Berührung, als ob in dem sonstigen Hin und Her von Verleugnung und Anerkennung der Kastration doch ein deutlicher Ausdruck zukäme ...« (*ibid.*, S. 62)

Wir haben uns zu fragen, was dieser Text uns über den Mechanismus der Ichspaltung, verbunden mit der Verleugnung, im Vergleich zu dem Text von 1927 über die Perversionen lehrt.

Was Freud nicht ausdrücklich sagt, was wir aber ohne weiteres aus dem Text ableiten können, ist, daß die Perversion – auf jeden Fall der Fetischismus – ein Mittel ist, den fatalen Charakter des Ödipuskomplexes zu umgehen. Als Freud den Kastrationskomplex mit dem Ödipuskomplex in Verbindung bringt, nachdem er beide in Zusammenhang mit der infantilen (also phallischen) Genitalorganisation gesetzt hat, zeigt er, daß der kleine Junge nur eine Alternative hat, nämlich seinen Penis zu »verlieren« oder auf die inzestuöse Liebe zu verzichten, sich mit dem Vater und seinen Verboten zu identifizieren, d. h. in ihm das Überich zu gründen. Das faßt Freud in der folgenden Passage aus *Der Untergang des Ödipuskomplexes* (1924) zusammen: »Wenn die Liebesbefriedigung auf dem Boden des Ödipuskomplexes den Penis kosten soll, so muß es zum Konflikt zwischen dem narzißtischen Interesse an diesem Körperteil und der libidinösen Besetzung der elterlichen Objekte kommen. In diesem Konflikt siegt normalerweise die erstere Macht; das Ich des Kindes wendet sich vom Ödipuskomplex ab ... Die Objektbesetzungen werden aufgegeben und durch Identifizierung ersetzt. Die ins Ich introjizierte Vater- oder Elternautorität bildet dort den Kern des Über-Ichs, welches vom Vater die Strenge entlehnt, sein Inzestverbot perpetuiert und so das Ich gegen die Wiederkehr der libidinösen Objektbesetzung versichert ... Der ganze Prozeß hat einerseits das Genitale gerettet, die Gefahr des Verlustes von ihm abgewendet, anderseits es lahmgelegt, seine Funktion aufgehoben.« (GW, Band 13, S. 398 f.)

So zeigt die Beschreibung der Bildung des Fetischs in der Ichspaltung, wie – um den Preis eines Risses in seinem Ich – es dem Perversen gelingt, dem menschlichen Schicksal zu entgehen, da er seinen Penis behält und gleichzeitig dessen Macht bewahrt. (Einer unserer perversen Patienten – und das entsprach sehr gut seinem ständigen Verhalten, seine Konflikte zu »umgehen« und »verschwinden« zu lassen – erzählte uns, seine Schwester habe ihm eines Tages, als er bereits erwachsen war, gesagt: »Du gehörst zu denen, die den Kuchen aufessen und behalten wollen.«)

In der »Ichspaltung« erscheint die Perversion wie eine Rebellion gegen das universale Gesetz des Ödipuskomplexes. Damit eröffnen sich Perspektiven auf Probleme wie das psychische Funktionieren des Perversen, die Form und Bedeutung seines Überichs, die Folgen der Leugnung des ödipalen Gesetzes in der Realitätsvorstellung. Etwas Licht fällt auch auf die Stellung und die Rolle der Illusion beim Perversen und seine Neigung, Götzenbilder zu schaffen, deren Prototyp der Fetisch ist.

In *Abriß der Psychoanalyse* (1938–1940) fügt Freud dieser seiner Beschreibung nicht viel hinzu. Was ihn vor allem interessiert, ist die Spaltung des Ichs als allgemeiner Mechanismus. In der Psychose löst sich ein großer Teil des Ichs von der Realität ab. Dennoch hält sich in »einem Winkel ihrer Seele« eine normale Person verborgen, ein Zeichen dafür, daß selbst bei den schwersten Psychosen ein Teil des Ichs in Kontakt mit der Realität bleibt. Beim Fetischisten manifestiert sich die Spaltung durch die lebenslängliche Koexistenz zweier widersprüchlicher Einstellungen zur Kastration. Der Unterschied zwischen der Ichspaltung beim Psychotiker und der, die den Perversen betrifft, scheint ein gradueller zu sein. Die Verleugnung wäre eine häufige infantile Vorgehensweise. In diesen Fällen »bildeten sich zwei psychische Vorstellungen statt einer einzigen, die eine, die der Realität Rechnung trägt, die normale, und die andere, die unter Triebeinfluß das Ich von der Realität ablöst. Die beiden bestehen nebeneinander.« (GW, Band 17, S. 133) Die Verleugnung bringt also eine Ichspaltung mit sich, verbunden mit der Existenz zweier entgegengesetzter Einstellungen zur Realität. »Der Ausgang hängt von ihrer relativen Stärke ab.« (*ibid.*, S. 133) Es ist interessant hervorzuheben, daß Freud seine Überlegungen zur Ichspaltung mit dem Vergleich der Ichspaltung bei den Neurosen schloß. Er sagt, daß in diesem Fall zwar eine der Einstellungen dem Ich angehöre, während die andere, die verdrängt ist, vom Es ausgehe. (Wir hatten weiter oben schon anläßlich der Schrift *Die endliche und die unendliche Analyse* [1937] die intrasystematische und die intersystematische Spaltung gegenübergestellt.) Aber Freud fügt hinzu, es sei nicht immer leicht zu entscheiden, mit welcher Form der Spaltung man es in jedem Einzelfall zu tun habe. Sie haben ein wichtiges Merkmal gemeinsam: ob das Ich einen Teil der Außenwelt verleugnen will oder ob es eine innere Triebforderung zurückweisen will, sein Erfolg ist niemals absolut.

Freud stellt die Psyche zwar unter das Zeichen der Teilung, zeigt aber, daß diese Teilung als solche es dem Menschen nicht erlaubt, Konflikt und Krankheit zu entgehen.

Am Ende dieses Überblicks über die Hauptmomente von Freuds Entwicklung der Perversionstheorie möchten wir eines feststellen: Wie unvollständig auch der Charakter jeder einzelnen seiner Denkphasen, die wir darzulegen versuchten, gewesen sein mag, sie sind sämtlich unerläßlich für das uns heute mögliche Verständnis der Perversionen.

Selbst wenn wir uns veranlaßt sahen, das Axiom »Die Neurose ist das Negativ der Perversion« und die Angleichung der Perversion an die infantile Sexualität zu kritisieren, gestatten uns seine Formulierungen doch, die Rolle der Prägenitalität und der Partialobjekte in der Perversion zu begreifen.

Selbst wenn Freud uns die Spezifität des Ödipuskomplexes des Perversen

im Vergleich zu der des Neurotikers ungenügend zu berücksichtigen schien, stellt die Einführung des Ödipuskomplexes in den Kern der perversen Problematik doch einen entscheidenden Schritt dar.
Die Untersuchung der Abwehrmechanismen in der Perversion ermöglichte uns, diese »kniffige Behandlung der Realität«, die der Perverse vornimmt, besser zu verstehen und in sein »listenreiches« Universum einzutreten.

Anmerkungen

Einleitung

1 Letztere These scheint ihren Ursprung in *Triebstruktur und Gesellschaft* von H. Marcuse zu haben (1955).
2 Die Sinnumkehrung der Freudschen Konzepte nimmt diesem Vorgehen übrigens viel von seiner Validität.
3 Es scheint, daß Marcuse hier die Vertreter der kulturalistischen Schule im Sinn hat.
4 Wir denken hier nicht nur an den Autor des Buches *Le Psychanalysme*, Robert Castel (1973), sondern auch an viele, die in seine Fußstapfen traten.
5 Tatsächlich ist das Paradox umso erstaunlicher, als viele Vertreter der »Rückkehr zu Freud« sich weigern, die Psychoanalyse als Therapie zu betrachten. Wenn die Psychoanalyse weder eine Wissenschaft vom Menschen noch eine Therapie ist, was ist sie dann?

Erstes Kapitel

Vorrede: Kritische Untersuchung des phallischen sexuellen Monismus

1 Hervorhebung von Freud. Er spricht hier allerdings von den Sexualtheorien des Knaben, da er »infolge der Ungunst äußerer wie innerer Verhältnisse« (GW, Band 7, S. 173) über die sexuelle Entwicklung des Mädchens weniger mitteilen könne.
2 Man kann jedoch anmerken, daß Freud im Hinblick auf den Augenblick der Objektwahl zögert.
Außerdem veranlassen ihn die Entdeckung des »narzißtischen Stadiums« (*Der Fall Schreber,* 1911, GW, Band 8, S. 296f.) und der Vorrang der homosexuellen vor der heterosexuellen Objektwahl, von der »erste(n) und ursprünglichste(n) Objektwahl, die sich dem Narzißmus des kleinen Kindes entsprechend auf dem Wege der Identifizierung vollzogen hatte«, zu sprechen. (Es handelt sich um die Identifizierung des Wolfsmannes mit seinem Vater, GW, Band 12, S. 51.)
Man kann sich fragen, ob diese Formulierung als Vorwegnahme des Begriffs der *primären Identifizierung* aufgefaßt werden könnte; in diesem Falle würde

man besser verstehen, warum Freud sie auf den *Vater* bezieht, ohne daß dies alle Hypotheken aufhebt, mit denen diese Hypothese belastet ist.

3 Siehe das vollständige Zitat im Anhang über Freuds Arbeiten zur Perversion.

4 Indem wir hier von »unbewußtem Wissen« sprechen, wollen wir nur darauf hinweisen, daß die verdrängten Vorstellungen in Verbindung mit dem genitalen Trieb – genitaler Penis, Vagina, Urszene – zahlreiche Abkömmlinge hervorbringen, zu intensiver symbolischer Aktivität Anlaß geben und einen nicht zu überschätzenden Platz im psychischen Leben des Kindes einnehmen.

5 Die Feindseligkeit gegen den Vater wird von Freud als entscheidend bei der Bildung des Symptoms durchaus hervorgehoben, aber als *Todeswunsch.* Es ist nie die Rede von dem Wunsch, den Vater zu kastrieren. Und als Freud in *Hemmung, Symptom und Angst* (1926) die Untersuchung des Kleinen Hans wieder aufnimmt, spricht er nur von der »mörderischen Regung des Ödipuskomplexes« (GW, Band 14, S. 131).

6 Man ist versucht, auf die »realistischen« Argumente Freuds mit nicht weniger »realistischen« Argumenten zu antworten.

7 Das führt zu dem Gedanken, es gebe in jedem Mann einen sozusagen normalen »paranoischen Kern« mit einer überaus verbreiteten Sexualisierung der »sozialen Instinkte«.

8 Freud gibt hier den Gedanken von der zweiten Zeit des Traumas auf, die nach der Pubertät kommt, ohne der ersten Szene jedoch ihre volle Wirkung zuzuerkennen. Uns scheint allerdings, daß er anläßlich des Geburtstraumas (in *Hemmung, Symptom und Angst,* 1926) zu der Auffassung von der vollen Wirkung des Traumas in der Unmittelbarkeit der Erfahrung (und nicht erst im nachhinein) gelangt.

9 Auffallend ist die Feststellung, daß zahlreiche zeitgenössische französische Analytiker den »Unterschied zwischen den Geschlechtern« als die schlichte und einfache Anerkennung der Penislosigkeit der Frau verstehen, als stelle die vermutete phallische Phase, die nur zwischen phallisch und kastriert unterscheidet (und nicht zwischen männlich und weiblich), die sexuelle Wahrheit dar (anders ausgedrückt, eine infantile Sexualtheorie – die einen Konflikt lösen soll – tritt an die Stelle der Realität).

10 Vollständiges Zitat siehe Anhang.

11 Erst nach einigem Zögern – denn wir sind nicht sicher, ob Freud in seinem Werk eine wirkliche Unterscheidung zwischen Instinkt und Trieb durchgeführt hat – sind wir Laplanche und Pontalis in der anderen Bedeutung gefolgt, die sie diesen beiden Begriffen geben (in *Das Vokabular der Psychoanalyse, op. cit.,* sowie in »Ordre vital et génèse de la sexualité« in *Vie et mort en psychanalyse,* 1970).

Diese Unterscheidung erscheint uns in der Tat heuristisch fruchtbar, auch wenn Freud für Thanatos – diesen »Instinkt der Instinkte«, wie Francis -

Pasche es so treffend ausgedrückt hat –, die Bezeichnung »Todestrieb« verwendet hat.

12 Die Leugnung der Vagina beruht allerdings nicht nur auf der Notwendigkeit, Balsam auf die narzißtische Wunde zu legen, die mit dem Gefühl der Unzulänglichkeit verbunden ist (ein Gefühl, das Karen Horney übrigens in *Die Angst vor der Frau,* 1932, dargelegt, wenn auch nicht mit der Leugnung der genitalen Fähigkeiten des Vaters und der Perversion in Verbindung gebracht hat).

Ohne detailliert auf alle Motive einzugehen, die zur Leugnung der Vagina führen können, wollen wir doch anmerken, daß das Körperinnere der Mutter unser Ursprungsort ist. Zuzugeben, daß die Frau ein Organ besitzt, welches Zugang zu dem Ort gewährt, aus dem wir entsprungen sind, heißt die Furcht wiederfinden, dort zu zerschmelzen und zu vergehen. Wenn der fötale Narzißmus als verlorenes Paradies phantasiert werden kann, so ist er doch auch Todessymbol.

Man hat oft die Krankheit Freuds und den Tod seiner Tochter und seines Enkels mit der Einführung des Todestriebs in Verbindung gebracht. Dabei scheint die Tatsache nicht beachtet worden zu sein, daß diese Todesfälle zeitgleich waren mit seinen großen Schriften über die Weiblichkeit. Und doch enthüllt die Lektüre von *Einige psychische Folgen des anatomischen Geschlechtsunterschieds* (1925), wie eng die Todesdrohung, die über dem Autor schwebt, mit seinen Ausführungen verbunden ist: »Früher einmal gehörte ich nicht zu denen, die eine vermeintliche Neuheit nicht eine Weile bei sich behalten können, bis sie BEkräftigung oder Berichtigung gefunden hat. Die ›Traumdeutung‹ und das ›Bruchstück einer Hysterieanalyse‹ (der Fall Dora) sind, wenn nicht durch neun Jahre nach dem Horazischen Rezept, so doch durch vier bis fünf Jahre von mir unterdrückt worden, ehe ich sie der Öffentlichkeit preisgab. Aber damals dehnte sich die Zeit unabsehbar vor mir als – *oceans of time,* wie ein liebenswürdiger Dichter sagt – und das Material strömte mir so reichlich zu, daß ich mich der Erfahrungen kaum erwehren konnte ... Das ist nun alles anders geworden. Die Zeit vor mir ist begrenzt ... Wenn ich etwas Neues zu sehen glaube, bleibt es mir unsicher, ob ich die Bestätigung abwarten kann.« (GW, Band 14, S. 20)

Zweites Kapitel

Der Perverse und das Ichideal

1 Das vorliegende Kapitel nimmt einige Thesen wieder auf, die schon in *Das Ichideal, Psychoanalytischer Essay über die »Krankheit der Idealität«,* Frankfurt 1987, dargelegt wurden.

2 Ein Wunsch, der von Ferenczi in *Thalassa* (1924) als zentral betrachtet wird.

3 Wir sehen das Ichideal als vor allem mit dem Narzißmus verbunden an, ohne die Aktivität der Zensur zu berücksichtigen, die das Ich an seinem Ideal mißt. Insgesamt befinden wir uns dabei in einer Kontinuität mit den ersten Formulierungen Freuds über die Idealisierung der Objekte und der Triebe in der Perversion.
4 »quantité négligeable«: im englischen Original französisch.
5 Wir hatten diese Untersuchung in einem kurzen Artikel mit dem Titel »Note clinique sur les rêves d'examen« (1967) unternommen. Hier führen wir unsere Hypothesen weiter aus und vertiefen sie.

Drittes Kapitel

Das verkleidete Ich

1 In »Aggression and Sado-Masochism«.
2 In »Sublimation, Substitution and Social Anxiety«.
3 Unsere Übersetzung.
4 Unsere Übersetzung.
5 Unsere Übersetzung.

Viertes Kapitel

Idealisierung, Sublimierung

1 Unsere Übersetzung.
2 In *La Sublimation – les Sentiers de la création* (1979).
3 Der Leser, der uns bis hierher gefolgt ist, wird verstanden haben, daß das phallisch genannte Stadium für uns in Wirklichkeit das Stadium ist, in dem der genitale Wunsch beim Knaben besteht, ohne daß er aber physiologisch in der Lage ist, ihn zu befriedigen.
4 Wir möchten dieses Kapitel mit einem Zitat von Proust beenden (angeführt von D. Anzieu in *Vers une métapsychologie de la création*, 1977). Der unserer Meinung nach größte französische Schriftsteller des zwanzigsten Jahrhunderts war ein Perverser (nicht so sehr wegen seiner Homosexualität – die Verbindungen zwischen Perversion und Homosexualität scheinen uns nicht immer auf der Hand zu liegen –, sondern aufgrund gewisser Praktiken wie etwa der, im Augenblick des Genusses Ratten mit einer Nadel zu durchbohren, was zweifellos dem perversen Register angehört). Diese Passage legt eine Auffassung von authentischer Schöpfung dar, die mit unserer übereinstimmt. Sie zwingt uns, die mögliche Koexistenz – die wir bereits vermutet hatten – von mehreren »Sektoren« innerhalb derselben Persönlichkeit ins Auge zu fassen, von denen einer dem Prinzip der direkten Abfuhr der prägenitalen Triebe gehorcht, während der andere diese zugunsten sublimierter Aktivitä-

ten ablenkt: »Um in den Lüften zu promenieren, ist es nicht notwendig, das stärkste Automobil zu haben, wohl aber ein Automobil, das nicht auf dem Boden weiterfährt, sondern die Linie, auf der es sich bewegte, in einer Vertikale schneidet und in der Lage ist, seine horizontale Geschwindigkeit in Steigkraft umzuwandeln. Ebenso sind diejenigen, die geniale Werke hervorbringen, nicht jene, die im delikatesten Milieu leben, die brillanteste Konversation führen und die umfassendste Bildung haben, sondern jene, die, nachdem sie plötzlich aufgehört hatten, für sich selbst zu leben, die Macht hatten, ihre Persönlichkeit gleichsam zu einem Spiegel zu machen, so daß ihr Leben, so mittelmäßig es übrigens vom mondänen und in einem gewissen Sinne sogar vom intellektuellen Standpunkt aus sein mochte, sich darin spiegelt, wobei das Genie in der Spiegelungsfähigkeit besteht und nicht in der inneren Qualität des gespiegelten Vorgangs. An dem Tag, an dem der junge Bergotte der Welt seiner Leser den in schlechtem Geschmack eingerichteten Salon zeigen konnte, in dem er seine Kindheit verbracht hatte, und die nicht sehr drolligen Unterhaltungen, die er dort mit seinen Brüdern geführt hatte, an jenem Tag stieg er höher auf als die geistreicheren und vornehmeren Freunde seiner Familie: Diese konnten in ihren schönen Rolls-Royces nach Hause zurückkehren und dabei ein wenig Verachtung für Bergottes Gewöhnlichkeit bezeugen: er jedoch in seiner bescheidenen Maschine, die endlich ›abgehoben‹ hatte, er flog über sie hinweg.«

Fünftes Kapitel

Das analsadistische Universum und die Perversion

1 Vgl. Ferenczi, »Entwicklungsstufen des Wirklichkeitssinnes« (1913) und »Zur Ontogenese der Symbole« (1913) in *op. cit.,* Band 1.

2 Alle Hervorhebungen in den zitierten Texten stammen von uns.

3 Freud in *Über Triebumsetzungen, insbesondere der Analerotik* (1917), GW, Band 10, S. 401.

4 Sic.

5 In *La vie du Marquis de Sade* in *Œuvres complètes, op. cit.,* Band 2, 1966, S. 251.

6 Dies wurde von Robert Stoller wahrgenommen, dessen Buch *Perversion* den Untertitel trägt »The erotic form of hatred« (Erotische Form des Hasses) (1975; auf französisch erschienen 1978, Payot, Paris). Die Thesen dieses Autors decken sich allerdings nicht mit den unseren.

Sechstes Kapitel

Hybris, Gesetz, Perversion

1 Freud: *Zwangshandlungen und Religionsübungen,* 1907, GW, Band 7, S. 127.

2 Vgl. »Études Carmélitaines«, *Satan,* 1948, sowie Luisa de Urtubey, *Le diable dans la psychanalyse,* 1980.

3 »Prohibitions against simultaneous consumption of milk and flesh in orthodox Jewish law«

4 Erschienen in *Imago* (13–325) unter dem Titel »Das Jüdische Speiseritual«.

5 Ins Englische übersetzt 1944: *Halachah and Aggadah* (»Das Gesetz und die Legenden«) von Sir L. Simon, London, Zionist Federation.

6 *Histoire des croyances et des idées religieuses,* Band 1, 1979, S. 274.

7 D. h. der Natur.

8 Es handelt sich um die Rückkehr zum Magma.

9 Der Begriff »Umwandlung« oder »Verwandlung« (der Realität) in bezug auf den Perversen fiel uns spontan ein, ohne daß wir den Gebrauch bemerkt hatten, den Sade davon machte. Tatsächlich wurde er von uns mit der Alchimie assoziiert, von der wir sehen werden, daß sie mit unserem Thema zu tun hat.

10 Es erscheint uns nicht gleichgültig, daß das Tier ein Bastardgeschöpf ist, eine Chimäre.

11 »Nizzabim VIII« – 5, zitiert von E. Fackenheim, *La Présence de Dieu dans l'histoire,* 1980, S. 162.

12 In *Méphistophélès et l'androgyne.*

13 Selbst wenn das Ziel aus den Augen verloren werden kann.

14 Im *Talmud* heißt es: »Die Gerechten ... werden sich der Gegenwart der Göttlichen Majestät erfreuen.« (Rabbi Natan in Pirké Avot, zitiert von B. Grunberger in »Le Suicide du mélancolique«, 1966, S. 304, in *Le Narcissisme,* 1975.)

Siebtes Kapitel

Drei luziferische Charaktere

1 Francis Pasche (1963) nimmt in »Note sur la structure et l'étiologie de l'homosexualité masculine« in *A partir des Freud* (1969) die Gestalt des Vautrin bei Balzac als Beispiel für einen homosexuellen Demiurgen: »Man hat den Eindruck, es gehe Vautrin darum, das göttliche Werk, das heißt die Schöpfung des Vaters, zu korrigieren, umzubilden, umzukehren, zu parodieren und schließlich zu zerstören.« (*op. cit.,* S. 210) Dieses Verhalten wird auf den Wunsch nach der analen Geburt und nach der Verformung und »Auflösung« eines Stuhlgangs zurückgeführt.

2 In *Children and Parents,* 1975.

3 In *Zeichnungen von Hans Bellmer,* mit einem einführenden Essay von Constantin Jelenski, Berlin 1969.

4 Hans Bellmer in *Hans Bellmer – Obliques,* Februar 1976, Sondernummer.

5 Vgl. die »Schmelztiegel« bei Sade.

6 Bei erneuter Lektüre von *Le Retour de Dionysos* (1969) sehen wir, daß J. Brun darin Auffassungen äußert, die den von uns hier dargelegten ähnlich sind, insbesondere in bezug auf das »Ungeheuer«, geboren aus dem »Wunsch nach Wanderung, beruhend auf der Überschreitung der spezifischen Grenzen«. Er zitiert darin das Werk von Hans Bellmer.

7 Im Text fettgedruckt.

8 Jacques Lacan war von diesem Satz begeistert. Es scheint, daß er dessen sadistischen und perversen Charakter in keiner Weise erfaßt hat (oder nicht erfassen wollte). »Das Wort Hund bellt nicht«, sagte Spinoza.

9 Dieser Bruch mit der Ahnenreihe ist bei unseren beiden anderen »luziferischen« Gestalten offenkundig. So sagt Sueton von Caligula: »Caligula wollte wegen Agrippas niederer Abkunft nicht als dessen Enkel angesehen oder bezeichnet werden; und er wurde wütend, wenn man jenen in einer Rede oder einem Gedicht unter den Vorfahren der Kaiser aufzählte. Statt dessen behauptete er, seine Mutter sei aus einem Inzest Augustus' mit seiner Tochter Iulia hervorgegangen.« (S. 177 in *op. cit.*) Was Bellmer angeht, so soll sein Vater ein glühender Nazi gewesen sein, und Jelenski erzählt (in *op. cit.*), es sei Bellmer eine Mystifikation gelungen, die beweisen sollte, daß eine seiner Großmütter jüdischer Abstammung war. A. Pieyre de Mandiargues (in *op. cit.,* S. 17) erwähnt die Geschicklichkeit des Künstlers bei der Herstellung falscher Ausweise. Eine Aktivität übrigens, die unter der Besetzung zu den lobenswertesten und nützlichsten gehörte.

10 In »Le Sexe et son double«, in *Obliques,* 1975, *op. cit.,* S. 27.

Achtes Kapitel

Überlegungen zum Fetischismus und zum Realitätsverlust in der Perversion

1 In anderen Übersetzungen: Wie eine massive Säule ...

2 In *Gesammelte Schriften,* 1969, *op. cit.*

3 Das bezieht sich unserer Meinung nach auf den Auszug aus dem Text über *Die Verdrängung* (1915), in dem Freud über die Genese des Fetischs sagt, die ursprüngliche Triebrepräsentanz sei »in zwei Stücke zerlegt worden, von denen das eine der Verdrängung verfiel, während der Rest, gerade wegen dieser innigen Verknüpftheit, das Schicksal der Idealisierung erfuhr« (GW, Band 10, S. 253).

4 Wir konnten von der Beobachtung eines Kindes von viereinhalb Jahren erfahren, das im Alter von dreieinhalb Jahren zur Konsultation ins Centre de Guidance Infantile in Charleroi gebracht wurde (Dr. Brigitte Van der Eynde-Kevers), und zwar wegen motorischer Instabilität und Enkopresis. Das Kind war durch die Trennung von seiner Erziehungsperson zum Fetischisten geworden. Der Fetischismus hatte sich bei der Schwangerschaft seiner Therapeutin entwickelt.

5 In *Casanova* von Federico Fellini (1976).

6 *Animismus, Magie und Allmacht der Gedanken«,* GW, Band 9, S. 104.

7 Diese Worte sind weder im französischen noch im deutschen Text der Gesammelten Werke hervorgehoben. Im englischen Text sind sie hervorgehoben (*Standard Edition* 13, S. 84). Es erschien uns interessant, so den Akzent auf die Verschiebung von den Zielen auf die Mittel zu legen, d. h. auf die magische Technik.

8 »Theorie des Denkens« (1962) in *Second Thoughts.*

9 In *Reparation to the self as an idolized internal object: A contribution to the theory of perversion formation* (1968; Wiederherstellung des Selbst als idolisiertes inneres Objekt: Ein Beitrag zur Theorie der Perversionsbildung).

10 Freud, *Die Traumdeutung,* 1900, GW, Band 2/3, S. 571.

11 In «Entwicklungsstufen des Wirklichkeitssinnes« (1913) in *Bausteine zur Psychoanalyse,* Frankfurt, Berlin, Wien 1984.

12 Es scheint, daß der so aufgefaßte perverse Akt die Tatsache erklären kann, daß jede Herstellung einer Situation, die geeignet ist, dank einer auf »Erhebung« zielenden Technik eine Veränderung herbeizuführen (Erziehungssituation, Feier eines Gottesdienstes, von dem angenommen wird, er führe eine Transsubstantiation herbei etc.), leicht umgekehrt werden kann und die Veränderung zur Regression wird, zum Prozeß der Umkehrung nach rückwärts in Richtung auf das Undifferenzierte.

13 In *Metapsychologische Ergänzung zur Traumlehre* (1917), GW, Band 10.

14 In J. McDougall, *Plaidoyer pour une certaine anormalité.*

15 Daß die Wahrheit am Ende auch um den Preis der Vernichtung des Subjekts triumphieren muß, ist nicht an irgendeine transzendente ethische Regel gebunden, sondern vielmehr an den ökonomischen Blickwinkel, der zu einem Teil die Psyche regiert: Was aus der eigentlichen Person Dorians vertrieben wurde (seinem augenscheinlichen Ich), kehrt im Porträt wieder, dem Vorgang der Halluzination entsprechend. Die *aufgehobene* sadistische Analität kommt von außen wieder zurück.

16 In *Der Realitätsverlust bei Neurose und Psychose* (1924).

17 Wir sprechen insofern nicht von «Prägenitalität«, als dieser Begriff, dessen Verwendung in der Psychoanalyse festen Regeln folgt, den Zeitbezug beinhaltet, bei dem die Beendigung der Entwicklung implizit an die Herstellung des

genitalen Primats gebunden ist. Dieser Primat als Zugang zu einer »vollständigen Form der Sexualität« wird vom Perversen verleugnet.

18 Vgl. *Über Triebumsetzungen, insbesondere der Analerotik«* (1917), GW, Band 10.

19 Die Idealisierung, die der Genitalität den Affekt entzieht (Erhöhung, Aufwertung, Überschätzung) und ihn auf die Analität überträgt, entspricht einem Besetzungsrückzug, der ohne Ichspaltung von einem totalen Bedeutungsrückzug begleitet wäre (das, wozu die Verleugnung tendiert).

20 Wir haben uns hier von dem Schema inspirieren lassen, das in der sehr interessanten Arbeit von R. Dorey, *Problématique de la perversion masculine,* enthalten ist. Der Inhalt unseres Schemas unterscheidet sich jedoch von dem bei Dorey.

Resümee

1 In *The Literary Works of Leonardo da Vinci,* aus den Originalmanuskripten zusammengestellt und herausgegeben von Jean Paul Richter, 2 Bde., London 1883. (Zweite, erweiterte und von Irma Richter durchgesehene Auflage, Oxford 1939.)

2 Unsere Übersetzung.

3 Bob Fosse, *Cabaret* (1972): Ingmar Bergman, *Das Schlangenei* (1977); Luchino Visconti, *Die Verdammten* (1969).

4 Die erste französische Übersetzung erschien unter dem Titel *Les Possédés* (Die Besessenen).

5 Es handelt sich um die Gruppe von Netschajew, »Rache des Volkes«. Die filmischen Informationen wurden uns freundlicherweise von M. A. del Fabro mitgeteilt, Programmgestalter und Dokumentarist der Cinémathèque Française.

6 In *Formulierungen über die zwei Prinzipien des psychischen Geschehens* (1911), GW, Band 8, S. 237.

Anhang

Freuds Arbeiten über die Perversion: Einige Anhaltspunkte

1 Uns scheint, daß »provoquera« der richtige Ausdruck wäre.

2 Es ist die Funktion als Sachverständige vor den Gerichten, die die Ärzte veranlaßt hat, sich für die Perversionen zu interessieren. Ihre Rolle bestand keineswegs darin, ein Urteil über den psychischen Zustand des Angeklagten abzugeben, sondern darin, die Arglist des Opfers einzuschätzen (beispielsweise bei einem Fall von Vergewaltigung). Es hätte also eine Art von Interes-

senverschiebung auf seiten der Experten gegeben, die sich bemühten, nicht mehr das Opfer, sondern den Angeklagten klinisch zu untersuchen (S. 16f.).

3 Wenn Freud in diesem Werk von »Neurose« spricht, schließt er die Paranoia (beispielsweise in Fußnote 1 auf Seite 65) und sogar die Gesamtheit der Psychoneurosen ein, wie die Hinzufügung von 1915 zeigt, in der Dementia praecox und Paranoia erwähnt werden.

4 Tatsächlich fehlt der Begriff »Ödipuskomplex« im Text des Werkes. Als Freud in der Ausgabe von 1905 von der »Inzestschranke« spricht (S. 126–28), schreibt er in einer Fußnote: »Vergleiche die Ausführungen über das unvermeidliche Verhängnis in der Ödipusfabel« (*Traumdeutung,* 8. Auflage, S. 181, Bd. 2/3 der G. W.). Die bekannte Fußnote über den Ödipuskomplex, den Kernkomplex der Neurosen, erscheint erst 1920. Hier ist es mit dem Ödipuskomplex wie zuvor mit dem Niedergang der Verführungstheorie – als ob es eine gewisse chronologische Abstufung zwischen den Entdeckungen Freuds und ihrer dauerhaften Aufnahme in seine theoretischen Schriften gäbe. (Man weiß, daß der Begriff »Ödipuskomplex« zum ersten Mal 1910 in »Über einen besonderen Typus der Objektwahl beim Manne« erscheint. Aus einem unbekannten Grund ist der Begriff »Komplex« aus der französischen Ausgabe getilgt.)

5 Der Gedanke Freuds ist hier, daß sich aus der Analogie zwischen den Neurotikern und den Perversen oder zwischen den Hysterikern und den Perversen die Tatsache ergeben würde, daß »wir alle ein wenig pervers« sind. Dies führt uns zu einer generalisierten Theorie der Perversion.

6 In der Einleitung sprachen wir von der allgemeinen Existenz eines perversen Kerns, der unter bestimmten Bedingungen «aktiviert« werden kann. Doch gerade die Vereinigung gewisser Faktoren ist notwendig. Genau diese Notwendigkeit weist darauf hin, daß das Bestehen dieses Kern bei bestimmten Organisationen latent bleibt und daß er eine Verstärkung finden muß, damit er die sonst unüberwindlichen Hindernisse übersteigen kann.

7 Freud bleibt allerdings recht unsicher hinsichtlich ihrer wirklich erotischen Natur. Es könnte sich um eine »aggressive« Phantasie handeln.

8 Wir haben hier nicht die Absicht, den Sadismus und den Masochismus zu untersuchen, soweit sie (von 1920 an) in der neuen Triebtheorie die gleiche Ausdehnung erhalten. Allgemein werden wir in der gesamten vorliegenden Arbeit die Hypothese eines Todestriebes nicht berücksichtigen, und zwar im wesentlichen aus heuristischen Gründen.

9 Hervorhebung von Freud. (Vgl. den in einen Samtpantoffel gekleideten und wie ein Kultobjekt auf ein Kissen gebetteten Fuß in einem zuvor angeführten Beispiel in *Vorlesungen zur Einführung in die Psychoanalyse,* 1917.)

10 Es handelt sich um ein Zitat aus Goethes *Faust.*

11 *Sigmund Freud – C. G. Jung – Briefwechsel,* Frankfurt am Main 1974.

12 In »Der Untergang des Ödipuskomplexes« (1924) werden die beiden Zeiten deutlicher bestätigt. Das Kind glaubt zunächst nicht an die Drohung, deren Objekt es ist. Der Anblick der weiblichen Genitalien, die einen Penis vermissen lassen, verleiht der Drohung erst *nachträglich* ihre ganze Tragweite und löst den Untergang des Ödipuskompexes aus (GW, Band 13, S. 397f.).

13 Jüngere ästhetische Forschungen schreiben der Tatsache, daß sie nicht vollendet wurden, einen anderen Sinn zu.

14 Von seiner »ägyptischen Diskussion« an, die wir nicht behandeln, spricht er von einem »mütterlichen Geier«.

15 Selbst wenn man im Puppenspiel Hinweise auf die ödipale Bindung an den Vater und den Wunsch erkennt, ein Kind von ihm zu haben, kann die Bedeutung der Bindung an die Mutter, die sich hier ausdrückt, nicht überschätzt werden. Sie findet ihre spätere Erfüllung in der Mutterschaft.

16 Die an der Frau vollzogene »Kastration«, verbunden mit dem Fehlen der von der Mutter gespielten Rolle des Erregungsschutzes und schließlich der Abwesenheit des Vaters, der seine Rolle als Inzestschranke nicht gesichert hat.

17 Wenn wir uns nicht irren, hat Michel Fain in einer mündlichen Mitteilung angenommen, der so der Mutter zugeschriebene Penis stelle eine Abwehr gegen eine globale Erregungsüberflutung dar. Der Penis wäre dann nach Art des Objekts einer Phobie zustandegekommen, lokalisiert und folglich geeignet, vermieden zu werden (nach unserer Meinung: kastriert zu werden).

18 Man bemerkt hier, daß zu dieser Zeit Freuds dominierende Sorge die Einordnung der psychischen Störungen in eine Gruppe ist, die der Abwehr-Neuropsychosen, um sie den Aktualneurosen gegenüberzustellen: dennoch wird der Unterschied zwischen Psychose und Neurose von ihm als erworben angesehen. So spricht er in seiner Schrift von 1894 von einer »Abwehrpsychose«, die er von der Neurose unterscheidet: »Dafür ist es nichts seltenes, daß eine Abwehrpsychose den Verlauf einer hysterischen oder gemischten Neurose episodisch durchbricht« (GW, Band 1, S. 74). Diese Unterscheidung wird in den *Drei Abhandlungen* eher verwischt, tritt aber später wieder in Kraft.

19 Wir bemerken, daß dieser Gedanke dem nahekommt, den James Strachey in seiner editorischen Bemerkung (1964, S. 274) zu dem Artikel »Die Ichspaltung« macht. Diese Arbeit muß seiner Meinung nach mit dem Interesse Freuds an den Ichveränderungen in Verbindung gebracht werden, die zuvor besonders in »Die endliche und die unendliche Analyse« behandelt wurden.

Bibliographie

Abraham, K., Bemerkungen zur Psychoanalyse eines Falles von Fuß- und Korsettfetischismus, *Jahrbuch der Psychoanalyse 3,* 1910, S. 557–567.

Abraham, K., Zur narzißtischen Bewertung der Exkretionsvorgänge in Traum und Neurose, *Internationale Zeitschrift für Psychoanalyse* 6, 1920, S. 64–67.

Alexandrian, S., *Hans Bellmer,* Paris 1971, Filipacchi.

Andersen, H. C., *Andersens Märchen,* Frankfurt a. M. 1981, Insel.

Anzieu, D. (1959), *L'auto-analyse de Freud,* 2 Bde., Paris 1975, Presses Universitaires de France.

Anzieu, D. et al., Vers une métapsychologie de la création in *Psychoanalyse du génie créateur,* Paris, Brüssel, Montreal 1977, Dunod.

Aulagnier, P., La perversion comme structure, *L'inconscient 2,* 1967, S. 11–42.

Bailly, A. (1894), *Dictionnaire Bailly, Dictionnaire Grec-Français,* Paris 1950, Hachette.

Bak, R., Fetishism, *Journal of the American Psychoanalytic Association I,* 1953, S. 285–298.

Bak, R., The phallic woman: The ubiquitous fantasy in perversions in *The Psychoanalytic Study of the Child 23,* London 1968, The Hogarth Press, S. 15–36.

Balint, M., A contribution on fetishism, *The International Journal of Psycho-Analysis 16,* 1935, S. 481–483.

Bellmer, H. (undatiert), Deux lettres d'amour in *Obliques,* Paris 1975, Borderie, S. 136–138.

Bellmer, H. (1934), La poupée, in *Obliques,* op. cit., S. 58–65.

Bellmer, H. (1957), Kleine Anatomie des körperlichen Unbewußten oder die Anatomie des Bildes. Petite anatomie de l'inconscient physique ou l'anatomie de l'image, (Extraits) in *Obliques* op. cit., S. 115–125.

Bellmer, H. (1965), Post-scriptum à Oracles et spectacles d'Unica Zürn in *Obliques,* op. cit., S. 109–110.

Bialik, H., Halachah and Aggadah, Zionist Federation, London 1916.

Bible (La), Edition bilingue sous la direction du Grand Rabbin Zadoc Khan, Paris 1967, Librairie Colbo.

Bible de Jerusalem (La), Paris 1961, Editions du Cerf.

Bion, W. (1962), A theory of thinking in *Second Thoughts,* New York 1967, Aronson, S. 110–119.

Blum, H. (1974), The borderline childhood of the Wolf-Man, *Journal of American Psychoanalytic Association* 22, 1974, S. 721–742.

Brun, J. (1969), *Le retour de Dionysos,* Paris 1976, Les Bergers et les Mages.

Brun, J. (1975), Désir et réalité dans l'œuvre de Hans Bellmer, in *Obliques* (op. cit.) 7–12.

Camus, A. (1945), *Caligula* suivi de *Le Malentendu,* Paris 1958, Gallimard, S. 15–150.

Camus, A., *Albert Camus. Théâtre, récits, nouvelles.* Textes établis et annotés par R. Quillot, Paris 1967, Gallimard (deutsch: Dramen, Reinbek 1982, Rowohlt).

Castel, R., *Le psychanalysme,* Paris 1973, Maspéro

Celine, L. F., *Voyage au bout de la nuit,* Paris 1932, Gallimard (deutsch: Reise ans Ende der Nacht, Reinbek, Rowohlt).

Chasseguet-Smirgel, J. (1965), *L'imago de la mère phallique* (unveröffentlicht).

Chasseguet-Smirgel, J. (1967), Note clinique sur les rêves d'examen in *Pour une psychanalyse de l'art et de la créativité,* Paris 1971, Payot, 2. Auflage 1977, S. 177–182.

Chasseguet-Smirgel, J. (1968), Le rossignol de l'Empereur de Chine, Essai psychanalytique sur le »faux« in *Pour une psychanalyse de l'art et de la créativité,* op. cit., S. 183–215.

Chasseguet-Smirgel, J. (1973), *L'Idéal du Moi,* essai psychanalytique sur la maladie d'idéalite (épuisé) (deutsch: Das Ichideal, Frankfurt a. M. 1981, Suhrkamp).

Deleuze, G. und Guattari, F. (1972), *L'anti-Œdipe,* Paris 1972, Editions de Minuit (deutsch: Anti-Ödipus, *Kapitalismus und Schizophrenie,* Frankfurt a. M. 1974, Suhrkamp).

Deutsch, A. (Großrabbiner), *Manuel d'instruction religieuse israélite.* Paris 1976, Fondation Séfer.

Dorey, R. (1979), *La problématique de la perversion masculine. Essai psychanalytique sur la perte d'objet.* Unveröffentlichte Dissertation, unter der Leitung von D. Anzieu.

Dostojewski, F. M. (1873), Die Dämonen, München, Zürich 1977/1980, Piper.

Dubal, R., *La psychanalyse du diable.* Paris 1953, Correa.

Etchgoyen, H. R., A note on ideology and psychoanalytic technique, *The International Journal of Psycho-Analysis 54,* 1973, S. 485–486.

Etchegoyen, H. R., Some thoughts on transference perversion, *The International Journal of Psycho-Analysis 59,* 1978, S. 45–53.

Eliade, M. (1956), *Forgerons et alchimistes,* Paris 1977, Flammarion (deutsch: *Schmiede und Alchemisten,* Stuttgart 1960, Klett).

Eliade, M. (1962), Essais parus en 1958, 1959, 1960, 1961 réunis en français sous le titre: *Méphistophélès et l'androgyne,* Paris, Gallimard.

Eliade, M. (1975), *Histoire des croyances et des idées religieuses 1,* Paris 1979, Payot.

Eliade, M. (1978), *Histoire des croyances et des idées religieuses 2,* Paris 1980, Payot (deutsch: *Geschichte der religiösen Ideen,* Freiburg i. Br. 1981, Herder).

Fackenheim, E., *La présence de Dieu dans l'histoire*. Affirmations juives et réflexions philosophiques après Auschwitz, Paris 1980, Verdier.
Fenichel, O., *The psychoanalytic theory of neurosis*, New York 1945, Norton (deutsch: *Psychoanalytische Neurosenlehre*, Olten u. Freiburg 1974–, Walter).
Ferenczi, S. (1913), Entwicklungsstufen des Wirklichkeitssinnes, in *Bausteine zur Psychoanalyse 1*, Leipzig, Wien, Zürich 1927, Inernationaler Psychoanalytischer Verlag.
Ferenczi, S. (1913), Zur Ontogenese der Symbole, in *Bausteine zur Psychoanalyse I* (op. cit.), S. 101–105.
Ferenczi, S. (1914), Zur Ontogenie des Geldinteresses, in *Bausteine zur Psychoanalyse I* (op. cit.), S. 109–119.
Ferenczi, S., Versuch einer Genitaltheorie, Leipzig, Wien, Zürich 1924, Internationaler Psychoanalytischer Verlag.
Frere, J. C., *Les sociétés du mal ou le diable hier et aujourd'hui*, Paris 1972, Grasset.
Freud, E., Freud, L., Grubrich-Simitis, I. und Eissler, K. (Hrsg.), *Sigmund Freud, sein Leben in Bildern und Texten*. Frankfurt a. M. 1976, Suhrkamp.
Freud, S., *Gesammelte Werke* (G. W.) [die hier zitierte Ausgabe], Bände 1–17, London 1940–1952, Imago Publishing Co. und Frankfurt 1960, S. Fischer Verlag.
Breuer, J. und Freud, S. (1893–1895), Studien über Hysterie, in *G. W. 1*, S. 77–312.
Freud, S. (1894), Die Abwehrneuropsychosen, in *G. W. 1*, S. 59–74.
Freud, S. (1896), L'hérédité et l'étiologie des névroses, *Revue de Neurologie 4*, S. 161–169; in *G. W. 1*, 407–422 (französisch).
Freud, S. (1896), Weitere Bemerkungen über die Abwehrneuropsychosen, in *G. W. 1*, S. 379–403.
Freud, S. (1896), Zur Aetiologie der Hysterie, in *G. W. 1*, S. 425–459.
Freud, S. (1898), Die Sexualität in der Aetiologie der Neurosen, in *G. W. 1*, S. 491–516.
Freud, S. (1900), Die Traumdeutung, in *G. W. 2/3*.
Freud, S. (1901), Zur Psychopathologie des Alltagslebens in *G. W. 4*.
Freud, S. (1905), Bruchstück einer Hysterie-Analyse, in *G. W. 5*, S. 163–286.
Freud, S. (1905), Drei Abhandlungen zur Sexualtheorie, in *G. W. 5*, S. 29–145.
Freud, S. (1905), Der Witz und seine Beziehung zum Unbewußten, in *G. W. 6*.
Freud, S. (1907), Der Wahn und die Träume in W. Jensens »Gradiva«, in *G. W. 7*, S. 31–129.
Freud, S. (1907), Zwangshandlungen und Religionsübungen, in *G. W. 7*, S. 129–139.
Freud, S. (1908), Der Dichter und das Phantasieren, in *G. W. 7*, S. 213–223.
Freud, S. (1908), Hysterische Phantasien und ihre Beziehung zur Bisexualität, in *G. W. 7*, S. 191–199.
Freud, S. (1908), Charakter und Analerotik, in *G. W. 7*, S. 203–209.

Freud, S. (1908), Die »kulturelle« Sexualmoral und die Moderne Nervosität, in *G. W. 7*, S. 143–167.
Freud, S. (1908), Über infantile Sexualtheorien, in *G. W. 7*, S. 171–188.
Freud, S. (1909), Der Familienroman der Neurotiker, in *G. W. 7*, S. 227–231.
Freud, S. (1909), Analyse der Phobie eines fünfjährigen Knaben, in *G. W. 7*, S. 243–377.
Freud, S. (1909), Bemerkungen über einen Fall von Zwangsneurose, in *G. W. 7*, S. 381–463.
Freud, S. (1910), Eine Kindheitserinnerung des Leonardo da Vinci, in *G. W. 8*, S. 127–212.
Freud, S. (1910), Beiträge zur Psychologie des Liebeslebens. I, Über einen besonderen Typus der Objektwahl beim Manne, in *G. W. 8*, S. 66–77.
Freud, S. (1910), Die psychogene Sehstörung in psychoanalytischer Auffassung, in *G. W. 8*, S. 94–102.
Freud, S. (1911), Psychoanalytische Bemerkungen über einen autobiographisch beschriebenen Fall von Paranoia (Dementia paranoïdes), in *G. W. 8*, S. 240–316.
Freud, S. (1911), Formulierungen über die zwei Prinzipien des psychischen Geschehens, in *G. W. 8*, S. 230–238.
Freud, S. (1912), Ratschläge für den Arzt bei der psychoanalytischen Behandlung, in *G. W. 8*, S. 375–389.
Freud, S. (1912–1913), Totem und Tabu, in *G. W. 9*, S. 1–205.
Freud, S. (1913), Die Disposition zur Zwangsneurose. Ein Beitrag zum Problem der Neurosenwahl, in *G. W. 8*, S. 442–452.
Freud, S. (1914), Zur Geschichte der psychoanalytischen Bewegung, in *G. W. 10*, S. 44–113.
Freud, S. (1914), Zur Einführung des Narzißmus, in *G. W. 10*, S. 138–170.
Freud, S. (1915), Triebe und Triebschicksale, in *G. W. 10*, S. 210–232.
Freud, S. (1915), Die Verdrängung, in *G. W. 10*, S. 248–261.
Freud, S. (1917), Metapsychologische Ergänzung zur Traumlehre, in *G. W. 10*, S. 412–426.
Freud, S. (1915–1917), Vorlesungen zur Einführung in die Psychoanalyse, in *G. W. 11*.
Freud, S. (1917), Über Triebumsetzungen, insbesondere der Analerotik, in *G. W. 10*, S. 402–410.
Freud, S. (1916), Aus der Geschichte einer infantilen Neurose, in *G. W. 12*, S. 29–157.
Freud, S. (1919), »Ein Kind wird geschlagen«. Beitrag zur Kenntnis der Entstehung sexueller Perversionen, in *G. W. 12*, S. 197–226.
Freud, S. (1919), Das Unheimliche, in *G. W. 12*, S. 229–268.
Freud, S. (1920), Jenseits des Lustprinzips, in *G. W. 13*, S. 3–69.
Freud, S. (1920), Über die Psychogenese eines Falles von weiblicher Homosexualität, in *G. W. 12*, S. 271–302.

Freud, S. (1921), Massenpsychologie und Ich-analyse, in *G. W. 13,* S. 71–161.
Freud, S. (1922), Über einige neurotische Mechanismen bei Eifersucht, Paranoia und Homosexualität, in *G. W. 13,* S. 195–207.
Freud, S. (1923), Das Ich und das Es, in *G. W. 13,* S. 237–289.
Freud, S. (1923), Die infantile Genitalorganisation (Eine Einschaltung in die Sexualtheorie), in *G. W. 13,* S. 291–298.
Freud, S. (1924), Neurose und Psychose, in *G. W. 13,* S. 387–391.
Freud, S. (1924), Das ökonomische Problem des Masochismus, in *G. W. 13,* S. 371–383.
Freud, S. (1924), Der Untergang des Ödipuskomplexes, in *G. W. 13,* S. 395–402.
Freud, S. (1924), Der Realitätsverlust bei Neurose und Psychose, in *G. W. 13,* S. 363–368.
Freud, S. (1925), Die Verneinung, in *G. W. 14,* S. 11–15.
Freud, S. (1925), Einige psychische Folgen des anatomischen Geschlechtsunterschieds, in *G. W. 14,* S. 19–30.
Freud, S. (1926), Hemmung, Symptom und Angst, in *G. W. 14,* S. 113–205.
Freud, S. (1926), Die Frage der Laienanalyse, in *G. W. 14,* S. 209–296.
Freud, S. (1927), Fetischismus, in *G. W. 14,* S. 311–317.
Freud, S. (1927), Nachwort zur Diskussion über die »Frage der Laienanalyse«, in *G. W. 14,* S. 287–296.
Freud, S. (1929), Das Unbehagen in der Kultur, in *G. W. 14,* S. 421–506.
Freud, S. (1931), Über die weibliche Sexualität, in *G. W. 14,* S. 517–537.
Freud, S. (1933), Neue Folge der Vorlesungen zur Einführung in die Psycho-Analyse, in *G. W. 15,* S. 5–184.
Freud, S. (1933), Die Zerstörung der psychischen Persönlichkeit, in Neue Folge der Vorlesungen zur Einführung in die Psychoanalyse (op. cit.), S. 62–87.
Freud, S. (1933), Die Weiblichkeit, in Neue Folge der Vorlesungen zur Einführung in die Psychoanalyse (op. cit.), S. 119–145.
Freud, S. (1933), Über eine Weltanschauung, in Neue Folge der Vorlesungen zur Einführung in die Psychoanalyse (op. cit.), S. 170–197.
Freud, S. (1932–1933), Warum Krieg?, in *G. W. 16,* S. 13–27.
Freud, S. (1935), Nachschrift zur »Selbstdarstellung«, in *G. W. 16,* S. 31–34.
Freud, S. (1937), Die endliche und die unendliche Analyse, in *G. W. 16,* S. 59–99.
Freud, S. (1937), Konstruktionen in der Analyse, in *G. W. 16,* S. 43–56.
Freud, S. (1938–1940), Abriß der Psychoanalyse, in *G. W. 17,* S. 63–138.
Freud, S. (1938–1940), Die Ichspaltung in Abwehrvorgang, in *G. W. 17,* S. 59–62.
Freud, S. (1950), Briefe an Wilhelm Fließ. Abhandlungen und Notizen aus den Jahren 1887–1902, in *Aus den Anfängen der Psychoanalyse,* London 1950, Imago Publishing, S. 7–369.
Freud, S. (1950), Entwurf einer Psychologie (1895), in *Aus den Anfängen der Psychoanalyse* (op. cit.), S. 373–421.
Freud, S. und Pfister, O. (1909–1969), *Briefe,* Frankfurt a. M. 1963, Fischer.

Freud, S. und Abraham, K. (1907–1926), *Briefe,* Frankfurt a. M. 1965, Fischer.
Freud, S. und Jung, C. (1906–1914), *Briefwechsel,* Frankfurt a. M. 1974, Fischer.
Fromm-Reichmann, F., Das jüdische Speiseritual, *Imago,* 13, 1927, S. 325.
Gaddini, E., On Imitation, *The International Journal of Psycho-analysis, 50,* 1969, S. 475–482.
Gay-Crosier, R., *Les envers d'un échec. Etude sur le théâtre d'Albert Camus,* Paris 1958, Minard.
Gillespie, W. H., A contribution to the study of fetishism, *The International Journal of Psycho-analysis, 33,* 1940, S. 397–402.
Gillespie, W. H., The psycho-analytical theory of sexual deviations with special reference to fetishism, in *The pathology and treatment of sexual deviation,* London 1964, Oxford University Press, S. 123–145.
Glover, E. (1931), Sublimation, substitution and social anxiety, in *On the early development of Mind,* London 1956, Imago Publishing, S. 130–160.
Glover, E. (1932), The relation of perversion formations to the development of reality sense, in *On the early development of mind* (op. cit.), S. 216–234.
Glover, E. (1932), A note on idealization, in *On the early development of mind* (op. cit.), S. 290–296.
Glover, E., Aggression and sado-masochism in *The pathology and treatment of Sexual Deviation,* London 1964, Oxford University Press, S. 146–172.
Glover, J., Notes on an unusual form of perversion, *The International Journal of Psycho-analysis, 8,* 1927, S. 10–24.
Goethe, J. W. v. (1773–1831), *Faust* (*Urfaust,* 1773–1775, *Faust I,* 1806, Faust 2, 1831).
Greenacre, Ph., Certain relationship between fetishism and faulty development of the body image, in *The Psychoanalytic Study of the Child, 8,* London 1953, Hogarth Press, S. 78–98.
Greenacre, Ph., Perversions: general considerations regarding their genetic and dynamic background, in *The Psychoanalytic Study of the Child, 23,* London 1968, The Hogarth Press, S. 47–62.
Groddeck, G., *Der Mensch als Symbol,* Wien 1933, Internationaler Psychoanalytischer Verlag.
Grunberger, B., Esquisse d'une théorie psychodynamique du masochisme, *Revue française de Psychanalyse, 23,* 1954, S. 193–214.
Grunberger, B. (1956), Essai sur la situation analytique et le processus de guérison, in *Le narcissisme,* Paris 1971, Payot, S. 53–113 (deutsch, *Vom Narzißmus zum Objekt,* Frankfurt a. M. 1976, Suhrkamp).
Grunberger, B. (1959), Etude sur la relation objectale anale, in *Le narcissisme* (op. cit.), S. 171–196.
Grunberger, B. (1963), De l'image phallique, in *Le narcissisme* (op. cit.), S. 237–253.
Grunberger, B. (1966), Œdipe et narcissisme, in *Le narcissisme* (op. cit.), S. 331–348.

Grunberger, B. (1966), Le suicide du mélancolique, in *Le narcissisme* (op. cit.).
Grunberger, B., Essai sur le fétichisme, *Revue française de psychanalyse, 40,* 1976, S. 235–264.
Guyotat, P., *Le livre,* Paris 1964, Gallimard.
Jelenski, C., *Les dessins de Hans Bellmer,* Paris 1966, Denoël und Hans Bellmer, neue Ausgabe Denoël, Paris 1973.
Jones, E., The phallic phase, *The International Journal of Psycho-analysis, 14,* 1932, S. 1–33.
Jones, E., *The life and work of Sigmund Freud,* 3 volumes, New York 1955–1957, Basic Books (deutsch: Das Leben und Werk von Sigmund Freud, Bern u. Stuttgart 1960, Huber).
Joseph, B., A clinical contribution to the analysis of a perversion, *The International Journal of Psycho-analysis, 52,* 1971, S. 441–450.
Josephus Flavius, *Des Flavius Josephus Jüdische Altertümer,* Darmstadt 1985, Melzer.
Kanzer, M., Acting-out, sublimation and reality-testing, *Journal of the American Psychoanalytic Association, 5,* 1957, S. 663–684.
Kestenberg, J., *Children and parents,* New York 1975, Jason Aronson.
Khan, M., Reparation to the self as an idolized internal object, in *Alienations in perversions,* London 1968, The Hogarth Press.
Klein, M. (1927), Criminal tendencies in normal children, in *Contributions to psycho-analysis,* London 1948[7], The Hogarth Press, S. 185–201.
Klein, M. (1957), *Envy and gratitude. Our adult world.* London 1963, The Hogarth Press.
Koyre, A. (1929), *La philosophie de Jacob Boehme,* Paris 1979, Vrin.
Krafft-Ebing, R., *Psychopathia sexualis,* Stuttgart 1887, Encke.
Kronengold, E. und Sterba, R., Two cases of fetishism, *The Psychoanalytic Quarterly, 5,* 1936, S. 63–70.
Lacan, J., *Ecrits,* Paris 1966, Seuil (deutsch: *Schriften,* Ausgew. u. hrsg. v. Norbert Haas, Olten u. Freiburg/Br. 1973–, Walter).
Lanteri-Laura, G., *Lectures des perversions,* Paris 1979, Masson.
Laplanche, J., *Vie et mort en psychanalyse,* Paris 1970, Flammarion (deutsch: Leben und Tod in der Psychoanalyse, Olten und Freiburg/Br. 1974, Walter).
Laplanche, J. und Pontalis, J. B., *Vocabulaire de la psychanalyse,* Paris 1967, Presses Universitaires de France (deutsch: Das Vokabular der Psychoanalyse, Frankfurt a. M. 1972, Suhrkamp).
Lely, G., *La vie du Marquis de Sade* in *Marquis de Sade – Œuvres complètes,* tome 2, Paris 1966, Cercle du Livre Précieux.
Liberman, D., Changes in the theory and practice of psycho-analysis. *The International Journal of Psycho-analysis, 57,* 1975, S. 101–107.
McDougall, J. (1972), Scène primitive et scénario pervers, in *Plaidoyer pour une certaine anormalité,* Paris 1978, Gallimard.

Mack Brunswick, R. (1940), The preoedipal phase of the libido-development, in *The psychoanalytic reader.* Unter Leitung von R. Fließ, London 1950, The Hogarth Press, S. 231–253.

Marcuse, H., *Eros and civilization.* A philosophical enquiry into Freud, New York 1955 (deutsch: Eros und Kultur, Stuttgart 1957, Klett).

Morenz, S., *Ägyptische Religion,* Stuttgart 1962, Kohlhammer.

Nietzsche, F. (1888–1889), Nietzsches Werke, Bd. 1–19, Leipzig 1917–23, Kröner.

Parkin, A., On fetishism, *The International Journal of Psycho-analysis, 44,* 1963, S. 352–361.

Pasche, F. (1963), Note sur la structure et l'étiologie de l'homosexualité masculine, in *A partir de Freud,* Paris 1969, Payot, S. 207–214.

Payne, S., Some observations on the ego development of the fetishist, *The International Journal of Psycho-analysis, 20,* 1939, S. 352–361.

Pieyre de Mandiargues, A., *Le trésor cruel de Hans Bellmer,* Paris 1979, Le Sphinx.

Rabain, J. F. (1975), Le sexe et son double, in *Obliques* (op. cit.), S. 21–28.

Rank, O., *Das Trauma der Geburt und seine Bedeutung für die Psychoanalyse,* Leipzig 1924, Internationaler Psychoanalytischer Verlag.

Reich, W., *Die Massenpsychologie des Faschismus,* Zürich 1933, Velag für Sexualpolitik.

Reik, Th., *Das Ritual. Problem der Religionspsychologie,* Leipzig 1919, Internationaler Psychoanalytischer Verlag.

Richter, Jean-Paul (1883), *The literary works of Leonardo da Vinci,* 2 Bde., London, New York, Toronto 1939, Oxford University Press.

Sade, D. A. F. de, *Marquis de Sade – Œuvres complètes,* 16 tomes en 8 volumes, Paris 1967, Cercle du Livre Précieux.

Segal, H., A psycho-analytical approach to aesthetics, *The International Journal of Psycho-analysis, 33,* 1952, S. 198–207.

Solier, R. de (1975), Les dessins de Hans Bellmer in *Obliques* (op. cit.), S. 167–171.

Sperling, M., Fetishism in children, *The Psychoanalytic Quarterly, 32,* 1963, S. 374–392.

Socarides, C., The development of a fetishistic perversion, *Journal of the American Psychoanalytic Association, 8,* 1960, S. 281–311.

Stekel, W., *Fetischismus* (vergriffen).

Stoller, R., Hostility and mystery in perversion, *The International Journal of Psycho-analysis, 55,* 1974, S. 425–434.

Stoller, R. J., *Perversion,* New York 1975, Pantheon Books.

Suetonius, G. T., *Die zwölf Cäsaren,* München und Leipzig 1912 (G. Müller), Klassiker des Altertums 1, 12.

Urtubey, L. de, *Le diable dans la psychanalyse,* Dissertation 1983, unter Leitung von J. Laplanche.

Webster's Dictionary (1951), New dictionary of the American language, Cleveland and New York 1968, The World Publishing Company.
Weissmann, Ph., Some aspects of sexual activity in a fetishist, *The Psychoanalytic Quarterly, 26,* 1957, S. 494–507.
Wells, H. G. (1896), *The island of Doctor Moreau* (deutsch: Die Insel des Doktor Moreau, Wien, Hamburg 1976).
Wilde, O. (1888), The birthday of the Infanta in *The Happy Prince and Other Tales,* London, Methuen.
Wilde, O. (1888), The Young King, in *The Happy Prince and Other Tales* (op. cit.).
Wilde, O. (1888), The Happy Prince in *The Happy Prince and Other Tales* (op. cit.).
Wilde, O. (1888), The Remarkable Rocket in *The Happy Prince and Other Tales* (op. cit.).
Wilde, O. (1890), *The Picture of Dorian Gray,* London 1972, Penguin Books.
Wilde, O. (1897–1898), Two letters to the »Daily Chronicle«. The Case of Warder Martin: Some Cruelties of Prison Life, and Prison Reform, in *Poems and Essays,* London 1956, Collins.
Wilde, O. (1890), The portrait of Mr. W. H. in *Poems and Essays* (op. cit.).
Wilde, O. (1890), Intentions in *Poems and Essays* (op. cit.).
Wilde, O., *Oscar Wilde,* Werke in zwei Bänden, hrsg. v. Rainer Gruenter, München 1970, Hanser.
Winnicott, D. W., Transitional objects and transitional phenomena, *The International Journal of Psycho-analysis, 34,* 1953, S. 89–97.
Winnicott, D. W. (1965), *Playing and reality,* London 1971, Tavistock (deutsch: Vom Spiel zur Kreativität, Stuttgart 1973, Klett).
Woolf, M., Prohibitions against simultaneous consumptions of milk and flesh in orthodox Jewish law, *The International Journal of Psycho-analysis, 26,* 1945, S. 169–176.
Wulff, M., Fetishism and object choice in early childhood, *The Psychoanalytic Quarterly, 15,* 1946, S. 450–471.

Namenregister

Sachregister